语文教师核心素养与提升指导

金荷华　著

江苏省教育科学"十三五"规划"教师发展研究专项"课题
"基于核心素养的语文教师专业发展研究"(项目编号:j-c/2016/01)的研究成果

江苏第二师范学院重点教材建设项目

目 录

卷首语 ·· 1

聚焦篇　语文教师核心素养是什么

第一章　核心素养 ··· 3
　　第一节　素养概念辨义 ··· 3
　　第二节　中外关于核心素养的研究 ·· 4
　　第三节　中外学生核心素养的内容框架 ·· 7
　　第四节　PISA 的发展及其影响 ·· 10

第二章　语文学科核心素养 ··· 16
　　第一节　语言建构与运用 ·· 16
　　第二节　思维发展与提升 ·· 20
　　第三节　审美鉴赏与创造 ·· 22
　　第四节　文化传承与理解 ·· 24

第三章　语文教师核心素养 ··· 27
　　第一节　语文学科知识 ··· 27
　　第二节　语文课程知识 ··· 54
　　第三节　语文教学知识 ··· 71
　　第四节　语文教学评价知识 ··· 75

发展篇　语文教师核心素养如何发展

第四章　强化语文学习各领域的教学素养 ··· 81
　　第一节　强化"识字与写字"教学素养 ··· 82
　　第二节　强化"阅读"教学素养 ·· 89

第三节　强化"写作"教学素养 ·· 98
　　　第四节　强化"口语交际"教学素养 ······································· 124
　　　第五节　强化"综合性学习"教学素养 ··································· 129

第五章　**备课：基于核心素养的语文教学设计（小学）** ······················ 135
　　　第一节　识字与写字教学设计 ·· 135
　　　第二节　小学阅读教学设计 ·· 146
　　　第三节　小学写作教学设计 ·· 168
　　　第四节　小学口语交际教学设计 ··· 172
　　　第五节　小学语文综合性学习教学设计 ··································· 177

第六章　**备课：基于核心素养的阅读教学设计（初中）** ······················ 182
　　　第一节　阅读教学的目标及要求 ··· 182
　　　第二节　现代散文教学设计研究 ··· 183
　　　第三节　古代散文教学设计研究 ··· 187
　　　第四节　古今诗歌教学设计研究 ··· 191

第七章　**备课：基于核心素养的教学设计（高中）** ···························· 200
　　　第一节　单篇课文教学设计研究：文化经典学习 ······················ 201
　　　第二节　多篇课文整合教学研究：专题模块学习 ······················ 233
　　　第三节　诗歌对比阅读教学研究：品赏悟味引导 ······················ 240
　　　第四节　古代文化常识教学研究：综合性学习设计 ·················· 250

第八章　**上课：语文课堂教学要有精、气、神** ································· 257
　　　第一节　精：精当的目标、精选的内容、精心的设计 ·············· 257
　　　第二节　气：民主的气氛、生活的气息、创新的气魄 ·············· 264
　　　第三节　神：形象要精神、讲授要传神、听课要入神 ·············· 266

第九章　**说课：基于"备课"而高于"备课"** ····································· 268
　　　第一节　新课程背景下的"说课"概述 ··································· 268
　　　第二节　说课的内容及结构 ·· 269
　　　第三节　说课的策略 ··· 272

第十章　**评课：课堂教学要具备"四个意识"** ································· 274
　　　第一节　语文教学中的"课程意识" ······································· 274
　　　第二节　语文教学中的"角色意识" ······································· 277
　　　第三节　语文教学中的"问题意识" ······································· 280
　　　第四节　语文教学中的"效率意识" ······································· 283

　　　◆ **专题模块：语文教学情境适应性评价策略** ······················· 288

提升篇　语文教师核心素养怎样提升

第十一章	语文教师资格考试应考策略	293
	第一节　小学语文教师资格考试内容及题型	293
	第二节　初中语文教师资格考试内容及题型	297
	第三节　高中语文教师资格考试内容及题型	313
	第四节　语文教师资格考试面试内容及题型	344
	◆ **专题模块：语文教师竞聘晋级备考策略**	364
第十二章	科研型语文教师的必备素养	365
	第一节　语文教师"问题意识"及其养成	365
	第二节　语文教育研究的对象及选题策略	366
	第三节　研究资料的搜集与课题申请报告的撰写	371
	第四节　教育研究论文的体式及撰写规范	375

本书参考书目 ⋯⋯ 380
后记 ⋯⋯ 382

卷 首 语

亲爱的语文同仁：

您好！在您打开本书之时，请花一点儿时间听听一位语文人的心灵絮语好吗？对您此时给予的耐心我将不胜感激！

我是一位"老语文人"了，我的职业生涯中有过几次角色转换：语文教师，语文教研员，语文课程与教学论专职教师。这一特殊经历，使我有幸成了基础教育课程改革、教师教育课程改革的见证者、体验者和收获者。我入职高师院校，恰好是我国建国以来第八次基础教育课程改革的起始年头，"我与新课程同行"是对我这段历程最恰当的概括。三个不同岗位的角色定位，使我对基础教育的情结更加坚实；我时刻感受到，我的工作与中小学教育第一线有着千丝万缕的联系，我能深切地体会到中小学语文教师的酸甜苦辣。

14 年语文教师生涯：有过初上讲台的战战兢兢、如履薄冰，也有过小有成绩后的踌躇满志、再接再厉。牢记"学为人师、行为世范"古代先贤训诫，怀揣"学而不厌、诲人不倦"千古教师情怀，我从"怎样上语文课"到"怎样上好语文课"，远远走来，一路艰辛，满脸汗水；饱尝了一线教师的辛苦劳碌，也收获了教书育人的欣慰幸福。

这期间，我对"教学相长"的原初本义有了更深刻的理解。"虽有嘉肴，弗食，不知其旨也；虽有至道，弗学，不知其善也。是故学然后知不足，教然后知困。知不足，然后能自反也；知困，然后能自强也。故曰：教学相长也。"这就是古代先贤的专业发展理念，其积极影响何其深广！陶行知将"教授法"改为"教学法"的理由"先生的责任不在教，而在学，在教学生学"，与之可谓一脉相承。对孔子"不愤不启，不悱不发；举一隅不以三隅反，则不复也"的教学智慧，有了更加深切的体验：其一，如果没有教学前的反思，没有严谨的教学设计，教学时就无法做到举一反三、触类旁通；其二，教师要对学生"愤""悱"状态进行仔细观察，并作出准确判断，如果没有教学中的及时反思，根本无法完成真正意义上的"启发"与"开导"。可见，教学反思非常重要。

波斯纳认为："没有反思的经验是狭隘的经验，充其量只能形成肤浅的知识。"他提出教师成长的公式：经验＋反思＝成长。罗赛尔、科萨根指出："训练只能缩小专家教师与新手教师之间的差异，而反思性实践或反思性教学，却是促使一部分教师成为专家教师的一个重要原因。"[1]古今中外的教育思想是互为融通的。

6 年语文教研员经历：从指导"怎样备课""怎样说课""怎样上课"，到探究"怎样听课"

---

[1] 李保强、薄存旭：《"教学相长"本义复归及其教师专业发展价值》，《教育研究》2012 年第 6 期。

"怎样评课""怎样研课",一路东奔西逐,苦与乐扑面而来;自我角色在"教师"与"教师指导者"之间来回转换,既当"指挥员",又当"战斗员"。经常根据需要,接受领导布置的任务,到基层学校开设"示范课"或"研讨课",受到辖区领导及同仁的认可与好评。就是在这个阶段,我练就了"即兴评课"基本功,一位省级骨干教师研修班学员曾说:"每天金老师的评课,犹如一道亮丽的风景线,我们每天都等着盼着这个环节。"来自语文同仁的点赞是对我莫大的鼓舞和鞭策。

16年教师教育者征程:这是一个"教育理论实践化—教育实践理论化"新征程,正可谓"欲穷千里目,更上一层楼"。调入师范学院担任"语文课程与教学论"专职教师后,我完成了由中学语文教师、语文教研员,到大学教师的"快速转型",并经过刻苦努力实现了"华丽转身",成为一名语文课程与教学论的专职教授。这十几年是我人生中最值得咀嚼和回味的时光。这期间正值我国新一轮基础教育课程改革和教师教育改革启动实验,对我来说,这既是机遇,更是挑战。我的努力可概括为"一二三"。

一个方向。服务基础教育第一线,为基础教育培养符合新课改要求的新型语文教师,为各级各类学校培训适应新课程需要的在职语文教师。

二项目标。一是建构合理的知识结构;二是提升教育及科研素养。我国教师教育改革的新形势呼唤"临床教授"的成长。"临床教授"专业特长和职业境界应该是"教育理论实践化—教育实践理论化",就是既能对教育理论研究成果进行实践转化,又能对教育教学的实践行为进行理论提升。

三条途径。为达到上述目标,我选择了三条途径。一是广泛阅读——中外古今教育学人的理论思想和实践智慧,能使自己的学习和工作不断拥有源头活水。二是课题研究——主持过院校级、市厅级、省部级多项研究课题;为了完成中外母语课程标准比较研究课题,2011年赴华东师范大学访学一年,师从钟启泉教授。在省级以上期刊上发表研究论文多篇,以此带动教师教育课程的改革与精品课程建设。三是保持饱满的工作热情,强化"课比天大"的责任意识,秉持"学而不厌、诲人不倦"的教师情怀;恪守"为人师表、教书育人、教育公正、教育人道主义"的教师职业道德原则,在校内外积极开展教师教育工作,开设讲座、担当评委、培养教育硕士等。

从教30多年来,尽管我的努力是有限的,取得的成绩也是微不足道的,但是却得到专家、同仁以及广大学生的充分肯定和好评,他们给了我很多鼓励和鞭策。我曾获得过"全国优秀教师""全国语言文字先进工作者""市级有突出贡献的中青年专家"的表彰;获得过"江苏教育学院第四届教学质量评比成果一等奖""教学成果二等奖""三育人先进个人";多次被评为"优秀实习指导教师""优秀毕业论文指导教师"。因此,我一直带着感恩的心态热情工作,我时刻感受到我所供职的学校是一个人文素养与科学精神并重的地方:她既关注参天大树的成长成材,也呵护小花小草的发育生长;我觉得她是一个富含生命养料的地方。

各位同仁:我将个人的心路历程和盘托出,展现"跌打滚爬"的成长经历,其目的不仅在于推心置腹,获得教育同仁心灵的共鸣;更在于抛砖引玉,引发语文同仁在新时代新征程上勇往直前。教师角色,古今大致经历了"圣职化"—"工匠化"—"专业化"的演变过程,当代教师角色面临的挑战,是如何真正从"工匠化"走向"专业化"。自舍恩提出教师要树立"反思性实践者"的专业形象之后,"实践"成为教师教育课程中的核心内容;实践取向,已成为教师教育课程改革的共同价值取向；英、法、日、美等国家教师教育发展的基本特征可概括为"在实践中""指向实践""为了实践"。从"技术熟练者"向"反思性实践家"的教师形象重塑，是当下教师专业发展的必然选择；而语文教师核心素养及其发展、提升研究，就是重塑语文教师形象的举措，这正是本书的写作宗旨。本书具体框架和内容以及独特之处，请见"后记"中的阐释。

"新基础教育"理论创立者叶澜先生说："教师，也许不能改变整个社会，但只要我们愿意，只要我们懂得，只要我们清醒，只要我们践行，实实在在地从改变自己开始，我们就能改变自己的职业生涯，改变与我们长久相伴、相处的学生的生命成长。"[①]衷心希望这本小书在您"语文教师—专家型语文教师—语文教育家"的职业征程上能够助一臂之力。

谢谢垂阅。

金荷华

2018年12月18日于南京翠岭居

[①] 叶澜：《回归突破——"生命·实践"教育学论纲》，华东师范大学出版社，2015年，第325页。

聚焦篇
语文教师核心素养是什么

第一章

核心素养

> 核心素养,旨在勾勒新时代新型人才的形象,规约学校教育的方向、内容与方法;核心素养是课程发展的 DNA。①
>
> ——钟启泉

进入 21 世纪以来,核心素养逐渐成为一种引领国际教育改革的主流理念。基于核心素养的课程与教学改革的多维演进,反映出世界各国对教育价值、目的的不断寻求、反思与重构。我国关于发展学生核心素养的研究及其成果,已经成为深化课程改革的重要内涵。

第一节 素养概念辨义

一、素养的含义

素,本义为未染色之丝,引申为白色、本色。养,供给生命所需使其活,引申为教化、养育,朱熹谓之"涵育熏陶,俟其自化也"。素养,泛指平日的修养,是人通过后天的修习涵养,形成具备一定知识、能力和态度的综合化形态。

二、素养与能力

素养不等同于能力。能力,是指人能胜任某项工作或事务的主观条件,包括心理和生理条件,重在功用性。素养,作为人的修养是通过长期的训练和化育而形成的,即平时经学习和实践中养成的在理论、知识、艺术、思想等方面达到的水平,包括功用性或非功用性。素养既包括能力,也包括形成能力的基础条件。

三、素养与知识

素养与知识也有差别。素养不是知识,知识是外在于人的东西,是材料、工具;只有知识进

---

① 钟启泉:《基于核心素养的课程发展:挑战与课题》,《全球教育展望》2016 年第 1 期。

入人的认知本体,渗透人的生活与行为中,才能称之为素养。知识的积累并不必然带来素养的发展;但素养离不开知识,没有知识,素养就是无源之水、无本之木。素养与知识的区别在于一个关键点,即对"人"的关怀。有了对"人"的关怀,才能称之为"素养",否则只能称之为"知识"。

在教育学领域,素养的含义是与时俱进的。威利斯认为素养概念的演进经历了三个历史阶段。第一阶段,素养即技能。这是近代学校教育发祥之前就有的观点,其特征是脱离和排斥语境。第二阶段,素养即学校里传授的知识技能。这种观点同现代学校教育制度的出现与发展相关,其特征是重视语境,且从个人出发来考虑与社会文化的关系。第三阶段,素养即社会文化的创造。这是当代公民教育的发展潮流和国际共识,其特征是强调知识的社会建构过程、学习者的背景知识和既有经验、读者和文本之间的交互作用。历经了这三个发展阶段,"核心素养"应运而生。[1]

第二节 中外关于核心素养的研究

核心素养是适应信息时代对人的自我实现、工作世界和社会生活的新挑战而诞生的概念。20世纪末至今,为了迎接信息时代的挑战,经济合作与发展组织、欧盟和美国等组织机构与国家,先后从理论和实践两方面确立了影响深远的核心素养框架。顺应国际教育发展潮流,中国关于发展学生核心素养的研究在紧锣密鼓地进行,核心素养观已经成为我国当前深化基础教育课程改革的重要理念之一。

一、国外核心素养内容体系的基本类型

核心素养含义的界定,主要来源于核心素养研究的几大框架:世界经济合作与发展组织(以下简称OECD)、欧盟、联合国教科文组织及美国等发达国家的研究框架体系。

1. OECD核心素养框架——"成功生活取向:思维核心型"

(1) 起始:1997年末启动核心素养框架项目,即"素养界定与选择:理论与概念基础",简称"迪斯科"计划。该项目的直接目的是为OECD内国家于同年启动的"国际学生评定计划"(Programme for International Student Assessment,以下简称PISA)提供理论基础和评价框架,同时服务于另一个针对成人素养的国际评价计划"成人素养与生活技能调查"。

(2) 标志:OECD的核心素养架构的完成,以2003年发表最终研究报告《为了成功人生和健全社会的核心素养》为标志。

(3) 含义:"核心素养是人解决复杂问题和适应不可预测情境的高级能力和人性能力。"

(4) 意义:OECD的核心素养框架研究起步早、站位高,理论基础雄厚,逻辑体系完整;为PISA提供了理论基础和评价框架。[2]

该核心素养框架主要内容如下:

---

[1] 钟启泉:《课堂革命》,江苏人民出版社,2017年,第11页。
[2] 张华:《论核心素养的内涵》,《全球教育展望》2016年第4期。

(1) 能互动地使用工具：①互动地使用语言、符号及文本的能力；②互动地使用知识与信息的能力；③互动地使用科技能力。

(2) 能在异质社会团体中互动：①与他人建立良好关系的能力；②与团队合作的能力；③控制与解决冲突的能力。

(3) 能主动地行动：①在复杂大环境中行动与决策的能力；②设计人生规划与个人计划的能力；③维护权利、利益、限制与需求的能力。[①]

钟启泉教授认为，OECD的"核心素养"可称"关键能力"，并指出其涵盖三个范畴：其一，运用社会的、文化的、技术的工具进行沟通互动的能力（个人与社会的相互关系）；其二，在多样化的社会集团中形成人际关系的能力（自己与他者的相互关系）；其三，自律地行动的能力（个人的自律性与主体性）。在上述关键能力中，个人的"反思性思维"很重要。因为"反思性思维，不仅能应对当下的状况，反复地展开特定的思维方式与方法；而且有应变的能力、从经验中学习的能力、立足于批判性立场展开思考与行动的能力"[②]。

2. 欧盟核心素养框架——"终身学习取向：智能核心型"

(1) 起始：2001年3月欧盟理事会批准成立"教育与培训2010工作项目"，意为到2010年要建立起适应知识社会所需要的欧洲教育和培训新体系，其核心是形成欧洲核心素养框架。

(2) 定名：2006年12月发布了《为了终身学习的核心素养：欧洲参考框架》，此后成为欧盟及其成员国建立信息时代教育的纲领性文件。

(3) 含义：素养是适用于特定情境的知识、技能和态度的综合；核心素养，是所有个体达成自我实现和发展、成为主动的公民、融入社会和成功就业所需要的那些素养。

(4) 组成：①母语交际；②外语交际；③数学素养和基础科技素养；④数字素养；⑤学会学习；⑥社会与公民素养；⑦首创精神和创业意识；⑧文化意识和表达。

(5) 意义：该框架既汲取了OECD核心素养的成就，又充分体现欧洲教育的特色和发展需要。其目的在于：开发欧洲知识社会所必需的核心素养，以作为未来教育目标；为欧盟成员国实现核心素养目标提供支持。[③]

3. 联合国教科文组织核心素养框架——"基础教育取向：质量核心型"

该框架体系发展脉络源远流长：

(1) 1996年《教育——财富蕴藏其中》提出教育的五大支柱：学会认知，学会做事，学会共处，学会发展，学会创新。

(2) 2012年《全民教育全球监测报告》提出所有年轻人都要具备的三种技能：一是基本技能（识字和计算）；二是可转移技能；三是技术和职业能力。

(3) 2013年专门针对检查基础教育阶段学生的核心素养问题，发布了一份研究报告《向普及学习迈进——每个孩子应该学什么》，指出基础教育阶段必须重视以下7个领域：①身体健康；②社会情绪；③文化与艺术；④文字与沟通；⑤学习方法与认知；⑥数字与数学；

---

① 左璜：《基础教育课程改革的国际趋势：走向核心素养为本》，《课程·教材·教法》2016年第2期。
② 钟启泉：《基于核心素养的课程发展：挑战与课题》，《全球教育展望》2016年第1期。
③ 张华：《论核心素养的内涵》，《全球教育展望》2016年第4期。

⑦科学与技术。根据不同学段学生身心发展的不同特征,建构了(涵盖幼儿园、小学、中学)七大学习领域,及其学习指标体系。

(4) 2014年联合国教科文组织发布的《全民教育全球监测报告》中再次重申:"教育质量不仅仅是帮助学生掌握基础知识,还需培养学生作为全球公民所必需的可迁移技能,如批判性思维、沟通能力、问题解决和冲突解决的能力等。"①

4. 21世纪型能力框架——"学习与革新技能:4C型"

2002—2007年,美国推出的"21世纪的学习与支持系统"模型,兼具原理性与操作性,聚焦21世纪型能力,旨在形成21世纪社会公民生存所必须的高阶认知能力——"学习与革新:4C",即批判性思维(critical thinking)、沟通能力(communication)、协同(collaboration)、创造性(creativity)。该系统强调,作为学生,必须形成如下四种能力:

(1) 学科及21世纪课题的形成,如全球意识、金融、经济、服务、创业的素养,公民素养,健康素养,环境素养等;

(2) 学习能力与革新能力的形成;

(3) 信息、媒体与技术能力的形成;

(4) 生存能力与职业技能的形成。

而作为这些能力形成的支撑系统有四个要件:一是标准与评价;二是课程与教学;三是专业性提升;四是学习环境。②

二、国内关于学生发展核心素养的研究

所谓学生发展核心素养,即学生在接受整个教育过程后,各类教育活动留给学生最有价值的必备品格和关键能力;它是个体面对和解决一些复杂的、不确定的现实问题过程中所表现出来的一种综合性的品质和能力。学生核心素养以学科知识技能为基础,也强调跨学科的综合能力,它是三维目标知识与技能、过程与方法、情感态度价值观的一种综合表现。

1. 关于核心素养内涵的研究

比较有代表性的研究成果可分为两类:

第一类:以崔允漷《追问"核心素养"》、张华《论核心素养的内涵》、耿珺《21世纪核心素养:国际认知及本土反思》等为代表,主要立足于国际上"核心素养"研究成果的梳理与评述,并在此基础上对国内的研究提出建议。例如,崔允漷教授在学理上对核心素养的关键问题作了探讨,他认为:"核心素养不是一个种概念,而是一个类概念,其实质是从学生学习结果的角度界定未来社会所需要的人才形象;OECD为界定和选择"核心素养"创造了重要的专业经验,我们应该从中获得教益;核心素养要想成为课程与评价概念,必须在教育目的与学生学习结果之间确立层级化的目标——教育目的、学科目标与教学目标;否则就会导致核心素养被"悬置"的可能。"③

---

① 滕珺:《21世纪核心素养:国际认知及本土反思》,《教师教育学报》2016年第4期。
② 钟启泉:《基于核心素养的课程发展:挑战与课题》,《全球教育展望》2016年第1期。
③ 崔允漷:《追问"核心素养"》,《全球教育展望》2016年第5期。

第二类：以钟启泉《基于核心素养的课程发展：挑战与课题》、林崇德《对未来基础教育的几点思考》、左璜《基础教育课程改革的国际趋势：走向核心素养为本》等为代表，主要基于基础教育改革的深化发展，聚焦于课程发展，指向国内学生核心素养的研究。例如钟启泉教授认为，核心素养是课程发展的DNA。他指出："核心素养旨在勾勒新时代新型人才的形象，规约学校教育的方向、内容与方法。所谓核心素养，指的是，同职业上的实力与人生的成功直接相关的涵盖了社会技能与动机、人格特征在内的统整的能力。""核心素养的核心，既不是单纯的知识技能，也不是单纯的兴趣、动机、态度，而在于重视运用知识技能、解决现实课题所必需的思考力、判断力与表达力及其人格品性。"钟教授进一步强调："核心素养指导、引领着中小学课程教学改革实践；学校改革的核心环节是课程改革，课程改革的核心环节是课堂改革，课堂改革的核心环节是教师专业发展。学校课程与学科教学，要指向学会思考的'协同''沟通''表现'的活动，而不再仅仅局限于'读、写、算'技能的训练。"①

2. 学生发展核心素养框架的研究

2013年5月，林崇德教授承担教育部哲学社会科学研究重大委托项目专项，领衔5所高校90余名研究人员组成联合攻关项目组，共同负责研究中国学生发展的核心素养体系。2016年3月项目组公布《中国学生发展核心素养总体框架》征求意见稿，历经半年的讨论、修改完善，2016年9月《中国学生发展核心素养总体框架》（以下简称《中国核心素养框架》）在北京师范大学正式发布。中国学生发展核心素养的研究，是我国课程发展的必然诉求，标志着我国课程改革深化进入了新的阶段。

第三节 中外学生核心素养的内容框架

一、国外学生核心素养框架②

较有影响的核心素养研究框架，无论源自国际组织还是特定国家，都有一个共同的特点：指向于21世纪信息时代公民生活、职业世界和个人自我实现。

1. 美国学生核心素养框架

(1) 互动地使用工具：①沟通技能；②阅读理解；③通过写作传达观点；④说清楚，使他人理解；⑤积极地倾诉；⑥批判地观察。

(2) 能在异质社会团体中互动：①人际技能；②与他人合作；③引导他人；④提倡与影响；⑤解决冲突和协商。

(3) 能主动地行动：①决策技能；②解决问题和做决定；③计划；④终身学习技能；⑤使用数学来解决问题并与他人沟通；⑥担负学习的责任；⑦通过研究来学习；⑧反省与评价；⑨使用信息和沟通技术。

---

① 钟启泉：《基于核心素养的课程发展：挑战与课题》，《全球教育展望》2016年第1期。
② 来源：校园微官网：《八张图看清世界主要国家学生的核心素养》，2016-09-19。

2. 英国学生核心素养框架

（1）能互动地使用工具：①有效的沟通；②运用数学；③运用科技与信息；④熟悉现代语言。

（2）能在异质社会团体中互动：①个人与人际技巧；②与他人合作。

（3）能主动地行动：①解决问题；②处理变化；③学习与自我提升。

3. 德国学生核心素养框架

（1）能互动地使用工具：①有关工作及跨越不同职业领域的知识；②判断关系的能力；③冲突管理；④解决问题；⑤外语的掌握；⑥媒体素养；⑦终身学习的意愿与能力。

（2）能在异质社会团体中互动：①国际合作能力；②交流沟通的能力；③领导能力。

（3）能主动地行动：①责任感；②勇于进取；③自我控制；④决策能力；⑤抗压力；⑥创造性；⑦批判性判断；⑧独立行为的能力。

4. 澳大利亚学生核心素养框架

（1）能互动地使用工具：①创造科技的能力；②信息和通信的技术。

（2）能在异质社会团体中互动：①培养自信乐观的生活态度，使其渗透于潜在生活、家庭社区以及工作活动内；②赋予道德判断和社会正义伦理的观念，以培养理解世界和对自己行为负责的能力；③成为积极欣赏与理解澳大利亚政府与市政的公民；④理解工作环境与技能，理解并关心自然环境的管理工作、生态维持与发展，并拥有相关的知识技能与态度。

（3）能主动地行动：①具备解决问题以及交流资讯，并且计划组织活动的能力；②建立并保持健康的生活模式；③具备创新能力并满意地使用；④能够充分利用休闲时间的技能和态度。

5. 日本"21世纪型素养"框架

日本国立教育研究所于2013年提出"21世纪型能力"框架，由三部分构成：

（1）基础力：①语言力；②数理力；③信息力。

（2）思考力：①问题解决力；②发现力；③创造力；④逻辑思维、批判性思维的能力；⑤元认知、适应力。

（3）实践力：①自律性活动的能力；②人际关系形成的能力；③社会参与力；④最可持续的未来的责任。

日本对"21世纪型素养"含义的界定，遵循了国际"核心素养"研究的价值取向，也反映了日本独树一帜的"学力模型"的研究与积累情况。①

以上列举的几个国家的学生核心素养框架，基本内容大同小异，共同要素是"能互动地使用工具""能在异质社会团体中互动""能主动地行动"等，体现了"核心素养"研究成果的国际共识。

二、《中国核心素养框架》主体内容

《中国核心素养框架》从文化基础、自主发展、社会参与三大方面，提出六大核心素养，包

---

① 钟启泉：《基于核心素养的课程发展：挑战与课题》，《全球教育展望》2016年第1期。

括18个基本要点及具体内涵。

1. 文化基础

指向两大素养：

（1）人文底蕴：①人文积淀；②人文情怀；③审美情趣。

（2）科学精神：①理性思维；②批判质疑；③勇于探究。

文化基础，是促使个体适应社会和实现个人价值的必要基础；语言、科学、艺术、历史等人类智慧文明的各种成果，都是人通过自身的活动创造出来的。只有通过文化的修习和养成，人类才能传承并创造文化，才能成为真正意义上的人。

2. 自主发展

指向两大素养：

（1）学会学习：①乐学善学；②勤于反思；③信息意识。

（2）健康生活：①珍爱生命；②健全人格；③自我管理。

自主发展，是促使个体适应社会和实现个人价值的重要前提。在现代社会中，自主发展的人具有健康的生活态度和行为习惯；能够选择适当的学习方法和途径，有效地解决实践问题；并且能够有效地反思与调控自我，主动适应变化发展的社会环境，同时具有开拓创新的意识和积极行动的能力，实现人之所以为人的独特价值。

3. 社会参与

指向两大素养：

（1）责任担当：①社会责任；②国家认同；③国际理解。

（2）实践创新：①劳动意识；②问题解决；③技术运用。

社会参与，是促使个体适应社会和实现个人价值的根本保证。一个积极的社会参与者需要在复杂的社会情境中发展良好的品德修养与社会责任，需要处理好个体与个体、个体与群体、个体与社会、国家乃至国际等多种社会关系，需要心怀天下，具有担当意识和包容精神。[1]

以上六大素养，既涵盖了学生适应终身发展和社会发展所需的品格与能力，又体现了核心素养"最关键、最必要"这一重要特征。将六大素养细化为18个基本要点，描述比较详细，方便实践应用，为课程的内涵发展和学科教学定位提供了参考依据。当然，该框架毕竟是指向共性的，不免宏观、宽泛乃至抽象。因此，在实施过程中还需要根据这一总体框架，进行更进一步的研究。如研究不同学段的核心素养培养诉求、研究不同学科的核心素养培养目标等等。

三、学生核心素养的特点

1. 具有普适性

体现在两方面：一是核心素养具有个人价值，代表了个体普遍应达到的共同必要素养；二是核心素养具有社会价值，是21世纪信息社会对公民素养的必然要求，对社会的和谐发

---

[1] 中国学生发展核心素养项目组：《中国学生发展核心素养总体框架》，2016-09。

展具有重要的积极意义。

2. 具有综合性

核心素养是人知识与能力、情感态度与价值观的综合表现,所涉及的内涵维度并非单一的,而是多元的。例如,中国核心素养框架中的六大素养之间的关系是:相互联系、互相补充、相互促进,在不同情境中整体发挥作用。

3. 具有整体性

核心素养的功能是整合性的,其每个方面都具有独特的重要价值,不存在孰轻孰重的问题。因此在核心素养评价上,需运用定性评价与定量评价相结合的方式,进行综合性评价。

4. 具有发展性

核心素养是在先天遗传的基础上综合后天环境的影响而获得的,是可以通过接受教育来形成和发展的;核心素养具有阶段性、终生发展性。根据不同学段学生的身心发展规律及特点来发展其核心素养极为重要。例如,针对学生年龄特点,提出不同学段学生的具体表现要求等。

总之,国际组织及特定国家、地区的"核心素养框架"并非完全一致,但都体现出共同特征:一是以培养完整的个体和促进社会发展两个维度为起点;二是在人与社会关系方面,各个国家、地区以及国际组织的目光不仅聚焦在本国、本地区,也关注与其他国家、地区之间的关系,强调培养学生的公民素养和国际公民意识;三是各国在"求同"的同时,尤其关注本国优良传统文化,使"核心素养"扎根于本国土壤。[①]

第四节 PISA 的发展及其影响

学生核心素养,是在全球性的"能力为本"的教育改革历史中产生的概念,各国的提法不同,如法国称为"共同文化",德国称为"关键能力",美国称为"核心知识",日本称为"基础学力"。国际经合组织的学生评估项目(PISA)的语文素养、数学素养、科学素养等研究属于这一范畴。

一、PISA 概述

1. PISA 背景

21 世纪初,追求全球视野和创新思路以适应新世纪发展,逐渐成为国际共识。这种共识的具体行为方略,就是不约而同地重视对教育制度、文化传承、课程建设、教学改革等的比较研究,包括改革成果的跨文化、跨国界的比较研究。这种基于学习成果的比较研究,更值得各国从宏观的教育体制、微观的学科课程理论乃至教学策略方法,全方位地予以迅速的反思和系统的借鉴。2000 年 OECD 首次在全球开展 PISA,为全球学生在阅读素养、数学素养和科学素养方面提供了一个可以量化的事实论据。对参与国家或地区而言,PISA 无疑成了

---

① 周洪宇:《核心素养的中国表述:陶行知的"三力论"和"常能论"》,《华东师范大学学报(教育科学版)》2017 年第 1 期。

无形的教育竞技场。

2. PISA 评估概况

评估 15 岁（相当于我国初三年级）学生在阅读、数学和自然科学方面的知识、能力，以及跨学科的基础技能；并通过国际间的比较，找出造成学生能力差异的经济、社会和教育因素。该评估项目每三年举行一次，每次将阅读素养、数学素养和科学素养中的一个方面作为主项进行深入测评。首次在 2000 年，有 32 个国家和地区参与，主项是阅读。第二次在 2003 年，有 43 个国家和地区参与，主项是数学。第三次在 2006 年，共有 57 个国家和地区参加，主项是科学。2009 年第四次的主项又轮到阅读，已有 67 个国家和地区参与该项目；中国上海市参与，成绩总排名第一。[①]

二、PISA 的阅读评估

PISA 评估的阅读能力，不再是传统意义上的"读""写"技能，而是作为个体一生不断完善的一整套知识、技能和策略的总和。

1. PISA 阅读评估的能力范畴

（1）获取信息的能力。

① 获取信息的能力：要求学生从文本中找出相关信息。例如，关于事件的信息提取，描述故事的主角、背景和环境等；又如关于文章主题、观点的概括等。

② 对文本形成广、整体理解的能力：要求学生形成对文章的整体感知和一般理解，如通过标题来确认文章的写作目的、主题；解释文本的说明顺序；明确图、表的数据范围、用途。

③ 对文本形成完整的解释：要求学生全面阅读文本，并联系各个部分的相关信息，对文章进行逻辑上的理解；比较、对比文本的相关信息，包括图表中的曲线、数据等信息，以此推论作者意图，并作出结论等。

④ 反思、评价文章内容的能力：要求学生提取已有的知识，建构对文章的深层理解，如评价文章的观点，并辅以相关的理据等。

⑤ 反思、评价文章表达形式：要求学生反思、评价文章的形式特点，如评价文章的结构、类型、语言特点；评鉴作者的写作风格，以及语言运用的细微差异，如某个形容词的选用对表达效果的作用。

（2）PISA 倡导的阅读目的。

PISA 阅读评估的理念：阅读评估应涉及全方位的阅读和宽泛的文体。PISA 阅读评估引入四种阅读目的：

① 个人用途：主要为满足个体智力上的兴趣、好奇心的信息阅读，内容包括私人信件、小说、传记、散文等；此类阅读文本在评估中占阅读题总量的 28%。

② 公共用途：阅读是为了满足个体参与社会活动的需要，内容包括官方文件和公共事业的信息，如通知、规章、方案、小册子、表格等；此类阅读文本在评估中占阅读题总量的 28%。

---

① 董蓓菲：《2009 国际学生阅读素养评估》，《全球教育展望》2009 年第 10 期。

③ 工作需要：阅读是为了更好地适应工作岗位，内容包括说明书、手册、计划表、报告、备忘录、项目表等；此类阅读文本在评估中占阅读题总量的16%。

④ 教育用途：指导者为了教育目标而特别选择、设计的阅读材料，内容包括教科书、学习手册、地图、纲要等，是"为了学习而阅读"；此类阅读文本在评估中占阅读题总量的28%。

(3) PISA阅读文本的多元化。

PISA阅读文体分为两类，及连续性文本和非连续性文本。连续性文本，其外部特征是由句子组成，并依次形成段落、篇章乃至一本书。具体形式包括：记叙文、说明文、散文、议论文；操作性的指南或忠告；文件或记录等。非连续性文本，主要呈现形式有：图和图形、表格、图表图样、地图、表、信息单、电话和广告、收据、证书执照等。

三、PISA发展的新趋势

2017年12月12日，OECD的教育与技能司、哈佛大学教育研究生院共同主持了《PISA全球素养框架》发布会，该组织教育与技能司司长安德烈亚斯·施莱克尔（Andreas Schleicher）向与会者介绍了这个全新的框架，全球教育的领导者讨论了该框架对教育政策制定和实施的影响。①

1. 关于"全球素养"的界定

全球素养，是指青少年能够分析当地、全球和跨文化的问题，理解和欣赏他人的观点和世界观，与不同文化背景的人进行开放、得体和有效的互动，以及为集体福祉和可持续发展采取行动的能力。《PISA全球素养框架》旨在为有意培养青少年全球素养的决策者、领导者和教师提供一个工具，用以解释、发展和评估青少年的全球素养。同时，该框架所包含内容也是2018年PISA测试的基础。

2. 全球素养的评估范畴

2018年PISA全球素养评估主要由"认知测试""背景问卷"两部分组成。认知测试的价值取向在于：

（1）培养学生分析当地、全球和跨文化问题的能力；

（2）理解和欣赏他人观点和世界观；

（3）与不同文化背景的人进行开放、得体和有效的互动；

（4）为集体福祉和可持续发展采取行动。

在背景问卷中，学生将被问到如下问题：

（1）你对国际事件的熟悉程度；

（2）你的语言和交际能力发展程度如何；

（3）你对"尊重不同文化背景下的人"之类的问题秉持何种态度；

（4）你在学校有哪些机会来发展全球素养。

---

① 上海师大国际与比较教育研究院邓文静编译：《PISA全球素养框架》，http://www.oecd.org/pisa/Handbook-PISA-2018-Global-Competence.pdf，2017-12-12。

3. 认知评估和背景问卷强调的教育政策问题

（1）学生能够在何种程度上批判审视当代议题在本地、全球和跨文化间的重要意义？

（2）学生能够在何种程度上理解和欣赏不同文化视角（包括他们自己的）并处理分歧与冲突？

（3）学生能够在何种程度上互相尊重文化差异？

（4）学生能够在何种程度上关心世界、采取行动来对他人生活产生积极影响和保护环境？

（5）国家和国家间在全球素养教育机会中存在哪些不平等现象？

（6）在学校系统和世界上最通常和经常使用的多文化、跨文化及全球教育方法是什么？

（7）教师为发展学生全球素养所做准备如何？

四、PISA 对我国教育的影响

2009 年和 2012 年，中国上海市连续两次参与 PISA，尽管总体成绩排名第一，但是人们并未因此而沾沾自喜，因为在"阅读评估"项目中，占试题 30% 的"非连续性文本"阅读，上海学生得分率很低。这个事实警醒了我国教育界：要重视 PISA 的导向性意义，其评估的价值取向应该成为我国深化课程改革的重要理念。

1. 义务教育语文课程标准的新元素

PISA 阅读测试的重点，是评价学生现实生活和终身学习所必需的知识和技能。命题主要考查学生在现实生活中需要的阅读能力，强调测试学生应用阅读知识和阅读技能解决生活中实际问题的能力。因此，我国 2011 年版语文课标增加了文体上的新分类，在"实用性文章"中增设了"非连续性文本""较为复杂的连续性文本"等新元素。

> 阅读简单的非连续性文本，能从图文等组合材料中找出有价值的信息。（第三学段）
> 阅读由多种材料组合、较为复杂的非连续性文本，能领会文本的意思，得出有意义的结论。（第四学段）

（1）非连续性文本的概念。非连续性文本，是指相对于以句子和段落组成的"连续性文本"而言的阅读材料，多以统计图表、图画等形式呈现，如数据表格、图表和曲线图及图解文字、凭证单、使用说明书、广告、地图等。如果"非连续性文本"是由上述多种材料组合而成，就构成了"较为复杂的非连续性文本"。

（2）非连续性文本的特点。该类文本直观、简明，概括性强，易于比较；在现代社会被广泛运用，几乎与人们的日常生活须臾不离，其实用性特征和实用功能十分明显。学会从非连续性文本中获取所需要的信息，并得出有意义的结论，是现代公民必备的阅读能力。

（3）意义及影响。世界各国的语文教育改革呈现共同趋势：在突出"听说读写"四大核心能力的基础上，积极向"观察、思考、评论"三大能力领域扩展，目的是提升人才综合竞争力。阅读视野指向多种文本：文学文本、信息文本、媒介本、视觉文本；能够进行理解性的选择、阅读和思考；能够运用多种策略、资源和技巧来阐释、选择和组合信息；能够理解多种文本的语言内容、艺术形式和整体风格,对多种文本进行批判解读。

2. 普通高中语文课程标准的重大改变

《普通高中语文课程标准(2017年版)》(以下简称"2017年版高中语文课标")较之2003年实验稿,呈现出四大变化、三大更新、两大热点。

(1) 四大变化

变化一 在陈述课程目标之前,提出语文核心素养概念,并明确了四个组成部分:语言构建与运用;思维发展与提升;审美鉴赏与创造;文化传承与理解。

变化二 课程总目标,由2003年实验稿的5条增加到12条:①语言积累与构建;②语言表达与交流;③语言梳理与整合;④增强形象思维能力;⑤发展逻辑思维;⑥提升思维品质;⑦增进对祖国语言文字的美感体验;⑧鉴赏文学作品;⑨美的表达与创造;⑩传承中华文化;⑪理解多样文化;⑫关注、参与当代文化。

变化三 新增加"选择性必修课程"。课程结构调整为:必修课程+选择性必修课程+选修课程。这三类课程分别安排7—9个学习任务群,中华优秀传统文化、革命文化和社会主义先进文化方面的内容始终贯穿这三类课程。

变化四 增加了"学业质量"部分,明确学业质量水准。所谓学业质量,就是学生在完成本学科课程学习后的学业成就表现。根据必修课程、选择性必修课程、选修课程的不同学习目标要求,将学生的学习结果划分为五个级别的水平。必修课程的学习要求见水平一、水平二的描述;选择性必修课程学习的要求见水平三、水平四的描述;选修课程学习的要求见水平五的描述。其中,水平二是语文学科高中学业水平考试的依据;水平四是高校考试招生录取的依据;水平五则是为对语文课程更有兴趣的学生所设的较高要求,修习情况可供高校或用人单位参考。这样的设置,体现了基础性、多样性和选择性相结合的课程实施理念。

(2) 三大更新

更新一 语文核心素养的概念,较之以往"语文能力""语文素养"等表述,四大核心素养的概括更加全面、更有高度,也更具学术意义。语文核心素养的四个方面是一个整体:"语言建构与运用"是语文学科核心素养的基础,在语文课程中,学生的思维发展与提升、审美鉴赏与创造、文化传承与理解,都是以语言建构与运用为基础,并在学生个体言语经验发展过程中得以实现的。语言是重要的交际工具,也是重要的思维工具;语言的发展和思维的发展互相依存,相辅相成。语言文字作品是人类重要的审美对象,语文学习也是学生审美能力和审美品质发展的重要途径;语言文字是文化的载体,也是文化的重要组成部分;学习语言文字的过程也是文化获得的过程。

更新二 "学习任务群"的设置,是语文课程内容的一次颠覆性革新。每一个任务群都包括"学习目标与内容""教学提示"两大主体内容。这种崭新的课程内容为更好地培养学生的语文核心素养创造了条件。设置学习任务群的意义在于:明确了课程编制的逻辑起点,重构教材编写的结构框架,重建语文教学的策略方式。这将改变我国文选型教材的传统,以生活本位取代过去的知识本位。模拟语文情景,设置具体任务,在完成任务过程中建构知识、实践方法,并形成情感态度与价值观。学习任务,不一定以选文单元形式出现,也可以以专题学习任务形式出现。学习专题即使以文章样式出现,也不一定遵循"定篇"阅读的策略,也可以用"例文""用件"等支架组成学习资源。

更新三　专题学习,成为学生主要学习形态。18 个学习任务群中,有 6 个直接标示为"专题研讨",即 13—18 任务群:"汉字汉语专题研讨""中华传统文化专题研讨""中国革命传统作品专题研讨""中国现当代作家作品专题研讨""跨文化专题研讨""学术论著专题研讨"。所谓专题研讨,就是不再以单篇精读课文为主要形式,而是围绕某个专题组织课程资源,进行研究性学习。

(3) 两大热点

热点一　强化优秀传统文化的渗透,这是该次课标修订的重点之一。

加强中华优秀传统文化教育,在各学科都有体现,语文课标最为突出:中华优秀传统文化内容贯穿必修、选择性必修和选修三个部分,凸显了三个特点:①内容全面:关于课内外读物建议,既保留原有的《论语》《孟子》《庄子》等选篇,又增加了《老子》《史记》等文化经典著作的选篇;要求学生广泛阅读的各类古诗文范围扩大,覆盖了从先秦到清末各个时期。②分量加重:课标明确作出数据化规定,"课内阅读篇目中,中国古代优秀作品应占 1/2"。③要求更高:在要求全面加强优秀传统文化教育的前提下,设置了中华优秀传统文化学习专题(详见"学习任务群 14　中华传统文化专题研讨"),进行中华传统文化经典作品深入学习研讨。另外,原标准"诵读篇目的建议",现在改为"古诗文背诵推荐篇目";推荐篇目数量从 2003 年版课标的 14 篇(首),增加到 72 篇(首),其中文言文 32 篇,诗词曲 40 首。

热点二　加强革命传统教育,这是本次课标修订的又一个重点。

在革命传统教育方面要求做到"两个结合"。①全面加强与专题学习相结合:一方面,要求将革命传统教育内容贯穿在必修、选择性必修、选修三个部分中;另一方面,要求设立专门的"革命传统作品"专题,以供集中学习研讨。②广泛阅读与深入精读相结合:一是要求学生在课内外广泛阅读革命先辈的名篇诗作、阐发革命精神的优秀论文与杂文,以及关于革命传统的新闻、通讯、演讲、述评等,课内外读物推荐篇目涉及毛泽东诗词,鲁迅、郭沫若、茅盾、巴金、艾青、臧克家、贺敬之、郭小川、周立波等一批作家反映革命传统的作品,让学生充分体会崇高的革命情怀;二是鼓励有兴趣的学生精读一部老一辈无产阶级革命家的诗文专集,或一部反映党领导人民进行革命、建设伟大历程的长篇文学作品,撰写研究报告或文学评论,深入体会革命志士以及广大人民群众为民族解放事业英勇奋斗、百折不挠的革命精神和革命人格。

相关链接

金荷华:《中外核心素养研究与教师教育课程的优化》,《江苏教育学院学报》2018 年第 2 期。

请扫描二维码下载:

第二章

语文学科核心素养

母语是本民族的语言,一个国家的语文教学往往就是指母语教学。母语课程是传承人类文明、弘扬民族文化、培养道德情操、促进智慧发展、掌握交流技能的途径。[①]

——顾明远

中国学生发展核心素养是党的教育方针的具体化、细化。为建立核心素养与课程教学的内在联系,充分挖掘各学科课程教学对全面贯彻党的教育方针、落实立德树人的根本任务、发展素质教育的独特育人价值,各学科基于学科本质,凝练本学科的核心素养,明确学生学习该学科课程后应达成的正确价值观念、必备品格和关键能力,对知识与技能、过程与方法、情感态度价值观三维目标进行了整合。

语文学科素养,是学生在积极的语言实践活动中构建起来并在真实的语言运用情境中表现出来的语言能力及品质,是学生在语文学习中获得的语言知识和语言能力、思维方法和思维品质、情感态度和价值观的综合体现。语文核心素养包括文化基础、自主发展、社会参与三大领域,主要涉及国家认同、国际理解、沟通与合作、学会学习、主动适应与创新、语言符号与表达、人文与审美等方面,最终指向"全面发展的人"。

2017年版高中语文课标指出,语文核心素养主要包括"语言建构与运用""思维发展与提升""审美鉴赏与创造""文化传承与理解"四个方面,主要通过阅读与鉴赏、表达与交流、梳理与探究等语文学习活动来实现。语文核心素养应根据学生小学、初中、高中不同学段,确定不同的内容。一般说来,学生年龄越小,越应该去学科化,提高语文教学的综合性。随着学生年级的升高和学生语文素养的逐步提高,语文学科核心素养应该逐渐细化。

第一节 语言建构与运用

一、"语言建构与运用"的含义及其重要性

1. 概念的含义

语言建构与运用,是指学生在丰富的语言实践中,通过主动积累、梳理和整合,逐步掌握

---

① 洪宗礼、柳士镇、倪文锦主编:《母语教材研究》卷一《中国百年语文课程教材的演进》,江苏教育出版社,2007年,第5页。

祖国语言文字特点及其运用规律,形成个体的言语经验,在具体的语言情境中正确有效地运用祖国语言文字进行交流沟通的能力。语文课程应该引导学生在真实的语言运用情境中,通过自主的语言实践活动,积累言语经验,把握祖国语言文字的特点和运用规律,加深对祖国语言文字的理解与热爱,培养运用祖国语言文字的能力;同时发展思辨能力,提升思维品质,培育社会主义核心价值观,培养高尚的审美情趣,积累丰厚的文化底蕴,理解文化多样性。

2. 奠基性和引领性地位

在2017年版高中语文课标中,"语言建构与运用"是语文核心素养的重要组成部分,也是语文素养整体结构的基础层面,因而被列为语文核心素养的第一项,对其他三项具有奠基性和引领性。这是由语文课程的基础性地位决定的,2011年版语文课标在"前言"中指出:"语文课程致力于培养学生的语言文字运用能力,提升学生的综合素养,为学好其他课程打下基础;为学生形成正确的世界观、人生观、价值观,形成良好个性和健全人格打下基础;为学生的全面发展和终身发展打下基础。"

学生语文运用能力的形成,思维品质与审美品质的发展,文化的传承与理解、创新意识的提升,都是以语言的建构与运用为基础的,并在学生个体言语经验的建构过程中得以实现。不断加深对祖国语言文字的理解和热爱,提高对祖国语言文字运用的能力,是语文课程赋予学习者的一项重要人格和品质,体现了语文课程特有的立德树人功能。语文课程对继承和弘扬中华民族优秀文化传统和革命传统,增强民族文化认同感,增强民族文化认同感,增强民族凝聚力和创造力,具有不可替代的优势。

二、"语言建构与运用"的目标要求

1. 语言积累与建构

积累较为丰富的语言材料和言语活动经验,形成良好的语感;在已经积累的语言材料间建立起有机的联系,在探究中理解掌握祖国语言文字运用的基本规律。

2. 语言表达与交流

能够凭借语感和对语言运用规律的把握,根据具体的语言情境和不同的对象,运用口头和书面语言进行文明得体的表达与交流,能将具体的语言文字作品置于特定的交际情境和历史文化情境中理解、分析和评价。

3. 语言梳理与整合

通过梳理和整合,将积累的语言材料和学习的语文知识结构化,将言语活动经验逐步转化为具体的学习方法和策略,并能在语言实践中自觉地运用。

三、"语言建构与运用"素养水平的层级表现

2017年版语文课标增加了"学业质量"部分。学业质量是学生在完成本学科课程学习后的学业成就表现,学业质量标准是以学科核心素养及其表现水平为主要维度,结合课程内容,对学生学业成就表现的总体刻画。将学生的学习结果划分为五个级别的水平。水平一、

水平二,是必修课程的要求;水平三、水平四,是选择性必修课程学习的要求;水平五,是选修课程学习的要求。其中,水平二是语文学科高中学业水平考试的依据,水平四是高校考试招生录取的依据,水平五则是为对语文课程更有兴趣的学生所设的较高要求,修习情况可供高校或用人单位参考。

1."语言积累与运用"水平一

表现为以下几个方面:

(1) 有主动积极的意识,不断扩展自己的语文积累,能对学过的各类语言材料进行归类。

(2) 留心观察生活,记录对生活的观察和感受;能主动将自己的积累用于语言理解和表达。

(3) 能注意语境与交流的关系,能根据具体的语言环境理解语言,能凭借语感和积累及时调整自己的语言表达,力求使语言表达准确清晰。

(4) 有反思和总结自己语文学习经验的意识,关注语文学习方法的学习。

2."语言积累与运用"水平二

表现为以下几个方面:

(1) 具有主动积累的习惯,能进一步扩展语言积累。

(2) 运用多种方法整理自己积累的语言材料,发现其语言运用中存在的比较明显的问题,并运用自己掌握的语言知识予以纠正。

(3) 具有反思并整理语文学习经验的意识。

(4) 能用多种形式整理、记录自己学习、生活中的所得。

3."语言积累与运用"水平三

表现为以下几个方面:

(1) 在扩展和整理自己语文积累的过程中,能发现联系,探索规律,尝试结合具体的语言材料,说明自己对语言运用规则的理解。

(2) 能借助已有的语言知识和语感,结合具体语境分辨词语语义和情感上的细微差别;能凭借语感推断结构比较复杂的语句的意思,能体味重要语句在语言环境中的意义和作用。

(3) 能根据具体的语境和表达的目的、要求,运用口头和书面语言,文从字顺、清晰明了地表达自己的真情实感。

(4) 在总结语文学习经验的基础上,能有意识地规划自己的语文学习,提高学习质量和效率。

4."语言积累与运用"水平四

表现为以下几个方面:

(1) 能不断扩展自己的语文积累,自觉整理在学习中获得的语言材料和言语活动经验;在梳理的基础上,尝试进行专题探究,发现其中蕴含的语言运用规律,并能用自己的语言加以解释。

(2) 能将发现的语言运用规律用于自己的语文学习实践。

(3) 能敏锐地感受文本或交际对象的语言特点和情感特征,迅速判断其表达的正误与恰当程度,察觉其言外之意和隐含的情感倾向。

（4）能根据具体的语境和表达的目的、要求，运用口头和书面语言，文从字顺、准确生动地表达自己的真情实感。

（5）乐于与他人分享自己的学习经验，主动吸收他人成功的经验。

5. "语言积累与运用"水平五

表现为以下几个方面：

（1）有探索语言运用规律的兴趣，能主动收集、整理、探究生活中常见的语言现象。

（2）能发现所学的语言文学作品中的各类联系，对学过的重要作品和具有典型性的语言材料进行分类整理，加深自己对各类作品的理解和领悟；在整理过程中，能提出自己感兴趣的问题，尝试用所学的知识解决相关问题。

（3）能根据具体的语境组织表达内容，选择合适的表达方式，有效地运用口头和书面语言实现沟通交流。

（4）能自觉、有效地规划自己的语文学习，乐于与同学分享自己的学习经验，主动帮助他人共同提高语文学习的质量和效率。

四、培育"语言建构与运用"素养应遵循的原则

1. 建立国家通用语言文字的规范意识

（1）了解《通用语言文字法》的国家意义。语言建构与运用，主要针对母语教育，也就是汉语与汉字的教育。汉语与汉字属于国家通用语言文字。2001年1月1日颁布施行的《中华人民共和国国家通用语言文字法》（以下简称《通用语言文字法》）在"总则"中特别指出："国家通用语言文字的使用应当有利于维护国家主权和民族尊严，有利于国家统一和民族团结，有利于社会主义物质文明建设和精神文明建设。国家颁布国家通用语言文字的规范和标准，管理国家通用语言文字的社会应用，支持国家通用语言文字的教学和科学研究，促进国家通用语言文字的规范、丰富和发展。"这些精神在语文课程中必须得到贯彻，每一个中国人应当认识到，学好和用好祖国的语言文字，是一种爱国行为，是一个中国人最基本的社会道德。

（2）了解普通话和规范汉字的使用范围。《通用语言文字法》第二章还规定了普通话和规范汉字必须使用的范围：一是国家机关的公务用语用字；二是学校及其他教育机构基本的教育教学用语用字；三是出版物和各种传媒的用语用字；四是公共服务行业的用语用字。这就将使用规范汉字和普通话纳入法律层面；同时把学习规范汉字与普通话的社会职责，赋予了学校教育的语文教材与教学。所以，将规范的汉语汉字的运用作为语文核心素养的第一原则，特别值得重视。

（3）规范使用语言文字的积极意义。我国是一个多民族和方言纷繁的大国，提出"通用语言文字"的概念，对语文教学是非常重要的。通用语言文字是本民族的标准语，是与外语相对应的，它是整个社会对外交流的语言。个人一旦进入书面语学习，就立即进入标准语（民族共同语）学习范畴。作为通用语的汉字汉语，不仅是汉族的语言，而且是中国公民更好行使公民权利、获得公民权益、履行公民义务的工具。标准语的学习，对施行双语学习的少数民族地区的政治、经济发展和文化建设也是很重要的。没有这种标准语，用纷繁复杂的地

域方言来交流,不但会在国际上使外国人一头雾水,而且就连国内的跨地域交流,也会困难重重,难以建立社会语言生活的正常原则,也难以解决提升中华民族凝聚力的问题。

2. 分清语文学习中"语言""言语"概念及其所指

(1) 辨别"语言""言语"概念的含义。语言学中关于"语言""言语"既有联系又有区别,掌握这一问题有利于提高语文教学的质量。语言是同一社会群体共同掌握的,所以它的意义必然是概括的;言语是个人的说话行为,是含有个人理解体验在内的,所以是具体的。语文课程学习中包括"语言"和"言语"。

(2) 理解语文课程学习中"语言""言语"所指。以语文课的词汇教学为例,如果主要是对词义的解读和体会,则学习的是"语言"——因为词义是用一种固定的语音系统负载的对事物的描述,它是客观的,也是概括的。如果进入言语作品的词汇的意义的阅读与理解,则学习的是"言语"——因为作品中的词汇是作者个人的话语的载体,是被作者的头脑加工了的融入了主观经验和审美情趣的产物。语文课程需要培养学生从言语作品中理解和归纳词义,从而丰富自己的词汇,提升自己运用和积累词汇的经验,而不是只会死记硬背字典中的条文。

3. 追求语感与语理的相互促进

(1) 语感的含义、特点及其构成。语感是一种修养,是在长期的规范语言应用和训练中养成的一种对语言文字,包括口头语言、书面语言的比较直接、迅速、灵敏的领会和感悟能力;它具有敏锐性、直接性、完整性、联想性、体验性,同时还具有模糊性、会意性和非理性。语感是语言感知力、语言领悟力、语言感应力、语言悬揣力、语言触发力的合力,是听说读写能力的核心。语感的层次通常是通顺感、生动感、得体感、幽默感、蕴藉感。

(2) 掌握语理的积极意义。语理可以理解为语言、言语学习中的规律和规则。语感和语理相互促进,在母语的学习和运用中是非常重要的,能理解并掌握汉语言运用的基本规律,能凭借语感和语言运用规律有效地完成交际活动。[①]

第二节 思维发展与提升

一、"思维发展与提升"的含义及指向

1. 概念的含义

思维发展与提升,是指学生在语文学习过程中,通过语言运用获得的思维能力发展和思维品质的提升。

2. 组成部分

思维发展与提升,具体指直接思维、形象思维、逻辑思维、辩证思维和创造思维的发展,以及深刻性、敏捷性、灵活性、批判性和独创性等思维品质的提升。语言的发展与思维的发展相互依存,相辅相成。因此,思维发展与提升也是学生语文核心素养的重要组成部分,是

---

① 王宁:《谈谈语言建构与运用》,《语文学习》2018年第1期。

学生语文素养形成和发展的重要表征之一。

二、"思维发展与提升"的目标要求

1. 增强形象思维能力

通过语文课程的学习,获得对语言和文学形象的直接体验;在阅读与鉴赏、表达与交流、梳理与探究活动中,运用联想和想象,丰富自己对现实生活和文学形象的感受与理解,丰富自己的经验与语言表达。

2. 发展逻辑思维能力

能够辨识、分析、比较、归纳和概括基本的语言现象和文学现象;并能有理有据地表达自己的观点和阐述自己的发现,运用基本的语言规律和逻辑规则,判别语言运用的正误,准确、生动、有逻辑地表达自己的认识,运用批判性思维审视语言文字作品,探究和发现语言现象和文学现象,形成自己对语言和文学的认识。

3. 提升思维品质

自觉分析和反思自己的语文实践活动经验,提高语言运用的能力,增强思维的深刻性、敏捷性、灵活性、批判性和独创性。

三、"思维发展与提升"素养水平的层级表现

1. "思维发展与提升"水平一

表现为以下几个方面:

(1) 在理解语言时,能提取和概括主要信息,能区分事实和观点,分析各部分内容之间的关系,发现观点和材料之间的联系。

(2) 能利用获得的信息解决具体的实际问题。

(3) 在表达时,能做到观点明确、内容完整、结构清楚。

2. "思维发展与提升"水平二

表现为以下几个方面:

(1) 在理解语言时,能区分主要信息和次要信息,理解并准确概括其内容、观点和情感倾向。

(2) 能对获得的信息及其表述逻辑作出评价。

(3) 能利用获得的信息分析并解决具体问题。

(4) 在表达时,能注意自己的语言运用,力求概念准确、判断合理、推理有逻辑。

3. "思维发展与提升"水平三

表现为以下几个方面:

(1) 在理解语言时,能准确概括观点和情感,能分析并解释观点和材料之间的关系。

(2) 能比较两个文本或材料,能在各部分信息之间建立联系,把握主要信息,分析、说明复杂信息中可能存在的多种关系。

(3) 能就文本内容和形式进行质疑,并能主动查找相关资料支持自己的观点;利用文本

中的相关信息解决具体问题。

(4) 在表达时,讲究逻辑,做到中心突出、内容具体、语篇连贯、语言简明通顺。

4."思维发展与提升"水平四

表现为以下几个方面:

(1) 在理解语言时,能准确、清楚地分析和阐明观点与材料之间的关系,能就文本的内容或形式提出质疑,展开联想,并能找出相关证据材料支持自己的观点,反驳或补充解释文本的观点。

(2) 能比较、概括多个文本的信息,发现其内容、观点、情感、材料组织与使用等方面的异同,尝试提出需要深入探究的问题。

(3) 能用文本中提供的事实、观点、程序、策略和方法解决学习和生活实际中遇到的具体问题。

(4) 在表达时,讲究逻辑,注重情感,能综合运用多种表达方式,从多个角度、多个方面表达自己的理解和感受,力求做到观点明确,内容丰富,思路清晰,感情真实健康,表达准确、生动。

5."思维发展与提升"水平五

表现为以下几个方面:

(1) 在理解语言时,能从多角度、多方面获得信息,有效地筛选信息,比较和分析其异同。

(2) 能清晰地解释文本中事实、材料与观点、推断之间的关系,分析其推论的合理性,或揭示其可能存在的矛盾、模糊或故意混淆之处等。

(3) 能依据多个信息来源,对文本信息、观点的真实性、可靠性作出自己的判断,并逻辑清晰地阐明自己的依据。

(4) 能从多篇文本或一组信息材料中发现新的关联,推断、整合出新的信息或解决问题的策略、程序和方法,并运用于解决自己学习和生活中遇到的相关问题。

(5) 能围绕某一方面的问题组织专题探讨,形成自己的观点。

(6) 在表达时,讲究语言运用,追求独创性,力求用不同的词语准确表达概念,用多种语句形式表达自己的判断和推理;尝试用多种文体、语体、多种媒介,多样地表达自己的思想和情感,追求表达的准确性、深刻性、灵活性、生动性。

第三节 审美鉴赏与创造

一、"审美鉴赏与创造"的含义及其过程

1. 概念的含义

审美鉴赏与创造,是指学生在语文学习中通过审美体验、评价等活动形成正确的审美意识、健康向上的审美情趣与鉴赏品位,并在此过程中逐步掌握表现美、创造美的方法。语文活动是人形成审美体验、发展审美能力的重要途径。

2. 获得该素养的过程

在语文学习中,学生是通过阅读鉴赏优秀作品、品味语言艺术,从而体验丰富情感、激发审美想象、感受思想魅力、领悟人生哲理,并在此过程中逐渐学会运用口头和书面语言表现美、创造美,形成自觉的审美意识和审美能力,养成高雅的审美情趣和高尚的鉴赏品位。因此,"审美鉴赏与创造"是学生语文核心素养的重要组成部分,也是其语文素养形成和发展的重要表征之一。

二、"审美鉴赏与创造"的目标要求

1. 增进对祖国语言文字的美感体验

感受祖国语言文字独特的美,增强热爱祖国语言文字的感情。

2. 独立鉴赏文学作品

感受和体验文学作品的语言形象和情感之美,能欣赏鉴别和评价不同时代、不同风格的作品;具有正确的价值观、高尚的审美情趣和审美品位。

3. 美的表达与创造

能运用祖国语言文字表达自己的审美体验,表达自己的情感、态度和观念,表现和创造自己心中的美好形象;讲究语言文字表达的效果及美感,具有创新意识。

三、"审美鉴赏与创造"素养水平的层级表现

1. "审美鉴赏与创造"水平一

表现为以下几个方面:

(1) 有欣赏文学作品的兴趣,能整体感受作品中的形象,把握作品的思想观点和情感倾向。

(2) 能运用口头语言和书面语言传达自己对作品的感受和理解。

(3) 在文学鉴赏中,有正确的价值观。

2. "审美鉴赏与创造"水平二

表现为以下几个方面:

(1) 喜欢欣赏文学作品,能整体感受作品的语言、形象和情感,展开合理的联想和想象。

(2) 能对作品的内容和形式作出自己的评价。

(3) 在文学鉴赏中,有正确的价值观,有追求高尚审美情趣和审美品位的意愿。

3. "审美鉴赏与创造"水平三

表现为以下几个方面:

(1) 喜欢欣赏文学作品,借助联想和想象丰富自己对文学作品的体验和感受,能品味语言,感受语言的美。

(2) 能运用多种形式表达自己的体验和感受。

(3) 能对具体作品作出评论。

(4) 在鉴赏中,能坚持正确的价值观,体现高雅的审美追求。

4. "审美鉴赏与创造"水平四

表现为以下几个方面:

(1) 在鉴赏活动中,能结合作品的具体内容,阐释作品的情感、形象、主题和思想内涵,能对作品的表现手法作出自己的评论。

(2) 能比较两个以上的文学作品在主题、表现形式、作品风格上的异同,能对同一个文学作品的不同阐释提出自己的看法或质疑。

(3) 喜欢尝试用不同的语言表现形式表达自己的思想和情感,尝试创作文学作品。

(4) 在文学鉴赏和语言表达中,追求正确的价值观、高尚的审美情趣和审美品位。

5. "审美鉴赏与创造"水平五

表现为以下几个方面:

(1) 在鉴赏活动中,能从不同角度、不同层面鉴赏文学作品,能具体清晰地阐释自己对作品的情感、形象、主题和思想内涵、表现形式及作品风格的理解。

(2) 能比较多个不同作品的异同,能对同一作品的不同阐释发表自己的观点,且内容具体,依据充分。

(3) 能对作品的艺术形象及价值有独到的感悟和理解。

(4) 有文学创作的兴趣和愿望,愿意用文学的形式表达自己的情感,追求正确的价值观、高尚的审美情趣和审美品位。

第四节 文化传承与理解

一、"文化传承与理解"的内涵及意义

1. 概念的含义

文化传承与理解,是指学生在语文学习中,继承和弘扬中华优秀传统文化、革命文化、社会主义先进文化,理解和借鉴不同民族和地区的文化,拓展文化视野,增强文化自信,提升中国特色社会主义文化自信,热爱祖国语言文字,热爱中华文化,防止文化上的民族虚无主义。

2. 该素养获得的过程

语言文字是文化的载体,又是文化的重要组成部分。学习语言文字的过程,也是文化获得的过程。通过语言文字的学习,实现文化的传承与理解。因此,"文化传承与理解"是语文核心素养的重要组成部分,也是学生语文素养形成和发展的重要表征之一。

二、"文化传承与理解"的目标要求

1. 传承中华文化

通过学习运用祖国语言文字,体会中华文化的博大精深、源远流长,体会中华文化的核心思想理念和人文精神,增强文化自信,理解、认同、热爱中华文化,继承、弘扬中华优秀传统文化和革命文化。

2. 理解多样文化

通过学习语言文字作品,懂得尊重和包容,初步理解和借鉴不同民族、不同区域、不同国家的优秀文化,吸收人类文化的精华。

3. 关注、参与当代文化

关注并积极参与当代文化传播与交流,在运用祖国语言文字的过程中,坚持文化自信,提高社会责任感,增强为中华民族伟大复兴而奋斗的使命感。

三、素养水平的层级及其表现

1."文化传承与理解"水平一

表现为以下几个方面:

(1) 有通过语文学习理解文化的意愿,能通过阅读文学作品,扩展自己的视野,丰富自己的人生体验,感受和理解不同时代和地区的文化。

(2) 能主动梳理语文课程中涉及的文化现象,了解其中包含的中国传统文化内容,重视优秀传统文化的继承。

2."文化传承与理解"水平二

表现为以下几个方面:

(1) 表现出对中华优秀传统文化的兴趣,喜欢学习汉语和汉字,喜欢积累优秀古代诗文,能主动梳理和探究语言材料中蕴含的中国传统文化内容。

(2) 能在自己的表达中运用富有文化意蕴的语言材料和语言形式,增强语言的表现力。

(3) 能理解各类作品中涉及的文化现象和观念,能理解和包容不同的文化观念,能运用所学的知识对学习中遇到的一些文化现象发表自己的看法。

(4) 关注当代语言文化现象,积极参与相关的多种语文实践活动。

3."文化传承与理解"水平三

表现为以下几个方面:

(1) 关注语言与文化的关系,有探究文化问题的意识。

(2) 对汉语、汉字和中华优秀传统文化有较浓厚的兴趣,有主动积累、梳理、探究富有文化意蕴的语言材料的习惯。

(3) 有比较、分析古今中外各类作品所反映的文化现象、文化观念的意识,能根据语文课程学到的内容,对阅读和表达交流中涉及的有关文化现象展开讨论,有依据、有逻辑地阐明自己的观点。

(4) 关心当代语言文化现象,积极参与多种实践活动,通过调查访问、辩论演讲、专题讨论等活动,发展自己的文化理解与探究能力。

4."文化传承与理解"水平四

表现为以下几个方面:

(1) 有通过语言学习深入理解、探究文化问题的浓厚兴趣和意愿,能在阅读和表达交流中探析有关文化现象。

(2) 能结合具体作品,分析、论述相关的文化现象和观念,比较、分析古今中外各类作品在文化观念上的异同。

（3）能主动参与语文文化问题的讨论和相关的社会实践活动，能综合运用所学知识，对自己感兴趣的某些语言、文学、文化现象及社会热点问题进行专题探究，并尝试撰写相关调查报告或专题研究报告。

（4）发展自己的文化理解与探究能力，主动吸收先进的文化，传承中华优秀传统文化。

5."文化传承与理解"水平五

表现为以下几个方面：

（1）有通过语言学习深入理解、探究文化问题的浓厚兴趣和意愿，能在阅读和表达交流中探析有关文化现象。

（2）具有文化批判和反思的意识，能结合具体作品，从多角度、多层面分析、论述相关的文化现象和观念。

（3）能主动参与语言文化问题的讨论和相关的社会实践活动，能综合运用所学的知识，对生活中自己感兴趣的某些语言、文学、文化现象及社会热点问题进行专题探究，写相关调查报告或专题研究报告，组织专题讨论和报告会。

（4）尝试用历史眼光和现代观念，辩证地审视和评论古今中外语言文学作品的内容和思想倾向，对当代文化建设发表自己的见解。

总之，语文学科核心素养的四个方面即"语言建构与运用""思维发展与提升""审美鉴赏与创造""文化传承与理解"是一个整体。语言是重要的交际工具，也是重要的思维工具。语言的发展与思维的发展相互依存，相辅相成。语言文字是文化的载体，又是文化的重要组成部分；学习语言文字的过程，也是文化获得的过程。语言文字作品是人类重要的审美对象，语文学习也是学生审美能力和审美品质发展的重要途径。

语言建构与运用是语文学科核心素养的基础。在语文课程中，学生的思维发展与提升、审美鉴赏与创造、文化传承与理解，都是语言建构与运用为基础，并在学生个体言语经验发展过程中得以实现。因此，在践行过程中，不是一个一个单独施行，更不是一个一个分别实现。不管在什么时候、采用什么方式，虽然有侧重，但都是综合推进的。2017年版高中语文课标设计的18个"学习任务群"就是素养教育综合性的具体方式。

> **相关链接**

金荷华：《多元文化背景下如何强化语文素养的民族性》，《江苏教育学院学报》2017年第7期。

请扫描二维码下载：

第三章

语文教师核心素养

天命之谓性，率性之谓道，修道之谓教。道也者，不可须臾离也；可离，非道也。

——《中庸》

第一节 语文学科知识

一、现代汉语基础知识

（一）汉字知识

1. 字形：汉字造字及演变

（1）理解"汉字六书"。

汉字六书，是指汉字的六种构造方法，是后来的人对汉字分析而归纳出来的系统。六书即象形、指事、形声、会意、转注、假借，其中象形、指事、会意、形声是"造字法"，转注、假借是"用字法"。东汉许慎《说文解字》对汉字"六书"所作的具体解释，是历史上首次对六书定义的正式记载，后世对六书的解说，仍以许慎的解释为核心。

① 象形：属于"独体造字法"。象形字是一种最原始的造字方法，用文字的线条或笔画，把要表达物体的外形特征，具体地勾画出来。例如，"门"字就是左右两扇门的形状；再如日、月、山、水、木、自、龟、马、鱼、门，均是象形字。

② 指事：属于"独体造字法"。有两类：一类是符号见意，如一、三、上、下。另一类是加标指物，以象形字为主体，再加上某个抽象符号构成一个新字。例如，"凶"字是在陷阱处加上交叉符号；再如刃、本、末、甘、朱，均是指事字。

③ 会意：属于"合体造字法"。会意字由两个或多个独体字组成，以所组成的字形或字义，合并起来表达此字的意思。例如，解、信、林、森、休、秉、采、集、众、爨、从、牧、取，均是会意字。

④ 形声：属于"合体造字法"。形声字由形旁（"义符"）和声旁（"音符"）两部分组成。形旁表示字的意思或类属，声旁表示字的相同或相近发音。例如，江、堤、颗、颖、荆、樱、肓，均是形声字。形声字发展很快，据有关统计，形声字在甲骨文中占 27%，在《说文解字》中占82%，在《康熙字典》中占 90%。

⑤ 转注：属于"用字法"。不同地区因为发音不同，以及地域上的隔阂，以致对同样的事物会有不同的称呼。当这两个字是用来表达相同的东西，词义相同时，它们会有相同的部首或部件。例如，"考""老"二字，本义都是长者；"颠""顶"二字，本义都是头顶；"窍""空"二字，本义都是孔。这些字有着相同的部首（或部件）及解析，读音上也是有音转的关系。

⑥ 假借：假借就是同音替代。口语里有的词，没有相应的文字对应，于是就找一个和它发音相同的同音字来表示其含义。例如，"自"本来是"鼻"的象形字，后来借作"自己"的"自"；再如"而"本来是胡须的意思，后来被借用作虚词，表示多种连接关系和第二人称代词（古同"尔"）。

(2) 了解汉字的演变及其特点。

汉字的产生年代，目前尚无公认的确切答案。据近年考古发现，具有文字性质的符号在距今五六千年前就出现了。汉字经历了"甲、金、篆、隶、楷、草、行"七个演变时期，不同时期的汉字具有代表性特点，总体呈现共性特点：对称、平衡、流动、形象。

① 甲骨文：刻在龟甲或兽骨上的文字；特点是线条纤细，字形瘦削。甲骨文是中国已发现的最早、体系较完整的文字，这些文字记录了中国商代后期统治者的政治和祭祀活动，是研究古代社会的重要依据。

② 金文：又叫铭文、钟鼎文，是铸或刻在青铜器上的文字；特点是字势阔大，笔力宏肆。相较于甲骨文，金文中增加了大量的形声字，还出现了许多简体。

③ 篆书：篆书是大篆、小篆的统称。大篆，又有"籀文""周篆""史书"之称，因周宣王时太史籀作《大篆》15篇而得名；小篆，又名"秦篆"，是经过整理的秦国文字，秦始皇统一中国实施"车同轨，书同文"政策，废除战国时期六国古文，并将原来使用的篆书进行简化，为书写和交流带来了方便，推动了中华文明的发展。篆书的特点：因形立意，体正势圆。

④ 隶书：字形改篆书的圆长为方扁，字体雍容华贵。笔画有折无转，并有波挑，方笔与圆笔兼用。

⑤ 楷书：楷书的出现，标志着汉字成为方块字基本定型。特点：字体中正严谨，更加规范。其主要笔画是点、横、竖、撇、捺。

⑥ 草书：打破了楷书中规中矩的写法，采用了不少变式，字体天马行空，具有特殊的艺术效果。

⑦ 行书：由于草书难以辨认，介于楷书与草书之间的"行书"应运而生。特点：字体行云流水，既美观，又实用。

总之，汉字的发展过程是其不断简化、规范和实用的过程。汉字的象形性、表意性特征，使其凝结了丰富的民族传统文化意蕴，具有独特的文化魅力。

2. 字音：正确运用汉语拼音

(1) 掌握拼音大写的范畴。

①句子开头的第一个字母要大写。②诗歌每行开头的第一个字母要大写。③专有名词的第一个字母要大写。④汉语中人名的姓和名字开头的第一个字母要大写。⑤以"老、小、大、阿"开头的称呼，"老、小、大、阿"的声母要大写。⑥文章标题可以全部大写，也可以每个词开头的字母大写，有时为了美观，可以省略声调符号。⑦表地名和行政区划单位的词，第一个字母要大写。⑧商品商标的每一个字母都要大写。⑨店铺、商号、宾馆、会馆等名称的每一个

字母都要大写。拼音的连写和分写：以词为拼写单位，单个词要连在一起写，词与词要分开写。

(2) 掌握音变规律：轻声、儿化、变调。

① 轻声。有三种情况：一是多见于口语词汇，后一个字读轻声，如爸爸、孩子、东西、寒碜；二是时态助词"着、了、过"读轻声；三是结构助词"的、地、得"读轻声。

② 儿化。儿化音是一个音节，不能写读成两个音节。如头儿、花儿写读为 tóur、huār，不是 tóu er、huā er。

③ 变调。一是上声变调，两个上声相连，前一个变阳平，如小雨、窈窕。二是"一、不"变调，包括三种情况：第一，单念或者在词尾读本调；第二，再去声前读阳平，如一样(yí)、不怕(bú)；第三，在阴平、阳平、上声前，"一"变去声，"不"仍读去声，如："一家、一年、一把"(yì)"不孬、不来、不好"(bù)。

3. 汉字形、音、义的辨别

(1) 掌握基本字的形、音、义。《义务教育阶段语文课程标准(2011 年)》"附录 3 识字、写字教学基本字表"(300 个)。

(2) 掌握常用字的形、音、义。参见"义务教育语文课程常用字表"(2500＋1000 个)中字的形、音、义。

(二) 词汇知识

1. 词和词汇

词，是具有一定的意义、固定的语言形式，可以独立运用的语言单位。词汇又称语汇，是词和词的集合体。词汇是语言的建筑材料。词汇有不同的类别：按音节，分为单音词、复音词、多音词；按内部结构，分为单纯词、合成词；按意义，分单义词、多义词、同义词。

2. 词的使用

(1) 重视古汉语词汇。古代汉语词汇，记录了古代生活，是宝贵的民族文化积淀。学习、理解并适当运用古汉语词汇，发挥其高度凝练的表意功能，是提高语言素养的重要途径。如"稼穑""福祉""社稷"等。

(2) 正确对待方言及外来语汇。方言是特定地域的群体所使用的交通工具，也是特定地域社会历史的活化石，很多方言已经被吸纳进普通话系统，如"蹩脚""揩油""来头"等。外来语是语言发展的一个重要来源，当今随着经济全球化的发展，大量外来词汇迅速融入社会生活，如"DNA""世界经合组织""PISA"等。方言及外来语的使用，要遵循约定俗成的原则，规避随意穿插、生造词语等现象。

(3) 正确使用成语和熟语。成语的意义是约定俗成的，而且大多承载着特定的典故。了解典故、理解含义，是正确使用成语的前提。特别要弄清容易误解的成语，如不耻下问、望其项背、万人空巷、不刊之论等。

(三) 语法知识

1. 实词与虚词

(1) 实词及其类别。实词，有实在意义，能够单独充当句子成分，一般能单独回答问题。实词包括名词、动词、形容词、数词、量词、代词六类。

(2) 虚词及其类别。虚词,没有实在意义,一般不能充当句子成分,不能单独回答问题。少数副词如"不""也许""没有"等也可以单独回答问题,但只能配合实词造句,表示种种语法关系。虚词包括副词、连词、介词、叹词、助词、语气词六类。

2. 短语及其结构

短语,又叫词组,是大于词而又不是句子的语法单位;短语加上句调可以成为句子,如"祖国伟大"是主谓短语,"祖国伟大!"就是句子。短语的结构类型,常见的有如下几种:

(1) 并列式:指由两个意思相近或相反的词组成的短语,如人民群众(名+名),调查研究(动+动),庄严肃穆(形+形)。

(2) 偏正式:由修饰语和中心语组成的短语,如伟大祖国(定语+中心语)、欣欣向荣(状语+中心语)。

(3) 主谓式:由两个词语组成,前一个词语提出主题,后一个词语对它加以陈述,如经济繁荣(主+谓)、生活富裕(主+谓)。

(4) 动宾式:又称"述宾短语",由动词与后面受动词支配的成分组合而成,如发动群众(动词+宾语)、搜寻信息(动词+宾语)、写作散文(动词+宾语)。

(5) 补充式:前一个语素表示动作、行为,后一个语素对它加以补充,如迫不及待、欣喜若狂、发展迅速。

3. 单句与复句。

(1) 句子及其成分。

句子是语言运用的基本单位,由词、词组(短语)构成,能表达一个完整的意思,其结尾用句号、问号、省略号或感叹号。句子有多种类型:①按语气划分,有陈述句、疑问句、祈使句、感叹句;②按结构划分,有单句和复句,主谓句和非主谓句。不同类型的句子有不同的表达效果。单句的成分,主要有主语、谓语、宾语、定语、状语、补语。其具体位置有口诀如下:"主谓宾、定状补,谓前为状谓后补。"有时为了表达的需要,可以临时调换句子成分的位置,如主谓倒置、宾语前置、状语后置等,在古汉语中常见此类现象;现代汉语也有,例如"科学研究就是生命,对他而言"(状语后置)。

(2) 单句与复句。

单句是由短语和单个的词构成的句子,其成分包括主语、谓语、宾语、定语、状语、补语,单句再长,也只有一套句子成分。例如:

至于(这一次在弹雨中相互救助,虽殒身不恤)的事实,则[更]足为(中国女子的勇毅,随遭阴谋秘计,压抑至数千年,而终于没有消亡)的明证了。

复句,由两个或两个以上意义紧密联系的单句(分句)组成,可以划分出两套以上的句子成分。常见的复句关系有并列、递进、选择、转折、因果、假设、条件等。理解及使用复句时,要重视关联词的作用,尤其是配套使用的关联词,如:之所以……是因为……,不但……而且……,虽然……但是……。复句再短,也有不止一套句子成分。例如:

有的人活着,他已经死了;有的人死了,他还活着。

(四) 修辞知识

修辞，有广义和狭义之分。广义的修辞，是指说话或写作中积极调整语言运用，以期达到最佳表达效果的行为。词语的运用，不仅要讲究科学，还要讲究艺术；根据表达的需要，可以打破常规，如改变词性、故意错位、仿拟、成语翻新等，能最大限度地达到理想的表达效果。句子的选用要注意以下几点：一是合理安排语序；二是合理安排句式；三是合理取舍长短。

狭义的修辞，就是修辞手段，又叫修辞格，即运用语言的方式、方法或技巧规律。如果说语法讲究语言"通不通"，逻辑讲究语言"对不对"，那么修辞讲究的就是语言表达"好不好"。常见的修辞格有：比喻、借代、比拟、夸张、排比、对偶、对比、反复、设问、反问、衬托、顶真、双关、互文。学习各种修辞手段，并不限于识别，更在于理解各种修辞手法的运用所带来的表达效果，并学习在说话和写作中恰当运用不同的修辞手法。以下重点阐释几种类型。

1. 借喻、借代

（1）借喻：本体和比喻词都不出现，直接以喻体代替本体。例如，"迎面是一条白带子"（李健吾《雨中登泰山》），白带子，即小型瀑布。

（2）借代：不把要说的人和事物直接说出来，而是借用与之相关联的人和事物替代；表现形式有局部代整体、实体代抽象、特征代本体，还有专名代泛称、结果代原因，等等。例如，"解放军不拿群众一针一线"（局部代整体）；"互联网经济的发展，会有更多的'京东'出现"（专名代泛称）；"打，打得你长风归去，打得你密州出猎，打得你大江东去"（实体代抽象）。

借喻、借代的区别：借代重在"代"，相关而代；而借喻重在"喻"，相似而喻。

2. 对比、衬托

（1）对比：又称对照，是把两种性质特点不同的事物，或一种事物的两个方面进行比较的一种修辞格。通过对比，可产生鲜明的反差，从而突出事物的性质和特点。例如，"……太明了，秦淮河的波太暗了……"（朱自清《荷塘月色》）

（2）衬托：用类似的事物、反面的或有差别的事物作陪衬，从而渲染、突出主体的一种修辞格。衬托有正衬、反衬两种形式。

正衬，用类似的事物衬托所描绘的事物，如"回眸一笑百媚生，六宫粉黛无颜色"。反衬，用相反或相异的事物衬托所描绘的事物，常见反衬有以景衬情、以动衬静、以虚衬实几种情况，如"唧唧复唧唧，木兰当户织，不闻机杼声，惟闻女叹息"（以动衬静）。

对比、衬托的区别：对比，是将相反或相似的两种事物互相比照，以表现某种意境或思想；构成对比的双方不分主次。衬托，是以次要事物作为陪衬，用以突出主要事物；一方是工具，一方是目的，两者主次分明。

3. 顶真、回环

（1）顶针：亦称顶真、联珠、蝉联，是指上句的结尾与下句的开头使用相同的字或词，用以修饰两个句子的声韵的修辞格。例如，"名不正则言不顺，言不顺则事不成；事情不成则礼乐不兴，礼乐不兴则刑罚不中；刑罚不中则民无所措手足"（《论语·子路》）。

（2）回环：是用相同的语句回环往复地表情达意的一种修辞方式，形式上表现为词语相同而语序相反。例如，"血雨腥风，毛竹青了又黄，黄了又青，不向残暴低头，不向敌人弯腰"（袁鹰《井冈翠竹》）。回环还有一种表现形式"回文"，即一句话或一首诗，顺着读，倒着读，都构成通顺的语意,例如,画上荷花和尚画。唐代吴兢《乐府古题要解》:"回文诗,回复读之,皆歌而成文也。"回文诗,有通体回文、就句回文、双句回文、本篇回文、环复回文等。例如2013年5月,一封名为《百字令》的微情书红遍网络,作者胡慧盈,这篇香港中文大学微情书大赛一等奖作品,以其精妙的文笔,工整的排比,文字呈现菱形排列,引发无数网友感动流泪,竞相模仿。

见
惊艳
目流连
再难思迁
踌躇欲向前
只恐天上人间
悲欢喜怒一线牵
循环往复恨此心坚
花开花落转眼已三年
天人合一处垂首对漪涟
思或淡情未移口三缄
燕去燕归沧海桑田
倘注定有分无缘
亦感蒙赐初面
纵此生不见
平安惟愿
若得闲
仍念
歉

2013年5月20日,中南财经政法大学大二学生刘佳文仿写"分手版"百字微情书,可谓与前者难分伯仲。

忘
无妨
情本伤
君已成双
辗转夜未央
回首往事凄凉
阶前起誓旧模样
逝如秋叶哀似枯杨
离君身旁梳妆博谁望
落泪成珠祭此青春散场
卿以远情已淡伤无恙
安然孑立静默成长

再重遇旧时景光
嘴轻扬笑当场
回忆当珍藏
陈如佳酿
细回想
清香
漾

4. 双关、互文

（1）双关：是在一定的语言环境中，利用词的多义和同音的条件，有意让语句具有双重意义，言在此而意在彼的一种修辞格。双关可使语言表达含蓄、幽默，且能加深语意，给人以深刻的印象。常见的有谐音双关、语义双关，如"东边日出西边雨，道是无晴却有晴"（晴与情谐音）；"将那三春看破，桃红柳绿待如何？把这韶华打灭，觅那清淡天和"（《红楼梦》），此处"三春"字面上指暮春，另暗含元春、迎春、探春三个人。

（2）互文：即互文见义，是古诗文中常见的一种修辞手法。在语意相对或相关的文句里，前后两句互相呼应、互相交错，意义上互相渗透、互相补充，从而使文句更加整齐和谐、更加精炼。例如，"秦时明月汉时关，万里长征人未还"；"谈笑有鸿儒，往来无白丁"；"不以物喜，不以己悲"；"主人下马客在船，举杯欲饮无管弦"。

二、古代汉语基础知识

古汉语知识是阅读文言文的基础，需要积累大量的实词和虚词及其意义，熟悉词类活用及文言句式等知识，为更好地阅读文言打下良好的基础。

（一）异读字

文言文中的异读字有三种情况：一是破音异读，如"沛公欲王(wàng)关中"；二是通假异读，如"明日不可不蚤(早)自来谢项王"；三是古音异读，如"周景王之无射(yì)也"。

（二）文言实词

文言文中，存在大量实词，掌握文言实词的意义及用法，是提高阅读文言文能力的关键。

1. 一词多义

相同的词在不同的语境中有不同的词义。例如"书"，"家贫，无以致书以观"，即书籍；"使人遗赵王书"，即书信。又如"师"，"师者，所以传道授业解惑也"，即老师，名词；"吾师道也"，即学习，动词；"吾从而师之"，即以……为师，动词；"渔工水师虽知而不能言"，即对有专门技艺并以此为业的一类人的称呼。

2. 词类活用

（1）名词的活用。

① 名词用作动词。如"范增数目项王"：用眼睛看，即使眼色。"假舟楫者，非能水也，而绝江河"：游水。"函梁君臣之首"：用匣子装。

② 名词作状语。如"常以身[翼]蔽沛公","[箕畚]运于渤海之尾","其一[犬]坐于前","骊山[北]构而[西]折"。

(2) 动词的活用。

动用作名词。例如：

①"殚其地之出,竭其庐之入"：产出的东西；收入的东西。②"退而甘食其土之有"：拥有的东西。③"盖其又深,其至又加少矣"：到的人（游客）。

(3) 形容词活用。

① 形容词用作名词。如"将军身披坚执锐"：坚韧的铠甲。"居庙堂之高……处江湖之远"：高的职位；偏远的地方。"亦以明死生之大,匹夫之有重于社稷也"：重大意义；重要性。

② 形容词用作动词。如"使上官大夫短屈原于顷襄王"：揭短。"亦以明死生之大,匹夫之有重于社稷也"：阐明。

(4) 使动用法。

① 名词使动用法。如"先生之恩,生死而肉骨也"：使死人活过来,使白骨长出肉。

② 动词的使动用法。如"能谤讥于市朝,闻寡人之耳者,受下赏"：使……听到。"项伯杀人,臣活之"：使……活下来。"李牧连却之"：使……退却。

③ 形容词使动用法。如"销锋镝,铸以为金人十二,以弱天下之民"：使……削弱。"……以愚黔首"：使……愚笨。

(5) 意动用法。

① 名词的意动用法。如"孟尝君客我"：……以我为客。"粪土当年万户侯"：把……当作粪土。

② 形容词意动用法。如"吾妻之美我者,私我也"：以我为美。"成以其小,劣之"：认为它劣等。

3. 古今词义变化

(1) 词义的扩大。

例如：①"曹操自江陵顺江东下"：古专指长江；今泛指江。②"践华为城,因河为池"：古专指黄河；今泛指河流。

(2) 词义的缩小。

例如：①"亲戚或余悲,他人亦已歌"：古包括内亲、外戚；今指外戚。②"穷饿无聊,追购又急"：古指悬赏追求、重金收买；今指用钱买。③"衡少善属文,游于三辅"：古指交游、游学；今一般指游水。

(3) 词义的转移。

例如：①"烈士暮年,壮心不已"：古指勇敢刚烈之人；今指为正义献出生命。②"檐牙高啄,各抱地势,勾心斗角"：古代心指宫室的中心；角指檐角；形容宫殿建筑的结构交错精致。今比喻各用心机,互相排挤、攻击。③荷蓧丈人：古指对老年男子的称呼；今指岳父。

（三）文言虚词

在整个文言词语中,文言虚词虽然只占一小部分,如"之乎者也"等,但它的语法作用却很大,除了起到停顿、调节语气等作用,还充当许多句式的标志。例如以"者""也"为标志的文言句式：
 1. 判断句："陈胜者，阳城人也"；"客之美我者，欲有求于我也。"
 2. 被动句："有如此之势而为秦人积威之所劫"；"不者，若属皆且为所俘虏。"
 3. 定语后置句："求人(可使报秦)者未得"；"亦雁荡(具体而微)者"。
 另外，文言虚词中有"虚词不虚"的现象，例如：
 ① "辍耕之垄上"：之，动词，走到。
 ② "之二虫又何知"：之，代词，这。
 ③ "余亦悔其随之而不得极夫游之乐也"：其，代词，自己。

(四) 特殊句式

 1. 判断句
 (1) 用"者""也"，或"……者……也"表判断，如"南冥者，天池也"。
 (2) 用"乃""则""为"，或"非"表判断，如"此乃孟达之计，非我所愿"。
 (3) 无标志判断，如"刘备，天下枭雄"；"雁荡山，天下奇秀"。
 2. 倒装句
 (1) 宾语前置句。
 ① 疑问句宾语前置。如"大王来何操？""何以知之？""微斯人，吾谁与归？"
 ② 否定句宾语前置。如"自古及今，未之尝闻"；"三岁贯汝，莫我肯顾"；"古之人不余欺也"。
 ③ 靠"之"提前宾语。如"句读之不知，惑之不解"；"何陋之有？"
 ④ 固定结构："唯……是……"提前宾语。如"唯利是图"；"唯余马首是瞻"。
 (2) 状语后置句。
 状语后置，又称介词结构后置。如"唐浮图慧褒始舍于[其址]"；"余方心动欲还，而大声发于[水上]"。
 (3) 定语后置句。
 如"求人(可使报秦)者未得"；"太子及宾客(知其事)者"；"石之(铿然有声)者"；"马之(千里)者"。
 (4) 主谓倒装句。
 为了突出谓语，而将其提前。如"宜乎百姓之谓我爱也"；"甚矣，汝之不慧也"；"痛哉斯言"。
 3. 被动句
 (1) 用"为""为……所"表被动。如"身死人手，为天下笑者"；"身死国灭，为天下笑"。
 (2) 用"受""见""于"，或"见……于""受……于"表被动。如"信而见疑，忠而被谤"；"臣诚恐见欺于王而负赵"。
 (3) 无标志被动句。如"洎李牧以谗诛"。
 4. 省略句
 (1) 省主语。如"永州之野产异蛇，(蛇)黑质而白章"。
 (2) 省宾语。一是省动词宾语，如"权起更衣，肃追(之)于宇下"；二是省介词宾语，如

"老吾老以(之)及人之老,幼吾幼以(之)及人之幼"。

(3) 省介词。如"将军战(于)河北,臣战(于)河南"。

(五) 掌握文言文翻译的策略

1. 注意特殊句式的翻译

(1) 何由济乎？——凭什么来获得成功？

(2) 其李将军之谓也？——说的就是李将军吧？

(3) 石之铿然有声者,所在皆是也。——敲敲发出铿铿响声的石头,到处都是。

(4) 甚矣,汝之不惠！——你太不聪明了！

(5) 公与之乘,战于长勺。——鲁庄公与曹刿乘战车,在长勺与齐国军队作战。

2. 把握固定句式的用法和意义

古汉语中有些不同词性的词,经常连用或配合使用,形成一种固定的格式,或称"凝固结构",如"……者……也""得无……乎""……孰与……""无乃……乎""不亦……乎"等。翻译时要注意这些习惯句式的用法。

(1) 如今人为刀俎,我为鱼肉,何辞为？——何……为：表反问,译为"为什么……呢？"

(2) 舟已行矣,而剑不行。求剑若此,不亦惑乎？——语气委婉的反问：译为"不是……吗？"

(3) 日饮食得无衰乎？——表推测语气：译为"……该不会……吧？"

(4) 师劳力竭,远主备之,无乃不可乎？——表委婉语气：译为"……恐怕不可以吧"。

3. 注意偏义复词的取舍

偏义复词,即一个词由两个意义相近、相反的语素构成,其中一个语素有意义,另一个只作陪衬,翻译时该衬字省略。

(1) 宫中府中,俱为一体,陟罚臧否,不宜异同。——不同。

(2) 昼夜勤作息,伶俜萦苦心。——劳作。

(3) 今有一人,入于园圃,窃其桃李。——种树之处叫"园",种菜之处叫"圃",此处专指"园"。

(4) 是芙蕖也者,无一时一刻不适耳目之观。——主要指"目"。

4. 理清互文合叙的顺序

(1) 负者歌于途,行者休于树。——负者、行者在路上唱着歌,在树下休息。

(2) 主人下马客在船。——主人和客人一同下马,上了船。

(3) 素湍绿潭,回清倒影。——洁白的激流回荡着清澈的漩涡,碧绿的深潭倒映着周围的景物。

(4) 谈笑有鸿儒,往来无白丁。——(在陋室)往来谈笑的是知识渊博的儒生学子,没有目不识丁的寻常百姓。

(5) 秦时明月汉时关。——秦时明月秦时关,汉时明月汉时关。

5. 准确传达比喻和借代的意思

(1) 乃使蒙恬北筑长城而守藩篱。——边防屏障。

(2) 万钟则不辨礼义而受之,万钟于我何加焉！——优厚的俸禄。

(3) 大阉之乱,缙绅而能不易其志者,四海之大,有几人欤！——士大夫,做大官的人。
6. 注意婉辞表达
(1) 五步之内,相如请得以颈血溅大王矣！——和大王拼命。
(2) 今治水军八十万众,方与将军会猎于吴。——打仗。
(3) 虽少,愿及未填沟壑而托之。——谦称自己死。
(4) 一旦山陵崩,长安君何以自托于赵？——喻帝王之死,这里指赵太后去世。
7. 注意典故使用
(1) 称心快意,几家能够？司马青衫,吾不能学太上之忘情也。——司马青衫,指白居易;"太上之忘情",是修养最高的人忘了喜怒哀乐之情。
(2) 程婴、杵臼、月照、西乡,吾与足下分任之。——我要像杵臼、西乡那样为维新变法这个理想而死,以报答皇上;您要像程婴、月照那样为维新变法这个理想而出走,以图谋将来,我们各自担负自己的责任。
(3) 时运不济,命途多舛。冯唐易老,李广难封。——我担心自己像冯唐那样轻易地衰老,像李广那样难以得到封爵。

三、文体知识

文本体式是确定语文教学内容的重要依据,不同的文本体式需要运用不同的阅读方法。文本类别可以作如下划分：

(一) 按语言表达方式分类

语言表达方式有五种：记叙、议论、抒情、描写、说明。据此,可以将文章体式分为记叙文、议论文、说明文、应用文几种。

1. 记叙文

是以记人、叙事、写景或状物为主要内容,以叙述、描写为主要表达方式的一种文体。记叙文的六要素：时间、地点、人物、事件的起因、经过和结果。记叙文包括通讯、报告文学、回忆录、故事、游记等。记叙文的记叙方式有顺序、倒叙、插叙、补叙等。

2. 说明文

以说明为主要表达方式的一种文体,可分为事物说明文和事理说明文,以解说事物、阐明事理为内容,以使人获得知识为目的。说明文包括说明书、广告、解说词、科学小品等。说明文的阅读理解,主要指向如下几方面：

(1) 抓住事物特征进行说明。
(2) 安排合理的说明顺序。
(3) 恰当地运用说明方法,如举例子、分类别、列数据、作比较、配图表、下定义、作诠释、打比方、引资料等。
(4) 说明语言的准确性和科学性。

3. 议论文

以议论为主要表达方式的一种文体,对某个问题或某件事进行分析、评论,表明自己的观点、立场、态度、看法和主张。议论文的三要素：论点、论据和论证。

（1）议论文的论证类型：立论、驳论。

（2）议论文的结构：并列式、总分式、分总式、总分总式、递进式。

（3）议论文的论证方法：归纳法、演绎法、比较法、引证法、喻证法、归谬法、因果论证法等。

4. 应用文

应用文是人们在日常生活、工作和学习中经常运用的一种文体，包括计划、总结、书信、读书笔记、演讲稿、启事、海报、请柬、条据、地方志等各类公文。应用文具有以下几个特点：

（1）实用性，为了满足工作和生活中的实际需要。

（2）规范性，其结构一般是约定俗成的，有特定的格式和写法。

（3）真实性、时限性，内容实事、实时，没有任何虚构。

（二）按文学体裁分类

1. 诗歌

诗歌是通过形象思维，用凝练、形象和有韵律节奏的语言，集中反映社会生活、抒发思想感情的一种文学样式。诗歌代表着一个民族最精细的感受与智慧（艾略特）。中国诗歌发展源远流长，最早的诗歌总集《诗经》距今已有2 000多年的历史。诗者，志之所之也；在心为志，发言为诗（毛亨）。诗是具有音律的纯文学，诗是最精妙的感官表现为最精妙的语言（朱光潜）。夏丏尊、叶圣陶认为：含有情绪、情操、想象的语言、文字，就含有诗的本质。诗歌的类别很多：按时代划分为古诗、现代诗；按表现形式划分为格律诗、自由诗；按内容划分为抒情诗、叙事诗；按题材划分为山水田园诗、边塞诗。根据表现形式，古代诗歌可分为古体诗、近体诗。古体诗就是古代的自由诗，歌、行、引都属于古体诗；近体诗又称今体诗，就是格律诗，包括律诗（七律、五律）、绝句（七绝、五绝）和排律三种。词、曲都属于诗歌的范畴，最具有代表性的是唐诗、宋词、元曲。

"诗无达诂"是汉代董仲舒提出的诗歌鉴赏原则，清代沈德潜作进一步阐释："古人之言，包含无尽，后人叙之，随其性情深浅高下，各有会心。"常州词派主张："作者未必然，读者何必不然。"诗歌教学在遵循古今诗歌阅读鉴赏原则的基础上，应突出以下策略：

（1）把握诗歌的抒情性特征。

（2）探寻诗歌的意境创造。

（3）品味诗人的"炼字"。

（4）了解一些声律知识。古诗创作中讲究的"韵"，不完全等同于现代汉语拼音中的"韵母"，所谓的"同韵"，可以大致理解为"相同或相近韵母"。古人写律诗，是严格按照官方颁布的"韵书"来押韵的，例如"十三韵"，又称"十三道辙"。律诗中，一般是在二、四、六、八等偶数句，也就是每联的对句的句尾押韵，三、五、七句，也就是每联的出句不押韵，全诗的首句可入韵也可不入韵。韵脚（押韵的字）一般为平声字（即阴平、阳平调的字）。

2. 散文

古今散文概念含义不同，这里指现代散文。散文可分叙事散文、抒情散文、写景散文、说理散文几个类别。现代散文的阅读方法：

(1) 体会"神",散文的神就是作者所表达的情感或思想。

(2) 抓住"形",散文的重要特点是"形散神聚",形散体现在两方面,即结构的机动灵活、取材上的广博。

(3) 领会"文眼",文眼能对揭示全篇主旨起到画龙点睛的作用,文眼的设置,因文而异,可以是一个字、一句话、一个细节、一缕情丝、一景一物。

(4) 提挈"线索",透过散文形散的表象,抓住其传神的精髓,遵循作者的思路,从而分析文章的立意。

(5) 品味语言、进入意境,散文的一大特色就是语言美,美的语言创造美的意境;意境是散文的魂。

(6) 把握艺术技巧、谋篇布局、遣词造句等多方面的特色;常见的有借景抒情、寓情于景、托物言志、欲扬先抑、烘托对比、虚实相生、动静结合,以及象征、铺垫、衬托等等。

3. 小说

小说是通过描写环境、叙述情节、塑造人物来反映社会生活的一种文学体裁。小说的三要素:人物、情节、环境。小说阅读理解的内容指向:

(1) 厘清故事情节,分析结构特点。

(2) 分析人物的外貌、语言、行为、心理、神情等正面描写。

(3) 分析典型环境,包括自然环境和社会环境,把握小说主题。

(4) 分析并评价小说的表现手法,揣摩小说语言,包括叙述语言、人物个性化语言,体会小说语言风格。

(5) 掌握现代小说的阅读视角:象征、心理、反讽、意识流图式、荒诞、写意。

4. 戏剧

语文课程中的戏剧包括戏曲,主要指戏剧文学,即剧本。我国戏剧文学滥觞于奴隶社会祭祀的舞乐,后来出现了专供人娱乐的俳优,其中蕴含了一定的戏剧因素。汉魏晋南北朝时期有所发展,到了隋唐至宋金,戏曲逐渐走向成熟,元杂剧是我国古典戏曲的成熟鼎盛期。戏剧的类别很多:按照矛盾冲突性质分为悲剧、喜剧、正剧;按结构分为多幕剧、独幕剧;按照题材时代分为历史剧、现代剧;按照表演形式分为话剧、歌剧、舞剧、诗剧、街头剧、广播剧、电视剧。戏剧的鉴赏,主要是抓住集中尖锐的矛盾冲突,分析、品味高度个性化的任务语言,以及人物形象的典型意义。

四、文史知识

(一)诗歌发展概观

1. 先秦诗歌

诗歌是先秦时期严格意义上的纯文学,《诗经》《楚辞》是先秦诗歌发展的重要标志,分别体现早期诗歌的现实主义和浪漫主义特点。《诗经》由孔子编订,是我国最早的诗歌总集,收入从西周初年到春秋中叶诗歌作品305篇,称"诗三百";其构成内容"风雅颂"与表现手法"赋比兴"合称"诗经六义"。《楚辞》是我国第一部文人诗集,由汉代刘向编选屈原、宋玉等人的诗作结集而成。

2. 汉乐府诗

乐府初设于秦,是当时"少府"下辖的一个专门管理乐舞演唱教习的机构。汉初,乐府并没有保留下来。到了汉武帝时,在定郊祭礼乐时重建乐府,它的职责是采集民间歌谣或文人的诗来配乐,以备朝廷祭祀或宴会时演奏之用。它搜集整理的诗歌,后世就叫"乐府诗",或简称"乐府"。它是继《诗经》《楚辞》而起的一种新诗体,多以五言为主,《孔雀东南飞》与《木兰诗》合称"乐府双璧"。

3. 魏晋南北朝诗派

(1)建安诗派,以曹操、曹丕、曹植为代表,体现慷慨悲凉的风格,被称为"建安风骨"。如曹操《龟虽寿》《短歌行》、曹植《白马篇》等。

(2)北朝民歌,体现了刚健清新、质朴明快的风格,《木兰诗》是其代表作。

(3)山水田园诗派,代表诗人有谢灵运、陶渊明等。这时期直到宋代初年,诗歌体制发展呈现多元化,先后出现元嘉体、永明体、宫体、西昆体等诗歌流派。

4. 唐诗、宋词、元曲

唐宋时期是我国诗歌发展的高峰。唐诗大气磅礴、异彩纷呈,反映了国运发展影响下的文化胸襟。

(1)唐诗:李白、杜甫、白居易三大诗人的诗作,反映了我国古代诗歌创作的辉煌成就。此外还有初唐四杰、晚唐"小李杜"等。还涌现出诸多山水田园诗人、边塞诗人、苦吟诗人等等。唐诗形式多样,风格各异,有古体诗、近体诗,近体诗有律诗和绝句,以七律七绝、五律五绝成就最高。

(2)宋词:词又称曲子词、长短句、诗余,是诗歌成熟发展的必然趋势。词萌芽于南朝,形成于唐代,盛行于宋代,句子长短不一,更讲究韵律平仄,形成了很多固定的词牌。词按字数的多少,分为小令(58字以内)、中调(59—90字)、长调(90字以上)。宋词有豪放、婉约两大流派,分别以苏东坡、柳永等为代表。

(3)元曲:曲本是音乐名称,金元时期形成,是与唐诗、宋词相并列的一种新诗体。元曲包括杂剧和散曲。散曲,包括小令、套曲两种。小令由一支曲牌构成,如马致远《天净沙·秋思》、张养浩《山坡羊·潼关怀古》。套数是由两支以上的曲子按照一定规则连缀而成的组曲,如睢景臣《哨遍·高祖还乡》。与诗词相比,散曲更多使用口语,更加通俗易懂,更具乡土气息,因而更有市民性。

(二)散文发展概观

我国古代散文,是指区别于韵文、骈文,形式上较为自由、多用通俗简化语句来记述事情、表达思想、抒发情感的文章样式。

1. 先秦散文

包括历史散文和诸子散文两大类。历史散文是记述历史事实为主的散文,代表作如《左传》《国语》《战国策》等。诸子散文是诸子百家用以表达自己的哲学思想、政治主张的散文;该类散文感情充沛、说理雄健、极具论辩性和感染力。诸子百家以儒家、道家、墨家、法家为代表,其代表作品有《论语》《孟子》《老子》《庄子》《墨子》《韩非子》等。另有杂家比较有影响,如吕不韦《吕氏春秋》,《察今》是其中名篇。

2. 两汉散文

两汉时期除了"赋"取得了突出成就,散文也有所突破,司马迁的《史记》开创了"纪传体"历史散文的先河,以人物传记的形式记载历史,文笔细腻,刻画生动,将褒贬臧否于宏大的历史叙事中。自《史记》之后直到明清,历代官修史采用的都是"纪传体"。二十四史中评价最高的是"前四史":西汉司马迁《史记》(纪传体通史);东汉班固《汉书》(纪传体断代史);南朝范晔《后汉书》(纪传体断代史);西晋陈寿《三国志》(纪传体国别史)。

3. 唐宋散文

主要成就是以韩愈、柳宗元领导的古文运动为发端的散文革新效果。散文发展到汉魏时期,出现了以偶句为主、讲究对仗和声律、易于讽诵的骈文;但到了南北朝时期,骈文盛行,追求用典、堆砌辞藻,文格渐趋卑靡。韩愈、柳宗元针对时弊,高举"文以载道"大旗,在他们发动倡导下,文章内容更加接近社会生活,且形式多样、风格各异,如山水游记、人物传记、杂文小品、寓言等等。代表作家有"唐宋古文八大家":韩愈、柳宗元、欧阳修、苏洵、苏轼、苏辙、王安石、曾巩。

4. 明清散文

明清散文流派众多,较有影响的是"唐宋派""公安派""竟陵派""桐城派"。

(1) 唐宋派:强调"文以明道",代表人物是归有光。

(2) 公安派:主张"独抒性灵,不拘格套",其领袖是湖北公安县的"三袁",即袁宏道、袁中道、袁宗道。

(3) 竟陵派:是明代后期又一个文学流派,和公安派一样,也主张性灵说,主要代表人物是竟陵人钟惺、谭元春。

(4) 桐城派:是清代文坛最大的散文流派,因其早期的重要作家戴名世、方苞、刘大櫆、姚鼐均系清代安徽桐城人而得名;该流派理论体系完整,创作特色鲜明,作家众多,作品丰富,影响深远。代表作品有方苞的《狱中杂记》《左忠毅公逸事》、姚鼐的《登泰山记》等。

(三) 小说发展概观

1. 源头:古代神话

中国远古神话可以看作小说的滥觞,如"夸父逐日""女娲补天""精卫填海""羿射九日""鲧禹治水""共工怒触不周山""黄帝战蚩尤""刑天舞干戚"等。神话,产生在生产力和人们的认识能力都十分低下的原始时代,是原始人通过幻想把各种各样的自然力加以形象化、人格化的产物。原始人对自然界和自然现象以及人类自身无法进行科学的理解和解释,他们只能凭借自己狭隘的生活体验加以想象和幻想,因而认为自然界也像人一样有意志、有性格、有感情,日、月、风、雨、雷、电都有神在主宰着。例如,人们要解释宇宙万物的起源,就幻想出一位开天辟地的大神女娲,认为女娲不仅是世界的创造者,而且是人类万物的始祖;人们要解释日月西行、江河东去的现象,就幻想出"共工怒触不周山""天柱折,地维绝""天倾西北""地不满东南"的故事,以此说明日月西行、江河东去的现象。

2. 雏形:志人志怪小说

志人小说,指魏晋六朝流行的传记人物言行和记载历史人物的传闻轶事的一种杂录体小说,又称清谈小说、轶事小说。志人小说按其内容可分笑话、野史、逸闻轶事三类,代表作品如刘义庆《世说新语》。志怪小说是中国古典小说形式之一,以记叙神异鬼怪故事传说为主体内容,产生和流行于魏晋南北朝时期,与当时社会宗教迷信和玄学风气以及佛教的传播有直接关系。志怪小说内容多种多样,有炫耀地理博物的,有记述正史以外的历史传闻故事的,还有讲述鬼神迷信故事的,多数来源于巫师和方士的奇谈怪论,代表作品如干宝《搜神记》。志人志怪小说情节离奇,篇幅短小,文笔简约,虽然缺少具体的描绘,但人物形象基本较为鲜明,对后代文学有深远的影响。

3. 渐趋成熟：唐代传奇

唐代传奇内容除部分记述神灵鬼怪外,大量记载人间的各种世态,人物有上层的,也有下层的,反映面较过去远为广阔,生活气息也较为浓厚。唐代传奇作者是有意识地进行文学创作,虚构曲折情节,注意语言华美,富于文采与意想,从而取得了突出的文学成就,代表作如元稹《莺莺传》、李朝威《柳毅传》等。唐代传奇的出现,标志着中国古代短篇小说趋于成熟。

4. 发展推进：话本、拟话本

话本,说话人演讲故事所用的底本,是随着民间说话技艺发展而来的一种文学形式,用通俗文字写成,多以历史故事和当时社会生活为题材,代表作如《三国志评话》等。拟话本,是明代兴起的短篇小说的一种创作形式,它是由文人模拟宋元话本而创作的,与话本的共同点是它们都是白话小说；其不同点是拟话本不再是说话艺人说唱的底本,而是专供人们阅读欣赏的文学作品,这标志着宋元以来的讲唱文学已逐渐脱离了口头创作阶段,进而发展成为作家的书面文学。代表作如冯梦龙"三言"：《喻世明言》《警世通言》《醒世恒言》,凌濛初"二拍"：《初刻拍案惊奇》《二刻拍案惊奇》。

5. 繁荣鼎盛：明清文人小说

明清是中国小说史上的繁荣时期。从明代始,小说这种文学形式充分显示出其社会作用和文学价值,打破了正统诗文的垄断,在文学史上,取得与唐诗、宋词、元曲并列的地位。明代代表作品有《三国演义》《水浒传》《西游记》《金瓶梅》等。清小说基本是文人的创作,虽有历史、传说等素材的借鉴,但作品多取材于现实生活,较充分地体现了作者个人的意愿,在结构、叙述和描写人物各方面也多接近成熟的境界。乾隆年间产生的《聊斋志异》和《红楼梦》,分别把文言小说和白话小说的创作推向顶峰。我国四大长篇古典小说是《水浒传》《三国演义》《西游记》《红楼梦》。

（四）戏剧发展概观

1. 源头

奴隶社会祭祀的舞乐。雏形期：后来出现的专供人娱乐的俳优,其中蕴含了一定的戏剧因素。

2. 发展

汉魏时期以竞技为主的"百戏",南北朝时期出现了"拨头""代面""踏摇娘""参军",具有一定的故事内容和表演形式。

3. 成熟

隋唐至金代,一方面声律舞蹈有重大发展,另一方面戏剧脚本更重视故事的完整性,如

"金院本",戏剧演出更加具有魅力。

4. 鼎盛

元代杂剧的形成与发展,使我国古典戏曲从成熟期走向鼎盛期,达到了新的艺术高峰。代表作家是"元曲四大家":关汉卿、郑光祖、白朴、马致远。

除了上述提及的文体文史知识以外,语文教师还需要了解中国文学作家作品、外国文学流派概况以及外国文学重要作家作品等,此处不予详述。

五、文学理论知识

(一)先秦:萌芽产生

先秦文学是中国文学的光辉起点,《诗经》和《楚辞》树立起现实主义和浪漫主义两座巍峨的高峰,历史散文和诸子散文奠定了中国古代散文的优良传统。该时期萌芽和产生的文学理论,其显著特点是综合性、非纯粹性,观点大都体现在对总体文化的论述之中,文学思想和艺术思想紧密结合在一起,而且只是一些论述的片段,并无专著。对后世影响较大的是以孔孟为代表的儒家文学观及其理论批评。

1. "诗言志"

这是一种文学观,其实质就是把文学艺术看作人的心灵的表现。《礼记·乐记》是中国古代重要的音乐美学著作,因为这里的"乐",是指配有歌、舞的诗、乐、舞统一体,所以《乐记》其实也是一部重要的文学理论著作,是儒家文艺思想的纲领性文献,对后世的文学理论批评产生了直接的影响。主要观点:

(1)音乐的本源在人心感物,注重外界事物对人心的感发。

(2)音乐对社会政治有重大的反作用,即"治心",认为音乐是王道政治的重要组成部分。

(3)指出音乐创作必须有高度的真实性,提出"唯乐不可以为伪",应当是人真实情感的自然流露。

2. "思无邪"

这是一种文学批评标准。《论语·为政》:"诗三百,一言以蔽之,曰:思无邪。"思,即思想内容;无邪,即"归于正"。孔子认为《诗经》的各篇内容都是符合他的政治思想、伦理道德和审美标准的。

3. "以意逆志""知人论世""知言养气"

三者都是孟子提出的。

(1)以意逆志:用自己对诗意的准确理解,去推求作者的本意。

(2)知人论世:深入地了解诗人的生平、思想、品德、遭遇等状况,以及诗人所处的时代背景,进而更好地理解诗意。

(3)知言养气:这是孟子哲学思想的重要组成部分:"我知言,我善养吾浩然之气。"浩然正气,指的是人的仁义道德修养达到很高水平时所具有的一种正义凛然的精神状态。知言养气说,虽不属于文学理论批评,但此观点对后世文学批评影响较大,对后来文论中的"文气"说具有奠基作用。

4. "兴观群怨"

兴、观、群、怨概括了文学的社会作用。《论语·阳货》："子曰：小子何莫学夫诗？诗可以兴，可以观，可以群，可以怨。迩之事父，远之事君；多识于草木鸟兽之名。"孔子对文学作品的美学作用、认识作用、教育作用乃至知识学习方面，都作了充分的肯定。

（1）兴：可"引譬连类"，是就文学作品的审美作用而言的。指诗歌生动具体的艺术形象，能够激发人的精神之兴奋、感情之波动，在诗歌吟诵鉴赏中获得一种美的享受。

（2）观：可"观风俗之盛衰"，是就文学作品的认识作用而言的。孔子认为："观"，不仅要观诗的客观内容，也要观诗人的主观意图。

（3）群：可"群居相切磋"，是就文学作品的团结作用而言的。孔子认为文学作品可以使人们统一思想、提高认识、交流感情、加强团结。但孔子也强调"群而不党"，朱熹诠释为"和而不流"。

（4）怨：是就文学作品的干预现实、批评社会的作用而言的，主要指"怨刺上政"，即对现实不良政治的批判，也包括发泄个人的牢骚与不满。

（二）汉魏六朝：发展成熟

两汉时期，文学从学术中分裂出来，文人分为"文学之士"与"文章之士"，前者指儒生学者，后者指文章家，相当于今天的文学家。这种文章的概念，与魏晋以后文论所指的文章概念是一致的，主要指诗赋、散文等文学作品。文学的独立与自觉，催生了文学理论批评的发展，产生了专门的文学理论批评著作。魏晋南北朝时期，文学理论批评获得重大发展，并走向全面成熟。

1. 汉代文学理论批评著作

具有奠基作用的文学理论著作首推《毛诗大序》。汉代训诂传授《诗经》的有齐、鲁、韩、毛四家，但后来前三者都已经失传，只有毛诗一直流传至今，作者说法不一，有子夏、毛亨、毛苌之说。毛诗在每篇之前均有题解，后称之小序，非一人所作。《关雎》题解之前有一篇对《诗经》的总论，后称之为大序，可能为毛苌所作。《毛诗大序》提出一些根本理论问题，成为后世两千多年封建正统文学批评的纲领，影响极大。其主要观点表现在四个方面：

（1）"发乎情，止乎礼义"说。该说继承"温柔敦厚"的诗教说，突出强调文艺必须为巩固封建统治秩序服务。

（2）"讽谏"说。明确提出"上以风化下，下以风刺上"，并指出"言之者无罪，闻之者足戒"，充分肯定了文艺批评现实的意义和作用。

（3）"六义"说。认为诗经在内容上包含三大类别即风、雅、颂，在表现方法上主要是赋、比、兴。

（4）"情志统一"说。进一步发展了前人关于诗歌的情、志结合的思想，既肯定"诗者，志之所之也；在心为志，发言为诗"，又阐明诗歌是"情动于中而形于言"的结果，而"志"是在"情"之中的。这就比较明确地指出诗歌是通过抒情来言志的特点，对文学本质的认识已更进一步。

2. 魏晋南北朝文学理论批评著作

(1) 曹丕《典论·论文》。

《典论》是曹丕的一部重要的政治、学术著作，《论文》是其中一篇，是我国最早的探讨文学问题较系统的文学批评论著。主要内容包括如下：①论述作家的才能与文体性质特点之间存在适应与否的问题，"夫文本同而末异，盖奏议宜雅，书论宜理，铭诔尚实，诗赋欲丽。此四科不同，故能之者偏也，唯通才能备其体"，即所谓"文非一体，鲜能备善"，因而反对自古以来的"文人相轻"之习。②提出"文以气为主"的著名论断，认为文章中的气，是由作家不同的个性所形成的，是作家在禀性、气度、感情等方面的特点所构成的一种特殊精神状态在文章中的体现。③对文章的价值给予崇高的评价："盖文章者，经国之大业，不朽之盛世"，突破了儒家"立德、立功、立言"原则，极大地鼓舞了文人作家的创作和研究热情，促进了文学理论批评的深入发展。④对文学批评态度提出一些有价值的意见，指出文人应该有自知之明，不要"各以所长，相轻所短"；要实事求是，不要求全责备。

(2) 陆机《文赋》。

《文赋》是中国文学批评史上一篇名作，在中国文学理论批评史上具有十分重要的地位。《文赋》沿着《典论·论文》的方向，着重探讨文学的内部规律，第一次全面系统性地研究了文学创作的基本理论，中心是论述以构思为主的创作过程，重点解决"意不称物，文不逮意"的问题。陆机是第一次将文学创作的心理过程及其特征表述出来的文学理论家。主要内容概括如下：

①提出作家在构思前应该具备两个条件：一是玄览、虚静的精神境界；二是知识学问的丰富积累。②论述构思的过程及情状，强调构思活动的展开，要进行丰富的艺术想象，所谓"精骛八极，心游万仞"；并强调灵感对创作的重要作用，认为灵感非常微妙，"来不可遏，去不可止。藏若景灭，行由响起"。③论述了各类文体的艺术特征及其艺术风格，在曹丕将文章分为"四类八体"的基础上，对"诗、赋、碑、诔、铭、箴、颂、论、奏、说"10种文体的个性特征，进行了高度而凝练的概括，其中"诗缘情而绮靡"的提法，具有开一代风气的重大意义，强调抒情，不及言志；起到了突破以往"止乎礼"束缚的巨大作用。④从理论上总结艺术风格的多样化及其形成原因：一是因为文学描写对象之"物"本身是纷繁复杂的；二是作家的个性、爱好各有不同，必然反映到作品的内容及形式特点上；三是不同文体的内容及形式的特点，必然带来风格的差异。⑤在文学创作的表现技巧上，主张内容与形式要统一；并提出具体的写作方法："定去留、立警策、戒雷同、济庸音"。⑥提出了文学作品的审美标准"应、和、悲、雅、艳"，且都用音乐做比喻进行阐释。

(3) 刘勰《文心雕龙》。

《文心雕龙》在中国古代文学理论批评史上具有杰出的地位：既是一部文学理论著作，也是一部文章学著作，又是一部文学史、各类文体的发展史，而且还是一部古典美学著作。全书共50篇，包括总论、本体论、创作论、批评论四个部分。①总论：是全书的理论基础和指导思想，也是全书的根本论点和论文的关键。②本体论：回答文学的本质问题，认为文学既是"载心"的，又是"原于道"的，即文学既是人心灵世界的体现，又是反映客观原理和规律的。③创作论：周振甫认为："刘勰在创作论里有四个问题是有突出见解的，一是作品反映生活问题，二是风骨问题，三是形象问题，四是声律问题。"④批评论：论述了批评家的修养、态度及批评标准,为文学建立了批评方法论。

关于文学创作的构思:刘勰提出"神思""虚静"两个美学概念,强调丰富的艺术想象、专心致志的精神状态在文学创作中的重要性。

关于文学风格:归纳为八种基本类型,并对其基本特点进行概括,还将八种基本风格分为两两相对的四类:"雅与奇反,奥与显殊,繁与约舛,壮与轻乖。"并提出了"风清骨峻"的审美理想,是"建安风骨"在文学作品中的进一步发展。

关于文学鉴赏与批评的标准:刘勰提出"六观"并予以具体阐释:一观"体位",考察文学作品的体裁风格与它所包含的情理是否相互契合。二观"置辞",考察文辞运用是否能够充分表达内容。三观"通变",考察文学作品在继承和革新方面的"通变"策略,是否做到有通有变。四观"奇正",考察文学作品的内容是否纯正,形式是否华美,以及二者关系处理得是否妥当。五观"事义",考察文学作品中的客观内容与作家的主观情志是否协调统一,不可相互乖戾。六观"宫商",考察文学作品的声律,是否具有和、韵之美。在"六观"基础上,刘勰进一步提出了"见异"的审美鉴赏要求,指出"见异惟知音耳"。

(4)钟嵘《诗品》。

《诗品》是中国文学理论批评史上第一部诗论专著,与《文心雕龙》齐名,被誉为文学理论史上的"双星"。清代章学诚在《文史通义》中予以高度评价,称《文心雕龙》"体大而虑周",《诗品》"思深而意远"。《诗品》本名《诗评》,将自汉迄梁的122位五言诗人分为上、中、下三品(上品11人、中品39人、下品72人),对这些诗人及其作品的成就高下、艺术风貌进行评论,并区分各自所属的流派,追寻其渊源关系。钟嵘对于诗歌的本质、特征、创作及其鉴赏批评的思想,可以概括为"感情论、自然论、风骨论、滋味论"四种。

①感情论:诗歌的本质是表现人的感情,认为诗歌不仅是人们内在感情的宣泄,而且也是医治人的精神苦闷、抚慰人的心灵创伤的良药。该观点既摆脱儒家经学教条的束缚,又未走向泛情滥情的极端。②自然论:诗歌的创作以自然为最高美学原则,这是贯穿全书始终的重要思想;内容上主张自由抒情,形式上追求自然、清新,反对刻意雕琢、藻饰、堆砌典故;当然并不否定人为的努力,提倡把"巧似"的自然统一起来。③风骨论:是建安文学的"风力""骨气"的进一步发展,认为"怨愤"的内容是诗歌"风骨"的体现;"怨愤"的源头是《诗经》《楚辞》。④滋味论:钟嵘最早将"滋味"作为文学理论批评标准,认为只有"使未知者无极,闻之者动心"的作品,才是"诗之至也";主张诗歌必须有使人产生美感的滋味。

(三)唐宋金元:深化扩展

唐、宋、金、元是封建社会最为繁荣鼎盛的时期,该时期的文学创作也是中国古代诗文成就最高的黄金时代,出现了李白、杜甫、白居易等伟大诗人,以及韩愈、柳宗元、欧阳修等散文大家,词曲的发展达到高峰,小说的创作也开始兴盛起来。文学创作的空前繁荣发展,带动了文学理论批评的深化和扩展,大量诗话的出现是文学理论批评兴旺发达的标志,词学理论批评的发展、小说戏剧理论批评的萌芽,显示了文学理论批评多方面、多角度的展开。

1. 唐宋诗歌鉴赏理论

(1)"兴寄"说。

唐代诗人陈子昂提出的诗歌理论,既强调作品要有充实的社会内容,又重视诗歌整体审美形象的表现。①兴：指感兴、意兴，是诗人浮想联翩、形象思维十分活跃时的一种状态。②寄：指寄托，是诗人隐含于诗歌审美意象中的现实寓意。他的《登幽州台歌》既有豪放情怀，又有忧伤悲叹，是体现兴寄、风骨的代表之作。

(2) "兴象"说。

"兴象"是唐代文学家殷璠首先提出的文艺美学概念，是从总结盛唐诗歌艺术成就中提出来的。唐诗注重"兴象"的描绘，正是为了诗歌的审美意象构成一种耐人寻味、含蓄不尽的境界，这种诗境可以引导读者发挥想象能力，在欣赏过程中实现再创造。对于如何实现"兴象"的途径，殷璠提出几点建议：首先应当有"风骨"，此处风骨的含义与刘勰"梗概多气"、钟嵘"建安风力"大体一致，同时还包括一种超然物外、避世隐居的仙风道骨般的飘逸之气。其次应当具有"神来、气来、情来"之妙，即具有自然传神、气势通畅、感情鲜明的特征。再次是构思要新颖、奇特、巧妙，且具有自然的声律之美，认为理想的作品应当是"风骨"与"声律"均备之作。

(3) "意境"说。

唐代诗人王昌龄最有价值的诗论是关于诗歌"意境"的论述，集中体现在其诗论著作《诗格》中，概括为"三境""三格"，对意境的构成、特征、种类以及不同构思特点，都作了相当深刻的分析。

诗有"三境"：①物境：欲为山水诗，则张泉石云峰之境，极丽绝秀者，神之于心，处身于境，视境于心，莹然掌中，然后用思，了然境象，故得形似。②情境：娱乐愁怨，皆张于意，而处于身，然后驰思，深得其情。③意境：亦张之于意，而思之于心，则得其真矣。

诗有"三格"：①生思：久用精思，未契意象，力疲智竭，放安神思，心偶照境，率然而生。②感思：寻味前言，吟讽古制，感而生思。③取思：搜求于象，心入于境，神会于物，因心而得。

(4) "诗境与禅境合一"说。

这是唐代诗僧皎然（谢灵运第十世孙）提出的诗歌美学理想，主要体现在其著作《诗式》《诗议》中。皎然认为，能否创造诗禅合一的诗境，是决定诗歌艺术水平高下的关键。关于诗歌意境的美学特征，提出如下观点：①"采奇于象外"，即后来司空图所言"象外之象，景外之景"。②"气腾势飞"，《诗式》首条即为"明势"；势，本指宇宙间各种事物的独特内在规律及其所呈现的态势，皎然借此提出诗歌应有动态美、传神美，能达到流转自如、生气勃勃的境界。③真率自然，天生化成，无人为造作痕迹；主张把人工修饰与天工自然融为一体。

(5) "味外之味""象外之象、景外之景"说。

这是晚唐诗人、文学理论批评家司空图提出的诗歌美学范畴，主要体现在《诗赋》《诗品》（又称《二十四诗品》）中。司空图之《诗品》与钟嵘之《诗品》之"品"不同，非品类，而是品格，即诗歌的艺术境界。二十四诗品，即二十四种不同艺术风貌的诗歌境界，最高境界是"不着一字，尽得风流"。"象外之象、景外之景"是二十四种诗境的共同特征。

味外之味：文学作品的醇美之处，不在于作者所描写的具体景象，而在于这些景象构成的意境；读者透过这些意境，经由自己想象、联想，加以补充和丰富，从而获得独特的艺术感受。司空图自己的诗句具备上述特征的很多，例如"戍鼓和潮暗，船灯照岛幽""棋声花院闭，帆影石幢幽""五更惆怅回孤枕，犹自残灯照落花"。

象外之象、景外之景：是一种若有若无的朦胧美,似实而虚,似虚而实,虚虚实实,实实虚虚；这种诗歌意境在有形的具体的情境描写之外,还能借象征、暗示等手段创造一个无形的、虚幻的、存在于人的想象中的更为广阔的艺术境界,正如蓝田日暖、良玉生烟。

(6)"夺胎换骨、点铁成金"说。

该说体现黄庭坚文学思想的重要创作主张,是要求学习古人作品,达到融会贯通的程度,然后从中得到启发,以构成自己作品的诗意和境界。黄庭坚诗学理论大致可以概括为"理、学、法"三个字,他的诗歌创作及其理论在当时产生了很大影响,促成了"江西诗派"的形成,对宋代诗话的发展起到了重要的促进作用。

(7)宋代诗话。

诗话即论诗之话,指关于诗歌的杂著,包括记载诗人的生平轶事、诗歌创作背景、彼时诗坛状况、诗歌优劣品评、创作理论以及艺术技巧等等。诗话的大量出现,是在北宋后期、南宋初期。北宋较有价值的诗话有：欧阳修《六一诗话》、惠洪《冷斋诗话》、范温《潜溪诗眼》、叶梦得《石林诗话》；南宋较有影响的诗话有：张戒《岁寒堂诗话》、葛立方《韵语阳秋》、姜夔《白石道人诗话》、严羽《沧浪诗话》、范晞文《对床夜语》。其中影响较大的有两部：《六一诗话》是中国最早的诗话著作；《沧浪诗话》是中国古代最重要的一部诗话著作,具有系统的理论体系。

《沧浪诗话》中,严羽以禅喻诗,强调诗人须有"别材""别趣",而"兴趣"要靠"妙悟"才能获得,提倡"以盛唐为法",推崇"盛唐气象"：①有浑然一体的整体意象美,即所谓"羚羊挂角,无迹可寻"。②有韵味深长的朦胧含蓄美,认为诗歌创作"语忌直,意忌浅,脉忌露,味忌短"。③有不落痕迹的自然化工美,盛唐诗歌"透彻玲珑,不可凑泊"的意境,就具有天生化成、无人为造作之痕的醇美。④有抑扬顿挫的诗歌格律美,认为盛唐近体律诗的成熟完备是构成"盛唐气象"的重要因素之一。

(8)"诗眼""诗韵"。

"诗眼"提法出自宋代《潜溪诗眼》,作者是秦观的女婿范温,其诗学观点属于江西诗派。诗眼,属于句法、字法之类,也包括一篇命意之关键所在。范温说："句法以一字为工,自然颖异不凡,如灵丹一粒,点铁成金也。"例如,孟浩然诗句"微云淡河汉,疏雨滴梧桐",其中"淡""滴"极为工致,堪称诗眼。

诗韵：有余意之谓韵,诗之韵味,在于象外、言外、味外。

(9)宋代词话。

词的创作,始于唐代、兴盛于宋代。词学理论在宋代也逐渐发展起来,具备代表性的词话有：晏几道《小山词》、王灼《碧鸡漫志》、李清照《词论》。李清照《词论》是一篇很有名的词学论著,写于北宋末年。其中重要观点是：词不同于诗,词"别是一家",理由是诗词声律运用不一样。李清照提出词的审美标准：一是适合歌唱的严密音律和内容；二是文辞上的铺叙、典重、情致、故实。①"铺叙",是指词的表现方法：描写细腻,词意浑成,且层层深入。②"典重",是指词的风格：不纤巧、不轻挑,沉着、典雅。③"情致",是指词的情韵风致：须含蓄深远。④"故实",是指运用典故要贴切、自然。以上观点,虽然也体现了贵族妇女的审美观,但也包括许多纯属艺术方面的内容,对提高词的艺术水平是很有意义的。李清照作为中国文学理论批评史上的一位女文学批评家,表现出杰出的智慧和才华,是十分难能可贵的。

(10) 金元诗话。

《论诗绝句》(三十首),作者元好问是金元时期的著名诗人、文学批评家,他以绝句的形式评论了历代诗歌的发展,并对许多诗人、诗作发表自己的看法。他的重要观点有三个方面:①认为诗歌是人的"元气"的自然流露,应该体现人的真情实感,即"历元气于笔端,寄妙理于言外"。②重风云壮阔的英雄气概的作品,轻缠绵悱恻的儿女情长之作。③诗歌创作,主张自然天成而无人工痕迹,清新秀丽而无雕琢之弊。

2. 唐宋散文鉴赏理论

(1) 韩柳古文运动。

古文运动是以韩愈、柳宗元为代表的文章语体改革运动,主张"文以明道",注重实用;提倡"务去陈言""词必己出"。所谓"古文",是针对盛行于南北朝的"骈文"而言的,这里指先秦两汉文章写作的语言表达方式,就是自由的、不受任何限制的语言表达方式。韩柳古文运动的积极意义在于:①对克服当时文学创作中,内容贫乏、片面追求形式美的错误现象有推动作用。②注重人品与文品一致,要求作家把提高道德修养水平作为创作前提,进一步发展了道德、文章并重的传统。③古文创作的成功为文学创作的语言表达形式开辟了更广阔的前景。

(2) "不平则鸣"论。

"不平则鸣"是韩愈的文学思想,他认为"物"受到外来的冲击,打破了它自身的平衡与稳定,就会"鸣"。"不平则鸣"是宇宙间的一个普遍现象,作为人,其理想和愿望无法顺利实现,必然要"行之于言、发之于歌"。该思想既是对中国古代"诗可以怨"文学观的继承,又是在新的历史条件下的发展。这里的"鸣",不是一种消极的遭到不平后的自然反应,而是积极的对现实的干预,对不合理现象的愤怒抗争。这种坚毅不屈的顽强斗争精神,正是中华民族性格中极其可贵的优秀品质的体现。

(3) "穷而后工"论。

"穷而后工"是欧阳修的文学思想,是对韩愈"不平则鸣"思想的继承和发展。穷,是指政治上不得意,仕途已尽,与"达"相对;工,工致,指创作上精益求精的艺术追求。欧阳修认为,在政治上处于逆境的人,往往更能使他对现实有清醒的认识,从而创造出有充实内容、有深刻思想的优秀作品;同时,逆境也他有充裕的时间去潜心于艺术,能更深入地钻研艺术表现方法,从而创造出独特的艺术风格和形式。

(四)明清:繁荣鼎盛

1. 明代诗文鉴赏理论

(1) "文必秦汉,诗必盛唐"。

"文必秦汉,诗必盛唐"是明代以前、后七子为代表的复古主义者提出的文学口号,反对僵化的八股文和贵族化的"台阁体"文风,主张把具有经典意义的诗文作为学习和创作的标准,其目的是用一种高标准来振兴文学。

(2) 唐宋派。

因主张学习唐宋散文而得名,反对复古主义思潮,提倡文章要写得"文从字顺""平易舒畅"。代表人物有王慎中、唐顺之、归有光等。其中,归有光成就最高,代表作《项脊轩志》。

(3)"童心"说。

由李贽提出并释义：童心者，真心也，即赤子之心。针对程朱理学"存天理，灭人欲"道学家的反动思想，指出真正的文学创作，绝不能变成"代圣贤立言"，更不是进行虚伪的仁义道德说教；而应当是人们郁结于胸中的真情实感不得不发之产物，是内心"绝假纯真"的"童心"之流露。

(4)"性灵"说。

公安派"三袁"在"童心"说基础上，提出了"性灵"说。其含义主要体现为真、变、趣、奇四个方面。①真：提倡诗文创作必须书写作家的性灵，表现内心的真实感情，应该是自然天性的流露，反对任何的因袭模拟、剽窃仿作。②变：强调"变"是公安派批评复古模拟文学思潮的理论基础，认为时代变了，文学自然也必须变；因袭雷同，无创造性的变化，则没有存在的价值；在变中要处理好继承与创新的关系。③趣：指童心之趣、自然之趣，是一种审美感受、审美趣味，带有明显的时代色彩，反映了当时要求思想解放、个性自由色彩的文艺思潮。④奇：文学创作中，要追求那种符合于人的真性情、不模仿前人、极其自然的内容，认为"文章新奇，无定格式，只要发人所不能发，字法句法调法，一一从自己胸中流出，此真新奇也"。

(5)竟陵派。

继公安派之后的又一个文学流派，因代表人物钟惺、谭元春都是湖北竟陵人而得名。其宗旨是在继承公安派"性灵"说的基础上，以"幽深孤峭"矫正公安派之俚俗，其文学思想和创作主张集中体现在钟惺《诗归序》中。

2. 清代诗文鉴赏理论

清代诗歌的成就虽不及唐宋，但却超过元、明两代，作家作品的数量都很可观。近代徐世昌编的清代诗汇《晚晴簃诗汇》，收清代诗人6 100余家，远远超过《全唐诗》收录的诗家数量。因此清代的诗歌理论批评是相当繁荣的。清代诗坛上相继出现过许多诗派，主要有王士禛"神韵"说、沈德潜"格调"说、袁枚"性灵"说、翁方纲"肌理"说。

(1)王士禛"神韵"说。

神韵，实质上讲的是诗歌艺术的审美特征，其含义为冲和淡远、清真雅正；特点为似有非有，似无非无，若隐若现，若存若亡，于虚虚实实之间，见镜花水月之景。追求一种语言之外的意趣和诗境，大体指一种含蓄隽永的情致韵味。王士禛《渔洋诗话》是"神韵"说代表作。

(2)沈德潜"格调"说。

"格调"说是沈德潜在"神韵"说基础上提出的诗歌理论。主要观点包括以下几点：①重"蕴蓄"，而不尚"质直"；诗歌中的事、理、情，要借助于"托物连类""借物引怀"的比兴方法来表现。②说理和议论，不能违背诗歌的审美特征。③以自然入神的化工境界，为诗歌艺术的审美理想。④强调文学创作内容的主导作用，强调诗歌必须要有寓意，体现诗人自己对现实的评价和观点。

(3)袁枚"性灵"说。

"性灵"说是袁枚的诗文理论。袁枚对当时的几个诗派都提出了批评，针对沈德潜的"格调"说指出，格调只是空架子，不能在性情之外；针对王士禛的"神韵"说，他认为追求虚无缥缈的神韵，脱离真性情，一味地修饰容貌，只能写出假诗；他反对翁方纲的"肌理"说，认为以学问为诗，填书塞典，满纸死气。在批评的基础上，袁枚继承和发展了公安派"性灵"说的文学思想,体现在三个方面:①主张"师心"和"师古"的结合。②主张诗歌创作要以天工自然为主,但又不否定人工修饰的必要,应当是由人工修饰而达到天空自然之美。③在诗人的修养上,应当把先天禀赋和后天学习结合起来。袁枚主张在诗中写出诗人真实的思想感情和独立的个性,指出"性情"才是写诗的根本,主张打破清规戒律,自由书写。

(4) 王夫之"情景交融"论。

王夫之是清代杰出的文艺理论批评家,他的诗歌理论开辟了清代诗歌理论批评的先河,具有承上启下、继往开来的重要作用。情景关系,是中国古代文学创作理论中的一个核心问题,王夫之继承和发展了前人的观点,提出"情景交融"理论。情景交融,即"情景相入,涯际不分",就是指诗人的主观情思和外界客观景物的和谐统一,也就是文学创作中作家的思想感情和现实生活的和谐统一。王夫之还指出"景"的广义内涵:"景之景,事之景,情之境,人之景",说明诗歌可以通过描写自然景物、社会生活、感情状态、人物性格等不同方面,来表达思想感情。

(5) "桐城三祖"。

"桐城三祖"指安徽桐城人方苞、姚鼐、刘大櫆,他们是清代影响最大的散文流派"桐城派"的代表人物。方苞是桐城派的创始人,他的文论核心是强调"清真古雅"的"义法":义,文章的内容;法,指与文章内容相统一的形式。桐城派最重要的代表人物是姚鼐,他总结并发展了方苞、刘大櫆的古文理论,明确提出了桐城派文论的纲领——义理、考证、文章的统一;形成了相当完整的体系,把桐城派的古文理论和创作推向最高峰。姚鼐对中国古代文学理论批评的最大贡献,是对"阳刚之美"和"阴柔之美"关系的论述:阳刚之美,是指一种雄伟壮阔、崇高庄严、汹涌澎湃、刚劲有力之美;阴柔之美,是指一种柔和悠远、温婉幽深、细流涓涓、纤秾明丽之美;这也大致符合西方的壮美和优美的主要特征。

(6) 刘熙载《艺概》。

《艺概》是刘熙载著作《古桐书屋六种》的重要内容,是他关于文艺美学方面的代表作,也是近代时期总结和发展传统文论方面最重要的著作。《艺概》分为文概、诗概、赋概、词曲概、书概、经义概六个部分,每一部分都包括了三个方面的内容:一是对此类文艺的历史发展过程作概要叙述;二是对有代表性的作家及其创作特征作具体分析;三是对此类文艺创作理论和表现手法的研究。《艺概》在文学理论批评上的主要成就如下:

①既认真总结了传统文论的成就,又有自己的独立见解。论文不局限于六经,而兼重诸子百家,主要从文体形式方面来论,并不强调"原道""载道"之说。②认识到文学创作的本质就是主体和客体的统一,指出文学从根本上说是人的情致的体现,而人的情致又是要借助于天地自然的物象来表现的;提出文学创作的两种方法"按实肖象"和"凭空构象",并指出后者更难一些,他非常重视文学创作中的虚构。③运用辩证法论述文学理论问题,善于运用对立统一的原则,去分析文学的创作原理和艺术表现方法,如提倡工与不工的统一、放得开与收得回的统一、文与质的统一、自然与人工的统一等。④善于运用历史比较的方法,对重要作家和作品的艺术特征作出切中要害的评述;对诗词歌赋曲不同体裁的艺术特征,有很多深刻而精辟的概括。

3. 清代词派及词论

(1) "浙江词派""常州词派"。

这是清代最有影响的两个词派,浙江词派主张词必"雅正",例如朱彝尊《词综》,辑录自唐至元代词作共26卷,选词以"雅正"为指归。常州词派讲究"寄托"、含蓄委婉,词论有张惠言《词选》、周济《介存斋论词杂著》等。李渔《窥词管见》是清初较有新意的词学著作,提出"词当立于诗曲二者之间",强调词的创作,主要在于情景二字,"情为主,景是客"。

(2) 陈廷焯《白雨斋词话》。

此书是中国古代词话中篇幅最大、成就较高的一部重要著作,共10卷,曾经五易其稿。陈廷焯一生未曾为官,专工词学,早年学浙江词派,后改从常州词派。其词学思想核心是强调"沉郁",对于思想内容,他认为"沉则不浮潜,郁则不薄",表现为"哀怨""忠厚";对于艺术手法,他强调"意在笔先,神余言外""若隐若现,欲露不露"。

(3) 王国维《人间词话》。

王国维是我国近、现代相交时期的一位著名学者、政治家、思想家。《人间词话》是王国维最有代表性的、影响最为广泛深刻的文学理论批评著作,核心是"境界说"。"境界"和"意境"的基本含义是一致的,指文学作品的艺术形象。自唐代以来,有很多文学理论批评家论述过"意境"问题,但王国维是对"意境"理论论述得最全面、最充分、最深刻的一位文学理论批评家。关于意境的创造,王国维重点强调以下几点:

① 要有"言外之味""弦外之响"。这与古代文艺思想是一脉相承的,如"言已尽而意无穷""象外之象,景外之景""味外之旨"等。

② 意境的创造,必须具有自然真实之美,写真景物、真感情,谓之有境界。这种真景物、真感情是指合乎自然造化,而无人为雕琢痕迹的事物和人心的自然态势,它来自作家的"即景会心"。

③ 意境以传神为美,重神似而不在形似。例如"红杏枝头春意闹",认为著一"闹"字,而境界全出;又如"云破月来花弄影",认为著一"弄"字,而境界全出。王国维评价温庭筠、韦庄、李煜三家之词各有所长:"温飞卿之词,句秀也;韦端己之词,骨秀也;李重光之词,神秀也。"

④ "写境"与"造境"。王国维认为艺术境界有两种类型,"写境"以具体写实为主,"造境"以表现理想为主,并指出两者不是互相对立、截然分开的,因为"诗人所造之境,必合乎自然;所写之境,亦必邻于理想"。其实,写境主要体现为现实主义创作原则,造境主要体现为浪漫主义创作原则。

⑤ "有我之境"与"无我之境"。这是王国维从美学上对境界的基本形态作的概括和分类。"有我之境"是指作家带着浓厚的主观感情去描写客观事物,故所写之物有明显的作家主观感情色彩,也就是说物"人化"了。"无我之境"是指作家在客观事物的描写中,把自己的意趣隐藏于其中,表面上看不出有作家主观的感情色彩,也就是说人"物化"了。例如,"泪眼问花花不语,乱红飞过秋千去""可堪孤馆闭春寒,杜鹃声里斜阳暮",是有我之境;"采菊东篱下,悠然见南山""寒波澹澹起,白鸟悠悠下",是无我之境。

4. 明代小说鉴赏理论

明代小说理论批评方式主要有三种:对作品的评点;对为小说写序和跋;笔记杂著中的一些片断记载和评述。李贽是明代最重要的小说理论批评家,在中国理论批评史上具有极其重要的地位。在他的影响下,小说理论批评形成了一个繁荣发展的高潮。明代小说理论批评涉及许多重要的文学理论问题,主要包括以下几个方面:

①极大地提高了小说的地位和作用。②注意到了小说的真实性,生动形象性。③探讨了历史小说创作中的历史真实和艺术真实的关系问题。④进一步厘清小说创作中的虚构和真实的关系。⑤对浪漫主义小说及其创作特点进行分析,提出"幻中有真"的思想。⑥提出了小说人物塑造的理论:一是传神写照,咄咄逼真;二是擅长于描写出各个人物不同的性格特征,做到同中有异;三是强调艺术来源于生活,只有充分了解生活,熟悉不同的生活,才能创造出个性签名栩栩如生的人物。

5. 清代小说鉴赏理论

(1) 金圣叹"三境"说。

金圣叹是清代最杰出的文学理论批评家,他在《水浒传序一》中提出"三境"说:圣境:"心之所至,手亦至焉者";神境:"心之所不至,手亦至焉者";化境:"心之所不至,手亦不至焉者"。金圣叹在《水浒》点评中贯穿了这个美学标准,开创了小说评点的新局面,最大贡献是深刻分析了《水浒》人物形象塑造特点,大致可以归纳为以下几个方面:

①作者善于以"形"写"神",使笔下人物达到"传神""逼真"的"化境"。②要使人物形象传神、逼真,则必须写出人物性格的"同中之异";如《水浒传》写人粗鲁,就有许多写法,他在《读法》中说:"鲁达粗鲁是性急,史进粗鲁是少年任气,李逵粗鲁是蛮,武松粗鲁是豪杰不受羁靮(dí),阮小七粗鲁是悲愤无说处,焦挺粗鲁是气质不好。"③善于借次要人物的陪衬描写,来突出主要人物的性格。④常常用"以反托正"的方法来生动地刻画人物性格。⑤人物塑造合乎"人情物理",使人感到它们既是理想的英雄,也是现实的、活生生的人;而不是故意把英雄拔高、神化。⑥善于通过人物特殊的行为、动作、举止、处事方式,来表现其特殊的性格。⑦极具个性化的语言描写。

(2) 三国的"三奇"说。

毛纶、毛岗父子对《三国演义》的点评最有影响,其主要观点:①在政治思想和文学思想上,强调"拥刘反曹"的正统思想,宣传封建的"三纲五常",皇权至上,反对犯上作乱行为。②在艺术上强调"实录",只允许有某种程度的虚构和扩张。③人物形象塑造上,比较重视传统的虚实结合方法的运用,强调在对比中展现人物性格,如对诸葛亮、关羽、曹操等的性格特征,作过相当生动而深刻的分析,认为是三国的"三奇","可称三绝",是贤相、名将、奸雄的典型。

(3) 《金瓶梅》并非淫书。

张道深以"张竹坡"名批评《金瓶梅》,他不赞成把《金瓶梅》看成"淫书",明确指出这是一部"世情"小说,是对人情世态的丑恶极其不满的"泄愤"之作;并指出《金瓶梅》是"惩人之书",可以作为世人"戒律"。张道深认为《金瓶梅》在艺术上的特点,是通过细腻地描写日常生活,来刻画各种不同类型人物的性格,对"世情"作真实、自然的描写。

(4) 脂评《石头记》。

脂砚斋对《红楼梦》的点评比较有影响。脂砚斋究竟是谁,现在还没有研究清楚,可能是曹雪芹的亲友,与曹雪芹的时代大体相当。脂评在小说理论批评上的价值,主要是强调了《红楼梦》中的人物描写,认为无论是语言、动作、行为、处事,都写得合情合理,使人感到十分自然贴切;且作者善于运用虚实结合和侧面衬托的方法刻画人物性格特征,善于通过对典型细节的生动描写来刻画人物。

6. 明代戏曲鉴赏理论

(1)"吴江派""临川派"。

吴江派和临川派是明代两个对立的戏曲流派。吴江派的主要代表人物是沈璟,他精通音律,主张戏曲创作必须严格尊重传统戏曲的音律规律,认为这才是戏剧的本色。临川派主要代表人物是汤显祖,他强调戏曲作品的神情意趣,而不太注重音律。

(2)吕天成《曲品》。

《曲品》是明代后期比较重要的戏剧理论专著,分上、下两卷,上卷评传奇作家,下卷评作品。主要观点有三点:①重视戏曲文学剧本内容的真实和情节的新奇;②强调化工之美、肖物之美,而无人工雕琢之迹;③要求剧本情景交融,生动传神。

(3)王骥德《曲律》。

《曲律》是明代后期比较重要的戏剧理论专著,其戏曲美学思想受徐渭、汤显祖影响颇深,重点强调自然本色之美,强调戏曲作家的天赋才情;同时又重视辞藻婉丽、音韵和谐。

7. 清代戏曲鉴赏理论

李渔是中国古代戏剧理论批评家的杰出代表,他在戏剧理论方面做出了重大贡献。《闲情偶寄》是其代表著作,共分六卷,包括八个部分:词曲、演习、声容、居室、器玩、饮馔、种植、颐养。有关戏剧的理论集中在前三个部分,比较全面地论述了有关戏剧的文学剧本创作、演员的表现艺术以及导演艺术等重要问题。

李渔的戏剧理论具有突破性的重要意义,他特别重视戏剧文学剧本的创作,明确提出了"结构第一"的思想,其具体含义包括七个方面——戒讽刺、立主脑、脱窠臼、密针线、减头绪、借荒唐、审虚实,体现了李渔对戏剧文学创作的艺术构思、典型化、创作方法、独创性、主题思想、戏剧的主要矛盾冲突等一系列重大文学理论问题的观点和看法。

第二节 语文课程知识

一、语文课程的含义

语文是语言和文字的合称,是人的听说读写的活动。人类借助于语言符号与文字符号进行人际交往的活动,表现为口语交际活动、阅读活动和写作活动,这个过程也就是语文活动的过程。

语文教育是以母语为语言载体,以发展学生听、说、读、写能力为目标,培养学生语文素养的实践活动。语文教育的含义很广,包括家庭语文教育、社会语文教育、学校语文教育,就学校课程而言,学校语文教育专指语文科课程。

课程是近代学校发展到一定阶段才形成的概念,其概念的内涵及外延不断发展变化。课程概念的变化引起课程形态的变化,不同的课程类型反映不同的课程观,不同课程观决定了课程的不同形态和特征。因此,关于课程的含义有多种观点,常见的有学科(科目)观、目标(结果)观、经验(活动)观。语文课程是以母语为语言载体、以发展学生听说读写能力为目标、以提升学生语文素养为宗旨的一门专职课程;也是一门体现国家意志、培养合格公民的必修基础课程。

二、语文课程的发展

(一) 古代语文课程的发展(上古—1904年)

我国古代语文教育,以上古时期学校(庠序学)的出现和教育活动相对独立为起始标志,直到1904年语文单独设科。古代语文教育经过原始社会、奴隶社会、封建社会三种社会形态的变化,至少有三千多年历史。语文教育经历了漫长而复杂的演变过程,形成了独具民族性的特色。该时期称为教育的"综合期",具有以下几方面特点:

1. 古代语文教育形态的多样性

(1) 从"言文教育"到"古文教育"。古代语文教育经历了"言文教育""古文教育"两个阶段。①言文教育,主要指原始社会后期、奴隶社会前期的语文教育。言:言语,即说话及所说的话;文:文字,即记录语言的符号。②古文教育,主要指奴隶社会后期、封建社会的语文教育。古文:文言文,即古代的书面语言。古代语文教育并不完全具备现代语文课程意义,因此可称为"前语文教育"阶段。

(2) 私学与家教的发达。春秋战国时期,"学在官府"制度被打破,官学没落,家教逐步出现,私学兴起,以儒、墨两家最为著名,孔子秉持"有教无类"的教育理念,开私人办学先河,其教育思想可视为语文教育思想的发端。随着私学的兴起,家教也应运而生。影响较大的有:南北朝颜之推《颜氏家训》,元代程端礼《程氏家塾读书分年日程》,清代王筠《教童子读书法》、唐彪《家塾教学法》、朱柏庐《朱子家训》、曾国藩《曾文正家书》等。

(3) 书院的繁荣。古代书院初见于唐代,兴盛于宋代,是我国封建社会特有的一种教育组织形式,它既是教育机构,又是学术研究中心。宋代有著名的"四大书院":①庐山白鹿洞书院;②长沙岳麓书院;③登封嵩阳书院;④商丘应天府书院。加上衡阳石鼓书院、镇江茅山书院,则称为"六大书院"。古代书院在传承文化、传播思想、改进教学、培养人才等方面都发挥了重要的作用,其教学内容,教学方法与古代语文教育密不可分,成为中国语文教育史不可或缺的部分。

2. 古代语文教学类别的丰富性

(1) 识字写字教学。

教材主要有各类"蒙学读本"。

①《史籀篇》:产生于西周,是人们所知道的最早的识字写字教材。

②《仓颉篇》:秦代李斯编,3 300字,是我国历史上第一个统一的识字课本。

③《急就篇》:又名《急就章》,取名为速成急用备查之意。西汉史游编撰,共34章,计2 144字。从汉代到唐代,使用长达600余年。多为三言、四言、七言韵语,如"宋延年,郑子方。卫益寿,史步昌。""汉地广大,无不容盛。边疆无事,中国安宁。百姓承德,阴阳和平。""治理掌故砥砺身,智能通达多见闻。"

④《三字经》:南宋王应麟所编,一说最初出自宋人,后经众人不断完善而成。现在通用的版本共416句,1 248字。自宋代经元、明、清,直至近代,仍广为流传,被先后翻译为满、蒙

等文字。内容广泛丰富,声韵整齐和谐。例如:"养不教,父之过;教不严,师之惰。""玉不琢,不成器;人不学,不知义。""头悬梁,锥刺股;彼不教,自勤苦。"

⑤《百家姓》:编者不详,后人推断为宋人,因为开头一句为"赵钱孙李,周吴郑王"。百非实指,全书共收 507 个姓(单姓 446,复姓 61)。南宋时称之"村书",可见为普及的识字课本。

⑥《千字文》:南朝梁代周兴嗣编的识字课本,共 250 句,包含 1 000 字。四字一句,句法整齐,讲究声律,追求文采。例如:"天地玄黄,宇宙洪荒。日月星昃(zè),辰宿列张。寒来暑往,秋收冬藏。"

蒙学读本中最具代表性的识字教材是"三百千"。

(2)阅读教学。

阅读教学教材包括"经学读本""文选读本"和"诗教读本"几类。

① 经学读本:四书、五经、六艺。

- 四书:蒙学之后官方规定的课本,是四部儒家经典著作《大学》《中庸》《论语》《孟子》的合称,"四书"名称始于朱熹《四书章句集注》。

《大学》:原是《礼记》中的一篇,可能作于战国时期,作者不详。"大学",指有关政治、哲理的高深而广博的学问。主要内容包括"三纲""八目"。三纲:明明德,亲民,止至善;八目:格物,致知,诚意,正心,修身,齐家,治国,平天下。

《中庸》:是一篇论述儒家人性修养的散文,原是《礼记》中的一篇,相传为孔子孙子子思所作。其中很多观点在当今仍有积极意义,例如:"天命之谓性,率性之谓道,修道之谓教。"

《论语》:是中国春秋时期一部语录体散文集,由孔子弟子及再传弟子编纂而成。主要记录孔子及其弟子的言行,较为集中地反映了孔子的思想,是儒家学派的经典著作之一。首创"语录体"。

《孟子》:是中国儒家典籍中的一部,记录了战国时期思想家孟子的治国思想和政治策略,是孟子和他的弟子记录并整理而成的。

- 五经:《诗》《书》《礼》《易》《春秋》的合称,名称始于汉武帝时期。

《诗经》:我国第一部诗歌总集,传为孔子编撰,汇集诗歌 305 首。性质相当于文学课程。

《尚书》:古代历史文件和追述古代事迹的著作汇编,相传由孔子编选。性质相当于政治课程。

《礼记》:现存礼书经东汉郑玄融合"古""今"两派后,定型为三种:《周礼》《仪礼》《礼记》。《周礼》讲各种官制,《仪礼》讲各种典礼节仪;《礼记》讲礼的性质、意义和作用。汉代指《仪礼》,是春秋战国时的一部礼仪制度汇编;后世指《礼记》,是关于儒家思想"礼"的阐释。性质相当于道德伦理课程。

《周易》:讲解事物变化及其规律,以八卦为纲构成体系,分为经、传两个部分。性质相当于哲学课程。

《春秋》:是我国第一部编年体史书,是鲁国编年史,记载了春秋时代 242 年间的历史。相传为孔子修订,孔子晚年专注于修编《春秋》,曾感叹说:"知我者,其惟《春秋》乎?罪我者,其惟《春秋》乎?"后世有《春秋公羊传》《春秋穀梁传》《春秋左传》阐释它,史称"春秋三传"。性质相当于历史教材。

- 六艺:"五经"+《乐经》。乐:是孔子教育中一项重要教材,包括音乐基础知识、音乐理论、音乐审美、音乐功能等内容,是孔子美育教育的重要内容。

② 文选读本:《昭明文选》《古文观止》。

《文选》:我国现存的编选最早的诗文总集,因编撰者萧统为南朝梁武帝萧衍的长子,其立为太子后未及即位而卒,谥号"昭明",因而其《文选》又称《昭明文选》。选文突破旧有框框,入选文质兼美之作共700余篇。

《古文观止》:清朝康熙年间选编的一部供学塾使用的文学读本,由清代吴楚材、吴调侯编选,吴兴祚审定。书名"古文观止",意指文集所收录的文章代表文言文的最高水平,学习文言文至此观止矣。该书所选古文,以散文为主,兼收韵文、骈文。选文丰富多彩,篇幅较短,语言精炼,便于诵读,其中不少是传诵千古的名篇。

③ 诗教读本。

诗教是古代阅读教学中的重要内容,源远流长,绵延不绝。诗教教材主要有《诗经》《楚辞》《古诗十九首》《神童诗》《千家诗》《唐诗三百首》等,到明清出现声律普及读物,如车万育《声律启蒙》、李渔《笠翁对韵》等。

《神童诗》:传为北宋汪洙所作,后经人搜集补增而成。收集诗歌只有34首,但诗味浓郁,格律严谨,音韵和谐,是影响较大的训蒙读物。如其中一首诗的末尾几句:"春游芳草地,夏赏绿荷池。秋饮黄花酒,冬吟白雪诗。"

《千家诗》:南宋著名词人刘克庄编辑,全书原名《分门纂类唐宋时贤千家诗选》,共22卷,分14类,在当时影响很大。后又经明代人选录编订,分上、下集,始定此名。从宋代至今,在民间流传很广,是非常有名的儿童启蒙读物。所选诗为唐宋两代的作品,大多文采晓畅,易于吟诵。此书是由识字教学向阅读教学过渡的佳作。

《唐诗三百首》:清代孙洙(蘅塘退士)编选,全书共选入75位唐代诗人及无名氏2人的诗作,共计313首。入选的唐诗作品诗意显豁、言近旨远、富有情趣,并且声调和谐、易于诵读。

3. 写作教学

主要形式是读写结合、模仿经典范式,阅读教材同时也是很好的写作教材,如"四书""五经""六艺"以及"文选"中文章。写作的指导思想主要源自历代的诗文理论著作。诗歌写作指导,如先秦《毛诗序》,宋代钟嵘《诗品》、严羽《沧浪诗话》,近代王国维《人间词话》等。散文写作指导,如魏晋南北朝时期曹丕《典论·论文》、陆机《文赋》、刘勰《文心雕龙》等。具备现代写作教材意义的有《幼学琼林》《龙文鞭影》《钦定四书文》等。

① 《幼学琼林》:原名《幼学须知》,明代程登吉编,内容以介绍综合知识为主。此书到清代影响仍然很大,有"读了《增广》(《增广贤文》)会说话,读了《幼学》会看书"之说。

② 《龙文鞭影》:龙文,良马也,见鞭影则疾驰,不俟驱策而后腾骧也。该书既是一部故事总集,又是一部典故大全,明代萧良有编撰,后经人陆续补充订正,成为定本。

③ 《钦定四书文》:是清代乾隆初年钦定颁行天下,为士人提供"制科之标准"的科举用书。此书由时任内阁学士方苞编定,选录八股文章近800篇,各篇另加"题解"和"作者简介",并附"点评"以见得失,从而展现朝廷所认可的"八股文"标准。

3. 古代语文教育内容的综合性

古代语文教育具有高度的综合性,政治、经济、哲学、历史、伦理、文学乃至自然科学知识都融为一体,学语文也是学知识、学思想、学社会。教育内容的丰富性和综合性,决定了古代语文教育功能具有多样性特点:

(1) 教育思想:教化,表现为高度伦理化、政治化。

(2) 道德规范:仁义礼智信("五常")。

(3) 政治理想:德治、仁政。

(4) 社会目标:安定、和谐、有序(天人合一)。

(二) 现代语文课程的发展(1904—1949年)

现代语文教育,一般是指1904年1月清政府颁布《奏定学堂章程》(癸卯学制)到1949年这一时期的国文国语教育。语文作为一门独立学科,是从1904年开始的,但是"语文"名称经过了一个发生、发展、变化的过程。

1. 单独设科期(1902—1904年)

清朝末年,随着西学东渐以及洋务运动的兴起与发展,清政府开始兴办学校,废除科举,颁布学制。

(1) 壬寅学制。1902年,清政府颁布了由张柏熙拟订的《钦定学堂章程》,对中学修业年限、学制、课程、教学内容等作了规定,因1902年为壬寅年而称"壬寅学制"。虽然因种种原因该学制并未施行,但这是中国第一个法令学制。

(2) 癸卯学制。1904年1月,清政府颁布了由张百熙、张之洞、荣庆联名奏呈重订的学堂章程,即《奏定学堂章程》,因1903年为癸卯年而称"癸卯学制"。该学制对"中国文字""中国文学"的教学要求、教学内容都作了具体的规定。这是我国第一个政府正式颁布,并且在全国范围内推行的学制。该学制的颁布为以后国文单独设科奠定了基础,可视为中国的语文分科教学的开端。

语文教育单独设科,并把培养学生的听、说、读、写能力作为他的基本目的,这就使语文教育摆脱了附庸的地位,使其在学校教育中发挥了基础学科的作用,具有深远的意义。

2. 名称演变期(1904—1949年)

(1) 中国文字(初小)、中国文学(高小、中学)(1904—1907年)。标志:1904年清政府颁布《奏定学堂章程》。

(2) 国文(中小学)(1907—1920年)。倡导者有梁启超、蔡元培等人士。标志:1907年清政府颁布《学部奏定女子小学堂章程》《奏定女子师范学堂章程》,其中规定学科为"国文"。

(3) 国语、国文(1920—1949年)。标志一:1920年北洋政府教育部通令全国,国民学校改"国文"为"国语",小学、初中皆设"国语"课程。标志二:1923年,在高中特设"国文"(文字学、文学史)。标志三:1929年,教育部中小学课程"暂行标准"规定:小学设"国语",中学设"国文"。国文、国语作为中国母语学科名称,一直沿用到中华人民共和国成立前夕,直至今日,台湾地区及其他海外华人的母语教育仍用此学科名称。

(4) "语文"定名(1949年)。"语文"学科名称的最后确定,是在1949年华北人民政府教育部教科书编审委员会选用中小学课本之时。叶圣陶先生曾对此作过说明:

> 彼时同人之意,以为口头为"语",书面为"文",文本于语,不可偏指,故合言之。亦见此学科"听""说""读""写"宜并重,诵习课本,练习作文,固为读写之事,而苟忽于听说,不注意训练,则读写之成效亦将减损。其后有人释为:"语言""文字",有人释为"语言""文学",皆非立此名之原意。①

这段说明文字,既说明了语文学科名称的来历,又诠释了语文的含义,并且说明了语文教学的基本要求。

(三) 当代语文课程的发展(1949年至今)

1. 语、文统一期(1949—1955年)

根据"语文"含义,进行教材统编,中小学语文教材一律使用统编教材,不再使用自编本。教学内容上,重视为思想政治服务;教学方法上,开展改革探索,积极推广《红领巾》教学法、凯洛夫五环节教学法等。

2. 汉语、文学分科期(1955—1958年)

汉语、文学分科教学,早在1951年教育部就提出设想,1953年向党中央提交有关报告,1955年秋季开始试教,1956年秋季全面实施。但1958年即宣告停止。该实验取得了一些成效,但也存在不少问题。成绩:一是系统地教学语言知识,加强了语言教育;二是系统地教学文史和文学理论知识,加强了文学教育。问题:文学教材分量过重,文学要求偏高,字词句训练不足,汉语教材不成熟等。

3. 语文教育荒芜期(1958—1978年)

在此期间,语文教育发展经历了两次大的曲折,前后长达20年之久。一是"反右"及"大跃进"运动,二是"文化大革命"。此期间的极左路线盛行,浮夸风泛滥,语文教育高度政治化,课程建设无视语文规律,教师尊严备受践踏。国家政治动乱给语文教育造成了极大的破坏,对国家、民族及其经济、文化的破坏非常惨重。

4. 语文学科复苏发展期(1978—2000年)

1978年党的十一届三中全会以后,语文学科迅速发展,呈现出蓬勃生机。教育研究空前活跃,语文教学实验深入进行,探讨语文的知识体系,寻找相应的科学训练序列,着重于听、说、读、写能力的全面培养,并注意发展学生的智力。

5. 语文课程改革深化期(2001年至今)

在2001年开始的全国第八次基础教育课程改革中,语文课程改革备受瞩目。教育部于2001年颁布《全日制义务教育语文课程标准(实验稿)》,2003年颁布《普通高中语文课程标准(实验)》,2011年颁布《义务教育语文课程标准(2011年)》。语文课程标准,从语文课程性质、语文课程基本理念、语文课程目标及内容以及实施建议等方面,作了具体的规定和阐述。语文课程改革历经十几年的探索与实践,语文学科发展逐渐深化:语文"双基"—语文素养—语文核心素养。

---

① 叶圣陶:《叶圣陶语文教育论集》(下册),教育科学出版社,1980年,第730页。

三、语文课程的构成

(一) 语文课程目标

1. 课程目标的含义

课程目标,是课程本身要实现的具体目标,是期望一定教育阶段的学生在发展品德、智力、体质等方面达到的程度。语文课程目标,是指人们对语文课程的价值需要预期和构想,是通过语文教育活动对学生发生的预期教育效果,是国家对语文课程规定的人才培养的个体规格和质量标准。语文课程目标聚焦于"语文素养",指向两个方面:人文素养、语文能力。

2. 语文课程目标的构成

(1) 内容目标。指向学生"应该知道什么""能够做什么",指明学生所要达到的标准。

(2) 能力目标。指明学生在什么方向达到什么水平,又称"表现标准""成就标准",规定每一个学生应当达成的"基础学力"(或"基本能力")和"关键技能"。

(3) 机会目标。又称"活动目标",指明学生需要做什么。它是为保障每一个学生的"学习权"而制定的教学规范、关系规范以及课程资源的分配规范。

(二) 语文课程内容

1. 课程内容的含义

课程内容,指特定形态的课程中学生需要学习的事实、原理、技能、方法、策略、态度和价值观等。在课程体系中,课程内容紧承课程目标,是课程构成的重要部分。语文课程体系各个环节及其主要任务如下:

语文课程目标(是什么?)—语文课程内容(教什么?)—语文教材内容(用什么教?)—语文教学内容(实际上教了什么、学了什么?)

2. 语文课程内容的构成

(1) 文学文化经典作品。指构成人文素养确切所指的历代文学文化经典名篇,语文教材中的"定篇"就属于此类。较之语文教材中的其他几种类型"例文""样章""用件","定篇"的选文本身就是重要的课程内容,要求阅读指向三个层面:文字层面的阅读、文章层面的阅读、文化层面的阅读;不仅要读懂并学习文本在选材立意、结构谋篇、语言运用等方面的独到之处,而且还要学习包容在选文中的事实、概念、技能、策略、态度等等。

(2) 语文知识。指语文学科的事实、概念、技能、策略、态度等,可以分为四个类型[①]:①社会的语言、言语规律,包括语言、言语的规律;②他人的言语经验,包括课内课外习得的口头和书面言语经验;③个体的言语规则,包括阅读行为规则、写作行为规则、口语交际行为规则等;④人类的语言文化:语文负载着文化,语文传承着文化,语文本身就是文化。

(3) 语文经历。现代认知心理学的广义知识观,将知识分为三类:①陈述性知识:主要

[①] 韩雪屏:《语文课程的知识内容》,《语文建设》2003年第3期。

反映事物的状态,内容及事物变化发展的原因,说明事物"是什么""为什么"和"怎么样",主要用来描述一个事实和陈述一种观点。②程序性知识:主要反映活动的具体过程和操作步骤,用来说明学习者"做什么"和"怎么做"的问题。③策略性知识:关注的是"怎么才能做得更好",指向学习策略、途径、方法的选择、确定与运用。语文经历也属于广义的语文知识范畴,主要指学生参加过的语文实践活动,如阅读几部中外名著,参加几次公开演讲,参与小课题研究等等。

四、语文课程标准

(一) 语文课程标准概述

语文课程标准,是以纲要形式编订的、有关语文学科教学内容的指导性文件,是语文教材编写、教学实施与评价的重要依据。教育部颁布的《全日制义务教育语文课程标准(2011年版)》(以下简称2011年版课标),包括前言、课程目标和内容、实施建议、附录四部分。《普通高中语文课程标准(2017年版)》(以下简称2017年版课标)包括课程性质与基本理念、学科核心素养与课程目标、课程结构、课程内容、学业质量标准、实施建议和附录几个部分。

(二) 语文课程的性质

1. 义务教育阶段语文课程的性质

语文课程是一门学习语言文字运用的综合性、实践性课程。义务教育阶段的语文课程,使学生初步学会运用祖国语言文字进行交流沟通,吸收古今中外优秀文化,提高思想文化修养,促进自身精神成长。工具性与人文性的统一是语文课程的基本特点。该段表述涵盖以下几个重要内涵:

(1) 综合性、实践性:注重听、说、读、写的相互联系,注重语文与生活的结合,注重三维度整体提高。

(2) 主要内容与核心任务:语文课程主要是学习语言文字运用,不是语言学课程,更不是思想品德课程。

(3) 基本特点:工具性与人文性的统一,工具性与人文性并非叠加、先后、主从关系,而是相互渗透、融为一体的。

(4) "工具性与人文性的统一"的内涵及功能。语文"工具性"内涵:听说读写、知识、方法、思维。语文"人文性"内涵:情思、审美、伦理、历史文化。二者功能:工具性,告诉学生"是什么",是逻辑判断,着眼于培养学生语文运用能力;人文性,告诉学生"应该怎样",是价值判断,着眼于对学生进行感情熏陶和文化提升。二者要达到和谐统一,并积淀在人的意识里,才可能造就"立体"的人、高素质的人。

2. 高中阶段语文课程的性质

语文课程是一门学习祖国语言文字运用的综合性、实践性课程。工具性与人文性的统一是语文课程的基本特点。语文课程应引导学生在真实的语言运用情境中,通过自主的语言实践活动,积累言语经验,把握祖国语言文字的特点和运用规律,加深对祖国语言文字的理解与热爱,培养运用祖国语言文字的能力;同时,发展思辨能力,提升思维品质,培育社会主义核心价值观,培养高尚的审美情趣,积累丰厚的文化底蕴,理解文化多样性。

普通高中语文课程应使全体学生在义务教育的基础上,进一步提高语文素养,形成良好的思想道德修养和科学人文素养,为终身学习和全面而有个性的发展奠定基础,为传承和发展中华文化、增强民族凝聚力和创造力发挥应有的作用。

(三)语文课程的基本理念

1. 义务教育阶段语文课程基本理念

(1)全面提高学生的语文素养。

"全面"及"语文素养"的含义:全面,一是指向全体学生,要求公平对待、一视同仁,一切为了每一位学生的发展,这是新课程改革的核心理念;二是指向个体学生的全面发展,即指向"知识与能力、过程与方法、情感态度与价值观"三个维度。

语文素养:字词句篇的积累、语感、思维品质;语文学习方法和习惯;识字写字、阅读、写作和口语交际的能力;文化品位、审美情趣、知识视野;情感态度、思想观念等。在课标对这项基本理念的阐述中,需要重点解读的几个概念有语感、良好的个性、创造性人格。

① 语感。

语感的含义及其特点:语感是一种修养,是在长期的规范语言应用和训练中养成的一种对语言文字(含口头语言、书面语言)的比较直接、迅速、灵敏的领会和感悟能力。它具有敏锐性、直接性、完整性、联想性、体验性;同时还具有模糊性、会意性和非理性。

语感的构成及其层次:语感是语言感知力、语言领悟力、语言感应力、语言悬揣力、语言触发力的合力,是听说读写能力的核心。语感的层次依次为:通顺感、生动感、得体感、幽默感、蕴藉感。语感的培养途径及方法有四点:

一是培养对字词的感受力。首先,要多看多记,既看文本又看生活。其次,要重视诵读,促进语感的形成:目视其文,口法发其声,心同其情,耳醉其音。再次,要凭借生活经验获取语感,通过理解语言行为意义增强语感。例如,对鲁迅《秋夜》中"在我家的后园有两株树,一株是枣树,还有一株也是枣树"所表达的语义的理解。最后,要细体味、深领悟,例如,将"寻寻觅觅,冷冷清清,凄凄惨惨戚戚"与"寻觅、冷清、凄惨悲泣"进行对比,体会叠词在描摹物态方面的独到之处。语感训练的常模结构:感受语言,触发语感—品味语言,领悟语感—实践语言,习得语感—积累语言,积淀语感。与之相应的训练方法:美读感染法、比较揣摩法、语境创设法、切己体察法。这些总结颇有借鉴意义。

二是加强意象的积累。意象,指融入诗人、作家思想和情感的景象或物象,即作者头脑中形成的客观物象与主观情趣的有机融合,蕴涵着情和理的形象。

三是进行语感分析训练,主要在语文课堂教学中实施。

四是促进学生不断进行个性化语言表达,包括口头表达和书面表达。

② 良好个性和健全人格的养成。

健全的人格特征表现为整体性、协调性、创造性、情感性四个方面。现代著名教育家丰子恺说过:圆满的人格就像一只鼎,真、善、美是其三足,缺一则立不成。人生在世,当求自身的圆满,即求真、至善、达美。对于一个人而言,美是皮肉,善是经脉,真是骨骼;此三者支撑一个"人"字。可以从三个方面进行培养：一是求真,即探索精神的养成;二是至善,即道德意识的觉醒;三是达美,即自由人格的建构。

③ 创造性人格的培养。

心理学家吉尔福特通过研究发现,创造性人格具有以下八方面的特征:有高度的独立性和自觉性;有旺盛的求知欲;有对事物深究的强烈动机;善于观察,知识面广;工作追求准确与严格;有丰富的想象力;富有幽默感;意志品质出众,能长时间专注于感兴趣的问题。创造性思维的必要前提是:理清当下,怀疑既有,反思现状。

培养学生创造性思维能力的途径及策略：一是立足个性差异,培养求异思维;二是深挖教材内蕴,积极诱导启发;三是激发求知兴趣,鼓励创新精神;四是丰富想象能力,捕捉直接灵感。直接灵感是直接思维的结果,直接思维是人脑对事物及其本质和规律作出迅速的识别、敏锐的观察、直接的理解和整体判断的思维过程。它是构成创造性思维活动的必要因素。可以尝试以下几个培养途径:一是通过阅读教学,发展学生的想象能力;二是加强朗读和语感训练;三是创设情境,触发创新灵感。

(2) 正确把握语文教育的特点。

语文教育具有人文性、实践性、民族性特点。

① 人文性：一要重视语文的熏陶感染作用;二要尊重学生的独特体验;三要注意教学内容的价值取向。

② 实践性：一是着重培养学生的语文实践能力,包括识字写字、阅读、写作、口语交际、搜集处理信息的能力,还有良好的语感等等;二是重视学生的语文实践活动,在语文实践中培养语文运用能力;三是正确认识语文知识与语文能力的辩证关系,处理好"学会"与"会学"的关系。

③ 民族性：语文课程应该考虑汉语言文字的特点,考虑这些特点与识字、阅读、写作、口语交际和思维发展等方面的影响。汉语的民族性体现为三个方面：一是汉语的书写形式为方块字,富有神韵,具有审美价值;识字写字教学中,结合汉字"六书"造字法,会优化教学效果。二是汉语语法结构具有灵活性;在词语教学中结合这一特点,抓住重点词素意义,则会收到举一反三的效果。三是汉语思维方式具有模糊性,体现在人们的语言习惯和文化心理;在诗文教学及语言品味中要突出这一特点。

(3) 积极倡导自主、合作、探究的学习方式。

① 自主学习：是指学习主体有明确的学习目标,对学习内容和学习过程具有自觉的意识和反应的学习方式。自主学习要具备四个条件：一是能学,建立在自我意识发展基础上;二是想学,学生具有内在的学习动机;三是会学,学生掌握一定的学习策略;四是恒学,即坚持学,具有一定的意志和毅力。

② 合作学习：是指学生在学习主体中,为了完成共同的任务,有明确的责任分工的互助性学习方式。合作学习要具备四个条件：一是学习目标明确、恰当,是短时间内能解决的最近发展区;二是小组已经形成合作机制,熟悉合作规则,明确分工,在民主、有序的状态下进行;三是提供充足的学习时间,有时间讨论、交流、整合内容与观点;四是合作的目的是"多赢"。

③ 探究学习：是指学生独立地发现问题并试图解决问题,从而获得自主发展的学习方

式。主要特征是"问题性、实践性、参与性和开放性",侧重于培养学生探究未知世界的能力。

(4)努力建设开放而有活力的语文课程。

要求语文课程必须突破三中心的束缚,即突破课堂中心、教材中心、教师中心的束缚。实施三级课程管理:实施国家课程;开发地方课程;建设校本课程。

2. 高中阶段语文课程的基本理念

(1)坚持立德树人,增强文化自信,充分发挥语文课程的育人功能。

祖国语文是中华儿女的精神家园,语文课程对继承和弘扬中华优秀传统文化、革命文化、社会主义先进文化,培养文化自信,推动文化的创新发展,具有不可替代的优势。

普通高中语文课程,必须以习近平新时代中国特色社会主义思想为指导,坚持立德树人,弘扬民族精神,融入社会主义核心价值观教育,培养热爱中华文明、热爱祖国、热爱人民、热爱中国共产党的深厚感情,以及热爱美好生活和奋发向上的人生态度,使学生逐步形成自己的思想、行为准则,增强为中华民族伟大复兴而努力的历史使命感和社会责任感。坚持加强语文课程内容与学生成长的联系,引导学生积极参与实践活动,学习认识自然、认识社会、认识自我、规划人生,在促进人的全面发展方面发挥应有的功能。

(2)以核心素养为本,推进语文课程深层次的改革。

随着社会和教育事业的发展,语文课程更加强调以核心素养为本。要进一步改革语文课程的目标和内容,既要关注知识技能的外显功能,更要重视课程的隐性价值,还要关注语文课程在社会信息化过程中新的内涵变化;通过改革,让学生多经历、体验各类启示性、陶冶性的语文学习活动,逐渐实施多方面要素的综合与内化,养成现代社会所需要的思想品质、精神面貌和行为方式。

普通高中语文课程应继续引导学生丰富语言积累。培养良好语感,掌握学习语文的基本方法,养成良好的学习习惯,提高运用祖国语言文字的能力;语言文字运用和思维密切相关,语文教育必须同时促进学生思维能力的发展与思维品质的提升;语文教育也是提高审美素养的重要途径。要让学生在语言文字运用的学习中受到美的熏陶,培养自觉的审美意识和高尚的审美情趣,培养审美感知和创造表现的能力;语言文字的运用体现时代的发展状况和人的文化修养,语文课程应该引导学生自觉继承中华优秀传统文化和革命文化,吸收世界各民族文化精华,积极参与中国特色社会主义先进文化的建设与传播。

(3)加强实践性,促进学生语文学习方式的转变。

语文课程作为一门实践性课程,应着力在语文实践中培养学生的语言文字运用能力。学习运用祖国语言文字的资源和实践机会无处不在,应增强学生学语文、用语文的自觉意识,积极利用信息技术以及身边的各种资源和机会,通过阅读与鉴赏、表达与交流、梳理与探究等语文实践,积累言语经验,把握语文运用的规律,学会语文运用的方法,有效地提高语文能力,并在学习语言文字运用的过程中促进方法、习惯及情感、态度与价值观的综合发展。

语文课程还应当适应当代社会的发展需要,为培养创新人才发挥重要作用。要引导学生在语言文字运用的过程中发现问题,培养探究意识和发现问题的敏感性,探求解决问题和语言表达的创新路径。

(4)注重时代性,构建开放、多样、有序的语文课程。

普通高中语文课程应适应社会对人才的多样化需求和学生对语文教育的不同期待,精选学习内容,变革学习方式,确保全体学生都获得必备的语文素养;帮助学生认识自己语文学习的已有基础、发展需求和方向,激发学习兴趣和潜能,在跨文化、跨媒介的语文实践中开阔视野,在更宽广的选择空间发展各自的语文特长和个性。

普通高中语文课程应具有相对稳定的结构和富有弹性的实施机制。应在课程标准的指导下,提高教师水平,发展教师特长,引导教师开发语文课程资源,有选择地、创造性地实施课程;把握信息时代新特点,积极利用新技术、新手段,建设开发多样、有序的语文课程体系,使学生语文素养的发展与提升能适应社会进步新形势的需要。

(四) 语文课程目标和内容

1. 义务教育阶段语文课程目标和内容

课程目标按照三个维度设置:知识与能力、过程与方法、情感态度与价值观;三个维度贯穿于课程目标之中,并且突出过程与方法、情感态度与价值观。三者相互渗透,融为一体。

①知识与能力:强调的是学科的基本知识与基本技能。②过程与方法:强调的是了解和体验问题探究的过程和方法。③情感态度与价值观:关注的是形成积极的学习态度,健康向上的人生态度,具有科学精神和正确的世界观、人生观、价值观,从而成为有责任感和使命感的社会公民。

(1) 总目标:共10条,指向"知识与能力、过程与方法、情感态度与价值观"三个维度。

(2) 学段目标。小学六个年级共分三个学段,初中为第四个学段。每个学段的目标和内容,都按照"识字与写字、阅读、写作、口语交际、语文综合性学习"五个板块来陈述,这就构成了语文学习的五大领域。

2. 高中教育阶段语文课程目标和内容

(1) 语文学科核心素养。

语文学科核心素养是学生在积极的语言实践活动中积累与构建起来,并在真实的语言运用情境中表现出来的语言能力及品质;是学生在语文学习中获得的语言知识与语言能力,思维方法与思维品质,情感、态度与价值观的综合体现;主要包括、语言建构与运用、思维发展与提升、审美鉴赏与创造、文化传承与理解四个方面。

语文学科核心素养的四个方面是一个整体。语言是重要的交际工具,也是重要的思维工具;语言的发展与思维的发展相互依存,相辅相成。语言文字是文化的载体,又是文化的重要组成部分;学习语言文字的过程也是文化获得的过程。语言文字作品是人类重要的审美对象,语文学习也是学生审美能力和审美品质发展的重要途径。语言建构与运用是语文学科核心素养的基础,在语文课程中,学生的思维发展与提升、审美鉴赏与创造、文化传承与理解,都是以语言的建构与运用为基础,并在学生个体言语经验发展过程中得以实现的。

(2) 高中语文课程目标。

包括12个目标,要求学生通过阅读与鉴赏、表达与交流、梳理与探究等语文学习活动,在语言建构与运用、思维发展与提升、审美鉴赏与创造、文化传承与理解几个方面都获得进一步的发展;坚定文化自信,自觉弘扬社会主义核心价值观,树立积极向上的人生理想,为全面发展和终身发展奠定基础。

① 语言积累与建构。积累较为丰富的语言材料和言语活动经验,形成良好的语感;对

已经积累的语言材料建立起有机的联系,在探究中理解、掌握祖国语言文字运用的基本规律。

② 语言表达与交流。能凭借语感和对语言运用规律的把握,根据具体的语言情境和不同的对象,运用口头和书面语言文明得体地进行表达与交流;能将具体的语言文字作品置于特点的交际情境和历史文化情境中理解、分析和评价。

③ 语言梳理与整合。通过梳理与整合,将积累的语言材料和学习的语文知识结构化,将言语活动经验逐渐转化为具体的学习方法和策略,并能在语言实践中自觉地运用。

④ 增强形象思维能力。获得对语言和文学形象的直觉体验;在阅读与鉴赏、表达与交流、梳理与探究活动中运用联想和想象,丰富自己对现实生活和文学形象的感受与理解,丰富自己的经验与语言表达。

⑤ 发展逻辑思维。能够辨识、分析、比较、归纳和概括基本的语言现象和文学现象,并能有理有据地表达自己的观点和阐述自己的发现;运用基本的语言规律和逻辑规律,判别语言运用的正误,准确、生动、有逻辑地表达自己的认识;运用批判性思维审视语言文字作品,研究和发现语言现象和文学形象,形成自己对语言和文学的认识。

⑥ 提升思维品质。自觉分析和反思自己的语文实践活动经验,提高语言运用的能力,增强思维的深刻性、敏捷性、灵活性、批判性和独创性。

⑦ 增进对祖国语言文字的审美体验。感受祖国语言文字独特的美,增强热爱祖国语言文字的感情。

⑧ 鉴赏文学作品。感受和体验文学作品的语言、形象和情感之美,能欣赏、鉴别和评价不同时代、不同品格的作品,具有正确的价值观、高尚的审美情趣和审美品位。

⑨ 美的表达与创造。能运用祖国语言文字表达自己的审美体验,表达自己的情感、态度和观念,表现和创造自己心中的美好形象;讲究语言文字表达的效果及美感,具有创新意识。

⑩ 传承中华文化。通过学习运用祖国语言文字,体会中华文化的博大精深、源远流长,体会中华文化的核心思想理念和人文精神,增强文化自信,理解、认同、热爱中华文化,继承、弘扬中华优秀传统文化和革命文化。

⑪ 理解多样文化。通过学习语言文字作品,懂得尊重和包容,初步理解和借鉴不同民族、不同区域、不同国家的优秀文化,吸收人类文化的精华。

⑫ 关注、参与当代文化。关注并积极参与当代文化传播与交流,在运用祖国语言文字的过程中,坚持文化自信,提高社会责任感,增强为中华民族伟大复兴而奋斗的使命感。

(3) 高中语文课程内容。

包括18个学习任务群:①整本书阅读与研讨;②当代文化参与;③跨媒介阅读与交流;④语言积累、梳理与探究;⑤文学阅读与写作;⑥思辨性阅读与表达;⑦实用性阅读与交流;⑧中华传统文化经典研习;⑨中国革命传统作品研习;⑩中国现当代作家作品研习;⑪外国作家作品研习;⑫科学与文化论著研习;⑬汉字汉语专题研讨;⑭中华传统文化专题研讨;⑮中国革命传统作品专题研讨;⑯中国现当代作家作品专题研讨;⑰跨文化专题研讨;⑱学术论著专题研讨。

"学习任务群"的设置,是语文课程内容的一次颠覆性的革新。每一个任务群都包括"学习目标与内容""教学提示"两大主体内容。这种崭新的课程内容为更好地培养学生的语文核心素养创造了条件。设置学习任务群的意义在于：明确了课程编制的逻辑起点,重构教材编写的结构框架,重建语文教学的策略方式。这将改变我国文选型教材的传统,以生活本位取代过去的知识本位。模拟语文情景,设置具体任务,在完成任务过程中建构知识、实践方法,并形成情感态度与价值观。学习任务,不一定以选文单元形式出现,也可以以专题学习任务形式出现。学习专题即使以文章样式出现,也不一定遵循"定篇"阅读的策略,也可以用"例文""用件"等支架组成学习资源。

五、语文教材

语文教材,是语文教育内容的重要载体,有狭义和广义之分。广义的语文教材是一个系列指向,指经过中央或地方有关教育主管部门组织专家审查通过的、供学校教学使用的语文教科书、语文教学指导书、语文教学参考书、各类语文练习册、语文教学挂图、语文音像资料、语文教学软件、语文选修教材、语文活动材料和语文课外辅导读物等。狭义的语文教材,通常指语文教科书。鉴于现在已经对教材进行统管,以下重点介绍教育部统编版语文教材。

2017年9月,由教育部组织编写的义务教育语文教材开始在全国投入使用,2019年全国两亿多中小学生全面使用统编本语文教材。这套教材是中央关注和批准、教育部直接领导和组织编写的,其编写资源空前雄厚,前后从全国调集五六十位专家、作家、教研员和编辑,组成编写组,实际参与过这套教材咨询等工作的各个学科领域专家有上百人。教材还经过三十多轮评审,几百名特级教师审读,以及多个省市几十所学校的试教。统编本语文教材总主编温儒敏教授认为,该套教材显然超越现有各个版本同类教材的整体水平,他对统编本语文教材编写的特色、变化以及使用建议等方面,作了具体的阐述。[①]

(一) 统编版语文教材的总体特色

统编本语文教材的总体特色体现在四个方面：①注意立德树人,却又避免做表面文章,努力做到润物无声,不那么"说教"。②一些先进的教学理念,包括"以人为本""自主性学习"等,在教材编写中沉淀下来了;这些年一线教学所出现的某些通病,也努力通过教材的编写得以纠偏。③守正创新,不是对以往教材的颠覆,而是继承以往各版本教材好的经验,又有一些创新和发展。④力图贴近当代中小学生的语文生活,体现时代性。

(二) 统编版语文教材的重要变化

1. 课文数量的变化：有减有增

(1) 与原来人教版作比较,课文总数量减少了。小学一年级上册：原来共41课,包括汉语拼音13课,识字8课,另有课文20篇;新教材只有32课,其中汉语拼音减少为8课,识字则增加到10课,另有课文14篇。主要变化：汉语拼音课减少,识字写字课增加了。小学二年级上册：原来人教版40课,新教材减少为29课。初中原来七年级上册和下册都是30篇

---

① 杨伟:《尊重新教材理解新教材用好新教材——统编本语文教材总主编温儒敏教授访谈》,《语文建设》2018年第3期。

课文,现在每一册减少为24篇。其他册数也都减少了课文数量。

(2)课文数量减少,不等于教学总量减少,而是几个板块内容的调整,使教学内容更丰富,也更有效。小学的变化大一些,识字教学多集中在一年级和二年级上学期。初中虽然课文减少,但增加了课外阅读、名著导读和写作的分量。课文的选取不但数量上有变化,篇目变化也比较大。小学大概有半数以上课文是新的。选文更加强调四个标准,即经典性、文质兼美、适宜教学、适当兼顾时代性。新教材回到守正的立场,很多经典课文这次又回来了,尚未沉淀的时文相对少了。

2. 优秀传统文化的篇目增加

(1)小学:一年级开始就有古诗文,整个小学阶段12册共选优秀古诗文132篇,占所有选篇的30%,比原有人教版增加55篇,增幅达80%。

(2)初中:古诗文也是124篇,占所有选篇的51.7%,比原来的人教版占比也有所提高。体裁更加多样,从《诗经》到清代的诗文,从古风、民歌、律诗、绝句到词曲,从诸子散文到历史散文,从两汉论文到唐宋古文、明清小品,均有收录。革命传统教育的篇目也占有较大的比重。

3. 体例结构的创新

统编版语文教材采用"双线组织单元结构",这是统编本语文教材在编写体例上的创新。分单元组织教学,若干板块的内容穿插安排在各个单元之中。初中的结构是:每个单元都有阅读和写作,这是重头。另外,每学期有三个综合性学习、两个名著导读,还有两个课外古诗词诵读。单元设置的"双线"内涵如下:

(1)"内容主题"线:如"修身正己""至爱亲情""文明的印迹""人生之舟"等,即按照"内容主题"来组织单元,课文大致都能体现相关的主题,形成一条贯穿全套教材的、显性的线索,但又不像以前的教材那样给予明确的单元主题命名。

(2)"语文素养"培养线:将语文素养的各种基本因素,包括基本的语文知识、必需的语文能力、适当的学习策略和学习习惯,以及写作、口语训练等,分成若干个知识或能力训练的"点",由浅入深,由易及难,分布并体现在各个单元的课文导引或习题设计之中。每个单元都有单元导语,对本单元主题略加提示,主要指出本单元的学习要点。初中的单元设计栏目没有小学那么多,但也各有各的功能。如七年级下册第一单元,先是"导语",四篇课文都有"预习",课后有"思考探究""积累拓展""读读写写"。自读课文设计最引人注目的是"旁批",还有"阅读提示"。

(三)使用统编版语文教材的策略

1. 语文知识如何教

统编本语文教材重新确定语文教学的知识体系,落实那些体现语文核心素养的知识点、能力点。统编本语文教材体现知识体系和能力点,主要靠五条渠道:①教师用书;②每个单元的导语;③每一课的思考题和拓展题;④综合性学习、写作、名著选读等方面;⑤初中每个单元都有的一两块"补白"。使用统编本教材,要注意这五条渠道所体现的语文知识体系,并落实到具体的教学中。备课要有全局意识,不能备一课是一课,也不能临时抱佛脚,克隆现成的教案了事,一定要研究教材,梳理其隐在的知识体系,比较自然而又扎实地体现在自己的教学中。

中小学语文的知识教学不要过分追求体系化,不能满足于让学生去反复操练,但也要有教学的知识体系,要有训练,有"干货"。总之,使用统编本语文教材,不要体系化,但要有体系。这不是开倒车,不是回到以前(其实现在也有)那种完全围绕知识能力点展开的教学,而是在教材中让"语、修、逻、文"等基本知识和技能要求更清晰,教师教学有章可循。

2. 如何定位课文类别"教读""自读"

精读和略读混淆,是目前语文教学的通病。精读课:主要是老师教,一般要求讲得比较细,比较精。其功能就是给例子,给方法,举一反三,激发读书的兴味。略读课:主要不是老师讲,而是学生自己读,把精读课学到的方法运用到略读中,自己去试验、体会。很多情况下,略读就是自主性的泛读。两种课型不同,功能也不同,配合进行,才能更好地完成阅读教学。统编本语文教材有意识地改变这种课型不分的状况,加大了精读和略读两种课型的区分度,初中教材干脆改"精读"为"教读",改"略读"为"自读"。

教读课设计比较丰富,有"单元导语""预习""思考探究""积累拓展""读读写写",并注重向课外阅读延伸。这就建构了"教读—自读—课外阅读"组成的"三位一体"的教学结构。统编本语文教材更加重视多种阅读方法的教学,比如默读、浏览、跳读、猜读、比较阅读、读整本的书等,因此在教学实践中格外注意阅读方法问题,重视学生的阅读速度。

3. 如何落实课标中"课外阅读"的任务

统编本语文教材在这方面的一个突破是:让语文课更重视学生自主的阅读实践,包括课外阅读,努力做到课标所要求的"多读书,读好书,好读书,读整本的书"。具体举措如下:

(1) 由课内阅读向课外阅读延伸。比如小学一年级就设置了"和大人一起读"栏目,这是新教材的亮点之一,意在与学前教育衔接。一年级刚上学的学生自己还不会读,所以让大人和他们一起读。这个栏目的用意是激发读书的兴趣,让孩子刚上学就喜欢语文,喜欢读书。小学中高年级几乎每一单元都有课外阅读的延伸;初中则加强了"名著选读",每次都引导学生重点学习某一种读书的方法。

(2) 激发兴趣,传授方法。这是"名著选读"设置的改革方向,如浏览、快读、读整本书、读不同文体,等等,都各有方法引导。多数课后思考题或拓展题,也都有课外阅读的提示引导。

(3) 建构"教读—自读—课外阅读"组成的"三位一体"的教学结构。语文课怎样才算成功?一定要延伸到课外阅读,加大阅读量,这是改革的方向。激发和培养读书兴趣,是语文教学的"牛鼻子"。教师使用新教材,要研究如何把"教读""自读""课外阅读"三者结合起来,融为一体,千方百计地激发学生读书的兴趣,让学生养成读书的生活方式。

(4) 采取"1+X"的办法。讲一篇课文,附加若干篇泛读或者课外阅读的文章。目的就是要拓展阅读面,增大阅读量,改变语文课读书少甚至不怎么读书的状况。

4. 识字写字教学的策略

(1) 实行"认写分流,多认少写"。这是统编本教材低年级的编写原则。这样做,是为了提高教学效果,为尽快过渡到独立阅读阶段创造条件。一年级上册后面附有《识字写字基本字表》,要求会认300个字。这是依据对小学生阅读的字频调查来确定的。先认这些字,才可能尽快过渡到独立阅读。而且从字理、字结构来看,先认识这些字,也有助于学生举一反三,认识更多的字。

(2)统编本教材有意安排了"多元认字"内容,就是说,不完全依赖拼音认字,还要多通过字形、结构、偏旁等去认字。教学中老师们要重视范读、熟字带生字、尽量勾连口语词,等等。

5. 古诗词教学的策略

(1)最好的办法就是反复诵读,读得滚瓜烂熟。不用有过多阐释,也不要太多活动,宁可多读几遍、多读几篇。

(2)让学生感受诗词音韵之美。汉语之美,也许一时说不清美在哪里,积淀下来,就有所感觉了。现在有些古诗词教学过于繁琐,像外科手术,把那种"美"都给弄没了。学习古诗文,对于小学生而言是比较难的,因此要求不能过高,不必在所谓主题思想、意义价值、艺术手法等方面讲太多。有的老师总喜欢来个三段论——"知作者,解诗意,想画面",未免太死板,也不得要领。另外,朗读不能取代自主性的阅读和吟诵,因此不宜一味地采用朗读手段。

六、语文课程资源

语文课程资源十分丰富,除了语文教科书及其参考资料等资源外,还包括语文教育理论著作、文本解读著作、语文教育研究刊物、优秀文语文教师课例以及网络等语文课程资源。

1. 语文教育理论专著

比较有影响的有:王荣生《语文科课程论基础》、王尚文《语感论》、李海林《言语教学论》、韩雪屏《语文教育心理学原理》、魏本亚《语文教育研究方法论》、温儒敏《温儒敏论语文教育》等。

2. 文本解读著作

比较有影响的有:孙绍振《名作细读(修订版)》《月迷津渡——古典诗词个案微观分析》《孙绍振解读经典散文》;钱理群《名作重读》;陈日亮《如是我读——语文教学文本解读个案》;刘俐俐《外国经典短篇小说文本分析》《中国经典短篇小说文本分析》;王荣生主编《散文教学教什么》《文言文教学教什么》《实用文教学教什么》。

3. 语文教育研究刊物

比较权威的有:《人大复印报刊资料》《小学语文教与学》《初中语文教与学》《高中语文教与学》;全国中文核心期刊《语文建设》《中学语文教学》《语文教学通讯》《中学语文教学参考》;还有省级期刊《语文学习》《中学语文》《现代语文》《语文教学之友》等。

4. 优秀语文教师课例

王荣生《听王荣生教授评课》;蒋成瑀《中学语文经典课文特级教师教学案例精编》;郑桂华、王荣生《语文教育研究大系·中学语文卷》。

比较新的还有三部丛书:"名师讲语文""教育家成长""大夏书系·名师课堂"。"教育家成长"丛书,当前已经出版许多部,如《于漪与教育教学求索》《钱梦龙与导读艺术》《李镇西与语文民主教育》《程红兵与语文人格教育》等。"大夏书系·名师课堂"已经出版的有《听郑桂华老师讲课》《听余映潮老师讲课》《听窦桂梅老师讲课》《听李镇西老师讲课》《听袁卫星老师讲课》。

5. 网络语文课程资源

各类综合性网络中都兼有语文课程资源,如人民教育出版社网,有语文政策性文件、教材编写说明、教学设计等资源,可供下载运用。又如中央电化教育资源库,该数据库是依据现行人教版和多种版本课标教材开发的一套教学资源服务系统,资源内容涵盖广泛,尤其以视频、动画等多媒体素材资源为主。语文专业网络资源更多,如凤凰语文网、中国语言文字网、中国语文教学资源网、语文报刊网、初高中语文123资源网等;还有K12中国中小学教育教学网,该网站是当下我国最有影响力的基础教育网站之一,有大量的教案、课件、试卷等素材可用。

网络资源虽然丰富多彩,但往往良莠不齐,运用时需要认真甄别、理性取舍。另外,网络资源也有版权,使用时要遵守学术规范,应注明出处。

第三节 语文教学知识

一、语文教学基础知识

语文教学基础知识,是指语文教师从事教学活动必须掌握的教学理论知识和教学实践知识,这些知识有不同的划分标准,大体包括以下几个方面。

1. 按存在形式划分

现代认知心理学广义的知识观,将知识分为三类,即陈述性知识、程序性知识、策略性知识,语文知识当然也包括这三类。

(1) 陈述性语文知识:又叫描述性语文知识,是关于能直接回忆、再现和陈述的语文知识,一般是用以回答事物"是什么、为什么、怎么样"的知识。语文教学中需要掌握的"字词句篇、语修逻文"等概念,多属于陈述性语文知识。三维度目标中"知识与能力"多指向这类知识。陈述性语文知识是人日常工作和生活必备的常识性知识,对于学生而言,是学习其他课程的基础,也是心智发展的基础。

(2) 程序性语文知识:又叫操作性语文知识,主要反映活动的过程和步骤,用来说明"做什么、怎么做"的知识。语文教学中关于"听说读写"的言语行为规则,多属于程序性语文知识。三维度目标中"过程和方法"多指向这类知识。程序性语文知识通过语文教学的训练,熟练掌握后通常能够达到自动化程度。

(3) 策略性语文知识:属于一种特殊的程序性语文知识,是"如何学习、如何思维"的知识,是对语文学习过程及时调控的策略。例如,学生要通过对学习任务的认识、对学习方法的选择、对学习过程的认知,以求得最佳学习效果。三维度目标中"过程和方法"多指向这类知识。

2. 按体系形式划分

(1) 语文现象知识:指对语料构成中的大量事实、现象需要熟悉并掌握的知识。例如,在语文教学中,对常用词语、常用句式、常用语体、常用修辞等知识的理解与运用等。

(2) 语文概念知识:指对现象知识加以解说和概括的知识。例如,语文教学中整句与散句、对偶与对仗等"修辞"现象,与"修辞格"有何区别?文章的"语言表达方式"与"艺术手法"有何不同?这些都需要理解、掌握并运用语文概念性知识。

(3)语文原理性知识:又称"语文规则性知识",属于"如何做才正确"的知识,是对人的语文行为方式的描述与规范,在人的语文活动中起着"定向"作用。例如,不同文体的阅读及写作的规则,不同语言表达方式"记叙、议论、抒情、描写、说明"的运用范畴及规则等等。

3. 按教师学业知识划分

(1)本体性语文知识:指语文教师所具有的特定的语文学科知识及相应的背景知识。是语文教师必须具备的语言学、文学、文学理论、美学、写作等方面的知识,以及相关的历史、地理、哲学、法学、宗教、民俗、伦理、文化等知识。本体性语文知识是语文教师从事语文教学的重要基础。

(2)条件性语文知识:指从事语文教学所必备的与语文教育学、心理学、教学法等相关的教育心理方面的知识。例如,语文教师在语文教学中需具备尊重教学规律、把握学生学习心理、使用最佳教学方法手段等方面的知识。条件性语文知识是教师从事语文教学的必备条件。

(3)实践性语文知识:指语文教师在面临实现有目的的行为中所具有的课堂情境知识以及与之相关的知识,这种知识是语文教师教学经验的长期积累,其中许多属于"默会知识"。实践性语文知识是语文教师从事语文教学的保证。

二、语文教学设计知识

关于教学设计有多种观点:一是"过程说";二是"技术说";三是"学科说";四是"操作程序说"。就实质而言,语文教学设计就是完成这样一道程序:语文教育研究者和工作者采用系统分析的方法,以学习理论、教学理论和插播理论为基础,分析语文教学各个要素,根据教材特点和学生需要来确定教学目标,选择教学内容(教什么与学什么),制定教学策略,选择教学方法,并撰写教学方案。语文教学设计包括以下几个基本要素:

1. 分析教材、学生及"语文课程标准"

分析教材,即分析教材特质,如教材的体裁、特色以及单元教学目标的定位;分析学生,即学情分析,如授课对象学业基础的基本情况,包括智力因素和非智力因素;研究"语文课程标准"相应学段的目标要求。在此基础上进行教学设计,遵循了"部分与整体统一性"语文教学优化原则,有利于避免教学的随意性和盲目性。

2. 制定教学目标

教学目标,简而言之,就是明确(本课文或本节课)要学什么,学到什么程度。教学目标具有几个功能:①定向功能;②强化激励功能;③适应功能;④评价功能。因此,教学目标是具有方向性意义的教学设计元素,对其他几个元素起着引领、制约作用,同时也为教学评价提供了依据。语文教学目标的表述要遵循以下规范:

(1)目标要条目化,不可写成类似于教学设想、教学理念的语段。例如"知识与能力目标":1.……;2.……;3.……;"过程与方法目标""情感态度与价值观目标"依次如此表述;不可泛泛而谈,也不必展开论述。

(2) 目标要符合新课程的教育理念。①属于行为目标的,其行为主体一般是学生,而不是教师。②目标中的行为动词必须具体明晰,便于理解和操作。③目标中有行为条件的限制和范围的界定,例如"通过查字典……能够理解……""40分钟内能完成不少于400字的习作""在课堂讨论时,能叙述……"

3. 确定教学重点、难点

确立教学重点、难点的依据有两个:一是教材的特质;二是学生的实际情况。重点、难点,可是教学目标中的某个条目,也可以是另列条目。

4. 选用教学方法

教学方法是一种复杂的多要素的教育现象,有广义和狭义之分。广义的教学方法,泛指为了提高教学效果而采用的一切方法和手段及策略。狭义的教学方法,是指在教学情境中师生共同活动的具体独立的行为方式。教学方法常见的几种分类:①按教育者的哲学观划分:启发式、注入式。②按师生双向活动划分:讲授法、讨论法。③按信息传递方式划分:语言类方法、直观类方法、练习类方法。

语文教学方法,一般指固化了的教学方法,而非指教学手段或方式。例如,语文阅读教学方法大体有以下几种:提问对话法、整体感悟法、揣摩语言法、理清思路法、诵读涵泳法、情境教学法、研究阅读法。语文教师要依据教学目标、教学内容、学生实际情况、教师自身素质、教学环境条件等因素,选择适当的教学方法。

5. 现代教育技术的运用

现代教育技术以多媒体技术和网络技术为核心,其具备以下几个主要特征:多媒体化、信息化、网络化、智能化。语文教学中,要谨慎使用现代教育技术,不要喧宾夺主。根据学习内容的需要,以及教学目标的要求,结合学生的实际来选择恰当的教学媒体。总之,要把学习资源通过各种途径充分提供给学生,以收到多、快、好、省的教学效果。

6. 合理安排教学程序

教学程序是完成教学目标的具体途径及其措施。教学程序包括课堂教学思路、教学结构和层次,可以概括为以下几个环节:

(1) 导入。常见的导入语类型有解题式、过渡式、悬念式、情境式、趣味式、激情式等。

(2) 切入。导入只是拉开了课堂的序幕,而进入教材学习,也需要有好的切入点。切入课文学习的方式很多:从题目切入;从复述切入;从概括切入;从抓关键句切入。

(3) 推进。切入只是教学的开始,往后如何推进、进一步展开教学,使学生保持积极的学习情绪,还要精心设计一些教学环节,使之与"切入"相互关联,形成有机的组成部分,从而使学习的内容逐步向前推进。

(4) 深入。推进的目的是深入研究教材内容,目的是突破重点,解决难点。要设计有质量的问题,组织有实效的课堂活动等。

(5) 拓展。在此环节设计一些拓展思维、开放答案的问题,启发并引导学生畅所欲言,培养创新思维的品质。

(6) 收束。传统教学中的这一环节,大多是总结归纳、练习巩固,以达成教学目标。

6. 开展教学评价

这个环节是了解教学目标是否达到的根本措施,也是修正各项不当教学设计的实际依据。评价的范畴包括对教学方案的评价、对课堂教学的评价和对学生学习的评价等方面。

三、语文教学实施知识

1. 课型设计

课型亦称课堂教学模式,是教学过程的基本形态,指课堂教学中以教学内容为依据的师生双向活动的一种时空结构形态。语文课型主要有四大类:阅读课、写作课、口语交际训练课、综合性实践活动展示课。阅读课型又可细分为讲读课、自读课、探究性阅读课等。

2. 课堂组织形式

课堂组织形式一般分为班级教学、分组教学、个别教学和复式教学几种类型。分班教学源自班级授课制,是当代课堂教组教学是基本组织形式,分组教学是对班级授课制的修正和补充。个别教学组织形式,强调发挥学生个人的主体作用,依据学生的知识基础、兴趣、爱好和学习能力来实施教学,教师的作用在于指导和帮助学生自学和独立钻研,并对学生的学习结果进行反馈和评价。

3. 预设与生成

预设,就是教学准备,可以聚焦于教案。语文教学过程是有目标、有计划、按一定的规则和步骤展开活动的过程,因此它具有预设性;同时,语文教学过程又是一个由多元因素构成的多项互动的动态过程,因此它又具有生成性。生成,有广义和狭义之分。广义的生成,就是师生在教学互动过程中的"经验的生长",具体指向新知识的掌握、认知提升、技能的形成、信息的积聚、情感的激发、自我期待和自信力的增强等等。狭义的生成与预设性相对,是师生在互动过程中,对既定的教学目标、教学内容、教学方案的超越和突破,在课堂教学中突出的表现是创造性思维的活跃、灵感的闪现、新问题的产生以及探究兴趣的高涨等等。预设与生成,二者具有互为依存、相辅相成的辩证关系。

4. 课堂管理

教师的角色定位:是学生平等者中的"首席"。首席的意义在于把好课堂教学的脉搏,调控好课堂的节奏,使教学过程张弛有度、动静相生。尤其要注重解决以下几个矛盾:①妥善解决"气氛活跃"与"课堂秩序"的矛盾;②正确处理"用教材教"与"脱离文本"的矛盾;③客观对待"自主探究"与"课时任务"的矛盾。总之,要解决和彻底摒弃那种盲目无序、少慢差费的课堂。

四、语文教学评价知识

1. 教学评价的内涵

教学评价,是对教学活动的价值判断。语文教学活动是教师"教"与学生"学"相统一的活动,评价的目的是了解教学效果,检查教与学的任务完成情况,以促进教学工作的改进。广义的教学评价,包括对教学过程中教师、学生、教学内容、教学方法手段、教学环境、教学管理等的全面评价。狭义的评价主要指对教学设计、教学过程及学生学业成就的评价。

2. 语文教学评价的类型

教学评价的类型有多种划分方法。①按评价主体划分：他评、自评、元评价。②按评价的解释标准划分：相对评价、绝对评价、个体内差异评价。③按评价的性质划分：定性评价、定量评价。④按评价的功能作用划分：诊断性评价、形成性评价、终结性评价。⑤按评价的目的划分：有甄别性评价、发展性评价、表现性评价。

所谓元评价，是指对评价本身的评价，即指按照一定的理论和价值标准，对教育评价技术的质量以及结论进行的评价与研究，其目的是检验评价中可能出现的各种偏差。开展语文教学元评价的内容包括多方面，如评价标准自身是否有问题，评价内容、结论是否正确，评价方法是否科学合理，评价标准是否适宜，等等。

3. 语文教学评价的功能

语文教学评价的功能可以概括为以下几方面：①检查诊断功能：语文教学评价是检查诊断语文教学工作的重要手段。②反馈定向功能：教学评价可以给教学工作提供科学的反馈信息，对教学工作的改进起着导向和规范作用。③激励促进功能：教学评价有利于激发和强化教师的工作动力和学生的学习动力。④研究探索功能：评价活动本身就是一种严肃科学的探索活动。(5)管理鉴定功能：教学评价对教学情况给予鉴定和评分，使管理部门更好地了解教师的工作情况和教学质量。

第四节　语文教学评价知识

课堂教学一般分教学计划、教学实施和教学评价三个阶段。研究表明，评价是教学中最复杂的方面之一，课堂评估对学生的学习有很大的影响，教师应该通过更好的评价来寻求更好的教学。评价的两个主要目的：一是引导学生努力学习；二是帮助教师做出决策。

一、语文教学评价概述

教学评价，是对教学活动进行基于事实的价值判断的过程，其目的是为了检查教师的"教"与学生的"学"的效果，从而更好地促进教师改进教学工作，促进学生更好地发展。语文教学评价，是依据一定的教学目的和标准，在系统搜集资料并加以分析的基础上，对教学过程及结果做出价值判断，从而调整教学活动以增进教学效果的过程与方法。评价的范畴包括教师行为、学生表现、教学内容、教学方法、教学环境、课堂管理等诸多因素。

二、语文教学评价的类型

1. 按评价的功能和用途分

(1) 形成性评价：是通过诊断教育方案或计划、教育过程与教育活动中存在的问题，为正在进行的教育活动提供反馈信息，以提高实践中正在进行的教育活动质量的评价方法。

(2) 终结性评价：是在教育活动发生后关于教育效果的判断。形成性评价是当学习正在进行时所作的评价,它为学习者和从教者提供反馈;终结性评价发生在学习之后,目的是总结得失,通过帮助教师制定教学和评分的决策、影响学生的学习内容和努力程度来服务于教学。总之,形成性评价是关注过程、面向"未来"、重在发展的评价;终结性评价是关注结果、面向"过去"的、重在评定的评价。

(3) 诊断性评价:指在某项活动开始之前,为使计划更有效地实施而进行的预测性评价,或对评价对象的基础、条件作出鉴定,目的是为了了解评价对象的有关基础和情况,以便于有针对性地指导。

2. 按评价的不同方法分

(1) 定量评价:又称量化评价,是指收集资料并采用定量计算的方法进行的评价。量化评价力图把复杂的课程现象简化为数量,进而通过数量的比较与分析,推断某一评价内容的效果,但是教育的复杂性和学生状况的丰富性却泯灭于其中,如语文教育中的意志、兴趣、情感态度等无法进入评价的范围,也无法测定学生较高级的阅读理解、鉴赏、评价能力以及口头或书面的表达能力。因此,定量评价更适用于客观性评价内容,主要指向"知识和能力"维度的目标。

(2) 定性评价:又称质性评价,是指用描述、解释的方法进行的评价。由于定性评价采用描述性语言进行评定,因此能涉及量化评价难以评价的领域,如学生的意志、兴趣、情感态度等;也便于评价学生阅读理解、鉴赏、评价能力及口头或书面表达的能力水平。但这种评价很难避免评价者的主观因素的干扰,难以保证评价的较高信度。因此,定性评价主要适用于主观性评价内容,主要指向"过程和方法""情感态度和价值观"维度的目标。

3. 按评价内容的复合程度分

(1) 单项评价:是就学生某一方面的语文能力进行的评价,如对阅读或写作水平的评价。

(2) 综合性评价:是指对学生进行完整的、系统的评价,如对学生语文素养的全面评价。

就评价的功能而言,评价工作需要与各个层次的教学活动同步进行,因而需要有单项评价;在单项评价的基础上,必须对语文教育活动的有效性进行整体的综合评价;因此单向评价和综合评价,二者必须结合起来,才能充分发挥语文教学的评价功能。

4. 按评价参照的不同标准分

(1) 目标参照评价:又称绝对评价,是以教学目标为参照来考查学生掌握目标的程度的评价,这种评价有时也称为水平测试。在目标参照评价中,行为表现的标准是在测量之前就设置好的,也就是说,可接受的行为表现的标准可事先告知学生,而且如果班上所有学生都达到了标准,则说明教学取得了成功。目标参照评价不是为学生排定等次,而是关心学生对既定教学目标的掌握程度。常规教学中的单元测验和中学毕业会考就属于这类评价。

(2) 常模参照评价:又称相对评价,是以某一群体的整体状况为参照,来评价个体在群体中相对位置。常模参照评价的标准是在测量之后,根据群体行为表现具体情况设定的,它重视个体之间的比较,一名学生的等级是通过与其他学生的比较来评定的。常模参照评价主要用于满足社会团体对学生的选拔需要,但是这种评价对个人的努力状况以及进步程度重视不够。

(3) 个体内差异评价:是以个人为标准,对学生学科内不同方面的能力差异作横向比较,或对学生不同时期的学业水平作纵向比较的评价。个体内差异评价能看出学生在不同时期的进步或退步状况及其程度,从而为教师的个别指导提供依据。

5. 按评价的不同主体分

(1)自评:是评价对象参照教学目标和评价标准对自身进行的评价。

(2)他评:是评价对象以外的团体或个人对评价对象进行的评价。

一般说来,自评容易带有主观偏见,他评比较客观公正,但是容易造成评价对象与评价活动的分离,评价者不能完全理解评价的目的、内容及标准,因而不能很好地发挥评价的沟通作用和激励功能。因此,新课程倡导实现评价主体的多元化,要求将教师评价与学生自评以及其他主体评价结合起来,使不同的评价主体从不同角度做出价值判断。评价主体除了教师外,还可以包括学校管理人员、学生家长、学生群体和个体以及社区负责人等。

三、语文教学评价的功能

尽管不同评价方式具有不同的功能侧重,但大体包括以下几方面:①检查诊断功能;②反馈定向功能;③激励促进功能;④研究探索功能;⑤管理鉴定功能。

值得重申的是,在实际评价过程中,上述几种评价类型往往是交叉使用、综合发挥评价功能的。例如质性评价,从根本上讲,质性评价的出现并不是对量化评价的简单否定和排斥,作为一种新的评价范式,质性评价是为了更逼真地反映教育现象,因此,它从本质上并不排斥量化评价,而是把它统整于自身,在适当的评价内容或场景中依然使用量化的方式进行评价。

总之,基于核心素养的语文教学评价是多元化、综合性的,可以从以下几方面探寻评价途径及策略:①运用形成性评价对学生的表现进行长时间持续、完整的记录;②开发针对特定素养的形成性工具;③在面向全体学生的统一考试中,将对素养的评价融入学科考试之中;④适当选用真实情境考查学生跨学科的问题解决能力。

相关链接

金荷华:《2011年版义务教育语文课程标准的国际透视》,《连云港师范高等专科学校学报》2013年第1期。

请扫描二维码下载:

发展篇
语文教师核心素养如何发展

第四章

强化语文学习各领域的教学素养

> 核心素养指导、引领着中小学课程教学改革实践。学校改革的核心环节是课程改革,课程改革的核心环节是课堂改革,课堂改革的核心环节是教师专业发展。①
>
> ——钟启泉

在当今文化多元化背景下,强调语文素养的民族性,不仅仅是一门学科课程实施的问题,而且还具有国家语言战略的重要意义。语文的使命,不仅涉及个人、社会,更关乎国家安全、尊严与强盛,母语教育体现着国家的文化软实力,是实现国家认同、国际理解的基础。因此,近年来国务院和教育部相继出台多个重要文件。

(1) 2014年3月,教育部《关于全面深化课程改革落实立德树人根本任务的意见》,对如何立德树人作了具体的规定和引领。

(2) 2016年9月,国家发展学生核心素养项目组《中国学生发展核心素养总体框架》正式公布,该框架从文化基础、自主发展、社会参与三方面提出6大核心素养、18条细则;2016年10月《关于2017年普通高考考试大纲修订内容的通知》规定:"增加中华优秀传统文化的考核内容,积极培育和践行社会主义核心价值观,充分发挥高考命题的育人功能和积极导向作用。"语文学科规定:"增加古代文化常识的内容,在汉语中增加文言文、传统节日、民俗等内容";"古诗文阅读"部分,增加"了解并掌握常见的古代文化常识"考查内容;上述核心素养框架及文件精神,为课程的内涵发展和学科教学定位提供了依据。

(3) 2017年5月,中共中央办公厅、国务院办公厅印发的《关于实施中华优秀传统文化传承发展工程的意见》开宗明义:"文化是民族的血脉,是人民的精神家园。文化自信是更基本、更深层、更持久的力量。中华文化独一无二的理念、智慧、气度、神韵,增添了中国人民和中华民族内心深处的自信和自豪。为建设社会主义文化强国,增强国家文化软实力,实现中华民族伟大复兴的中国梦,现就实施中华优秀传统文化传承发展工程提出如下意见。"这是在教育领域中实现"四个自信"的重要举措,而"文化自信"的奠基性特点,决定了学校教育对于文化自觉具有极其重要的意义。

(4) 2018年1月16日,《普通高中语文课程标准(2017年)》正式颁布,提出语文核心素养有四个组成部分:语言构建与运用;思维发展与提升;审美鉴赏与创造;文化传承与理解。语文核心素养的四个方面是一个整体:语言建构与运用"是语文学科核心素养的基础,在语

---

① 钟启泉:《基于核心素养的课程发展:挑战与课题》,《全球教育展望》2016年第1期。

文课程中,学生的思维发展与提升、审美鉴赏与创造、文化传承与理解,都是以语言建构与运用为基础,并在学生个体言语经验发展过程中得以实现的。

根据这些文件精神,语文教师的历史使命可以确定为:教听说读写,育文化自觉。"中国欲存争于天下,其首在立人,人立而后凡事举。"(鲁迅)母语教育之于"立人",具有得天独厚的条件;语文教师之于"立人",是任重道远的文化使命。"教,上所施下所受也。""育,养子使作善也。"(《说文解字》)教,重在表明施受关系,其行为与内容更见著于外;育,重在突出内化性,需涵泳、熏陶、恒久方可达成。存心养性,是中华传统文化的重要元素;朱熹注《孟子》之"养","谓涵育熏陶,俟其自化也"。文化自觉,是著名社会学家费孝通针对有关"文明冲突论"提出的论题,他提出"各美其美,美人之美,美美与共,天下大同"的社会愿景;并指出要重新认识中国传统文化,以其中的优秀资源作为新文化的发展基础,并通过文化自觉融入世界,为中国社会的自主转型服务,为人类文明共存和文化自觉的发展开辟新路。文化自觉,正是当前语文教育责无旁贷的育人功能;也成为当下语文教师面临的新挑战。语文教育教学要善于开掘传统文化资源,并适时进行当代转化,使其内化为学生的核心素养。

第一节 强化"识字与写字"教学素养

"识字与写字",是语文核心素养"语言建构与运用"基础层面,是语文学习的奠基性工程。"识字与写字"教学,是语文教学的一项重要任务,指教师把有关字的读音、意义、写法等知识、技能传授给学生的一种活动过程。2011年版语文课程标准中,"识字与写字"与"阅读""写作""口语交际""综合性学习"构成并列的五大领域,有具体的教学目标、教学建议和评价建议。

一、"识字与写字"教学目标

识字与写字教学的总目标:"学会汉语拼音。能说普通话。认识3 500个左右常用汉字。能正确工整地书写汉字,并有一定的速度。"四个学段的目标详见2011年版语文课标。

二、"识字与写字"教学目标的特点

1. 注重培养学生热爱祖国语言文字的思想感情

强调在识字与写字教学中,要培育热爱祖国语言文字的感情。如"喜欢学习汉字,有主动识字、写字的愿望。""对学习汉字有浓厚的兴趣,养成主动识字的习惯。""掌握汉字的基本笔画和常用的偏旁部首,能按笔顺规则用硬笔写字,注意间架结构。初步感受汉字的形体美。"因此,要从全面育人和文化传承的高度实施识字与写字教学,要充分挖掘和揭示汉字的文化意味,充分利用汉语的文化资源,注重汉字文化的渗透,培育学生热爱祖国语言文字的情感。

2. 注重培养学生独立识字的能力

在每个学段都强调学生独立识字的能力,四个学段的目标要求依次是:"学习独立识

字""有初步的独立识字能力""有较强的独立识字能力""能熟练地使用字典、词典独立识字,会用多种检字方法"。四个学段的目标体现了循序渐进的原则。

3. 注重培养学生良好的书写习惯

写字,既是一项重要的语文基本技能,又是一个人语文素养的体现。在写字方面,各个学段都有明确的要求,重视写字的学习过程。强调引导学生掌握基本的书写技能,养成良好的书写习惯,把字写得既规范又美观,从而逐渐形成热爱祖国语言文字的情感态度。

例如,第一学段就提出"努力养成良好的写字习惯,写字姿势正确,书写规范、端正、整洁"。良好的书写习惯包括认真的写字态度、正确的写字姿势、正确的执笔方法,还有爱好整洁的习惯、爱惜笔墨纸张等写字用具的习惯、一丝不苟的习惯,以及勤于练字、坚持不懈的习惯等等。这些良好的写字习惯的养成,都需要教师一以贯之的耐心指导,学生持之以恒的努力。

4. 适当降低汉语拼音教学的要求

准确定位汉语拼音的功能。鉴于过去汉语拼音教学目标难度偏大、负担过重,新课标将汉语拼音的功能定位为"帮助识字"和"学说普通话"。因此,对汉语拼音的要求是:能读准声母、韵母、声调和整体认读音节;能准确地拼读音节,正确书写声母、韵母和音节。

5. 适当降低"识字与写字"的教学要求

强调"识写分流""多认少写"。将"识""写"要求分开,提出"认识"和"学会"两种目标。如第一学段:"认识常用汉字1 600个左右,其中800个左右会写。"提出"认识"和"学会"两种要求。要求学会的字,要会读、会写;而要求认识的字,只要认识就行,不抄写、不默写、不考试。

6. 为发展学生核心素养打下扎实而可持续性发展的基础

2011年版语文课标,把"识字与写字"作为第一学段的教学重点,明确提出识字的质量要求。量:两年要求认识800—1600个常用汉字。质:提出"能借助于汉语拼音认读汉字","掌握字的基本笔画和常用的偏旁部首","能用音序和部首检字法查字典"。达到这样的目标,学生在一、二年级就为日后的语文学习打下比较扎实的识字基础。在此基础上,后面三个学段相应提出后续目标。第二学段:"累计认识常用汉字2 500个左右,其中1 600个左右会写。"第三学段:"累计认识常用汉字3 000个左右,其中2 500个左右会写。"第四学学段:"累计认识常用汉字3 500个左右。"

我国语言文字科学研究成果表明,现代汉语常用字为2 500个,次常用字为1 000个,掌握这3 500个汉字,就可以阅读97.8%的汉语读物。[①] 这些常用字,详见2011年版语文课标的"附录3 识字、写字教学基本字表"和"附录4 义务教育语文课程常用字表"。

三、"识字与写字"的教学策略

1. 突出汉语拼音教学"拼读音节"重点

(1)注重拼读音节的训练。实现汉语拼音教学目标:重在"能读准声母、韵母、声调和整

---

① 曹明海主编:《语文教学本体论》,山东人民出版社,2007年,410页

体认读音节;能准确地拼读音节,正确书写声母、韵母和音节"。

(2) 以活动和游戏为重要形式。要使儿童在"玩儿"的过程中轻松愉快地学习拼音;采取儿童喜闻乐见的形式设计教学活动;通过多种多样的手段复习巩固汉语拼音。

(3) 充分发挥汉语拼音的辅助作用。要把学习、巩固汉语拼音,与学说普通话、识字相结合起来,充分体现汉语拼音学习对帮助识字、学习普通话的积极作用。

2. 突出语文教育"人文性""实践性""民族性"特点

(1) 追求情境性、生活化的识字与写字教学。正确把握语文教育的"人文性""实践性""民族性"特点,是义务教育阶段语文课程的基本理念之一。在生活中识字、在情境中识字,利用儿童已有的经验、用自己喜欢的方式识字,正是体现这一理念的要求。识字教学要充分利用儿童的生活经验,注重识字方法的引导,运用多种直观的教学手段,创设丰富多彩的教学情境,让儿童在各种别有生趣的游戏和活动中轻松学习,培养识字兴趣。

(2) 开展多层面、多渠道的识字与写字教学。要将识字教学与复习汉语拼音、阅读、写作结合起来,使儿童通过多种途径、多种渠道学习和巩固汉字。可以运用以下途径及方法:①借助于汉语拼音识字;②在阅读各类读物中识字;③在日常生活中渗透性地识字;④根据汉字造字规律,通过偏旁、部首和笔画识字;⑤通过归纳、比较和辨析同音字、近义字和形近字来识字;⑥用音序和部首查字法查字典、词典识字;⑦借助传统蒙学教材"三""百""千""千"(《三字经》《百家姓》《千字文》《千家诗》)识字;⑧在键盘上借助汉字输入法识字;等等。

3. 充分发挥教学评价的积极作用

根据语文课标"识字与写字"的评价建议,展开教学评价,突出评价的激励、反馈功能。尽量运用形成性评价,注重识字与写字的学习过程,重在促进学生进一步发展。

四、"识字与写字"教学方法的优化

(一) 优化汉语拼音教学方法

1. 分类指导,揭示规律,图文并茂

要让小学生轻松快乐地学习拼音知识,可以根据教材编排的教学内容顺次,逐步完成总体的归纳与总结。随着统编本教材对汉语拼音教学的科学编排,汉语拼音教学方法的探讨也不断推陈出新,有的颇有创新,可以借鉴。以下援引网上"教师吧"的部分内容,省略了其中的生动形象且五彩缤纷的配图,并作了一些调整、删节和改进。

(1) 学习声母(23个)

总提:读声母,要留心,堵住气儿再发音。

第一组4个:b p m f

 像个6字 b b b

 脸盆泼水 p p p

 两个门洞 m m m

 一根拐棍 f f f

第二组4个：d　t　n　l
　　左下半圆d　d　d
　　雨伞把子t　t　t
　　一个门洞n　n　n
　　一根小棍l　l　l
第三组6个：g　k　h　j　q　x
　　9字加钩g　g　g
　　机枪向上k　k　k
　　一把椅子h　h　h
　　i下加钩j　j　j
　　像个9字q　q　q
　　一个"X"字x　x　x
第四组7个：z　c　s　zh　ch　sh　r
　　像个2字z　z　z
　　半个圆圈c　c　c
　　半个8字s　s　s
　　z加椅子zh　zh　zh
　　c加椅子ch　ch　ch
　　s加椅子sh　sh　sh
　　禾苗向日r　r　r
第五组2个：y　w
　　好像小树杈,挂件衣服y　y　y
　　好像小屋顶,乌龟小屋w　w　w
(2)学习韵母
① 单韵母(6个)
总提：单韵母很重要,发音口形要摆好。
　　嘴巴张大a　a　a
　　嘴巴圆圆o　o　o
　　嘴巴扁扁e　e　e
　　牙齿对齐i　i　i
　　嘴巴突出u　u　u
　　嘴吹口哨ü　ü　ü
② 复韵母(9个)
总提：复韵母,真有趣,两单韵母在一起。看前音,摆口形,口形变化要注意,快速向后滑过去,合成一个音莫忘记。
　　ai\ai\ai\　　a+i　阿姨和我比高矮。
　　ei\ei\ei\　　e+i　白鹅穿衣天上飞。
　　ui\ui\ui\　　u+i　我穿大衣要喝水。

ao\ao\ao\　a＋o　阿姨爱穿花棉袄。
ou\ou\ou\　o＋u　大海上空飞海鸥。
iu\iu\iu\　i＋u　邮筒前面把信邮。
ie\ie\ie\　i＋e　野鹅早餐吃树叶。
üe\üe\üe\　ü＋e　小鱼骑鹅去访月。
er\er\er\　e＋r　野鹅有个小小耳。

③ 鼻韵母(9个)

总提：鼻韵母不难学，前后鼻音分准确。前鼻韵母有五个，后鼻韵母有四个。

① 前鼻韵母

an\an\an\　a＋n　阿姨登上天安门。
en\en\en\　e＋n　白鹅门前把铃摁。
in\in\in\　i＋n　穿衣出门笑吟吟。
un\un\un\　u＋n　乌鸦门前修车轮。
ün\ün\ün\　ü＋n　小鱼撞门头发晕。

② 后鼻韵母

ang\ang\ang\　a＋ng　阿姨走路头高昂。
eng\eng\eng\　e＋ng　白鹅唱歌哼哼哼。
ing\ing\ing\　i＋ng　一件花衣送老鹰。
ong\ong\ong\　o＋ng　公鸡喔喔要捉虫。

(3) 学习音节

整体认读音节(16个)

zh　ch　sh　r　z　c　s，自成音节后加i。
yi　wu　yu　　　一无雨。
ye　yue　yuan　　夜月圆。
yin　yun　ying　　隐云影。

(4) 学习声调

① 声调特点儿歌

一声平平左到右，二声就像上山坡；
三声下坡又上坡，四声就像下山坡。

② 标调规则儿歌

调号的位置——

有a先找a，无a找o e。
i u 并列标在后，单个韵母不放过。

(5) 学习拼写规则

a：不可以和 j q x 组成音节，中间要加"i"。
o：不可以和 g k h 组成音节，中间要加"u"。
ü üe：和 j q x y 拼写时要去掉头上的点点。

拼写规则儿歌：

j q x,小淘气,遇到 a o e 时要加 i;
　　g k h,小粗鲁,遇到 o 时要加 u;
　　j q x y 爱游戏,遇到"鱼眼"就挖去。
　2. 借助情境图、语境歌学习拼音
　　运用这类方法要注意防止上成"看图说话"课,只强调了"情境图""语境歌"促进学生观察、思维和表达的功能,而忽略了汉语拼音的根本目的,造成喧宾夺主。要始终把声母、韵母和拼读练习作为重点。
　3. 通过多种途径巩固练习汉语拼音知识
　　(1) 充分利用网络资源:通过手机视频、发微信、电子相册等时尚手段,创建汉语拼音学习和巩固形式。
　　(2) 做名片:学生在纸片上用拼音拼写自己的姓名,并设计图案,制成名片。然后同学间交换,练习拼读。
　　(3) 布置"拼音世界":各小组设计主题为"拼音世界"的教室环境布置方案,如粘贴拼音迷宫图、字母表、拼音口诀表、带有音节的课程表、带有拼音的全班同学名单或座位表等。将设计方案写在纸上,在全班交流。
　　(4) 睁大慧眼去发现:广泛搜集广告、商标、包装纸等上面的拼音内容,精心制成"拼音八宝袋",自己练习拼读,并互相交流欣赏。

(二) 探究高效的识字教学方法

　1. 寓教于乐识字法
　　就是运用游戏、活动等儿童喜闻乐见的形式进行识字教学。这是一种常用的识字教学辅助手段,它能起到消除儿童倦意、活跃课堂气氛、巩固识字效果等作用。常见的方法有寻找朋友、抛发彩球、击鼓传花、词语接龙等。
　2. 追源溯流识字法
　　追源溯流,就是利用汉字造字规律进行识字教学的方法。从汉字造字方法入手开展识字教学,可以帮助儿童认识汉字特点和造字规律,从而完成由学习一个字到几个字,再到一类字的点、面过渡。汉字作为表意文字,其最大的特点就是形、音、义三者紧密结合。因此,在识字教学中引入一些象形字、指事字、会意字、形声字的有关知识,使儿童掌握汉字的造字规律,不仅可以提高识字效率,扩大识字量,避免误读误写,收到举一反三、触类旁通的效果,而且有利于激发儿童识字的兴趣。以下列举几种方法:
　　(1) 字音识字法。例如借助拼音法、利用声旁法、以熟带生法、比较认读法、歌诀正音法等。例如,"根"与"耕"比较,在区分前、后鼻韵时带动识字;又如,"思"与"湿"比较,在区分平、翘舌音中强化识字。歌诀正音识字法,例如,竖"衷",横"衰",口内空空是个"哀";点"戍"横"戌""戊"中空;张口"己",半口"已",抿口"巳"。
　　(2) 字形识字法。主要方法有:①分析笔画法,多用于独体字。②分析偏旁法,多用于合体字。③分析结构法,例如,上下结构"膏肓";左右结构"社稷";内外结构"圆圈"。④利用归类法,包括同义归类、形声归类、会意归类、象形归类、量词归类等。⑤演示识字法,如"掰",将手心相对的两只手分开。⑥猜谜识字法,如"有手有脚,贼难逃走"(捉);"有心记不住,有眼看不见"(忘、瞎)。

(3) 字义识字法。主要方法有:①造字分析法,即利用象形、指事、会意、形声等造字法加强识字效果。例如,休,人倚在树旁休息;囚,人被关在屋子里没有自由。②直观演示法,借助于实物将字义展示出来。例如,用具体颜色的物品来学习赤、橙、黄、绿、青、蓝、紫的字义。③分析比较法,利用近义词、同义词、多义词来理解字义。例如,反义词大小、好坏、黑白、善恶、多少等。④引申比喻法,先讲本义,再讲引申义或比喻义。例如,水井很"深"(水不浅,本义);"深"夜(时间久,引申义)。

3. 别出心裁识字法

(1) 轻轻松松记生字。①谜语记忆法,根据字的形与义编成谜语。例如,"左边有月却不明,右上有木未成林,一人正在木下走,碰得露水对脚淋"(膝)。②比较记忆法,根据字的结构相近、字音相同或相似,通过比较找出它们的不同之处,让学生便于区别。例如,有脚就要"跑",有手就会"抱",有衣就穿"袍",有火就开"炮"。③歌谣记忆法,将一些意象鲜明的字作简单分解,然后编成顺口易记的歌谣,有利于学生记忆和理解字义。例如,"火一盏为灭,人倚木是休,人跟人为从,屋关人是囚"。

(2) 巧思善解记难字。例如,"好高骛远"的"骛"与"趋之若鹜"的"鹜"字不容易记住,但是根据其字形,以及其本义"纵横驰骋"和引申义"追求",编成顺口溜"文将军,手持长矛,骑马飞跑",则有利于学生正确书写和理解该字。

(3) 生动归纳同类字。例如,用拟人手法,编写"心"字的自述:古时候人们把"心"写得非常像心脏的形状,所以我是象形字。那时候人们总是以为心脏是思维的器官,所以给了我一个引申义:"情感,思想。"因此许多与思想有关的词语都叫我参加,如"心意""心事""心潮""心灵"等。又因为心脏位于人体当中,人们又给了另一个引申义:"中央。"如"圆心""轴心""核心"中的"心"就是"中央"的意思。尽管我是一个独立的字,但在大多数情况下,我却成了别的字的偏旁,许多与思想感情有关的形声字,都请我去做形旁,如"恋""怨""愁""悲"等。另外,在做偏旁时我还会"变脸"呢。当我立在字的左边时,就变成"忄",人们把这时的我叫"竖心",如"悦""恼""恨""怕"等;当我在"恭""慕"中时,我就变成了"小"字右边多"一点"。

4. 课外拓展识字法

《通用语言文字法》在第二章中,规定了普通话和规范汉字必须使用的范围,这就将使用规范汉字和普通话纳入法律层面;同时把学习规范汉字与普通话的社会职责,赋予了学校教育的语文教材与教学。所以,将规范的汉语汉字的运用作为语文核心素养的第一原则,特别值得重视。

(1) 为广告用语用字"消毒纠正"。商品广告设计者常常故意改变一些约定俗成的固定词语中的用字,以达到别具一格、引人注意的目的。这些广告词设计对中小学生的识字往往造成负面影响,是社会用字不规范的一种现象。因此给这些广告词"消毒",是引导学生从课内走向课外、在实践中学习汉字的很好的手段。例如,以下广告都值得"消毒":

① 药物类。某口腔药:快治人口(脍炙人口)。某止咳药:咳不容缓(刻不容缓)。②家用电器类。某洗衣机:闲妻良母(贤妻良母)。某热水器:随心所浴(随心所欲)。某电脑:码到成功(马到成功)。③某燃气灶广告:烧胜一筹(稍胜一筹)。④某蚊香广告:默默无蚊(默默无闻)。

⑤某摩托车广告:骑乐无穷(其乐无穷)。⑥某磁化杯广告:有杯无患(有备无患)。⑦某保健品广告:鳖来无恙(别来无恙)。⑧某服装广告:百衣百顺(百依百顺)。⑨某明目药水广告:一明惊人(一鸣惊人)。⑩某品牌酒广告:喝酒必汾,汾酒必喝(合久必分,分久必合)。

(2)正视当前网络流行的"变形字"的负面影响。

现在随着手机的普及使用,网络语言对学生的影响不可小觑。例如,现在网上流行一些有意而为之的"错别字"——好滴(的)、长姿势(知识)、叫兽(教授)等,多见于微信、QQ聊天等空间,有调侃、发萌等效果。这类很不严肃的用词用语风格似乎已成时尚,使用者非常广泛,连大学生在重要的学业考试中都频频使用。其实这也是用字不规范的一种现象,势必对中小学生字词学习乃至语言积累与运用素养的形成构成负面影响。语文教师应该倡导学生积极抵制,杜绝使用这类字。

第二节 强化"阅读"教学素养

一、阅读

1. 阅读的本质

阅读是运用语言文字获取信息、认识世界、发展思维、获得审美体验的重要途径。阅读的本质可从宏观视野和微观视野来解读。宏观视野中的阅读本质,包括阅读的哲学解释学意义、阅读的心理学意义、阅读的语言学意义、阅读的教育学意义、阅读的社会学意义、阅读的历史学意义等。微观视野中阅读,其本质含义包括四个方面:①阅读是物质活动和精神活动的统一;②阅读是心理活动和生理活动的统一;③阅读是言语操作技能和言语心智技能的统一;④阅读是一种审美实践活动。

2. 现代阅读理念

阅读,是搜集处理信息、认识世界、发展思想、获得审美体验的重要途径,是人类吸收文化财富、获得精神营养和生存能力的基本途径之一。现代对话理论认为,阅读行为是在人与人之间确立了一种对话和交流的关系,这种对话和交流是双向、互动、互为依存条件的,阅读成为思维碰撞和心灵交流的动态过程。

3. 阅读的规律

阅读的基本规律可以概括为:由表及里、逐层深入。阅读行为必须从文章的整体开始,通过披文入情、晓理、悟性,然后再回到文章的整体。因此,整体的感知和把握对阅读来说有着特别的意义。

4. 阅读能力

能力,是一个心理学范畴的术语,是指人们成功地完成某种活动所必需的个性心理特征。阅读能力是个体能够对自己的阅读实践活动直接起稳定、调节和控制作用的心理特征。

(1)阅读感知力:是对字、词、句等含义的识别能力,是最低层次的阅读能力。主要包括以下几方面:①对字形、字义的感知;②对汉语词语在语境中的意义和感情色彩的感知;③对词语在意义上的联系以及语序变化的感知;④对不同句型的表意色彩的感知;⑤对修辞格式的隐喻意义与功能的体会等。对语言的感知力,既来源于语言理法知识的指导,更来源于日常对言语材料的大量积累。

(2) 阅读理解力:指的是在阅读感知基础上,对字、词、句、篇、章等意义的理解能力,以及对作品思想内容的宏观把握能力。阅读理解能力是独立阅读能力的最基本能力,主要包括以下几方面:①辨识文体,理清思路,把握结构;②领悟主旨,归纳写法,辨识修辞;③揣摩词句,理解语义,体察文风。

(3) 阅读鉴赏力:是在全面深刻理解的基础上,对作品的内容、形式进行鉴别和欣赏的能力,是较高层次的阅读能力。阅读鉴赏力来自鉴赏性阅读的积累,鉴赏性阅读具有认识属性、文化属性和审美属性。因此,欣赏性阅读一方面应当了解有关作品的客体知识;另一方面还要着力构建自己的审美意识系统。

(4) 阅读评价力:评价是一种侧重于理性认识的活动,必须在理解和鉴赏的基础上,对读物在选材立意、布局谋篇、遣词造句等方面,进行具体的分析;要充分肯定准确的、深刻的、优秀的内容和形式,批判错误的、浮泛的、平庸的内容和形式,并要求读者能说出自己独特的认识和评鉴,不人云亦云。

(5) 阅读创造力:是最高层次的阅读能力,主要源自创意性阅读训练与积累。在创意性阅读中,读者把所有的读物都视为一种参照系,注意力始终集中在提出自己的、与众不同的见解和观点上。创意性阅读伴随着很丰富的创造性思维方法。

5. 阅读方式

2011年版语文课标关于阅读教学的建议:"各个学段的阅读教学都要重视朗读和默读。""应加强对阅读方法的指导,让学生逐步学会精读、略读和浏览。有些诗文应要求学生诵读,以利于丰富积累、增强体验、培养语感。"

(1) 朗读与默读。

朗读:是一种出声的阅读方式,即运用普通话将无声的语言文字转化为有声语言。朗读时,要求注意停顿、重音、语调、节奏的处理和控制,朗读的更高境界是"诵读"。诵读又叫"朗诵",有较为严格的要求。①准确:读音正确,停顿得当。②流畅:把握重音语调,抑扬顿挫。③传情:声情并茂,把不同文本的不同情感传达出来。

默读:是一种不出声的阅读方式。默读时主要运用视觉来接受信息,通过眼睛扫视,对整句、整行的文字符号进行整体的识别,甚至可以"一目十行"地对整段、整页的文字符号作"扫描式"识别,因此速度快,有利于理解。

(2) 精读与略读。

精读:就是要求对读物进行反复、深入、细致的阅读,以求全面掌握其内容,深入理解其特点,并且融会贯通。精读可综合运用多种阅读方式进行,如在略读中了解,在默读中理解,在朗读中品味。

略读:较之精读,略读是一种"观其大要"的阅读方式,其特点是"提纲挈领""不求甚解",要求在阅读中略去枝节,抓住关键,用较快的速度在简短的时间内掌握读物的主要内容。略读绝不是走马观花、随便翻翻。

(3) 速读:浏览与跳读。

速读是指迅速、高效地从文字材料中获取有用信息的一种阅读方式。速读有浏览、跳读两种形式。

浏览：是一种最常见的阅读方式，就是广泛、粗略地看，以求大致了解读物的内容。其作用是通过迅速浏览、广泛涉猎，可以获取各种信息，积累知识；也可以初步判断读物的价值，以决定是否进一步阅读。

跳读：是一种跳跃式的阅读方式，是专为寻找主要的、有用的、自己感兴趣的信息而进行的阅读。特点是读者不去逐页地扫描书文，而是有意删略一些自己不需要的信息，往往以标题、段落首尾句、关键词语、图表等为注意的重点。

二、阅读教学

(一) 阅读教学的意义

阅读教学，是教师引导学生运用自己的生活经验解读文本的过程。阅读教学对人生发展具有奠基性意义，为人的终身发展打下精神的底子。阅读教学的具体作用：①训练阅读技能，提高阅读能力；②学习规范语言，提高表达能力；③丰富文化知识，发展认识能力；④发展思维品质，培养创新能力；⑤陶冶道德情操，提升人格境界。

(二) 阅读教学的内容

1. 学习经典文篇

经典文篇就是从古今中外文化典籍中选出来的优秀文学或文化作品，是教材中的"定篇"。课程标准建议背诵的篇目，义务教育阶段的136首（篇）诗文、普通高中72首（篇）诗文，都属于经典文篇。经典文篇的教学要求是：全面透彻地理解、领悟，包括取材立意、谋篇布局、语言运用等。学习这些经典，有利于学生认识中华文化的博大精深，吸收民族文化智慧，关心当代文化生活，尊重多样文化，吸取人类优秀文化的营养，并把它内化为自己的文化素养。

2. 学习言语经验

阅读教材中，一部分文本作品，是作为运用语言表情达意的成功范例而编选进来的，是作者运用语言来表达自己的思想、观点、情感、态度、主张的"言语作品"，是学生学习语言知识及其规律的"例文"。这些文本就是提升语文素养的最好"凭借"。教师在使用这些"凭借"时，要注意寻求它在哪些方面发挥了"例子"的作用，以达到学习借鉴的最佳效果。

3. 培养阅读能力

通过阅读教学，促使学生掌握多种阅读技能，包括朗读与默读、精读与略读、速读（浏览、跳读）等。阅读教学是发展学生语文核心素养"语言建构与运用、思维发展与提升、审美鉴赏与创造、文化传承与理解"的重要途径。

4. 提升思维品质

掌握基本的思维方法，养成良好的思维习惯，发展思维能力，提升思维品质。

(1) 形象思维能力的培养：想象与联想。

想象：是人在头脑里对已储存的表象进行加工改造、形成新形象的心理过程，可分为

"再造想象""创造想象"。阅读中的想象,主要是"再造想象",即读者按照读物中的描述,在脑子里构成形象。阅读想象的训练方法常见的有如下几种:①扩展性描述:把某些简明扼要的文字详尽地描述出来。②组合性编写:把两个互相不关联、各自独立的材料,通过一定的手段组合在一起。③传奇性编创:根据既定的阅读材料,编创离奇的情节或超常的故事。④推测性填补:根据某一读物的内容加以发挥,进行增添补充。⑤表演性再现:把具有鲜明形象的读物内容,用图画、图示、雕塑、短剧演示出来。

联想:是从某一事物想到与之有一定联系的另一事物的心理过程,阅读中的联想,是扩展读者思路、沟通知识,加深对读物内容、形式及特点理解的必由之路。联想有各种分类方法,按联想产生的内容可分相似联想、相关联想、相对联想。

(2)抽象思维能力的培养:分析与综合、比较与概括。

分析与综合能力的培养。①分析能力的训练:在教师指导下,学生对文章的整体作分解性理解,找出文章各部分、各方面、各因素之间的联系。②综合能力的训练:在分析的基础上,把文章各部分、各方面、各因素联系起来,概括成一个有机的整体,以求更深入、更充分地认识整体的本质特征。分析与综合的关系是相互联系、相互依存的,它们是一个相辅相成的完整的思维过程,不可将二者割裂开来训练。

比较与概括能力的培养。比较能力的训练,一要了解阅读比较的类型:①按比较的类型,可分为求同比较、求异比较;②按比较的层次,可分为篇章比较、段落比较、选词用句比较;③按比较的角度,可分为纵向比较、横向比较,以及全局面上的比较、局部点上的比较等。二要掌握比较的常见途径:①从同一篇课文中选取比较的内容,如人物性格的比较、事物特征的比较、论据作用的比较等;②从不同读物或篇章中引出比较的内容,如两篇散文的风格比较、两篇记叙文在记叙顺序上的比较、两篇说明文在说明方式和方法上的比较等;③从作者手稿与修改稿的对照中引出比较的内容,借以学习严谨的语言艺术。

概括的训练。提高概括能力,是阅读教学的重要任务。为了准确把握作者在读物中所表露的观点、思路、情感、态度等,学生必须经由提炼、概括这一途径。概括的内容和范围是多方面的,就单篇课文而言有:①句内语意的概括;②段落大意的概括;③全文思想的概括;④写作特点的概括等。就整本书阅读而言,要求学生的概括能力更强,可以从如下几方面进行尝试:①对"读了什么""怎么读的""读得怎么样"的概括;②对整本书主旨、特色、风格的概括;③对整本书某局部的概括,如对文学名著中人物形象特征、景物描写特色、结构处理匠心等。总之,在新的阅读理念中,尤其要重视培养学生对自己阅读体验和文本认识的概括与表述能力。

5. 积累语言文化知识

在语文教科书中,有一部分专门供学生阅读的材料,大体有如下几种:①讲述语言和修辞知识;②介绍作家和作品常识;③说明某种文化或科学现象;④给学生提供听、说、读、写的言语活动的方法等。这些材料多以"语文知识""引起话题""提供资料"或"相关链接"等形式展示。学生阅读这些材料的目的,不在于学习它们的表达形式,而在于增长文化科学知识,扩展知识视野。例如,人教版《语文》八年级(上册):"世界何时铸剑为犁""让世界充满爱""说不尽的桥""莲文化的魅力""怎样搜集资料""名著导读"等专题,都是用以扩大学生视野的语言文化知识,同时也给学生提供了言语实践的"材料"。

统编本语文教材体现知识体系和能力点,主要靠五条渠道:①教师用书;②每个单元的导语;③每一课的思考题和拓展题;④综合性学习、写作、名著选读等方面;⑤初中每个单元都有的一两块"补白"。使用统编本教材,要注意这五条渠道所体现的语文知识体系,并落实到具体的教学中,体现全局意识。

6. 开展语文综合性学习活动

语文阅读能力的提高,光靠语文教科书中有限的文选是远远不够的,在语文教学中还应该安排和组织各种整合性阅读实践活动。因此,"综合性学习"是语文新课程标准中的新元素,位列语文教学五个领域。新课程语文教科书都编排了"综合性学习"的内容,如人教版普通高中课程标准实验教科书《语文》(必修)1—5册中,每册都设置一个"梳理探究"部分,分别为,第1册:优美的汉字;奇妙的对联;新词新语与流行文化。第2册:成语——中华文化的缩微景观;修辞无处不在;姓氏源流与文化寻根。第3册:交际中的语言运用;文学作品的个性化解读;语文学习的自我评价。第4册:逻辑和语文学习;走近文学大师;影视文化。第5册:文言词语和句式;古代文化常识;有趣的语言翻译。

这些综合性实践活动大体可分为两类:①侧重于学生对以前所学过的语言、文学、文化等方面内容进行梳理,以便于在积累基础上进行巩固和整合;②专题研究,主要在于引导学生自主思考、拓展探究一些问题,从而培养创新精神和实践能力。

(三) 阅读教学的方法

常见的教学方法,如讲授法、谈话法、讨论法、导读法、练习法、情境法等,多是具有共性的教学方法。以下几种方法更能突出语文阅读教学的本质特征。

1. 提问对话法

提问对话法是教师在阅读教学过程中通过提出一些问题、引导学生思考并做出解答的教学方法。教师提的问题一般有两大类:

(1)记忆性问题,只要求学生回忆、再现具体的事实或信息,只回答"谁""是什么""对不对"即可。

(2)发展性问题,需要学生通过理解、比较、联系、想象、重组等心智活动,才能作出推理、判断或评价。教师根据学情,尽量设计发展性问题,用以提问并组织讨论。钱梦龙认为,提问宜"曲"不宜"直",尽可能适当拐点弯儿、设点坎儿,让学生跳一跳"摘桃子",说的就是设计问题要有探究性。

运用提问对话法要遵循以下策略:

(1)找准切入点,精心设计提问;

(2)问题指向要明确,切忌笼统抽象;

(3)问题具有一定的针对性和连续性;

(4)提高问题价值,杜绝"伪问题设计";

(5)指导解疑,引导质疑。

2. 整体感悟法

整体感悟法是基于传统阅读理论讲究"意会"、提倡"涵泳"和现代阅读理论主张加强语感、文感、情感的训练,从而实现对文章的整体把握的一种阅读教学方法。指导学生整体感悟可从以下几方面进行：

（1）引导了解全局：首先要明确"5W"和"2H"，即让学生了解文本是谁写的（who），什么时间写的（when），在哪里写的（where），为什么写（why），写的是什么内容（what），用什么方式写的（how），写得怎么样（how）。这些都是有关文本全局性的问题。

（2）促成原初感悟：原初感悟是指学生在初步熟悉读物的内容之后，随之而产生的一种原始感觉。教师可提一些问题，如"你是否同意作者的思想观点和情感态度？""读过本文后你最大的收获或最大的疑惑是什么？""读物与你所了解的社会现实、所体验过的生活况味有什么异同？"等，用以启发学生形成和捕捉自己原初感悟的问题。

（3）形成阅读期待：引导学生利用已有的关于范文或著作的文体知识和语体知识，形成阅读期待。阅读期待，能使读者不停地追寻探究、补充填空、猜想确证；不停地在阅读中比较对照、反躬自问，最后达到与作者的期待视野融合；甚至超出了作品的期待，产生了富有个性的见解和体验。

（4）进行整体评说：由于原初感悟带有很强的直觉性、表层性和不确定性，而有效的整体感悟，应当是起于整体直觉、终于整体评说。初感重于情绪，评说重于理智；在阅读教学对话中，教师不仅要重视学生的阅读初感，更应当重视启发引导学生，以冷静的头脑去客观地思考和概括读物的思想内容和表达形式，形成自己的独特见解和体验。

3. 理清思路法

所谓思路，是反映在文章中的作者的思维条理，构思、结构是最能体现思路本质的概念。构思是作者在执笔为文之前的一种活跃的思考、酝酿状态；结构是形之于外的文章体式，如开头和结尾、段落和层次、过渡和照应等。思路可分为形象性思路、抽象性思路、临界性思路三种。思路类型不同，梳理思路的具体方法也有所不同。可以从以下三方面寻找思路：

（1）从"牵一发而动全身"的关键词句上提挈思路。如朱自清的散文《绿》，"惊诧"这一词语堪称"文眼"。除了文章首尾两句用到"惊诧"以外，文章处处突出"惊诧"：梅雨亭三面环山、一面临水的位置令人惊诧，梅雨瀑给人的奇趣令人惊诧，梅雨潭水闪闪的绿色更加令人惊诧。

（2）从语段的结构关系上理清思路。如恩格斯《在马克思墓前的讲话》中两个"对于"，分别概括马克思一生实践贡献和理论共性贡献；两个"对于"句，是全文的总纲，整篇悼词就是围绕"对于"展开的。

（3）从写作技巧上探究思路。如臧克家《有的人》中的对比手法；鲁迅《祝福》中明暗两条线索的交织；唐弢《琐忆》围绕"俯首甘为孺子""横眉冷对千夫指"表现鲁迅爱憎分明的精神等。

4. 揣摩语言法

阅读理论认为，揣摩语言是阅读理解的基础；揣摩语言，就是在一定的语境中对关键词语或关键句子的深层含义、感情色彩和表达作用等进行辨析、品味和理解。找准揣摩重点很重要，可以从以下几方面进行揣摩：

（1）言外之意最丰富之处。如鲁迅《为了忘却的纪念》中的语句："当时上海的报章都不敢载这件事，或者也许是不愿，或不屑载这件事。"不敢，胆小怕事；不愿，漠不关心；不屑,认为政府杀几个学生乃区区小事,态度相当反动。引导学生揣摩加线的三个词的意义区别,并判断他们所持的不同政治态度,由此可推断当时的社会现实很复杂。

(2) 感情最丰富最强烈之处。如《为了忘却的纪念》中写到柔石确实"在龙华警备司令部被枪毙了,他的身上中了十弹"。接着有一个单独成段的句子:"原来如此!……"认真体验该句话的思想情感,几乎能够体会到鲁迅是咬牙切齿地说出这几个字的,至于为什么独立成段,字面背后的意蕴和省略的成分,通过揣摩,学生能够还原或填补出来。

(3) 表达突破常规之处。如王安石的"春风又绿江南岸"之"绿";苏东坡的"十日春寒不出门,不知江柳已摇村"之"摇";秦观的"碧水惊秋,黄云凝暮"之"惊""凝";范成大的"药炉汤鼎煮孤灯"之"煮"等。加强对这些凝练字词的品味揣摩、理解领悟,正是诗词鉴赏的重要手段。

(4) 富有音乐美感的语段。如白居易《琵琶行》:"大弦嘈嘈如急雨,小弦切切如私语,嘈嘈切切错杂弹,大珠小珠落玉盘。间关莺语花底滑,幽咽泉流冰下难。冰泉冷涩弦凝绝,凝绝不通声暂歇。别有幽愁暗恨生,此时无声胜有声。银瓶乍破水浆迸,铁骑突出刀枪鸣。曲终收拨当心画,四弦一声如裂帛。"此段堪称描写音乐的经典绝唱,教学中引导学生通过想象和联想,仔细玩味诗人的精妙描写,从而体会该段乐曲旋律的变化:"舒徐流畅—逐渐沉咽—间歇停顿—激越雄壮",以及其间弹奏指法的多变、演奏者情绪的细微变化等。

5. 诵读涵泳法

(1) 诵读法:是我国古今语文学习的重要方法,汉语言是集音、形、义、情、美于一体的整体有机性语言,对声音形态的感知能力,本身就是语感素质的重要组成部分。曾国藩在描述吟咏诵读的过程时,对情、文、声三者相互作用的关系作过精辟的论述:"情以生文,文亦足以生情;文以引声,声亦足以引文。循环生发,油然不能自已,庶渐渐可入佳境。"诵读的妙处在于:目视其文,口发其声,心同其情,耳醉其音。

(2) 涵泳法:涵泳,本义是"水中潜行""沉浸",引申为"深入体会"。朱熹十分推崇涵泳法,认为"学者读书,须要敛身正坐,缓视微吟,虚心涵泳,切己省察"。阅读中的涵泳,就是一种亲身实践、沉浸其中、玩味体会、自得其乐的读书境界。

(3) 诵读、涵泳互为因果:因为诵读是心、眼、口、耳的综合活动,声音有助于理解和体验,因此要引导学生在诵读中涵泳。曾国藩在家训中指出:"先之以高声朗读,以昌其气;继之以密咏甜吟,以玩其味。二者并进,使古人之声调拂拂然若与我喉舌相习,则下笔时必有句调奔赴腕下。"这里的阐述不仅仅指向阅读教学,而是已经涉及诵读涵泳法对提高写作能力的重要作用了。

6. 情境教学法

情境教学法是指在教学过程中,教师从教学需要出发,创设与教学内容相适应的具体场景或氛围,帮助学生正确而迅速地理解教学内容的一种方法。中国情境教学法的集大成者是李吉林先生,她率领其团队历经几十年的研究探索,使情景教学思想不断拓展深化:情景教学—情境教育—情境课程。以下几方面是对李吉林情境教学的总结和概括:

(1) 情境教学四大元素:李吉林将情景教学概括为真、美、情、思四大元素。具体内容包括:讲究真,追求美,注重情,突出思。每个元素都指向两个方面。①真:既指向真实,又包括理想。②美：既追求美，也不回避丑。③情：建立良好的师生感情重要，建立和谐的、亲密的同学之情同样重要。④思：就思维发展而言，既要学会正向思维，更要学会逆向思维。①

（2）情境教学促进儿童发展的五个要素：①诱发主动性，以情境兴趣为前提；②强化感受性，以指导观察为基础；③着眼发展性，以发展思维为核心；④渗透教育性，以激发情感为动因；⑤贯穿实践性，以训练语言为手段。

（3）情境教学的四条基本原理：①暗示诱导原理；②情感驱动原理；③角色转换原理；④心理场整合原理。

（4）有价值的情境应具备的五个特征：①生活性；②形象性；③学科性；④问题性；⑤情感性。

（5）创设情境的六个途径：①联系生活，展现情境；②运用实物，演示情境；③借助图画，再现情境；④播放音乐，渲染情境；⑤表演角色，体会情境；⑥锤炼语言，描绘情境。

7. 研究性阅读法

研究性阅读法就是以研究性学习方式进行的阅读方法。研究性学习，是学生在教师指导下，从自然、社会和生活中选择和确定专题进行研究，并在研究过程中主动地获取知识、应用知识、解决问题的学习活动。

（1）明确研究性阅读的过程：①指导选题，根据不同学段的学生身心发展特点以及学习需要指导选题，力求把握热点、重点问题；②制定计划，可以结合课内外阅读任务展开，如结合整本书阅读的目标，指导学生制定合理的、切实可行的研究计划；③掌握研究过程，包括搜集并整理资料、分析资料、综合归纳、得出结论；④展示研究成果，对研究成果加以表述交流，接受同学和老师的评价。

（2）掌握运用研究性阅读法的策略：①注重全员参与，研究性阅读是个体自主阅读与群体合作阅读的结合，教师要关注学生群体表现，而不是少数学生；②注重研究的过程，即在这个过程中，学生的知识、技能、研究方法、情感态度和价值观都能得以体现；③注重让学生体验治学的严谨性，对于研究结果是否具有创新性，则不予苛求。

（四）阅读教学的策略

1. 促成阅读期待

阅读期待，是读者在阅读过程中表现出来的复杂的心理期盼，主要表现在以下几方面：

（1）体裁期待：是指读者由读物的文体和语体类型与形式特征而引发的期待视野。这种期待意味着读者希望从读物中看到他所了解的某种文体和语体所具有的那种特点和魅力。比如读者面对一本小说，希望看到动人心弦的故事情节；面对一篇文化散文，希望了解某一普通事物背后的悠久历史和文化意蕴。

（2）形象期待：指读者在初步接触了读物的形象后，希望继续看到某些符合特定情绪的氛围与渲染。如看到"雨巷""离别"等词语，读者会期待一个哀怨的故事；看到"江雪"

---

① 李吉林：《为儿童学习探索 30 年》，《全球教育展望》2008 年第 6 期。

"菜菊"等字眼,读者会期待一种孤独、抑郁或脱俗的人物出现。

(3) 意蕴期待:指的是读者对所读作品的深层意蕴、审美趣味、情感境界、人生态度、思想倾向等方面的期待。在具体阅读过程中,读者总会自觉不自觉地期待读物能够表达合乎自己理性的人生态度、思想倾向。

(4) 自我期待:指的是读者在阅读过程中既希望与作者有心灵的契合,也愿意发现自己和作者有认识上的差距。读者的这种心理取向,使他既希望从读物中看到自己所熟悉的内容、所体验过的情感;又十分希望从读物中获取那些自己还未曾知晓、尚未深刻理解的思想观点、体系结构、人生感悟和情感态度等。

2. 实现还原与填补

(1) 还原:指还原语境,即还原生活,知人论世。具体指向包括探查写作的时间、场合、心态,追寻作者所处的历史、社会、文化状况等。如阅读龚自珍的《病梅馆记》,让学生了解清代末年畸形的人才标准的历史背景;教学《为了忘却的纪念》,讲清向子期《思旧赋》的典故等。

(2) 填补:指补足有形和无形的省略意义,包括填充文学作品的艺术空框,以生成"象外之象"和"言外之意"。作者在创作中往往有意留下许多艺术空白,诸如虚笔、间隙、跳跃、省略、停顿、残缺、冗余等,以造成弦外之音、音外之意的艺术效果。例如省略,《为了忘却的纪念》中"原来如此!……"《祝福》中鲁四老爷的"可恶!然而……"汪曾祺《胡同文化》中"虾皮熬白菜,嘿!"这些艺术空白,需要读者合理的想象去拓展和延伸,来丰富文本的内容,品尝作品的韵味,领悟作品的意蕴。

3. 进行探源与汇聚

(1) 探源:为了理解和把握文本的深层意义而追本溯源,去探讨作者创作文本时的原初用意和基本母题。如钱理群在《解读鲁迅小说的一把钥匙》一文中,提出"希望"与"绝望"这两个互相纠结、渗透,又相互否定的悖论母题,构成了《呐喊》与《彷徨》的最基本的心理内容。人活在自然世界和社会世界中,一切活动都源于对自己生存状态和生命意义的追索与反思,这种思索,就成为人类世界独有的人文精神。因此,在阅读中探求文本所表达的关于人性、人的生存状态以及生存意义等人文精神的本源,既可以引导阅读走向深入理解和产生独特体验,又能使所读文本的意义得到新的开掘和升华。例如《药》,以往教科书的"定论"是"总结辛亥革命的教训""批判资产阶级旧民主主义革命者脱离人民群众的错误"云云,现在关于《药》的主题则概括为"表现了群众的愚昧和革命者的悲哀"。

(2) 汇聚:是指在阅读活动中,注意汇聚相关文体或内容,横向开拓文本的阅读领域,从文本与文本的联系和关系入手,进行比较阅读的一种策略,这是读者介入文本、与文本对话、生成和创新意义的一个重要而颇有兴味的通道。例如,比较杨万里、周邦彦、周敦颐、李渔描写荷花的特点,研读朱自清和俞平伯的《桨声灯影里的秦淮河》等等。

4. 重视颠覆与重建

(1) 颠覆:彻底改变以往对文本的解读。例如巴金的《灯》一度被误读,其写于抗日战争时期,不可狭义地将"灯光"理解为延安圣地。又如安徒生自传性童话《丑小鸭》长期被误读,事实上并非刻苦努力就能使鸭子变成天鹅,文中的关键句是"只要你曾经在一只天鹅蛋里待过,就算你是生在养鸭场里也没有什么关系"。

(2) 重建：确立更为客观的对文本的解读视角，即读者以颠覆表达意义的方式，重建自己对于文本意义的理解。例如，历来人们都认为茅盾的《风景谈》是通过写延安的风景来谈政治，来讴歌解放区军民的崇高精神生活。但是从文章中几次关于"自然和人类"的议论内容来看，文章涉及一个普通而永恒的哲学命题。因此有人认为，《风景谈》的历史意义在于说明为捍卫祖国而战的抗日军民是伟大的，而该文的永恒意义则在于说明：胸怀崇高精神的人是伟大的，精神贫乏卑琐者是渺小可鄙的。

5. 正视借鉴与反拨

(1) 借鉴：阅读中利用自己的经验去生成和创新文本的意义，这是一种静态的接受；如果在阅读中自觉地与其他读者的阅读理解联系起来，广泛地参读和借鉴他人的阅读经验，开阔自己的阅读视野和思路，就是一种动态的接受。动态的接受，还包括读者与旧我的联系，因为阅读存在常读常新的现象。

(2) 反拨：反拨就是对自己认为是"误读"的内容加以匡正或重构。文本的多义性和模糊性决定了解读的多元性，解读中出现误读现象在所难免。例如舒婷的《致橡树》，教师教学用书向来将其界定为爱情诗："它是诗人的成名作，也是她爱情诗的代表作。"但是2004年7月22日在青岛大学"中韩现代诗会"上，舒婷这样回答别人的疑问："那是一首与《简·爱》毫无关系的诗歌，也是一首与爱情没有关系的诗歌。"原来该诗的创作缘起是这样的：1977年，一位年龄较大的男诗人曾对舒婷说，漂亮的女孩一定没有头脑，一个又漂亮又有头脑的女孩一定不温柔。舒婷不同意把女人的漂亮、头脑和温情放在一个矛盾的视角里，于是"夜不能寐"写下了《致橡树》。[①] 可见这首诗根植于一种鲜明的女性意识，表达了男女平等的观念，呼唤女性走出相夫教子、夫唱妇随、夫贵妻荣的传统观念，摒弃庸俗的依附和享乐心理，勇敢地追求健康独立的女性人格。

第三节 强化"写作"教学素养

写作能力，既是个体全面发展的需要，也是社会发展对公民素质的要求。写作教学是语文教学的一个重要组成部分，是一种具有高度综合性、创造性的言语活动，它对全面提高学生核心素养、发展学生良好的个性和健全人格，具有重要的意义。在新课程背景中开展写作教学，更加要求教师重视对写作教学的研究，在探究中掌握写作教学的规律，获得指导学生写作的策略和方法；在探究中提高自己个性化、创造性地实施写作教学目标的能力。

一、写作

1. 写作的本质

写作是一种通过内部言语来操纵的技能，是人类一种特殊的精神文化现象和社会实践

[①] 洪贺廷：《从〈致橡树〉的创作缘起观其主旨》，《中学语文教学》2005年第9期。

活动;写作是人的一种心理要求,是一种复杂的情感活动和心智活动过程;情感始终是写作的动力,情感活动会贯穿写作过程的始终。

2. 写作的过程

写作过程大体包括以下几个环节:

(1) 从记忆所存储的材料中调出有关知识、经验、思想,这既是一个活跃的想象和联想过程,又是一个从表达目的出发,进行选择的过程。

(2) 对所选的思想材料进行编码,即运用较完善的内部言语,对所表达的内容进行分析,而后进行合乎逻辑的安排。

(3) 将内部言语转化为外部言语,即选择恰当的词语来表达这些内容。

二、写作教学

"写作"和"作文",在有关文章和教材中往往混用,其内涵无本质差异。2011年版义务教育语文课程标准、2017年版普通高中语文课程标准,都表述为"写作"和"写作教学"。写作教学,是按教学目标指导学生进行写作,使学生养成写作习惯、形成写作素养的教学活动。

1. 写作教学的作用

"写作"教学一直是语文教学的半壁江山,对于发展学生的语文素养具有举足轻重的作用,具体包括以下几方面:

(1) 训练言语表达,提高语文素养。写作训练有助于提高识字写字、阅读、写作和口语交际的综合能力;有助于训练语感、培养思维品质;有助于拓宽知识视野、提高文化品位和审美情趣;有助于形成正确的情感态度和价值观。

(2) 提高认识能力,促进全面发展。教师指导学生把写作的客观对象转化为写作内容的过程,也就是帮助学生准确地观察、认知、分析、研究自然现象、社会现象和精神现象的过程。

(3) 发展思维能力,培养创新意识。学生通过写作自由地、个性化地、有创意地表达自己的思想感情,表达自己对自然、社会、生活的认识,这对于培养学生自主意识、张扬个性、发展个性,有着不可替代的作用。

2. 写作的目标要求

(1) 义务教育阶段的"写作"总目标:"能具体明确、文从字顺地表达自己的见闻、体验和想法。能根据需要,运用常见的表达方式写作,发展书面语言运用能力。"不同学段有不同的写作目标要求,对"写作"表述也有区别:第一学段叫"写话",第二、三学段叫"习作",第四学段叫"写作";具体学段的目标详见2011年版语文课标。

(2) 普通高中阶段的"写作"目标没有单列,而是结合在12条总目标的表述中。例如第2条:"语言表达与交流。能凭借语感和对语言运用规律的把握,根据具体的语言情境和不同的对象,运用口头和书面语言文明得体地进行表达与交流;能将具体的语言文字作品置于特点的交际情境和历史文化情境中理解、分析和评价。"又如第9条:"美的表达与创造。能运用祖国语言文字表达自己的审美体验,表达自己的情感、态度和观念,表现和创造自己心中的美好形象;讲究语言文字表达的效果及美感,具有创新意识。"还有具体的写作目标结合在"学习任务群"中阐述。列举如下:

"学习任务群 5　文学阅读与写作"：本任务群旨在引导学生阅读古今中外诗歌、散文、小说、剧本等不同体裁的优秀文学作品，使学生在感受形象、品味语言、体验情感的过程中提升文学欣赏能力，并尝试文学写作，撰写文学评论，借以提高审美鉴赏能力和表达交流能力。

"学习任务群 6　思辨性阅读与表达"：本任务群旨在引导学生学习思辨性阅读和表达，发展实证、推理、批判与发现的能力，增强思维的逻辑性和深刻性，认清事物的本质，辨别是非、善恶、美丑，提高理性思维水平。

"学习任务群 7　实用性阅读与交流"：本任务群旨在引导学生学习当代社会生活中的实用性语文，包括实用性文本的独立阅读与理解，日常社会生活需要的口头与书面的表达交流。通过本任务群的学习，丰富学生的生活经历和情感体验，提高阅读与表达交流的水平，增强适应社会、服务社会的能力。

3. 写作教学的原则

根据当今世界对社会公民素养的要求，写作教学要有"三个重视"：

(1) 重视学生认识世界、认识自我的过程。写作教学过程不仅是一种技能训练过程，更是一种提高认识的过程，写作教学要重视语言表达能力和认识能力的同步提高。鲁迅说："写作固然要有精熟技巧，但须有进步的思想和高尚的恶人格。"

(2) 重视砥砺思想，涵养情感，建构精神世界。要提高学生的写作兴趣，激发学生的创作欲望；并且广开生活之源，深掘精神隧道，使学生在关注生活中有感而发，集腋成裘，涵养精神，厚积薄发。

(3) 重视学生的个性发展及创新意识的培养。人的个性发展与创新精神的培养是密不可分的，个性是创新的策源地，没有个性，就谈不上创新。

三、写作能力的培养

(一) 观察能力

观察是认识客观世界和社会生活的重要方法，对写作具有特殊意义。观察既是写作的基础，又是写作的一项基本功。观察能力，就是指作者凭借外部感官摄取信息、感受刺激的能力。

1. 观察能力的构成

观察能力由三个部分构成：

(1) 注意力：习惯于用自己的视觉、听觉、嗅觉以及内心，去审视、体察、了解事物的本来面目；培养注意力，要养成勤于观察、乐于表达的良好习惯。

(2) 鉴别力：善于在比较中鉴别事物的联系和区别，进而发现同中之异或异中之同；鉴别力强，才能在司空见惯的客观事物和社会现象中，准确发现真、善、美或假、恶、丑。

(3) 联想力：通俗讲联想就是由甲想到乙；联想能力强有利于拓展写作思路，有利于文章更好地立意。

2. 观察能力的培养

（1）激发观察的兴趣。根据学生好奇、求新的心理特点，因势利导，引导学生接触千姿百态的大自然，留心身边的人和事，关注社会热点、难点问题。

（2）教给观察的方法。一是要抓住事物的特征，观察时只有精细地辨别事物的特征，写作时才能写出不同的人、物、场景以及细节，从而表达独到的思想和情感。二是要讲求顺序，要根据观察对象的特征，合理安排观察顺序。通常包括以下几种顺序：①由远及近，或由近及远；②先里后外，或先外后里；③从整体到局部，或从局部到整体；④从起因、经过到结果，或从结果到起因、经过；⑤立足点不动，变换观察点，或观察点不动，变换立足点，等等。

3. 观察习惯的养成

（1）养成随时留意的观察习惯，主动关心自己身边的人和事，并把自己的所见所闻、所思所感，用语言文字表述下来。

（2）增强观察的目的性、主动性、自觉性和耐久性，在观察中养成沉着、冷静、认真、细致的好习惯。

（3）养成在观察中思考、在思考中观察的习惯，要用"心"去看、听、想、感。

（二）感受能力

感受是内情与外物的统一、主观与客观的统一，感受是写作立意的前提和传情的基点。写作主体对自然、社会、人生的感受越深刻、独特，对某种思想或情感的体验越真切、细腻，则文章的立意就越高远、不落俗套，抒发的情感就越感人、表现的思想就越深邃。

1. 写作对感受的要求

（1）感受要独特。感受是一种心理活动，具有浓厚的个人主观色彩。每个人的生活经验、知识积累、兴趣爱好、心境情绪都各有不同，因而对生活的感受也必然有差异。例如，同样是面对夕阳西下，李商隐会感慨"夕阳无限好，只是近黄昏"；朱自清则觉得"但得夕阳无限好，何须惆怅近黄昏"；而叶剑英却挥毫写道"老夫喜作黄昏颂，满目青山夕照明"。又如，同样是面对梅花，来鹄《梅花》"占得早芳何所利，与他霜雪助威棱"，指斥那些为虎作伥的小人；陆游《咏梅》"零落成泥碾作尘，只有香如故"，歌颂坚贞不渝的人格；毛泽东《咏梅》"已是悬崖百丈冰，犹有花枝俏"，表现了临危下不惧的品质。

（2）感受要敏锐。感受要有敏锐的思维，迅速捕捉自己内心细腻、微妙的情绪和感情波动。李清照晚年身处国破家亡的落寞，面对秋天乍暖还寒的天气、峻急的晚风、飞行的雁群、堆积的黄花、滴雨的梧桐，极其敏感，用"寻寻觅觅，冷冷清清，凄凄惨惨戚戚"写出了自己百无聊赖的心境，发出了"这次第，怎一个愁字了得"的旷世慨叹。

（3）感受要深刻。感受深刻取决于两个方面：①客观事物对作者的刺激作用，刺激越尖锐、越强烈，作者的感受就越深刻；②作者的主观能动作用的发挥，即作者面对客观事物，通过选择、想象、联想、分析、思考，来强化感受的广度和深度。如面对西北高原上一排排普通的白杨树，茅盾却看到了它的不平凡处："虽在北方风雪的压迫下，却保持着倔强挺立"，并且想到它象征着北方的农民质朴、坚强、力求上进的精神。

（4）感受要细腻。要想使文章收到以小见大、见微知著、生动感人的功效，就要求作者观察细致入微，感知精确细腻，表达独特传神。例如，余光中的散文《听听那冷雨》中："先是料料峭峭，继而雨季开始，时而淋淋漓漓，时而淅淅沥沥，天潮潮地湿湿，即使在梦里，也似乎把伞撑着。"通过细腻的笔触渲染了"冷雨"季节的氛围，给人带来一种"连思想也都是潮润润"的感受。

2. 感受能力的培养途径

（1）关注社会生活。投入丰富多彩的社会生活，关心生活、热爱生活，在亲身观察、体验中，有意识地培养感受身边的人和事的良好习惯。

（2）培养敏锐的感知能力。人感受客观事物，主要通过眼、耳、鼻、舌、身五种官能，因此要培养学生灵敏的观察力和独特的体悟力，要开放五官，不失时机地追踪与摄取有写作价值的信息。如朱自清在《荷塘月色》中对月色下的荷叶、荷花、荷波、荷香的感知，就是调动了多种感官完成的，其中"微风过处，送来缕缕清香，仿佛远处高楼上渺茫的歌声似的"一句，就是运用"通感"手法，极为细腻传神地写出荷香隐隐约约、若有若无的特征。

（3）积淀丰富的情感经验。丰富的情感经验是文章丰富生动的土壤，因此要引导学生对生活进行多元化的情感体验，要深入不同人群的内心世界，去观察、体验他们的心理、情感，从而丰富自己的情感积淀，培养、提高、丰富、发展自身的感受能力。诗人余光中，如果没有骨肉分离的切肤之痛，没有对台湾与大陆"咫尺天涯难相见"的深沉思考，就难以把"乡愁"这一平凡而又深邃、具体而又抽象的情感话题浓缩在"一枚小小的邮票""一张窄窄的船票""一方矮矮的坟墓""一湾浅浅的海峡"上。

（三）思考能力

思考能力是写作的核心能力。思考贯穿于整个写作过程，审题立意、选材构思、表达修改等环节，都是在思考的直接指导下进行的。美国教育家西奥多·海伯说："要想写清楚，就必须想清楚；要想写得充分，就必须想得充分；要想写得实在并富有想象力，那就必须在思想上想得实在并展开丰富的想象。一个学生要想较好地学习写作，那他就一定要更好地学习思考。这是一条规律，其他没有第二条路可走。"[①]

1. 了解思考能力的构成

（1）归纳与演绎能力。①归纳：就是从个别到一般，即从许多同类的个别事物中，经过分析，概括出一般原则的思维方法。②演绎：就是从一般到个别，即从一般的原则出发，推论出个别事物的认识。写作中，从材料中提炼主题，主要依靠归纳能力；在主题基本确立的情况下，根据主题的需要来选择典型、新鲜、生动的材料，就要依靠演绎的能力。写作中归纳与演绎的方法往往是交替使用的。

（2）分析与综合能力。①分析：就是把客观事物整体分解为各个部分、方面、要素，然后逐个加以研究的方法。②综合：就是在分析的基础上，把对象的多个部分、各个方面、多个环节、多种因素联系起来加以整体考察的方法。观察生活，选择材料，确立和提炼主题，安排结构，都离不开分析和综合。

---

① 转引自邵萍：《让学生的语言能力和思维能力同步发展》，《新课程学习：基础教育》2011年第6期。

2. 培养联想和想象能力

(1) 联想：通俗地说就是见到甲而想到乙。写作中运用联想，主要目的有两个：其一，就文章全局来说，联想能拓宽思路，弘扬题旨；其二，从文章的局部来说，运用联想能丰富和深化文章的内容。联想有各种分类方法，按联想产生的内容可分相似联想、相关联想、相对联想。

① 相似联想：包括"形似"与"神似"两种。形似联想，如由一个"圆"的图形，想到月亮，想到月饼，想到各种圆的事物；又如，由杨万里的"接天莲叶无穷碧，映日荷花别样红"，想到他的"小荷才露尖尖角，早有蜻蜓立上头"，想到周邦彦的"叶上初阳干宿雨，水面清圆，一一风荷举"。神似联想，如由"出淤泥而不染，濯清涟而不妖"的荷花，想到古今高洁之士；由"日行一千、夜行八百"的千里马，想到当今的改革家形象等等。

② 相关联想：相关，指两事物之间有因果关系、从属关系，或者在时间、空间上有所关联。如看到赤壁，想起曹操或苏轼；看到红军鞋，想到老区人民对红军的殷切希望；看到"烟枪"和"烟灯"，想到中国积贫积弱的近代史等。

③ 相对联想：相对，是指两事物之间有对比或对立关系。如由欢乐想到烦恼，由顺利想到困难；由某人的成功想到其成功道路的艰难困苦；由眼前的崭新面貌想到当年的荒凉贫瘠等。

(2) 想象：就是人在头脑里对记忆中的表象进行分析综合、加工改造，从而形成新的表象的心理过程。根据内容可分为两种：①再造想象：是指根据现成的语言或其他手段的描绘，在头脑中再造出相应的新形象的心理过程，阅读活动中用的主要是再造想象。②创造想象：是指在脱离眼前知觉对象的情况下，运用记忆中的表象独立创造出新形象的心理过程，写作活动中用的主要是创造想象。如鲁迅在《我怎么做起小说来》中说："人的模特儿也一样，没有专用一个，往往嘴在浙江，脸在北京，衣服在山西，是一个拼凑起来的角色。"此话道出了作家写作时进行创造想象的过程。

3. 提升综合运用多种思维的能力

一般将的人的思维分为以下几种：

(1) 形象思维：指以表象为工具，通过联想、再现、想象来组成形象、画面的思维活动。形象思维最突出的特点是：鲜明的形象性，浓郁的情感性。

(2) 抽象思维：是指以分析与综合、归纳与演绎等为基本方法的一种思维形式。

(3) 灵感思维：又称"直接思维"，指人们在科学或文艺创造中，突然出现的顿悟和理解豁然开朗的一种思维形式；其特征是，不是依循规定好了的步骤进行，而是采取跃进、越级和走捷径的方式来思维；写作中的灵感思维，可以使作者迅速获得精巧的构思、动人的情节、美妙的语句等。由于这三种思维形式在写作实践中相互联系、相互交叉，所以应当综合起来加以运用。

4. 提升辩证地思考问题的能力

辩证思考，就是要求全面、统一地认识事物，联系、系统地看待事物，灵活、变化地考察事物，具体、实践地分析事物。例如，下列散文诗就体现了辩证统一的思维特征："水有水的性格——灵动，山有山的性情——沉稳。水的灵动给人以聪慧，山的沉稳给人以敦厚。然而，灵动的海水却常年保持着一色的蔚蓝；沉稳的大山却在四季中变化出不同的色彩。"

5. 善于运用创造性思维来表情达意

所谓创造性思维,指突破已有思维定势与方法,在揭示事物本质的基础上,提供区别于常规的思路、方法以及认识的思维方式。创造性思维主要有两类:

(1) 发散性思维:又称多向思维、开放思维、求异思维;是以一个信息为圆心向四周进行发散性思考的思维活动。这种思维的流程是多向的、多线的,不依常规、寻求变化、从多方面寻求答案的,在写作教学中引导学生进行发散性思维,就是要追求思考问题角度的广泛性,分析问题观点的创新性,构思作文立意的多元性。例如,根据"滥竽充数"的寓言故事写作话题作文,运用发散性思维有益于从多个角度立论。

(2) 聚合性思维:又称求同思维、集中思维、辐射思维;是指作者从若干不同信息源上开始,由外向内地向一个中心集中的思考活动,依据多元化题目写作,就必须运用聚合思维。例如,进行创新思维训练的作文题《窗帘·小船·饺子》,写作时就要运用聚合性思维,聚合这三个概念的内在逻辑关系。

(四) 审美能力

审美,是人对客观事物的美的品鉴和领会,是人类特有的一种心理功能。审美对象非常广泛,社会的、自然的、艺术的客观实体,都可以作为审美对象。审美能力,是审美主体从审美的角度对客观事物的一种判断和评价的能力。

1. 写作中的审美特征

(1) 情理兼容性。作者的审美,既是情感的又是理智的,在生活体验中获得美、感受美,同时靠理智和情感去鉴别美、发掘美和开拓美。

(2) 思维多样性。作者从产生美感到作出审美鉴赏和评价,要调动形象思维、抽象思维等多种思维方式。

2. 写作对审美的基本要求

(1) 形象性。要发现美、感受美、表现美,首先要把握审美对象的形象性,对客观物形象的表现程度越鲜明,美的表现也就越鲜明。

(2) 情感性。在整个审美过程中,审美主体总是或多或少、或强或弱地进行着各类情感的体验,并作出相应的情感反应。凡是被情感渗透滋润过的,无论是人还是物,都会呈现出特有的光彩和动人的生命力。如清代袁枚《苔》:"白日不到处,青春恰自来。苔花如米小,也学牡丹开。"字里行间闪耀着人性之光,该诗被乡村教师梁俊谱成曲子,并和山里孩子一起在2017年中央电视台"经典咏流传"舞台上演唱,唱出了穷乡僻壤的孩子们最质朴无华的天籁之声,唱哭了评委,也让亿万中国人都在这一刻被感动。

(3) 功利性。就个人而言,审美具有非功利性,人们在审美过程中,并没有个人实用的、功利的目的性,只是在不知不觉中获得美的感受和精神的满足。但就社会而言,审美却具有功利性,主要指作品的社会计划功能。作者在文章中所表现的高尚情操、纯美心灵、崇高境界、健全人格等,都将有益于弘扬正气、树立公民道德规范、推动社会文明进步。

(4) 真实性。作文如做人,求真、至善、达美,既是做人追求的目标,也是为文追求的目标。写作中的求真包括三方面:①外物真,文章所写是真人真事,至少要符合生活的真实;②意蕴真,审美对象的内在规律、意义是客观存在的,不是虚幻的;③情感真,说真话、诉真情是作文的基本要求,没有真切的审美情感,写作时往往言不由衷,矫情造作,空话连篇。

3. 审美能力的培养途径及策略

(1) 培养健康高尚的审美观。审美观,是审美主体从审美的角度对客观事物的一种判断和评价,在写作教学中,要培养学生正确、健康、高尚的审美观。首先,要引导学生学习掌握科学的美学理论;其次,要组织学生进行健康的审美实践活动。理论学习与实践活动互相结合,有利于形成健康高尚的实践活动。

(2) 提升审美感受能力。审美教育的本质在于培育美的意识和美的精神。如自然现象是客观存在的,其本身无所谓美与不美,正如"水",你若爱它,则有"柔情似水""鱼水之情""水光山色"之类的赞颂之词;你若恨它,就会联想到"穷山恶水""洪水猛兽""水性杨花"等不好的事物。因此,要让学生深入生活,观察生活,准确捕捉生活中的人、事、物、景的美之所在,以及自己对这些美的感受,并诉诸笔端。

(3) 发展审美鉴赏能力。鉴赏,即鉴别和欣赏。鉴别,就是区分美与丑,识别美的形态、范畴和程度;欣赏,就是领悟和评价审美对象的美。在写作教学中,要引导学生对社会、人生中的现象进行审美鉴赏,对"真善美"与"假恶丑"的现象加以挖掘、发现、鉴别,或推崇,或扬弃。

(4) 培养审美创造力。2017年版高中语文课标对语文核心素养中"审美鉴赏与创造"的目标要求是:"审美鉴赏与创造是指学生在语文学习中,通过审美体验、评价等活动形成正确的审美意识、健康向上的审美情趣与鉴赏品位,并在此过程中逐步掌握表现美、创造美的方法。"要培养学生的审美创造能力,就要激发学生创造美的欲望,教给学生创造美的方法,提供创造美的机会等。

(五) 积累能力

要写好文章,首先要广泛积累材料,即所谓"博观约取""厚积薄发"。积累的含义有广义和狭义之分。广义的积累,泛指写作主体对客体由外而内的一切摄取吸收,包括生活积累、知识积累、技巧积累、语言积累等。狭义的积累,专指写作材料的积累和储备。对学生进行积累材料的训练,目的不仅仅在于为写作储备材料,还在于指导学生多观察、多体验、多思考,做一个积极投入社会、关心生活的有心人。

1. 积累的材料类别

(1) 直接材料,指生活中通过耳闻目睹、亲身经历获取的材料,这是写作材料的主体。

(2) 间接材料,指通过书面、屏幕、网上阅读获取的,不是作者亲身经历、直接接触的材料。

就写作而言,直接材料和间接材料总是相辅相成、互为补充的;只有两者有机的统一,文章的内容才会充实,有广度,有深度,有力度。

2. 积累材料的方法

(1) 细心观察世界、用心感受生活,以获得直接材料。观察、感受、体验的结果,可以用观察日记、随笔、周记、读书笔记等形式记述下来。

(2) 广泛涉猎多种读物,善于利用网络资源,以获得间接材料;对这些间接材料的积累保存,可以摘抄、输入电脑,或剪贴、复印,有的可以直接记在脑中。

(3) 增强记忆力,包括具体形象记忆、抽象记忆。①形象记忆,如人、物、景、图像等的记忆;②抽象记忆,如对语言、文字等抽象材料的记忆。

四、写作技能的训练

(一) 审题立意技能

审题立意,是写作的第一步,而且是作文成败的关键一步。审题,就是认读、分析、研究题目,包括题目内涵、主题、写作对象、选材范围、写作重点、体裁等相关要求。立意,就是确定在文章中要表达的中心意思,即观点、主题或思想感情。王夫之《姜斋诗话》中有言:"无论诗歌与长行文字,俱以意为主。意犹帅也,无帅之兵,谓之乌合。"可见,文章的"意"是文章灵魂,它制约和规范着文章全局,是文章优劣成败的关键所在。立意的正误、深浅、高下,决定着文章质量的高低。如何提升作文审题立意能力,我们将结合全国高考作文试题进行阐述,详见本章后一项"高考作文的审题立意探析"。

(二) 选材剪裁技能

选材剪裁,是指写作过程中根据主题需要,对材料进行的选择和取舍。主题从材料中提取,还要靠材料来表现。

1. 围绕主题选择材料

主题是选材剪裁的依据,要选取最能表现主题的材料,舍弃与主题无关或关系不大的材料。选材是通过分析、比较、鉴别,最后决定取舍的思维过程。选材最忌不分主次巨细,一味地堆砌材料。例如,茅以升的《中国石拱桥》选了赵州桥、卢沟桥两座桥,用以说明中国古代石拱桥坚固、美丽、多姿多彩等特点。

2. 选择真实典型的材料

真实,就是要求材料符合生活实际、符合生活逻辑;典型,就是要求选择有代表性的、最能反映事物本质的材料,以更好地突出主题。关于典型性,中外文学大家的作品中不乏例子,如弥留之际的吝啬鬼严监生对着"长明灯"中的"两茎灯草",迟迟"不得断气";守财奴老葛朗台留给亲生骨肉的最后一句话竟然是"把一切照顾得好好的,到那边向我交账!"中外作家的选材,可谓具有异曲同工之妙。

3. 选择新颖生动的材料

首先,要选择能反映社会发展、应和时代脉搏、体现生活气息的材料。大到政治、经济、文化、科学技术等方面的热点、难点问题,小到寻常百姓、柴米油盐、生老病死,都可以作为选择的对象。其次,要选择与众不同的材料,尽量避免拾人牙慧、人云亦云。最后,从新的角度使用材料,一些被别人用过的所谓"旧材料",由于切入的角度不同,也会收到"横看成岭侧成峰"的效果。比如同样是面对霜后红叶的景色,杜牧有"停车坐爱枫林晚,霜叶红于二月花"的兴高采烈;《西厢记》中崔莺莺却发出"晓来谁染霜林醉,总是离人泪"的悲伤哀怨;而毛泽东则赞叹"看万山红遍,层林尽染……万类霜天竞自由",抒发了满腔的革命豪情。

(三) 布局谋篇技能

1. 布局谋篇的基本原则和要求

布局谋篇要遵循三个基本原则:

(1) 符合客观事物发展规律和人类思维的逻辑规律。

(2) 要有利于突出文章的主题。

(3) 要根据不同文体、不同读者对象精心设计安排。

布局谋篇的基本要求是完整、严谨。完整,即构成文章的各个局部应该结合成一个完美统一的整体,结构不可残缺;严谨,是在完整的基础上提出的进一步要求,指文章的起、承、转、合要和谐自然,井然有序;各部分之间有严密的逻辑关系;内容要有曲折变化,文似看山不喜平。

2. 布局谋篇训练的途径

(1) 理清思路,选好线索。思路,就是作者在头脑里如何安排材料。线索是作者写作思路的体现,是用来串联全文思想内容的人、事、物、情、理。线索的形式是多种多样的:有的以感情为线索;有的以实物为线索;有的以时空发展变化为线索。

(2) 安排好层次、段落。不同文体的层次段落,安排上应该有所不同。记叙文一般按事件发生的先后、因果、始末关系以及空间位置的变换来安排,记叙方式有顺序、倒叙、插叙、补叙等;议论文主要根据论据与论点之间的逻辑关系来安排层次结构,常见的有总分式或分总式、递进式、并列式、对比式等;说明文的层次安排主要体现在说明顺序的安排上,一般是按时间顺序、空间顺序、事理顺序等。

(3) 写好开头和结尾。文章好的开头堪称"凤头",小巧而俊俏。常见的开头方法有:开门见山式,如苏洵《六国论》;造成悬念式,如鲁迅《祝福》;直抒胸臆式,如朱自清《绿》。文章好的结尾堪称"豹尾",干净利落,能产生余味无穷的效果。常见的结尾方式有:点明题旨式,如贾谊《过秦论》;总结全文式,如鲁迅《拿来主义》;深沉含蓄式,如夏衍《包身工》;号召希望式,如鲁迅《故乡》。

(4) 处理好过渡和照应。过渡,是文章中前后层次、上下段落的衔接和转换,起承上启下作用。需要过渡的地方有两种情况:①内容转换处;②表达方式、写作手法变换处。具体操作时,可以设置过渡词或过渡句,也可以设置小标题、序数词或安排空行,来达到过渡的目的。照应,指前文交代和后文呼应。常见的方法有首尾照应、论点照应、气氛照应、事物照应等。照应既能反映篇章的严谨性,又能表现脉络的连贯性。

(四) 语言表达技能

1. 记叙方式

(1) 学会用多种人称叙述。①第一人称,以"我"或"我们"的身份,叙述所见、所闻、所感,把人物经历、事件经过以及体验和感悟告诉读者。"我"在文章中的角色,有的是主人公,如日记、书信、游记以及抒情言志散文中的"我",如史铁生的《我与地坛》;有的是见证人,如鲁迅的《藤野先生》中的"我";还有的是在作品中起穿针引线作用的重要人物,如鲁迅小说《故乡》《一件小事》中的"我"。第一人称叙述的长处是真实、亲切、自然,短处是受"我"生活视野的限制,不便于反映广阔的现实生活。②第二人称,用"你"或"你们"的形式来叙述,事情的开端、发展、结果,作者是通过对"你"或"你们"的倾诉、激励、赞颂、劝慰等表达出来的。使用第二人称的长处是采取面对面的倾诉形式,更容易打动读者;短处是适用于这种面对面形式的文章内容较少。③第三人称,作者站在"局外人"的立场,用叙述他人事情的口吻,把人物的经历、事件告诉读者。这种叙述方式,其长处是不受时间、空间的限制,写作比较自由灵活,能够把人和事直接展现在读者眼前。有的作品会娴熟地交替使用第一人称和第三人称,如鲁迅的《祝福》。学生选用人称要注意,选用最能表现主题的人称;人称在文章中尽量前后一致,以避免人称混乱、条理不清。

(2) 掌握多种叙述方式。①顺叙,按照人物成长过程或事件发生、发展的自然顺序,从头至尾,依次交代。这是最常见的一种叙述方式,长处是容易使文章眉目清楚,条理分明,结构完整。采用顺序方式,应该注意详略得当,避免平铺直叙,呆板枯燥。可在叙述中适当运用抒情、议论、描写等手段。②倒叙,即打破时间的先后顺序,把事件的结局或发展过程中最突出、最精彩的某个情节提前叙写,然后再按照事件的发生、发展顺序进行叙述交代。运用这种叙述方式,可以造成悬念、吸引读者,使情节波澜曲折,利于更好地揭示事物的本质,起到深化主题的作用。③插叙,在叙述中暂时中断叙事线索,临时插入另一故事片断,或补充、交代,或说明有关内容。运用插叙,有利于情节的进一步展开,有利于对人物进行全面的刻画,可以使中心事件和主要情节更加丰满;也可以避免结构上的平铺直叙。插叙应根据需要进行,插叙的内容与正文内容有相关性,与情节或主旨相吻合。插叙起止要交代清楚,承接自然,切忌喧宾夺主。④补叙,在叙事过程中,对人物、事件或有关情况作必要的说明,用以补充和丰富上下文内容。用这种叙述方式,可以使情节更加完整充实,同时也加强了情节的曲折性。补叙要紧扣上下文,内容要合乎事件或情节发展的逻辑;文字要简练,忌拖泥带水。

2. 说明方式

说明,是指用简洁明了的文字对事物的成因、特点、情状、功能、构造、规律、发展过程等,进行解释和介绍。说明的基本特点,就内容而言,具有知识性、科学性和实用性;就表达效果而言,具有通俗性、解释性和条理性。说明这种表达方式运用很广泛,是说明文的主要表达方式,同时其他文体也经常使用。说明的表达方式要做到以下几方面:

(1) 说明要抓住事物的特征。特征是事物区别于其他事物的主要标志,只有把握事物的特征,才能把它们独特的形状、性质、构造、用途等解说得清楚明白。

(2) 学会运用多种说明方法。常见的说明方法有下定义、分类别、举例子、作比较、打比方、列数字、配图表等。

(3) 合理选择恰当的说明顺序。要有条不紊地说明事物的特征,就必须根据说明的对象,确定合理的说明顺序。常用的说明顺序有:时间顺序、空间顺序、逻辑顺序。根据说明的需要,可以采用单一顺序,也可以采用复合顺序。

3. 议论方式

议论,是通过事实材料及逻辑推理,达到明辨是非、阐发道理、表明见解、推行主张的目的,议论文主要采用这种表达方式。议论技能主要体现在以下三个方面:

(1) 观点:提出的观点要正确、鲜明,实事求是,不偏激。

(2) 论据:用以支撑观点的论据要确凿有力,与论点有紧密的逻辑联系,不可牵强附会。

(3) 论证:要严谨周密。论证方式一般有两类:立论和驳论。论证方法包括归纳论证、演绎论证、类比论证、对比论证、引用论证、比喻论证等。论证时可综合运用多种论证方法。

4. 描写方式

描写,是以生动、形象的语言,对人物、事物和环境作绘声绘色的细致描绘和刻画。在写作过程中,描写常与叙述结合运用。叙述,一般反映的是事物或现象的存在,是回答"是什么"的问题;而描写则反映存在着的事物或现象的具体形态、状况,是回答"怎么样"的问题。

(1) 人物描写。包括以下几个方面:①肖像描写,即用描写容貌、神情、姿态、服饰等来刻画人物的一种方法。肖像描写要抓住人物特征,以形传神,即透过外形揭示身份、性格、内心,切忌脱离人物性格和作品主题孤立地描写;也不可把人物公式化、脸谱化,正面人物高、大、美,反面人物矮、小、丑。②语言描写,即以个性化的人物语言来刻画人物的一种方法。具体方式主要有独白、对话、会话等。运用语言描写要透露人物的内心世界,显示人物性格特征以及人物所处的环境。语言往往和行动结合起来描写。③行动描写,即以个性化的行为动作表现人物性格的描写方法。运用行动描写,要注意两个方面:一是目的明确、有所选择;二是生动性与典型性紧密结合。前者强调描写人物的动作行为是为了揭示人物性格特征;后者强调要选择那些既符合生活的真实又符合人物性格发展逻辑的行为动作加以描写。切忌笼统化、概念化。④心理描写,即以人物内心活动为描写对象的描写方法。首先,要写特定人物在特定环境中产生的心理活动;其次,要注意把握心理描写的时机,只有在有关情节、动作、感情出现时进行心理描写,才显得真实、自然。再次,进行心理描写要细致入微、合情合理。

(2) 环境描写。包括自然环境描写和社会环境描写。自然环境,包括节序时令、自然气候、山川湖海、动物植物等;社会环境,包括社会生活情景和人物活动具体场所的陈设、格局、气度、色调等,用来烘托人物志趣、气质、情操等,如鲁迅《祝福》中对鲁镇年底祝福气氛以及鲁四姥爷书房陈设的描写。环境描写要抓住景物特征进行,力求渗透人物感情,适当结合运用对比和象征手法。

(3) 细节描写。即对有典型意义的细枝末节进行生动、细腻的描写。细节的范畴包括肖像、语言、行动、心理、环境、景物等。细节描写,能够反映人物、事件、外貌特征及其内容与内在本质,凸显作品主题,增强作品的艺术感染力。

5. 抒情方式

抒情,作者把由现实生活中激发出来的主观感受、心理反应、思想感情等,通过某种方式或技巧,借助于语言文字,间接或直接地表露和抒发出来。运用抒情方式,可以起到渲染环境、制造气氛、开拓意境、深化主题的作用。抒情的类别包括:

(1) 直接抒情,又称直抒胸臆,即对着抒情对象,倾吐胸中的感情。例如,古代乐府民歌《上邪》就是用这种抒情方式,表现了一个女子对爱情的山盟海誓,感情浓烈、直露而真挚。

(2) 间接抒情,即在叙述、描写和议论中渗透自己的情感,或借人物之口抒发自己的感情。①通过叙述抒情,如记叙文中的抒情。②通过描写抒情,如散文中的抒情:或寓情于景,或借景抒情,或情景交融。③通过议论抒情,即一种寓情于理的抒情方法,议论只是抒情的手段。例如,杨绛《老王》末尾:"但不知为什么,每想起老王,总觉得心上不安。因为吃了他的香油和鸡蛋? 因为他来表示感谢,我却拿钱去侮辱他? 都不是。几年过去了,我渐渐明白:那是一个幸运的人对一个不幸者的愧怍。"这些文字,看似议论,实为抒情,抒发了作者以善良去体察善良的情怀。

(3) 抒情的基本要求：①积极、健康，通过抒情所传达出来的是积极的人生态度、健康的人格境界、高尚的道德情操。②自然、真挚，只有发自内心的情感才真挚感人，而矫情造作则令人生厌。③情感浓烈或清淡，要把握分寸。恰如其分的抒情，能够收到贯通文意、深化主题之效，而无病呻吟或言过其实都有可能冲淡主题，甚至毁损文意。

（五）修改润色技能

清代李沂说："能改则瑕可为瑜，瓦砾可为珠玉。"文章不厌百回改。古今中外的文章大家，都十分重视文章的修改。

1. 完善主题

指为了深化主题或变更主题而进行的修改。主题是文章的灵魂，修改文章首先要从总体上审视文章主题是否正确、鲜明，是否恰当地反映了客观事物，是否具有思想深度。有时在写作初始阶段，作者对事物或现象的认识并不深刻：或抓不住事物的本质，或未提炼出深刻的主题，或情感态度价值观出现偏离。因此，修改时必须对文章主题进行深层次思考、开掘，使立意更深刻、完善。

2. 增删材料

指对文章所用材料进行增补或删减的修改方法。材料是主题的支撑，文章没有好的材料，就无法很好地表达主题。主要操作方法有：

（1）核实材料，对材料进行取舍与订正，以是否符合真实为依据。

（2）增删材料，增补有感染力、有说服力的材料，避免抽象、浮泛，使文章更加充实；删去多余材料，使文章更加精炼，主题更加集中。

（3）替换材料，用典型的新事例、新数据代替换旧事例、旧数据。

3. 调整结构

对结构进行梳理，检查各部分的逻辑关系是否清晰，段落间的过渡与交代是否连贯、自然。有时语句的结构也会影响文章的"意"，例如曾国藩与太平天国起义军作战，几经失败后，让其属下代拟一个向朝廷请罪的奏折，几经修改都不满意，便请左宗棠捉刀代笔。左宗棠看过后只改动一处：把"屡战屡败"改为"屡败屡战"。这样一改，语句表达的意蕴则大不一样：屡战屡败，是无能、窝囊落魄之态毕见；屡败屡战，是顽强、不服输，颇有些英雄气概。

4. 润色语言

即对文章中语言运用，包括字、词、句、段，乃至标点，进行增、删、调、改的修改和加工的过程。修改语言的范围较广，如纠正语义不清的词语、语法混乱的句子、不合事理的描写、繁冗重复的表述等。润色的范畴包括：检查语言风格是否符合所写文体的语体要求，选择的语言表达方式是否得当，遣词用句是否贴切等。

五、作文的批改与讲评

（一）作文的批改

1. 批改的原则

（1）兼顾内容和形式，体现全面性原则。这是语文教学"文道统一"原则在写作教学中的具体运用。教师在评改作文时既要注意文章的观点是否正确、内容和感情是否健康,又要注意文章的表达形式和方式是否恰当。评改中对作文的"个性化"和"创新性"在呵护、张扬的同时,不可忽视对其中可能出现的情感态度和价值观问题进行诊断、引导和纠正。

(2) 尊重学生劳动,体现鼓励性原则。传统作文批改提倡的"多就少改""多批少改""多表扬少批评",实质上就是体现这一原则。当然,表扬和批评要注意实事求是,掌握分寸,不能言过其实,不要随意否定或任意拔高。

(3) 因材施教,体现针对性原则。学生的写作水平存在着明显的差异,评改时要区别对待。对于作文水平较高的学生,要高标准、严要求,鼓励他们多观察、多研读、多思考、多酝酿,力求个性化表达,有创意地写作。对水平较低的学生,先要求他们把文章"写"出来,并且写"清楚""通顺",对他们的作文尽可能地加以肯定,即使是微小的进步也要进行赞赏和鼓励。

(4) 认真负责,体现示范性原则。身教重于言教,教师同样需要在作文评改中展示认真、负责、规范的态度,给学生做出示范。

2. 批改的范畴

(1) 对内容的批改:①主题或中心是否明确、集中;②选材是否恰当。

(2) 对形式的批改:①语言表达方式是否符合文体要求;②层次是否清楚;③详略是否得当;④开头和结尾是否恰当,过渡和照应是否自然。

(3) 对语言的批改:①字写得是否正确;②用词是否准确,词序、语序是否恰当;③句子是否通顺、合理,句与句之间是否连贯;④修辞是否需要推敲润色。

(4) 对格式的批改:①标点是否正确;②书写、行款格式是否合乎规范。

以上列举的是就作文评改的整体范围而言的,而在每一次作文评改中,则要按照写作教学的计划确定评改重点,不必面面俱到、千篇一律。每一次作文的评改,方向要明确,重点要突出,以使学生注意力指向相对集中,写作训练收效显著。

3. 批改的方法

"批",是对学生作文的评论,或对教师修改的解释或说明。"改",是对作文不足之处加以修改。批改的方法有以下几种:

(1) 旁批:又称眉批,指在文章的边格空白处写的批语,主要用来指出作文中局部的优缺点或修改的原因。旁批常用的形式有:①评述式,对优缺点加以评述,有时还说出理由,如"开头简洁不啰唆,收开宗明义之效"。②说明式,对修改作简要说明,如删去一段文字后批道:"此事例与文章主题联系不大,删掉更好。"③商量式,对原文不作改动,只提建议,以引起学生思考,让其自行纠正;如"此句似有不通,怎样调整就通顺了?请思考"。④训诫式,用比较严肃的语气对作文中出现的不应该有的错误或问题进行批评和诘问,以引起学生足够的重视或震动;一般用于写作态度不端正或出现屡教不改错误的情况。鉴于要呵护学生的写作积极性和尊重学生的尊严,这种旁批尽量不要用,用"面谈"效果会更好些。

(2) 总批:又叫尾批,是写在篇末的、教师对该篇作文总的看法、评价、要求和希望。常见的有:①综合式,即教师对该文进行总的评价、指导,指出其主要优缺点,并鼓励学生扬长避短。②举要式,即教师对该文某些重要方面或重要问题进行评价,使学生结合自己的写作实践,提高某一方面的思想认识,或进一步理解、巩固某一方面的知识。③比较式,即指出本文的优缺点之后,结合该生以前的作文,比较其进退得失;或让该生参阅另一同学的优秀作文,以取人之长,补己之短。④指令式,即根据作文批改重点及学生作文实际情况,简单批几个字,提出明确要求。如"严重偏离题意,重写"。

（3）面批：当面批改,又称个别批改,是教师和个别学生用面对面讨论、交谈的方式进行批改的方法。这种方式有利于师生拉近距离,进行心灵的沟通对话,从而更具体地了解学生的写作实际和心理状态,同时当面点拨、启发学生思考,会产生更直接的效果。

（4）修改：主要指运用增、删、调、换的等手段,使文章在原来基础上更好些。增,即添加必要的字、词、句,使文章通顺、明确、充实、生动;删,即删除多余的不必要的字、词、句、段,使文章简练精要;调,就是调整改动字、词、句、段的排列次序,使句子通顺,段落连贯合理;换,即更换文中不恰当的字、词、句、段,与增、删同时运用。作文批改用约定俗成的常规符号,可以节省批改文字。

4. 批改的方式

（1）教师批改：①精批细改,这是作文批改的基本方式之一。要求对学生的作文从主题、取材、结构到语言表达,作全面细致的批改。该方法如果运用得当,有利于教师了解学生实际水平,便于因材施教。②全收全改,就是对学生的作文全部进行修改,可以全面了解学生的作文水平和能力,但工作量很大。该方法可以在起始班级运用,以便有的放矢地制定作文训练计划;也可在开学和学期结束时实施这种方法,从而更好地掌握学生在写作上存在的问题和取得的进步。③轮流批改,指每次作文只批改其中一部分,以了解各类学生的作文情况,同时也使教师从繁重的工作负担中解脱出来。但要注意均衡性,批改要兼顾所有学生。④重点批改,即根据每次作文训练的重点进行详细批改,其他方面则可以粗略些。这样针对性更强,学生的收效会更大。也可以挑选有代表性的习作进行重点批改,为讲评提供典型案例。⑤示范批改,选择几篇突出的习作,或对全文进行精批细改,或针对训练重点详细批改,然后将原文及教师的批改印发给学生,或讲评时通过多媒体呈现出来,引导学生理解该文的得失以及修改的理由,并启发学生学会自改作文。

（2）学生批改：①自改,即在教师指导下,根据批改的原则、要求、方法,让学生自己动手批改。学生自改后,教师要及时收回自改习作,检查、讲评。②互改,即学生之间相互批改作文。形式多种多样,有两人对改、小组互改、班级交换改等等。关键是要明确要求、教会方法,还要端正态度,不可敷衍了事。

（3）师生共改：从学生作文中挑选出一篇或几篇具有代表性的作文印发给学生,或用多媒体呈现出来,让学生发表修改意见,教师以"平等者中的首席"身份参与讨论,与学生一道修改、评价,并提出合理建议。

（二）作文的讲评

讲评是一次作文训练的最后一个重要环节,它是批改的延续、发展和提升。讲评既要面对个别,又要面对整体;好的作文讲评,可以扩大批改的成果和效用,而且可以进一步激发学生写作的欲望和热情。

1. 讲评的要求

（1）有计划,有重点。作文讲评切忌全面出击、面面俱到。每次作文应着重解决一两个重点问题,讲评的重点要与指导、批改的重点保持一致。

(2) 实践结合理论。讲评时不要就事论事、就文说文,要以语文知识和写作理论为指导,针对学生的作文实际,就文论理,使感性认识上升到理性认识;把作文中的进步和存在的问题,提高到写作规律上来认识;做到讲评一个"点",解决一个"面"。例如,通过讲评总结出议论文的中心论点在文中出现的几种方式:在开头,是开门见山式;在结尾,是水到渠成式;在中间,是叙述导引式。

(3) 多鼓励,重发展。要充分肯定学生的成绩和进步,对作文表现出的进步,要作适当表扬;要善于发现作文中的亮点,并适时加以热情赞扬。对作文的缺憾和不足,不要求全责备,更不能挖苦打击,而要耐心、真诚地引导,帮助学生切实解决问题。

(4) 师生积极互动。讲评要力避"一言堂"或"满堂灌",整个讲评过程要成为师生交流互动的过程。如教师引导优秀作文的作者现身说法;或让学生当堂朗读自己的佳作;或师生共同剖析一篇作文功亏一篑之处,探讨补救的方法。

(5) 巩固讲评效果。为了巩固讲评的效果,发挥批改的积极作用,培养学生严肃的写作态度,讲评后要及时布置反馈作业。如订正错别字和标点,修改题目或病句,改写某片断,或重新完成一篇作文等。

2. 讲评的方式

(1) 综合讲评。这是讲评的基本方式,带有总结的性质。教师对全班学生作文进行概括分析,肯定优点,指出不足,并举例说明。在讲评中,提出问题并加以分析,要有所侧重,注意点面结合,以"例"带"类"。当然在解决了重点和普遍问题后,还可以解决个别问题。

(2) 专题讲评。抓住学生作文中一两个方面的问题进行重点评述。如针对学生作文立意不够深刻的普遍问题,专门讲如何使文章立意深刻。讲评时结合具体习作,剖析其在选材立意上的得失,探究一些调整、补救的措施。最后还可以出示一组题目,让学生快速立意,以加深对立意问题的理解。

(3) 典型讲评。这也是常用的一种作文讲评方法,即选出一篇或几篇有代表性的作文进行讲评。所选的例文可以是优秀佳作,目的是引导学生学习、模仿;可以是一般的平实之作,但要具有一定的普遍性,颇有借鉴价值;也可以是较差的失败之作,意在引起共同"疗救",避免重蹈覆辙。

(4) 对比讲评。就是通过不同作文的比较分析,让学生感性地知晓文章的优劣。对比的形式多种多样:或优秀作文与拙劣作文的对比,或优秀作文与优秀作文的对比,或学生习作与范文的对比,或同一篇作文改前与改后的对比;还可以是文章的局部对比,如开头和结尾、过渡和照应等。对比的例文选用要慎重,失败习作尽量不暴露作者姓名,要力避伤害学生的自尊心,挫伤其写作的积极性。

(5) 交流互动。就是让学生充分交流写作经验和心得体会。讲评前将批改过的作文发给学生,让他们仔细审阅,并写出心得体会。教师把其中代表性、启发性强的挑出来,安排重点发言,最后教师予以总结;也可将优秀习作印发给全年级学生,以收公诸同好、资源共享之效。

对于作文的指导、批改与讲评,可以充分发挥当今教育技术资源的功能,尽可能多地利用网络资源,采用学生喜闻乐见的方式展开,如微信圈、QQ群等。

六、高考作文试题的发展及审题立意

(一) 全国高考作文试题发展综述

高考作文试题一直是随着社会发展而变化的。中华人民共和国成立以来，全国高考作文试题大体经历了命题作文、材料作文、话题作文、新型材料作文等几种形态。

1. 从"命题作文"到"材料作文"

命题作文是我国长盛不衰的写作能力培养与考查的重要途径。中华人民共和国成立初期的高考作文试题基本上是命题作文，而且高度政治化、时事化，例如《我生活在幸福的年代里》(1956年)、《大跃进中激动人心的一幕》(1958年)、《给越南人民的一封信》(1965年)等。经过"文革"十年的停滞，1977年恢复高考，作文题型仍是命题作文《我在这战斗的一年里》。随着十一届三中全会后中国拨乱反正的全面展开，高考作文题型也呈现出新气象，缩写、改写、读后感、看图作文等多种形式的"供料作文"也陆续呈现，例如《速度问题是一个重要问题》(缩写，1978年)、《陈依玲的故事》(改写，1979年)、《毁树容易种树难》(读后感，1981年)、根据漫画《挖井》写议论文(1983年)等。"供料作文"后来发展成为高考作文的主打性、标配式题型"材料作文"，一直延续到20世纪90年代。

"材料作文"的材料大致包括"文字材料""图片材料""音响材料""实物材料"几种类型。音响材料作文：是以声音为载体给学生提供材料，让学生通过辨析声音的意义，展开合理的想象，从而完成写作任务。实物材料作文：向学生提供具体可感的小型物体，如鲜花、盆景、文物等，以求学生说明来历成因，或抒发感慨，或评论鉴赏等。高考试题中一般采用"文字材料""图片材料"两种。

文字材料作文：提供一段文字，如寓言、故事、诗歌，或名人名言、社会事件等，并规定一定的写作要求，让考生对这一材料进行审题立意、构思表达；如1995年高考作文提出从材料作文，如漫画、图表、图示等，让考生看图作文，借以考查其观察力、思考力、联想力和语言表达能力；如1996年高考作文提供的材料是两幅漫画《给六指做整形手术》《截错了》，2016年全国卷(新课标Ⅰ卷)提供的材料是关于学生考试分数与挨打、受表扬的一幅漫画。20世纪90年代，"材料作文"大多要求根据材料完成一小一大两篇，"小作文"多为片段描写；"大作文"规定为议论文。

2. 从"材料作文"到"话题作文"

从1998年起，高考作文试题在要求上呈现比较宽松的趋势，虽然仍是给定材料，但要求文体自定，不再严格限定于议论文，如《坚韧，我追求的品格/战胜脆弱》(1998年)、《假如记忆可以移植》(1999年)。从2000年开始，高考作文试题在"要求"中直接标明"话题"二字：请以"答案是丰富多彩的"为话题写一篇文章，并且在"注意"中强调"文体不限，题目自拟"。从此"话题作文"正式闪亮登场，提供一段材料作为话题，让学生按照具体要求写作：自主立意、自选文体、自拟标题。这种作文题型具有开放性、灵活性、创造性等特点，在多角度、多样化方面达到了较高程度，因此广受社会认可，一度成为高考全国卷、地方卷作文试题的重要题型。全国卷具有方向引领性价值，继2000年之后连续多年都考话题作文，如2001—2005

年,作文话题依次是"诚信"、"心灵的选择"、"感情亲疏和对事物的认知"、"出乎意料与情理之中》"(全国卷Ⅰ)、"遭遇挫折和放大痛苦"(全国卷Ⅲ)。总之,"话题作文"曾经出现一统天下的局面,直到 2006 年,全国高考 16 套语文试卷中,仍有 7 套明确标明"以……话题"写作,话题分别是"读"(安徽卷)、"问"(四川卷)、"雕刻心中的天使"(广东卷)、"雨燕减肥"(江西卷)、"生无所息/生有所息"(浙江卷)、"走与停"(重庆卷)和"创新思维课上引起师生关注的三个话题"(福建卷)。在近年的高考作文试题中,话题作文仍有一定地位,如 2011 年重庆卷话题为"情有独钟"。

3. 从"话题作文"到"新型材料作文"

随着话题作文的广泛使用,其"防套作"性能较差的弊端逐渐显露出来,高考作文中套作、宿构、抄袭等现象愈演愈烈,及至严重影响高考的公平、公正性。因此,"新型材料作文"应运而生,从 2006 年开始,高考全国命题组创新推出"新型材料作文",例如全国卷Ⅱ作文试题:

> 阅读下面的文字,根据要求写一篇不少于 800 字的文章。
>
> 根据有关部门调查,六年来我国国民图书阅读率持续走低:1999 年为 60.4%,2001 年为 51.7%。而 2005 年为 48.7%,首次低于 50%。造成这个原因是多方面的。识字的人为什么不读书?中年人说"没时间",青年人说"不习惯",还有的人说"买不起""没地方借"。相反网上阅读的人越来越多。1999 年为 3.7%,2003 年为 18.3%。
>
> 要求全面了解材料,但可以选择一个侧面和一个角度构思作文,自己确定立意和文体,确定标题,不要脱离材料内容及其含义作文,不要套作,不得抄袭。

该作文试题的特点是:给出事实材料,在材料内容及含意范围内,由考生自主选择角度、立意,自定文体、文题;这样既保持高度的选择性、多样性,又具有很好的"防套"性,经过几年的发展、完善,2012 年在全国得到推广,该年全国高考语文试卷共计 17 套,无一例外都采用"新型材料作文";除了江苏卷为考生确定了文题《忧与爱》,其他 16 套试卷的写作要求中,都有"角度自选""立意自定""题目自拟"等条款;文体要求方面,凸显了开放性,多为"诗歌除外,文体不限"。

就性质而言,"新型材料作文"介于"话题作文""材料作文"之间。相较于"话题作文",它限制性加强了,充分凸显了"防套"性能,大部分试题在"要求"中都予以重申:"不得脱离材料的内容和含义的范围作文。"相较于以往的"材料作文",除了"不得脱离材料的内容和含义的范围作文"保留了以往"材料作文"的根本要求外,更加突出了开放性、选择性、自主性。

总之,全国高考作文试题的发展变化主要体现在以下几个方面:

(1) 作文题型:从"全命题作文"转到题目自拟、文体不限的"开放性作文"。

(2) 文章体裁:从单调的记叙文或政治表态、道德拷问式议论文,逐渐过渡到题材自选、立意自主的多样化、复合式文体。

(3) 写作内容:从引导考生介入社会主流思潮,到书写主体自身的独特思考和真切感受,突出"写作"的本质内涵,促进作文教学向"作文如做人""我笔写我思"的积极转变。

(4) 价值取向:在遵循"文道统一"、渗透"立德树人"原则的前提下,力求使考生释放出语言创造力,充分彰显语言发展的规律和语言教育的真谛。

(二) 全国高考作文试题的审题立意探析

1. 命题作文的审题立意

从当下全国高考作文全国卷、地方卷的题型发展总体趋势看,"新型材料作文"虽然占主流地位,但"命题作文"仍然具备"常青藤"活力:或以全命题形式呈现,或以"供料式命题作文"形式呈现。

(1) 命题作文的类型及结构形式。

命题作文,对调动学生的写作兴趣、刺激创作灵感有着不可替代的积极意义,是作文能力考查的重要途径,因此长盛不衰。命题作文主要有"全命题""半命题"两种类型。全命题:题目完整,题意显露,取材范围比较明确。半命题:命题只提供一个不完整的标题,要求考生根据自己的写作取向,在横线上填写恰当的内容,构成完整的题目;例如2009年福建卷《这也是一种_____》、湖北卷《站在_____的门口》等;半命题作文既有规定性、限制性,又有开放性、选择性。

全命题作文,其题目结构形式多种多样,可以是一个词、一个短语,也可以是一个句子。题目是一个词的,如《坚强》(2008年四川卷)、《熟悉》(2009年四川卷)、《难题》(2010年重庆卷)、《早》(2010年湖南卷)等。题目是一个短语的,如《诗意地生活》(2007年湖南卷)、《一步与一生》(2007年四川卷)、《仰望星空与脚踏实地》(2010年北京卷)。题目是一个句子的,如《我想握住你的手》(2006年上海卷)、《必须跨过这道坎》(2007年上海卷)、《不要轻易说"不"》(2008年广东卷)。虽然随着材料作文的兴起,命题作文一度受到冷遇,但在全国高考语文试卷中,还是保有一席之地的。以2011年为例,全国高考17套语文试卷中,有4套使用全命题作文,分别是《时间在流逝》(安徽卷)、《旧书》(湖北卷)、《这世界需要你》(山东卷)、《总有一种期待》(四川卷)。

近年来的高考作文试题,纯粹意义上的"命题作文"已经很少见,取而代之的是"供料式命题作文":既给定材料,又确定题目;如2011年江苏卷《拒绝平庸》,2013年福建卷"_____而知之"。北京卷近年来一直使用这种"供料式命题作文":2015—2018年,题目依次为《假如我与心中的英雄生活一天》《深入灵魂的热爱》(两题任选一个,以下同),《"老腔"何以令人震撼》《神奇的书签》,《说纽带》《共和国,我为你拍照》,《新时代新青年——谈在祖国发展中成长》《绿水青山图》。

(2) 命题作文审题立意的策略。

第一,全面理解题目的字面意义。对题目的内容、语法、要求以及规定的体裁、人称等,进行多方面推敲、揣摩,确保全面掌握试题的信息。

第二,确定题目的表意重心。要对题目进行语法结构分析,词句式命题作文,题目结构不同,其表意重心也不同。①题目是偏正结构的,其表意重心往往在偏的部分,如《诗意地生活》,重心应在"诗意"上。②题目是联合结构的,题目的重心在词与词或短语与短语之间的关系上,如《一步与一生》《仰望星空与脚踏实地》,重心应该在运用辩证思维揭示前后两个词、短语之间的辩证关系上。③题目是主谓结构或动宾结构的,表意重心往往在谓语动词上,如《时间在流逝》《必须跨过这道坎》,重心分别在"流逝"和"跨过"上。④题目是独词的,其表意重心就在该词的本质内涵上,或在其引申意义、比喻义和象征义上。例如《早》(要求写议论文或记叙文),如果取其本义"早晨,太阳出来的时候",则可以写成记叙文;如果取其引申义"在先、靠前"等,则适合写成议论文,论述"赶早"对于人生定位、社会发展的重要意义。在抓住表意重心后,还要进一步根据题目分析和联想,把写作的范围、中心、体裁、写法、字数等一一确定下来,才算完成审题任务。⑤半命题作文,重心就在所填写的内容上;例如《这也是一种_____》,要求"立意自定,文体自选"(除诗歌外),因而可以填写的内容范畴非常广泛,如"爱""恨""情""仇""境界""人生""财富"等等。

第三,对题目进行改造分解。有些题目,或涉及范围过大,或所暗示的态度模糊,或过于抽象。这种情况下就有必要对题目进行改造、分解或补充,使抽象的变得具体化、模糊的变得清晰些,使之虚实互补、大小兼顾。做到"大"题"小"做、"抽象"题"具体"做。写作要打"深井",不宜挖"池塘";角度小,便于深入开掘,容易突出中心,收短小精悍之效。例如《难题》,可化大为小、化虚为实,分解为以下几个指向:①"一个人的难题";②"一个家庭的难题";③"一个政党的难题";④"一个国家的难题"。如果要写成记叙文,则可以选取上述中的一个指向立意;如果写成议论文,既可以选择上述一个指向,也可以选择综合几个指向进行立意。

第四,运用辩证思维辨明题目寓意。对题目进行综合分析和判断,看其中究竟有哪些含意,可以有哪些不同理解,如表层意义与深层意义,隐含意义与言外之意等。要避免只注意一般性而忽视其特殊性,例如《我想握住你的手》,"握手"只是一种交际行为方式,而其背后的原因才是更加主要的,即"我"因为什么"想握住你的手"?这是文章立意的关键所在。又如《必须跨过这道坎》,"坎"应该取其比喻义,指学习中、工作中或生活中的障碍、难关。再如《不要轻易说"不"》,"不"是一种对待事物的态度,立意时可以强调一种"责任担当"意识,也可以强调一种"勇往直前"的不服输精神,还可以是"勿以善小而不为"的修己境界等等。近年来全国高考作文题如"仰望星空与脚踏实地""忘记与铭记""一步与一生"等,审题时都需要运用辩证思维。

2. 话题作文的审题立意

话题,即说话的由头、说话的中心,是引发学生由此说开去的"引子";话题作文,就是就着所提供的"引子"说理论事、抒情言志。

(1) 话题作文的类型

话题作文有两类:①词句或短语式话题,如"交友、奉献、宽容、机遇、风度、青春、自由、财富、竞争、成功"等;这类话题涉及的内容很宽泛,大到国家小到个人,古今中外,人情世故,只要与该话题相关的都可以谈。②提供一段材料作为话题,让学生按具体要求写作;高考话题作文一般都属于这一类。

近年来,不少高考作文试题提供的材料其实就是一个简短的话题,例如2018年上海卷作文材料就是关于"被需要"的话题,2018年江苏卷作文材料就是关于"语言"的话题;不过这些"话题"都强化了限制性。

(2) 话题作文审题立意的策略。

第一,分清"话题"与"命题"的区别。命题作文的"题",指标题、题目,写作时不能变换;而话题作文的"题",是话题、引子,写作时可以作为文章的标题,也可在话题范围内另拟题目。一般情况下,命题作文的文体已经事先规定,没有选择余地;而话题作文一般文体选择的余地较大。

第二,理解"话题作文"与"材料作文"的本质区别。二者的共同点是都提供材料,但从立意方面看,"材料作文"提供的"材料",是写作时立意的出发点与归宿,它提供的一般是中心意思,而这个中心意思,往往是写作的根本依据,不能偏题。"材料作文"立意思路是:由"事"(材料)到"理"(主题)的升华,所写文章的立意与所给材料一定要有契合性,即所写文章的立意必须在所给材料含义范围之内。而"话题作文"提供的"材料",只是命题者所作的"导引",具有很大的灵活性,题意直露、显豁,较少设置审题障碍;且具有开放性,呈现全方位的开放态势,如立意不限、文体不限、写法不限、内容不限等。"话题作文"立意思路是:由"一个或几个"(话题)到"多个"(事理)的发散,所写文章的立意与所给材料只要具有相关性即可;"相关性",既可看作话题作文写作的特殊要求,也可看作话题作文写作时构思的思维走向。

第三,正确理解话题,注意话题中关键词语的基本义、引申义、比喻义。例如"感情亲疏和对事物的认知"话题,应理解为"情感的亲近或疏远会影响人对事物的价值判断",如果从"内举不避亲,外举不避仇"角度立意,是切题的;若立意为"不可意气用事",或"对事物的态度不可随情绪的好坏而变化",就偏离了题意。又如"雕刻心中的天使",话题中"雕刻"不限于本义"雕琢、刻画",更多指向引申义、比喻义,如"追求""创造"等,即对心中的美好事物(天使)付出全副身心,进行不懈的努力。

第四,立意力求深刻而新颖。"话题作文"的最大特点就是开放性,呈现全方位的开放态势:立意不限,文体不限,写法不限,内容不限。因此在立意上追求"深刻""新颖",就显得相当重要。"意"是作者对客观事物的认识、看法,或愿望、意图,或情致、理趣,反映了作者对自然、社会、人生、时代的深层思索和领悟;立意,就是把这些思索和领悟在文章中反映出来,这种思索和领悟越深入、越独到,文章的主题就越深刻、越高远。新颖之"新",并非指"奇特""怪异",而是从司空见惯的事物或现象中,洞悉事理,发现真谛;立意新颖,就是要求文章要表现新思想,传达新认识,发表新启示,或者是抒发自己愉悦与痛苦、困顿与彻悟、愤慨与感动、前进与彷徨等极具个性化的思想与情感。

例如,对"雨燕减肥"话题的立意,由材料中雨燕减肥、获得振翅高飞这一现象,联想到人类的减肥、健身有益于工作、生活;可以说这样的立意不够深刻、新颖。立意深刻的重要策略,是能够透过现象看到本质:从"雨燕减肥"这一现象蕴含的深刻寓意出发,思考人类社会生活,如人类的"克制""自律",对于"人与自我",或"人与社会",或"人与自然"的和谐发展,有何重大意义;即将材料中"雨燕"拓展到人、人类,将"减肥"这个动物的本能行为,引申到人类社会在发展过程中的自我调适、减负,或节制、控制等理性行为等等;这样的立意应该说是较为深刻、新颖的。

3."新型材料作文"的审题立意

"新型材料作文"自2006年首次在全国卷中呈现后逐渐被推广,2012—2019年,只有极少部分省市高考作文偶尔出现命题作文、话题作文,大部分试卷采用"新型材料作文"。新型材料主要类型可以概括为"社会时事型""象征寄寓型""哲学思辨型""想象展望型"几种。

(1) 社会时事型材料作文。

社会时事型材料，以社会生活中的现实事件为背景加工而成，命题要求对材料所述的事情进行阐述，并发表自己的看法。该类型材料在近年来全国高考作文试题中出现频率较高。例如，2017年山东卷作文材料是：某书店开启24小时的经营模式带来的社会反响；2016年全国卷（新课标Ⅲ卷）作文材料是：茶农小羽研制新式花茶并带领乡民团队不断创新，最终成为众望所归的致富带头人；2015年全国新课标Ⅱ卷作文试题材料："时代风采人物"评选活动中入选的三个人（科学家、大国工匠、爱好摄影的青年）中，你认为谁更具风采？选出其中一人，按要求完成写作。下面以2015年全国卷（新课标Ⅰ卷）作文试题为例，对这类材料作文如何审题立意进行分析探究。

阅读下面的材料，根据要求写一篇不少于800字的文章。

因为父亲总是在高速公路上开车时接电话，家人屡劝不改，女大学生小陈迫于无奈，更出于生命安全的考虑，通过微博私信向警方举报了自己的父亲；警方查实后依法对老陈进行了处罚和教育，并将这起举报发在官方微博上。此事赢得众多网友点赞，也引发了一些质疑，经媒体报道后激起了更大范围、更多角度的讨论。

对于以上事件，你怎么看？请给小陈、老陈或其他相关人写一封信，表明你的态度，阐述你的看法。

要求综合材料内容及含义，选好角度，确定立意，完成写作任务。明确收信人，统一以"明华"为写信人，不得泄露个人信息。

首先，要准确理解题意。这类材料，要求就事件本身展开议论，一般不要求有比喻义，因此被称为"任务驱动型作文"。社会时事型作文材料，内容真实可信、鲜活生动，可以增进考生对现实问题的了解、理解和思考，并对材料所反映的社会生活实际问题进行有益的探索。其次，要找出材料隐含的信息。要读懂材料所负载的主题，上述材料是一种普遍的社会现象，具有社会敏感性，涉及生命与安全、亲情与守法、公信与隐私等矛盾和纠结。再次，选择立意的具体指向，并确定给谁写信：小陈、老陈还是其他人员，然后再紧扣立意进行选材、组材。最后，要注意遵循书信体裁的格式以及人称使用等规范。

(2) 象征寄寓型材料作文。

这类材料，其本身就是喻体或象征体，要求对材料隐含或寄寓的意义展开联想并予以议论。这类型的材料在全国高考试题中频频出现。例如，2017年江苏卷作文材料，是关于生活中车的各种形态及车来车往的现象给人的联想和启示；2017年浙江卷作文材料，是说人要读三本大书："有字之书""无字之书""心灵之书"；2015年湖北卷作文材料，是关于地下泉水与山水喷泉的关系；2014年四川卷作文材料是："人，只有在自己站起来之后，这个世界才能属于他。"下面以2016年北京卷作文试题为例，对该类材料作文如何审题立意予以分析探究：

《白鹿原上奏响一支老腔》记述老腔的演出每每"撼人肺腑"，令人有一种"酣畅淋漓"的感觉，某种意义上，可以说"老腔"已超越其艺术形式本身，成为一种象征。

请以"'老腔'何以令人震撼"为题，写一篇议论文。

对于象征寄寓型材料,首先要通过联系、分析、比较、联想,透过文字表层信息,找出隐含其背后的深层含义;审题时要特别重视材料中这句话:"可以说老腔已超越其艺术形式本身,成为一种象征",该句话透露出重要的隐含信息:"老腔"是一种象征,那么象征意义的范畴,就是文章立意的范畴。其次,紧扣材料的隐含信息,找准立意的关键点。"老腔"象征着什么呢?可以是某种文化源头,也可以是一种民族优秀传统,还可以是某种民间高超技艺等等。确定了这些象征意义,立意就容易定向了。最后,不管是选择哪一种立意,文章主体都要落实在"何以"上,即要写出"令人震撼"的原因。

(3) 哲学思辨型材料作文。

哲学思辨型材料作文,反映出当今社会重视理性思考的时代要求。这类材料的特点是短小、精炼、深邃,内容带有强烈的理性、思辨色彩。在为考生提供广阔思维空间的基础上,更加注重思辨性,侧重对考生思想深度和思维品质的考查。该类型材料作文在近年来全国高考语文试卷中频繁出现,选取近年来的列举如下:

2011年上海卷:

犹太王大卫在戒指上刻有一句铭文:"一切都会过去。"契诃夫小说中的一个人物在戒指上也刻有一句铭文:"一切都不会过去。"

2012年江西卷:

有人说,不要老想着你没有什么,要想到你拥有什么;也有人说,不要老想着你拥有什么,要想到你没有什么。

2013年安徽卷:

有的人看到已经发生的事情,问:"为什么会这样?"我却梦想一些从未发生的事情,然后追问:"为什么不能这样?"——萧伯纳

2014年上海卷:

你可以选择穿越沙漠的道路和方式,所以你是自由的;你必须穿越这片沙漠,所以你又是不自由的。

2015年广东卷:

看天光云彩,能测阴晴雨雪,但难逾目力所能及;打开电视,可知全球天气,却少了静观云卷云舒的乐趣。

漫步林间,常看草长莺飞、枝叶枯荣,但未必能细说花鸟之名、树木之性;轻点鼠标,可知生物的纲目属种、迁徙演化,却无法嗅到花果清香、丛林气息。

从不同的途径去感知自然,自然似乎很"近",又似乎很"远"。

上述材料的共同特征是:具有哲理性、思辨性,具有矛盾的对立统一性。例如上述2014年上海卷材料,这是一则高度抽象、理性的文字材料,它把"自由"与"不自由"矛盾鲜明地摆在考生面前,材料隐含的信息是:生活中的种种限制普遍存在,自由只是相对的,世上没有绝对自由。该材料渗透了积极自由和消极自由的哲学理念,关注当下青年人的理性意识,对当今社会意识形态具有积极的导引性。又如上述2015年广东卷材料,其中"从不同的途径去感知自然,自然似乎很'近',又似乎很'远'"可谓"题眼",是审题立意的关键所在。生活中

具有"远"与"近"辩证关系的现象很多,例如顾城著名诗作《远和近》,揭示的是人与人之间的隔膜,或恋人间的心理距离。

对这类材料,首先要进行广泛的联想,将材料中的现象与社会生活"对接",使材料与生活联系起来;其次要对相互对立的两个概念"自由"与"不自由"、"远"与"近"进行辩证的分析,理解怎样才能使"自由"与"不自由"、"远"与"近"辩证统一起来;最后,再确定论述的角度,结合社会生活实际进行阐述。

哲学思辨型作文材料,言简意赅,兼具诗情与哲思,蕴含丰富,富有张力。这类材料有利于考生进行个性化的立意和创造性的表达,凸显了思维水平与语言表达的作文考查宗旨。

(4) 想象展望型材料作文。

这类材料涉及范畴比较广泛,如科学技术、人文历史、社会生活等。要求考生根据这些材料展开联想、想象,或虚拟身份、设身处地,或穿越时空、展望未来。此类材料作文,有益于彰显考生的形象思维水平,同时更有益于引导学生关注社会、体悟生活,充分发挥高考的育人功能,贯彻党和国家立德树人的大政方针。

科学技术方面的材料,例如2014年天津卷的作文材料,是关于"将来我们发明了一种智慧芯片,任何人都能古今中外无一不知,天文地理无所不晓……"的情形,让考生把据此情形产生的"联想或思考"按照要求写成文章。

人文历史、社会生活方面的材料,北京卷最具代表性,与大部分高考作文试题不同的是,北京卷一直都是:给定材料,并确定题目、规定文体。

例如,2015年北京卷题目《假如我与心中的英雄生活一天》(记叙文):按照要求,考生要从材料中列举的岳飞、林则徐、邓世昌、赵一曼、张自忠、黄继光、邓稼先等英雄中选取一位,展开想象,叙述自己和他(她)在一起的故事,当然要写出所选英雄人物的风貌和自己的情感。又如2016年北京卷《神奇的书签》(记叙文):书签,常见、普通,但"神奇"书签则不常见、不普通,它具备人性,"它能与你交流,还能助你实现读书的愿望"。可见,考生要大胆想象,把书签人格化,写出你与它之间发生的曲折、动人甚至离奇的故事。2017年北京卷《共和国,我为你拍照》(记叙文):材料是2049年共和国百年华诞,届时要拍摄一幅或几幅照片来展现中华民族伟大复兴的辉煌成就,将选择怎样的画面?该作文试题从内容到形式,都为考生提供了广阔的自主性、创造性空间,因为能够体现中华民族伟大复兴辉煌成就的画面范畴太广泛了,政治、经济、文化、科学技术等等,无所不包,就看考生擅长哪些方面了。

2018年北京卷《新时代新青年——谈在祖国发展中成长》(议论文)提供的材料短小简洁,且具有当下性:"今天,众多2000年出生的考生走进高考考场。18年过去了,祖国在不断发展,大家也成长为青年。"该材料与2018年全国Ⅰ卷的作文材料可谓如出一辙,二者具有异曲同工之妙:

阅读下面的材料,根据要求写作。
2000年　农历庚辰龙年,人类迈进新千年,中国千万"世纪宝宝"出生。
2008年　汶川大地震,北京奥运会。
2013年　"天宫一号"首次太空授课。

公路"村村通"接近完成;"精准扶贫"开始推动。
2017年　网民规模达7.72亿,互联网普及率超全球平均水平。
2018年　"世纪宝宝"一代长大成人。
……
2020年　全面建成小康社会。
2035年　基本实现社会主义现代化。
　　一代人有一代人的际遇和机缘、使命和挑战。你们与新世纪的中国一路同行、成长,和中国的新时代一起追梦、圆梦。以上材料触发了你怎样的联想和思考?请据此写一篇文章,想象它装进"时光瓶"留待2035年开启,给那时18岁的一代人阅读。
　　要求:选好角度,确定立意,明确文体,自拟标题,不要套作,不得抄袭,不得泄露个人信息;不少于800字。

　　2018年参加高考的考生主要出生于2000年前后,是名副其实的"世纪宝宝",2018年是"世纪宝宝"步入成年、开始"追梦"的起跑线;高考则是他们开启人生新征程的重要"奠基"仪式。上述两道作文试题,从这个特殊机缘切入,精心选材设题,直接唤起考生的身份意识和情感共鸣,激发他们"与新世纪的中国一路同行、成长,和中国的新时代一起追梦、圆梦"。

　　审题立意时,首先,要抓住材料中的"点睛"语:"一代人有一代人的际遇和机缘、使命和挑战。你们与新世纪的中国一路同行、成长,和中国的新时代一起追梦、圆梦。"其次,立意的重心,既要立足于现在,即用好所提供材料中的事实、数据;又要放眼于未来,即大胆想象、展望2035年我国全面达到小康的光辉景象,让2035年正当18岁年华的青年阅读此文后获得正能量。最后,要求"文体自定",所以装进"时光瓶"的文章,可以是各类文体。如果选择写记叙文,要将立意聚焦到具体的人物或是事情上;如果选择写议论文,要将立意提炼成几个具有聚焦意义的论题,或几个观点鲜明的论点;也可以选择书信体,因为书信具有私密性,便于就家事、国事、天下事表达自己最个人化的观点、最隐秘的情感,其独特效果是"见字如面"、真切可信。

　　例如,网上盛传的河南南阳一名考生的满分作文,就是写给弟弟"改革宝宝"的一封信。原文如下:

　　亲爱的弟弟:
　　此刻,一岁的你也许正在酣睡,而我,正在2018年的高考考场上。这是18岁给予我的礼物,我必须伸开双手笑脸相迎,就像去年全家人迎接你的到来一样,也像18年前年轻的父母迎接我的降生一样。不同的是,2000年初生的我被称为"世纪宝宝",而你则是计划生育政策调整后的"改革宝宝"。
　　等你从"时光胶囊"中取出这封信时,已是2035年,你也到了和我今天一样的年龄。18岁的天空没有阴霾,而你的18岁,注定艳阳高照,因为,按照2050年建成社会主义现代化国家的目标,2035年正好是中间的"加油站"和关键点,你看到的是我国经济实力、科技实力的大幅跃升,是平等、法治的国家治理体系和治理能力的现代化,是社会文明的新高度,是青山绿水中的富裕生活,那是咱们的"美丽中国"。

那时,你也许不会再像现在的我一样为明天的高考焦虑,也许"高考"已经成为一种测试而不再是进入高等学府的门槛——真羡慕你们这一代享受均等教育的阳光普照的年轻人。

请你记住,历史是层叠的过程,当我们注视当下时,必须给予过往的时代以应有的尊重。因为,你们所拥有的一切,是时代巨变的结果,更是前一代人拼搏打下的基础。

如果没有2006年取消延续了两千年的农业税,如果没有载人航天事业的一次次遨游天际,如果没有令世界为之侧目的精准脱贫工程,如果没有移动互联网的狂飙突进,如果没有"中国制造"和"一带一路"的战略实施……2035年不过是时序中一个普通的标记,怎么会有你我看到的辉煌?

咱们的老家,曾经是一个不通公路的山村,父亲当年要翻过一座山头,花一个小时时间步行到学校。他考上了大学,背井离乡到了城市定居,却与贫瘠的故乡挥手告别,留下了守着大山里的特产卖不出去的乡亲。

那是父亲心中的痛,是一代人无奈的叹息。

现在,乡村公路修通了,产业扶贫进山了,土特产成了市场的热销品,几百年没有变样的山村几年之间成了旅游的热点,欢笑和着枝头果实的碰撞让曾经沉寂的山村充满了生机。

如果有一天你去那里旅游,别忘了,那是我们的故乡,我们根系深埋的土壤。

你看到的现实,曾是我们奋斗的梦想。

2008年,那一年,我8岁,却记住了一个陌生的名字,汶川,也从此懂得了"国难兴邦"的内涵:近7万人的生命死于灾难,8000亿元的经济损失……但是,在巨大的哀痛之后,就在你看到的地震废墟的旁边,一座座新的城市和村庄拔地而起,谁都拒绝不了万物的生长,谁也无法遏制一个民族崛起的力量。

所有的辉煌都伴随着苦难,所有的梦想都倾注着希望。

你看到这封信时,按照时下的划分,我已经是"油腻"中年男,但是,我可以明确地告诉你,我虽至中年,但绝不会"油腻",因为,有梦想谁都不会油腻。

所以,2035年,你是早上八九点钟的太阳,我也将以年轻的笑容行走在路上。

米兰·昆德拉说过:"永远不要认为我们可以逃避,我们的每一步都决定着最后的结局,我们的脚步正在走向我们选择的终点。"

我想说的是,梦想永远没有终点,过了2035年,还有2050年,那时,你已经成为社会的中坚力量,你的奋斗在路上,你的梦想也在路上。有梦想,谁都会健康成长,有梦想,哪个时代都了不起。

你十八岁的哥哥
2018.6.7

该书信开篇用简笔,以对弟弟祝福的形式展开2035年"美丽中国"的想象:天空没有阴霾,青山绿水;高考只是一种测试,不再是难以跨越的高校门槛;国家经济与科技、平等与法治发展等,达到新的高度。紧接着,笔锋一转,用"请你记住,历史是层叠的过程,当我们注视当下时,必须给予过往的时代以应有的尊重。因为,你们所拥有的一切,是时代巨变的结果,更是前一代人拼搏打下的基础"承上启下,将书信的重心转为对当下国家建设的步伐与成就的赞美上,并结合自己家乡的发展发表个人感悟:"所有的辉煌都伴随着苦难,所有的梦想都倾注着希望",这样就将材料中列举的2000年以来的事实及数据用得恰到好处。最后,用一句外国名人名言"永远不要认为我们可以逃避,我们的每一步都决定着最后的结局,我们的脚步正在走向我们选择的终点"来收束,进而卒章显志,对弟弟提出期望:"我想说的是,梦想永远没有终点,过了2035年,还有2050年,那时,你已经成为社会的中坚力量,你的奋斗在路上,你的梦想也在路上。有梦想,谁都会健康成长,有梦想,哪个时代都了不起。"

可以说,2018年的全国Ⅰ卷、北京卷的作文试题,在一定程度上反映出2018年全国高考语文试题的共同价值取向:牢牢扣住"新时代"和"新一代"的历史内涵与特点,在反映时代要求、助推素质教育上做出新探索,更好地彰显和发挥语文在高考科目体系中"立德树人""育才成人""以文化人"的独特功能。正如教育部考试中心专家的概括:"融会新思想,增强'四个自信';讲好改革故事,定位历史坐标;唤起青春理想,奋起追梦圆梦,是今年高考语文试题命制的三大特点。"①

第四节 强化"口语交际"教学素养

一、口语交际

口语交际,指人们运用连贯标准的有声语言和无声语言交流思想、传递信息、表情达意的社会活动。在现代信息社会中,口语交际能力是每一位社会公民必不可少的基本素养,因此,"口语交际"被新课程确定为语文教学的重要组成部分。口语交际是一种双向互动式的动态语言实践,交际双方要不断发出信息、接收信息,同时听者和说者的地位也随着交流的需要在不断转换。它具有如下特征:

(1)瞬时性:在交际时,交际双方的声音只能停留一个瞬间,稍纵即逝,双方思考的时间非常短暂。

(2)简约性:交际双方可以在说话的同时,加进某些表情或动作,以表达新的更为复杂、含蓄的信息,如借助于交际时的情境、动作、表情等,省略一些句子和已知的信息。

(3)交际性:在口语交际过程中,无论是发话者还是听话者,都是带着交际目的进行"说"和"听"活动的;因此训练交际能力,既要注重语言表达能力的训练,又要注重人际礼貌、身份协调,甚至跨文化冲突等规则的领会。

(4)互动性:口语交际过程是能动的、充满变数和应对技巧的过程,交际双方都既是发话者,又是听话者,听和说双方必须处于互动状态。

---

① 王玉凤等:《紧扣立德树人 注重以文化人——专家解析2018年高考与试题》,未来课程(北京市朝阳区教育研究中心课程研究发展室公众平台)。

二、口语交际教学

在言语交际中,人们运用不同的语音、语调、语态、语气和节奏来表达自己丰富的思想和情感。口语交际教学,是指在语文教学中培养学生运用规范、简明、连贯而得体的口头语言,再辅之以适当的非言语形式与人交流,实现某种交际能力的教学活动。

(一) 口语交际教学的意义

1. 口语交际教学具有战略性意义

早在二战时期,美国就把原子弹、美元、演说当作三大战略武器;当今则把舌头、美元、电脑当作三大战略武器,口语表达已经提到了第一位。国际母语教育发展趋势也体现为:高度重视学生口语交际能力的培养与提升。例如,德国"语文课程标准"将口语交际设定为"听和说",其目标设置非常具体,分别从"对别人说话""在别人面前说话""与别人说话""倾听别人说话"和"角色表演"五个角度,逐层描述其"能力标准"。如"与别人对话",要求做到(能力表现):①建设性地参与对话;②通过有目的地提问索取信息;③遵守基本对话规则;④有理又有说服力地表达自己的意见;⑤就事论事,用说理的方式辩驳反对意见;⑥观察、解读和评估自己和他人的言谈举止。针对"与别人对话"提出的这六条标准,体现了德国对口语交际教学的明确规范:

(1) 突出"对话"过程中,对话主体应有的行为规范:尊重规则,就事论理,表达意见有理有据。

(2) 强调在对话过程中,对话者要有高度的理性思维,要求在对话中有自己的观点,而不是随声附和。

(3) 强调在对话中要有主动性,减少由于被动而产生的负面效果。

总之"与别人对话",是一种丰富而复杂的心智活动过程,完全不同于"随意的交谈"。

2. 口语交际教学是实现学生全面发展的重要措施

(1) 能够促进学生的智力发展。口语交际过程是一个复杂的心智过程,口语交际的训练,对于思维的发展具有非常重要的作用。口语交际能力是一个人智力水平的表现,也是一个人智力潜能的标志。倾听过程,是人的注意力、观察力、记忆力、理解力以及联想力、想象力的综合发展过程;表达与交流过程的任何环节都离不开复杂的思维活动,包括思维的敏捷性、广阔性、深刻性、条理性和逻辑性。因此,培养学生口语交际能力也是在促进学生智力的发展。

(2) 有助于提高学生的情感修养。在口语交际中,情感态度十分重要,它不仅影响着交际成功与失败的定数,同时还表现出一个人在人际交往中的文明态度和语言修养,如自信心、勇气、主见以及诚恳、宽容、大度和幽默诙谐的文雅举止等。美国著名成人教育家戴尔·卡耐基在《语言的突破》中指出:一个人在事业上的成功,只有15%是由于他的专业技术,另外85%要靠人际关系、处世技巧。

(3) 有利于学生良好个性的发展和健全人格的形成。口语交际能力的高低,直接影响着人的整体素质,甚至关涉到良好社会风气的形成。《诗经》云:"辞之辑矣,民之洽矣;辞之怪矣,民之莫矣。"说话能够做到言之有礼、言之有情,老百姓就和睦安定。我国历史上有过不少凭借汪洋恣肆的口才安邦定国的事例,现实生活中也不乏通过只言片语就能烛照人心、化干戈为玉帛的范例。

(二)口语交际教学的目标及内容

1. 义务教育阶段"口语交际"目标

(1)总目标及内容:"具有日常口语交际的基本能力,学会倾听、表达与交流,初步学会运用口头语言文明地进行人际沟通和社会交往。"

(2)学段目标及内容,列举2011年版语文课标第四学段:①与人交流,能尊重和理解对方;②乐于参与讨论,敢于发表自己的意见;③听人说话认真、耐心,能抓住要点,并能简要转述;④表达有条理,语气、语调适当;⑤能根据对象和场合,稍作准备,作简单的发言;⑥注意语言美,抵制不文明的语言。其他学段的目标此处略,详见2011年版语文课标。

2. 普通高中阶段有关口语交际的目标

(1)集中体现在核心素养的第1条"语言建构与运用"中:"语言建构与运用是指学生在丰富的语言实践中,通过主动的积累、梳理和整合,逐步掌握祖国语言文字特点及其运用规律,形成个体言语经验,发展在具体语言情境中正确有效地运用祖国语言文字进行交流沟通的能力。"

(2)集中体现在具体"课程目标"第2条"语言表达与交流"中:"能凭借语感和对语言运用规律的把握,根据具体的语言情境和不同的对象,运用口头和书面语言文明得体地进行表达与交流;能将具体的语言文字作品置于特定的交际情境和历史文化情境中理解、分析和评价。"

(三)口语交际能力的培养

口语交际是陈述事实、抒发情感或发表议论,从而达到特定的交际目的。因此,口语交际教学内容要切合学生的学习、生活和今后的社会交际实际,着力培养学生日常口语交际的基本能力。

1. 善于倾听——口语交际的前提

倾听要具备听话辨识力、记忆力和理解力:

(1)听话辨识力。不仅了解所听话语的一般意义,还能体味话语的感情色彩,乃至弦外之音,从而掌握其本质含义,并做出敏捷的反应。

(2)听话记忆力。准确听出并记住对方说话的实质,快速做出反应,使接下来自己的"说"更有针对性。记忆力的良好品质体现为:敏捷性、持久性、准确性、备用性等。

(3)听话理解力。理解是听的目的,是整个听话过程的核心。听话理解力强,主要表现在三个方面:①捕捉信息及时、准确、量多;②迅速而准确地理解词语,尤其是理解关键词语的意义;③理解话语深层含义,能够体味话中之味、弦外之音。

2. 从容表达——口语交际的本质内涵

在抓住对方话语中心的基础上,使用简洁、准确而生动的语言,表达自己的观点和见解。从容表达,首先要组织好"说"的"思路",人们说话时一般是先想后说,或边想边说;力避词不

达意,或颠三倒四。日常交际活动中口语表达规范要求有如下几方面:

(1) 语言规范,准确表达。
(2) 逻辑严密,思路清晰。
(3) 通俗形象,简洁明快。
(4) 委婉得体,情理相容。
(5) 富于激情,体态语适当。

3. 交流互动——口语交际的重要原则

(1) 让学生学会一些交际中的常见技巧,以实现互动。例如,当交际出现停顿时,怎么重新领起话题;当交际场景意外地出现尴尬局面时,如何进行补救等。让学生根据交际对象、交际场合、交际语境的不同,适时调整自己,提高自控能力和应变能力,实现双方的有效互动。

(2) 多为学生创设口语交际的实践活动。可供学生进行口语交际实践的活动类型很广泛:①介绍类:介绍自我、朋友、家乡、民族、城市、名胜古迹等。②交往类:道歉、做客、祝贺、待客、转述、赞美等。③交涉类:就医、买卖、协调、劝阻等。④独白类:讲笑话、讲故事、说相声、打广告、发布小新闻等。⑤表演类:演讲、节目主持等。

(四) 口语交际教学的途径

1. 培养倾听能力

(1) 聆听训练法。包括课堂上培养注意力、训练闹中求静的本领、训练合理调整和分配自己的注意力等手段。口语交际中,说话人的话语不以听话人的意志为转移,有的条理不清,有的艰涩费解,有的方音较重,有的语言杂质太多;这就要求听话人善于控制自己的注意力,集中精力捕捉那些最具信息价值的话语。

(2) 听记训练法。听记的心理过程包括识记、保持、再认三个环节。听记训练的内容可以是课文、报纸、新闻广播、生活见闻等,也可以是报告、专题讲座、讨论、辩论等。听记的训练形式一般包括瞬时记忆、短时记忆、长时记忆三种。听记训练,可以先听读句子、句群、语段,听说新闻片断,记录原文;再逐步过渡到听读整篇文章,听说整个事件,速度由慢到快,要求逐步提高。

(3) 听写训练法。包括记录性听写、记忆性听写、辨析性听写、选择性听写、联想性听写、概括性听写等多种训练方式。

(4) 听说训练法。①听述。把听到的内容用自己的语言复述出来。②听评。就是让学生对听到的内容做出评论。③听后感。让学生针对听到的话语或文章发表个人的感想。④问答。这种问答主要是以训练听话能力为目的,因此问题要设计得复杂些,最好环环相扣,层次相接;题目要准确,无歧义,且富有启发性。⑤变说。根据需要把听到的话由长变短,或由短变长,或改变说话的顺序、语气等。在听说训练中,教师对训练提出明确的要求,要对听说质量及时进行评价和指导。

2. 培养表达和交流能力

(1) 用于课堂教学中的训练方法。①答问。就是回答教师提出的问题。尽管课堂上答问的目的不仅仅是为了训练口语表达,但它是课堂教学中使用最频繁的口头训练方式。回答问题内容要正确,除此之外,还要求回答的语言准确、简明,合乎语法规范,且条理清楚。

②朗读。朗读可以丰富口头语汇,增强语感;可以练习正确的发音,学习表情技巧;也有利于训练口才,锻炼胆量。朗读是说话能力训练的基本方法,课堂上教师要有目的、有计划地进行,而不能仅仅将其作为阅读教学的辅助手段而已。③看图说话。图画包含着丰富的情节,有的抒发了强烈的情感,有的蕴含着深刻的哲理。可以结合教学内容,适时地展示一些人物画或风景画,让学生仔细观察后,或讲述故事,或发表感想,或阐发议论。运用这一训练方式要注意选图的标准,要符合学生的年龄特征和认识水平,不应过于深奥或太浅显,还要注意选图对学生身心健康的影响。④口头复述。这一方法除了可以使学生熟悉文章内容,体会文章结构特点和语言风格,还可以培养学生系统而连贯的说话能力。口头复述的形式有详细复述、简要复述、摘要复述、综合复述等。口头复述训练中,教师要作示范指导,要给学生留有足够的时间阅读原文,复述时要求尽量不看原文。⑤讨论。是由教师或学生提出议题,组织全班同学发表自己的见解或主张的一种教学形式。讨论的形式大体上有两种:一是有计划、有组织、有准备的讨论;二是针对课堂动态生成的因素而即兴组织发动的讨论。⑥口头作文。这是一种难度较大的说话能力训练方式。它要求学生按照给定的文题、话题或材料,在短时间内构思、立意,并打好腹稿,然后说出一段中心突出、首尾连贯、语言简练的话来。课文为口头作文训练提供了广阔的空间,既可以进行片段模仿,也可以进行扩展描述,还可以进行补充接续。

(2)用于课外活动中的训练方法。①情景会话。就是模拟日常生活或特定情境的对话进行说话训练。如接待、采访、致词、导游、解说;自我介绍、慰问病友、商讨难题;指示、请示、请求;电话对话、商业广告、推销产品等。情景对话由于贴近生活,实用性较强,学生对此训练的兴致很高,因而会有很好的训练效果。训练时选择生活情景尽量使覆盖面大些,小组之间不要重复训练,尽量让所有的学生都参与。②讲故事。这是一种学生喜闻乐见的说话训练方式。故事的来源可以是文学作品、影视戏剧、所见所闻等。故事的内容要求思想健康,倾向积极,趣味性较强,艺术性较高。学生讲完后教师要有简短的评点,表扬长处,指出不足。③口头报告。就是围绕某个问题、某件事情、某项活动的前因后果,向听众作比较完整的口头介绍。形式有读书报告、实验报告、参观活动报告等。报告前要求学生选取自己力所能及的题目,充分准备和提炼材料,拟好报告提纲。④演讲。就是在公开场合面对较多观众,针对某一问题或某一事件发表见解,阐明道理,或进行宣传鼓动的一种说话形式。演讲者不但要以雄辩的逻辑力量使人信服,还要以充沛的感情、生动的语言、大方和谐的表情动作使人深受感动,从而产生强烈的共鸣。⑤辩论。是对于某一特定的议题持有不同意见的人们,按照公认的规则,当面进行论证与辩驳,以实现彼此彻底的沟通。辩论是一种高层次的说话形式,在培养学生的思辨能力及说话的机敏程度等方面,有着特殊的意义。⑥编演课本剧。这种训练方式,既能有效地训练学生表达个性化语言的艺术技巧,又能加深对课文内容的理解。⑦谈话。谈话是人们最常用的交际方式之一,是指说与听在共同创设的语言情境中相互应答的活动形式。其主要特点是:信息交流的双性向或多向性;话题的灵活性;语言句式的松散性等。⑧访问。访问也是交谈的一种形式,是为了获取某些信息而作的专门性谈话。访问训练应该从访问和接受访问两方面进行指导。访问必须注意:目的明确,态度诚恳,提问得当,措辞得体;要记下对方所说内容,以便随机应变,提出新的问题。接受访问应注意:态度谦逊,说话真诚,要针对所提问题作答等。⑨电话交谈。这是当前运用得较广泛的一种交际活动形式,当前许多外资或合资企业经常通过电话交谈来选拔、评定员工。通过电话交谈的训练,可以锻炼学生机敏的思维能力和清晰的说话能力。电话交谈应注意:声音要温和;要使用文明礼貌语言;表述要简明,语音要清晰;要注意听清对方的反馈信息。

(五) 口语交际教学的策略

1. 确立可行的交际目的

(1) 要使学生有话可说、愿意交流。选择学生学习、生活中共同熟悉、急需又有趣的内容,如家庭生活交流、学习体会交流、课外阅读交流、业余爱好或个人兴趣交流等。

(2) 按照课标中"口语交际"的目标要求,进行教学定位。根据不同学段的目标,选择符合学生口语能力基础的内容,安排的交际目的要切合学生实际。在口语交际训练中培养学生正确的交际态度和良好的语言习惯。

(3) 选择适应社会发展需要、个人发展需求的内容。例如,根据职业要求介绍自己的专业能力与特长;又如,营销活动中揣摩顾客心理,介绍商品性能、特点;还有文化学习和社会生活中的辩论、采访、交涉等,以此来训练学生初步的社交能力。

2. 承担具体的交际任务

承担具体的交际任务是实现交际目的的重要手段。当教师把任务具体落实到每一位学生时,学生在具体的交际中,必须考虑:自己是什么角色;面对怎样的对象;如何运用恰当的交际技巧和规范、准确而生动的语言,并借助非言语交际手段,来完成交际任务等问题。

3. 营造氛围和创设情境

(1) 营造一种宽松、和谐、民主的氛围,这是口语交际教学的前提。学生只有在这样的氛围中才能无拘无束地进行口语交流。

(2) 精心创设符合生活实际、逼真、生动的交际环境,交际内容丰富多彩,使学生参与的兴趣更浓厚,获得的体验更真实。创设情境的方法多种多样:①用生动的语言描述场景,启发学生走向交际情境;②利用图片、投影等直观手段展示场景,引导学生融入交际情境;③通过音像资料启发学生想象、联想,帮助学生自创交际情境。

(3) 发动学生集思广益,自行创设口语交际的情境及交际话题,例如"自我介绍",场景不同,措辞、语调、语气也就不一样,常见的情境有:①新生联欢会上;②竞选班长演讲中;③大家庭聚会时;④旅途相识新朋友;⑤老朋友邂逅。这些场景供同学相互模拟角色,进行自我介绍或介绍他人,既可增强学生交流的欲望,又可发挥学生的个性特长和创造性潜能。

第五节 强化"综合性学习"教学素养

语文综合性学习,是培养学生语文综合素养的一种课程组织形态,主要体现为语文知识的综合运用:以学科为依托,以语文学科与其他学科、学生生活与社会生活之间的整体联系为主线,以问题为中心,以活动为主要形式,使书本学习与实践活动紧密结合,追求听说读写能力的整体发展。语文综合性学习注重学习过程,注重激发学生的创造潜能,在实践中培养学生的观察感受能力、综合表达能力、人际交往能力、搜集信息能力、组织策划能力,以及互相合作的团队精神等。

一、语文综合性学习目标及其特点

1. 综合性

（1）学习目标的综合性。语文综合性学习的终极目标是培养学生的语文素养,体现在几个方面:①体现在"识字与写字、阅读、写作和口语交际"四个语文学习领域的综合,如"结合语文学习,观察大自然,观察社会,用书面或口头方式表达自己的观察所得"。②体现在"知识和能力、过程和方法、情感态度和价值观"三个维度的综合,如"对自己身边的、大家共同关注的问题,或电视、电影中的故事和形象,组织讨论、专题演讲,学习辨别是非、善恶、美丑"。③体现在语文学科与其他学科的综合,如"关心学校、本地区和国内外大事,就共同关注的热点问题,搜集资料,调查访问,相互讨论,能用文字、图表、图画、照片等展示学习成果"。

（2）学习内容的综合性。学习内容的"综合"范围很广泛,包括学生学习和生活的各个方面,如"在家庭生活、学校生活中,尝试运用语文知识和能力解决简单问题";"为解决与学习和生活相关的问题,利用图书馆、网络等信息渠道获取资料,尝试写简单的研究报告"等。

（3）学习方式的综合性。学习方式是自主学习和他主学习的结合,是个体学习和合作学习的结合,是探究学习和接受学习的结合,是书本学习和实践活动的结合。其中,"自主、合作、探究"是最主要的学习方式。

2. 实践性

（1）重视探究与应用。重视探究性:综合性学习的前提是培养学生对世界事物的好奇心,产生强烈的探究兴趣,具有问题意识。专题探究是综合性学习的内容之一,从研究专题的确立到实施,从方法的选择到研究结果的验证,每一步都需要探究。学生在探究中尝试采用不同的方法,摸索适合自己获取知识和能力的途径。重视应用性:表现为"综合性学习"的目标和学生的实际生活紧密联系,设计的活动也应该是"为解决与学习和生活相关的问题""共同关注的热点问题"等。

（2）重试过程与参与。综合性学习课程的目标一般不是指向某种知识或能力达成度,而是提出一些学习的活动及其要求,主要指向探究知识、提升能力的"过程"。关注过程,就是关注学生对学习活动的参与以及参与程度。

（3）重视方法与体验。在综合性学习中,要学生掌握的方法主要在于各种知识和能力的整合,课内外学习的结合,书本学习与实践活动的结合,语文课程与其他课程的沟通。学生在探索并运用这些方法的过程中,会获得学习方法以及多种体验。

3. 自主性

综合性学习注意培养学生策划、组织、协调和实施活动的能力,重视学生主动积极的参与精神,主要由学生自行设计和组织活动,特别注重探索和研究的过程。强调观察周围事物,亲身体验,包括自然、生活、社会等各个方面,做到有所感受,有所发现。例如,统编教材七年级(下)语文综合性学习活动"我的语文生活"设计的三个活动"正眼看招牌""我来写广告词""寻找最美对联",充分体现了综合性学习的自主性特征。

二、语文综合性学习的基本形式

1. 社会活动型

充分利用生活资源,引导学生融入社会,在观察与交往中体验社会生活,从而学习语文知识,增强语文能力,提高语文素养。如"身边的文化遗产""倡导低碳生活"等,都涉及社会活动,都要通过走访、考察、调阅资料、分析数据、调查研究等工作才能完成主体任务。

2. 虚拟活动型

互联网是一个莫大的虚拟世界,是不可多得的学习资源。教师以语文实践为核心,让学生在虚拟活动中收集资料、讨论合作、制作网页、交流欣赏等,从中提高语文学习的兴趣,体验合作和成功的喜悦。例如,"我们的互联网时代"活动之三"用互联网学语文",实施时可以结合课文学习进行,如学习《阿Q正传》,可以在网上开展一个"说不尽的阿Q"大讨论,诸如"阿Q精品推介""解读阿Q""点击名人——阿Q"等网页,发表自己大胆而独到的观点和看法,以培养学生学会多角度看问题、勇于质疑、善于质疑的能力和精神。

3. 模拟实践型

通过模拟的物化世界,让学生大胆实践。通过对各种问题的模拟,把现实问题转化为语文问题或与语文相关的问题来解决,引导学生在自主选择和自主参与中展开创造性学习,培养学生的创新意识和实践能力。可以模拟开办某公司,在具体的策划、组织、协调中提高语文综合素质;也可以开展虚拟法庭,在模拟审判过程中提高语言素养。

4. 角色体验型

利用角色效应,激发学习兴趣,让学生在角色扮演等语言活动中获得对学习的体验。通过角色体验,学生能够把丰富的学习资源内化为自身的财富,从而形成学力,发展个性。例如,通过某企业人力资源部招聘员工这一环节的模拟实践,体验"口语交际"能力在择业方面的重要作用。

5. 专题研究型

学生通过综合运用历史与现实、自然与人文、科学与艺术等资源去发现问题,确立语文综合性学习的主题,进而分析并解决这些问题。专题研究有助于培养学生初步的语文研究能力,并为今后进一步的学习与研究奠定基础。例如,让学生在学习文史知识基础上对古代文化现象进行专题研究:设计"古代人名、字、号、谥号面面观",或"初识诸子百家"等课题,让学生在专题研究中提高语文素养。统编教材中"古诗苑漫步"即属于这一类型。

6. 自由拓展型

学生根据学习内容自由选择学习项目,开拓语文学习领域,培养语文综合能力。这种形式的综合性学习,能够充分调动学生学习语文的积极性。如学习《失街亭》等《三国演义》节选课文后,教师将相关网站地址列出,诸如"网上三国""三国志""精彩三国""三国战役""国史畅谈""三国文艺""三国人物""点评三国演义"等,让学生自由查阅,依其兴趣进行拓展。

三、语文综合性学习的实施

1. 精心设计学习主题

精心设计主要是决定"做什么",或策划组织一次语文活动,或进行某种专题的探究。统编语文教材非常重视综合性学习课程的实施,以七、八年级为例,每册设计3个活动主题,四册共12个:①有朋自远方来;②少年正是读书时;③文学部落;④天下国家;⑤孝亲敬老,从我做起;⑥我的语文生活;⑦人无信不立;⑧我们的互联网时代;⑨身边的文化遗产;⑩倡导低碳生活;⑪古诗苑漫步;⑫以和为贵。这些活动设计,基本上包括以下几种类型:

(1) 时空情境设计:把语文综合性学习置于一种特定的时间、空间的背景之下,通过学习领域在时间上的流变性和空间上的相关性来实现学习的综合化。例如从空间上讲,"学校——家庭——社会"构成不同的学习与生活的空间,通过某一主题把这三者联系起来,就可以实现学习内容和学习方式的综合;又如,"历史——现实——未来"构成一个时间的流程,可以设计出多种多样的关于"成长""发展""变化"的学习主题,以此提升学生的语文素养。

(2) 问题中心设计:社会生活中的种种现象和热点难点问题很多,以这些现象和问题为焦点开展语文综合性学习,既可以获得真实的问题情境,又可以架构语文知识通向实际运用的桥梁,还可以在解决问题过程中培养语文实践能力。如在实施"孝亲敬老,从我做起"的主题活动中,可以设计一项"老年人生活状况调查",引导学生关注我国社会老龄化的问题。

(3) 学科关联设计:跨学科、跨领域学习是语文综合性学习的一大特征,把语文学习的视角延伸到其他学科,有助于整体理解和把握知识世界,收到相辅相成、相得益彰的效果。如在实施"倡导低碳生活"主题活动时,设计"环境保护、人人有责"演讲,开展"旅游资源调查"等,促发学生关注周边乃至国内外的旅游资源开发以及环保等问题。

(3) 经验与知识统整设计:这类设计的核心在于寻求直接经验与间接经验的联系和沟通。开展语文综合性学习,就是要建立语文与学生生活的有机联系,让书本知识、间接经验回归生活,并在生活中体现价值。例如,"从古诗看古代战争",学习从古代诗词中分析古代统治者穷兵黩武给人民带来的灾难,以及对社会文明造成的极大破坏。

2. 制订可行的学习方案

明确了"干什么"之后就要决定"怎么干",即要编方案、订计划,包括"目标是什么,用哪些方法,有哪些工作程序"等等。制订学习方案的目的在于增强活动的目的性和计划性。语文综合性学习方案的大致内容包括:项目名称、研究人员、研究目的、研究内容,以及研究方法、研究步骤、时间安排、预期结果等。统编版语文教材的综合性学习的设计比较详细,基本上包括"做什么"和"怎么做"。例如,七年级上册"文学部落"安排了三个环节:①读书写作交流会;②布置文学角;③创立班刊。每一个环节内部又安排具体的活动,这些活动既有规定性又有自主性,可操作性很强。

3. 有序开展探究活动

这是语文综合性学习的具体实施阶段。教师要引导学生根据方案计划,进入角色,深入社会,开展参观、调查、访问等实践活动。其间,要做好工作记录,并随时写下自己的感受;要根据当时的实际情况,调整工作进程和方向。学生通过观察走访、查阅资料、协商交流,在感受生动的实际生活过程中,获得新的知识,掌握新的技能。例如,"身边的文化遗产"主题活动包括三环节:①文化遗产推荐与评选;②实地考察,搜集资料,撰写申请报告;③班级召开模拟答辩会。其中,"实地考察,搜集资料,撰写申请报告"是探究活动的重要环节。

4. 总结交流学习成果

总结交流学习成果是综合性学习不可忽视的环节。总结过程中要让学生自己学会处理资料、筛选信息,要考虑以恰当的方式表达活动的效果或研究的成果。总结的内容包括:对研究结果的处理、成果的自我评估、报告的撰写等。交流的目的不是评判探究成果的多少与优劣,而是创造一个师生、同学之间真诚地倾诉和启迪思维碰撞的机会,让彼此倾听和分享他人的学习成果和心得感受。在交流研讨中,学生学会理解和接纳,学会客观地分析和辩证地思考,敢于、善于申辩。

四、语文综合性学习的评价

综合性学习强调的是过程,而非结果;强调的是会学,而不一定要学会。所以,综合性学习的评价应着重考察学生的探究精神和创新意识,尤其要尊重和保护学生学习的自主性和积极性。

1. 评价内容上,由重结论转变为重过程

着重关注以下几方面:学生在活动中的合作态度和参与程度;学生能否根据占有的课外材料,形成自己的假设或观点;在活动中学生能否主动地发现问题和探索问题;学生能否积极地为解决问题去搜集信息和整理资料;语文知识与能力综合运用的程度,以及跨领域学习的程度;学习成果的展示与交流是否充分。

2. 评价主体上,由单一化、单向性转向多元化、互动性

改变过去单一的教师评价学生的状况,实现学生自评、学生互评、师生互评的多元化评价;增强评价的民主性,强调评价主体之间的双向选择、沟通和协商,使评价对象最大限度地接受评价结果。

3. 评价标准上,侧重班级成员参照和自我参照

评价标准是实施评价的首要前提和条件,传统的评价标准过分强调"班级成员参照",而且往往以班级尖子生作为评价的参照,容易挫伤大多数学生的积极性。因此,在进行语文综合性学习的评价时,要确立因人而异的、具有个体性和灵活性的"个体标准",使学生在对自己过去、现在和未来的认识中增强自信,发挥潜能。

4. 评价方式上,由单一的量化评定转变为多样化的综合评定

语文综合性学习是一项较为复杂的语文实践活动,如果采用单一的量化评定的方式,非但不能反映综合性学习的本质,而且会在很大程度上压抑学生个性发展的丰富性。因此在进行综合性学习评价中,要做到"定量评价"与"定性评价"、"形成性评价"与"总结性评价"有机结合,通过多维度、多侧面的综合评定,全面而客观地反映学生语文综合性学习的效果,使学生既能获得成功的喜悦,又能找到自己下一步的努力方向。

相关链接

金荷华:《全国高考作文试题发展及审题立意探析》,《七彩语文·中学语文教学论坛》2019年第2期、第3期。

请扫描二维码下载:

第五章

备课：基于核心素养的语文教学设计（小学）

把课堂还给学生，让课堂充满生命活力；把班级还给学生，让班级充满成长气息；把创造还给教师，让教育充满智慧挑战；把精神发展主动权还给师生，让学校充满勃勃生机。①

——叶澜

小学语文教师资格《考纲》中关于"教学设计"的具体要求包括如下几方面：
（1）了解小学有关教学设计的基本原则、依据和步骤。
（2）了解小学综合课程和综合实践活动的基本知识。
（3）了解小学生在不同信息领域的基本认知特点。
（4）了解信息技术与小学教学整合的基本途径和方式。
（5）理解已有的生活经验、知识和能力、学习经验对新的学习内容的影响。
（6）掌握小学语文教案设计的基本内容、步骤和要求。
（7）能够依据小学生学习规律、小学语文课程标准，结合教材特点，合理地确定教学目标、重点和难点，完成指定内容的教学设计。

以下按照义务教育阶段语文学习的五个板块"识字与写字""阅读""写作""口语交际""综合性学习"进行基于语文核心素养的教学设计研究。

第一节 识字与写字教学设计

一、统编教材识字、写字内容的设置

识字、写字是第一学段的教学重点。统编本教材在第一学段单独编排了"识字"单元，共编六个识字单元，其中一年级（上、下）各安排两个单元，二年级（上、下）各安排一个单元。详见下表四册教材中识字单元的编排，基本上是按照象形、会意、形声的序列安排识字内容的。

---

① 叶澜：《"新基础教育"论——关于当代中国学校变革的探究与认识》，教育科学出版社 2006 年版，第 3—4 页。

表 1　统编教材第一学段"识字与写字"教学内容统计表

年级		内容	偏旁的积累
一年级（上册）	识字一	天地人、金木水火土、口耳目、日月水火、对韵歌	木、口、人、门、氵、艹、讠、虫、夂、辶、犭、鸟、勹、亻、竹、日、囗、纟、朩、扌、八、彡、穴、刂、目、彳、禾、女、攵、玉
	识字二	画、大小多少、小书包、日月明、升国旗	
一年级（下册）	识字一	春夏秋冬、姓氏歌、小青蛙、猜字谜	雨、阝、弓、走、钅、疒、又、冫、心、广、足、卩、舌、页、土、孑、厂、立、米、礻、火、身、牛、大、户、车
	识字二	动物儿歌、古对今、操场上、人之初	
二年级（上册）	识字	场景歌、树之歌、拍手歌、田家四季歌	形声字声旁的积累：巴、包、方、青、马
二年级（下册）	识字	神州谣、传统节日、"贝"的故事、中国美食	贝、钅、玉、火（灬）、刀（刂）、心（忄）、月（肉）、礻、衤、宀、氵、金、木、水、火、土

象形字，如"日、月、水、火"，把具体的物象、古文字、现代汉字一并呈现，使文字和事物建立了联系。一个汉字就是一幅画面，或一个生活图景，有的字是通过《对韵歌》来呈现的，这就使识字、写字教学既突出了汉字教学的民族性特点，又调动了儿童学习汉字的兴趣。会意字，通过《日月明》这首儿童喜闻乐见的韵文，把偏旁连语和品字结构的会意字呈现出来。形声字的呈现方式比较丰富，有的是从声符的角度切入，如《小青蛙》就是"青"为声符的字族歌；有的是义符角度切入，如《动物儿歌》《树之歌》是以"虫""木"为义符的字族歌；有的是以韵文形式呈现，如《场景歌》《拍手歌》《田家四季歌》《神州谣》《传统节日》等，以韵文的形式提供识字情境，包含了各类型的汉字；《中国美食》是通过看图识词，从而识字；《"贝"的故事》对汉字的偏旁表义作了理性归纳，为偏旁学习提供了范本。

二、识字、写字教学的策略

统编教材总编温儒敏教授认为，小学识字写字教学要遵循如下两个策略：

1. 实行"认写分流，多认少写"

这是统编本教材低年级的编写原则，这样做是为了提高教学效果，为尽快过渡到独立阅读阶段创造条件。一年级上册后面附有《识字写字基本字表》，要求会认三百个字。这是依据对小学生阅读的字频调查来确定的。先认这些字，才可能尽快过渡到独立阅读阶段。而且从字理、字结构来看，先认识这些字，也有助于学生举一反三，认更多的字。

2. 通过多种方法调动学生识字的积极性

统编本教材有意安排了"多元认字"内容，不完全依赖拼音认字，还要多通过字形、结构、偏旁等去认字。教学中老师们要重视范读、熟字带生字、尽量勾连口语词，等等。

三、识字、写字教学设计举隅

★ 《对韵歌》教学设计①

[教材解读]

1. 从文本所在的教材进行解读。

统编本语文教材第一学段的识字教学要运用多种方法和形象直观的手段,创设丰富多彩的教学情境,才会提高识字的效率。如"鸟"字,可以运用前一课象形识字的方法,结合字理,引导孩子来识记字形。"风、雨、虫"可以结合图片,引导想象"雨"中的四点就像飘落的雨点,"风"中的撇和点就像刮风的情景。"云"字可以和学过的"天"字进行比较区分,在对比中识字。"花"字可以让孩子拓展组词,列举各种各样的花,玫瑰花、桃花、菊花,等等。

2. 从文本自身的特征进行解读。

这首儿歌共有三句,第一、二句以单字对的形式,呈现了"云、雨、雪、风"的自然现象和"花、树、鸟、虫"的动植物景象,第三句以双字对的形式呈现山清水秀和柳绿桃红的画面。可以通过"对对子"这种语言形式去反复吟诵、感受、体验,初步了解对韵歌的特点是事物要两两相对。通过训练语感,提升学生的语文素养。

3. 从学生的学习起点进行解读。

教材一年级上册的内容编排与以往教材不同,先学常用字,后学拼音。刚入学的孩子有些汉字可能认识,但认读不一定到位,如"风"的后鼻音、"虫"的翘舌音,所以教师反复示范、朗读,帮他们读准字音。写字,也是一个重点。本课教学书写三个生字"虫、云、山",三个笔画"提、撇折、竖折"。刚入学的孩子,没有一点写字基础,而且容易写倒笔字。所以教学三个独体字时,把笔顺写正确很重要。同时,还要重视对学生写字姿势的指导。

[教学目标]

(1) 通过多种方法途径,识记"对、云、雨、风、花、鸟、虫"7个生字。

(2) 认识"提、撇折、竖折"三个基本笔画,会写"虫、云、山",养成良好的书写姿势。

(3) 反复吟诵,背诵积累,感受对韵歌的节奏和韵律。

[教学重点]

正确认读7个生字,会写三个生字。初识对子歌,感受这种文字形式的节奏和韵味。

[教学过程]

1. 符号导入,激发兴趣。

(1) 出示两个符号图案(√和×),猜猜表示什么?(表示"对"和"错",它们两个意思正好相反。)

(2) 教学生字"对":出示生字卡片"对",跟老师读。你在哪儿见过或者用过这个"对"字?

(3) 揭题:今天我们要学习一首和"对"字有关的儿歌(板书:对韵歌),跟老师读

---

① 节选自吴海燕:《〈对韵歌〉的文本解读和教学设计》,《新教育》2017年第6期。

课题。

2. 初识对子,整体感知。

(1) 出示儿歌,数一数儿歌中出现了几个"对"字?(6个)课件随机圈出"对"字。

(2) 小结:是的,这首儿歌每一句中都有一个"对"字,我们叫它"对子歌"。"对子歌"读起来可好听了,你们听老师读。

(3) 教师示范朗读。小朋友自己也试着读一读。

3. 多种途径,识记生字。

(1) 学习一二两句。

① 指名读。

② 随机出示生字卡片,重点正音:风(开火车,逐一认读)。

③ 出示"云、雨、雪、风"的自然现象的图片,联系生活实际说说这些自然现象。然后学生观察,把生字卡片送到相对应的图片下面。

④ 没有了图片提醒,你还认识这三个生字吗?"云、雨、风",你有什么好方法记住它们吗?和小朋友分享分享。

⑤ 辨一辨:老师一不小心把这些生字打乱了,我这样对,你们看可以吗?云对树,雪对虫,鱼对鸟,花对风(不能,"云、雨、风"是自然现象,"花、鸟、虫"是动植物)。

⑥ 指导朗读。

小结:原来对对子也有讲究,我们一起读读这些有趣的对韵歌吧!(齐读——师生合作读——拍手读。)

(2) 学习第三句。

① 出示两幅"山清水秀、柳绿桃红"的自然景色的图片,学生欣赏。

② 这两幅图中,哪一幅是"山清对水秀",哪一幅是"柳绿对桃红"? 教师解释:"山清水秀"就是这样有山有水,风景十分优美。"柳绿对桃红"就是柳枝碧绿、桃花嫣红,每到春天的时候我们就能看到这样美丽的景色。

③ 这两个对子中还藏着两个词语,你看——(出示"山清水秀"或"柳绿桃红")跟老师读。

④ 生活中,你在哪里见过"山清水秀"或"柳绿桃红"的景色?

(3) 整体朗读:对韵歌真有趣,我们一起来拍着小手读一读。老师也想和你们合作读一读——

师:云对什么? 生:云对雨。

师:雪对什么? 生:雪对风。

4. 师生合作,创编对子。

(1) 师:小朋友们,还想继续玩对子歌吗?老师要考考你们天对什么? 天对地。上对什么? 上对下。日对什么? 日对月。

(2) 你能自己编个对韵歌吗? 试一试。

5. 指导写字,关注姿势。

(1) 小朋友真聪明,电脑老师奖励大家学写三个字,请看——运用微课,学生在多媒体课件里学习"云、雨、风"笔画和笔顺。

(2) 教学三个新笔画:"云"字第三笔是"撇折";"虫"字的第五笔是"提";"山"的第二笔是"竖折"。(师板书,学生边书写边认读新笔画)

(3) 指导写"虫、山":

① 小朋友找一找,两个字有一个笔画是相同的,而且在田字格中的位置也相同("竖")。

② 但是,这两个的笔顺可不相同,看老师写。重点强调字的笔顺:"虫"先写扁扁"口",再写竖;"山"字先写中间竖,再写两边。

(4) 指导写"云"。重点提醒:长横写在横中线,撇折的折稍稍向上斜。

(5) 学生练习,反馈评议。

6. 课堂小结,布置作业。

小朋友,对韵歌真有趣!回家可以和爸爸妈妈一起动动脑筋,编一编其他的对韵歌,然后对一对,玩一玩。

★《日月明》教学设计[①]

[教材分析]

《日月明》是一篇根据会意字构字规律编排的识字课文。课文通过朗朗上口的顺口溜形式的短句,揭示了会意字"合二字三字之义,以成一字之义,使人观之而自悟"的构字特点。学生在朗读、观察、思考的过程中感受古人造字的智慧,体验识字乐趣,激发识字热情。课文后面两句是五字句式,既进一步诠释了"林、众"的含义,又揭示了团结就是力量的主题。

[学情分析]

虽说是一年级上学期,但这时已学完拼音,学生们能够借助汉语拼音识字,有了一定的字词积累:结合教材内容认会了150多个汉字,认识了"亻""氵"等偏旁,会写近50个独体字。掌握了一定的识字方法:能借助学过的偏旁识记字词和了解字义;通过象形字的学习,能借助图画识记字词。经过一段时间的引导,学生们也初步养成了在生活中识字的习惯。但是,因为一年级学生年龄小,认知能力差,字词等积累少,识字、阅读、感悟等都需要有具体、系统的方法指导,新旧知识的衔接也需要教师的引领。

[教学目标]

(1) 借助会意字构字特点,认识"明、尘"等11个生字和日字旁。拓展认识三个会意字"歪、泪、休",巩固会意字。

(2) 正确朗读并背诵课文,领悟团结协作力量大的道理。积累由本课生字组成的词语。

(3) 了解会意字的构字特点,感受古人的造字智慧,激发自主识字的热情。根据会意字的构字特点,掌握会意字的识记方法。引导学生养成在生活中识字的习惯。

[教学过程]

一、复习导入,激发识字兴趣

师:同学们好,老师知道大家认识了很多字,我们进行一场识字闯关比赛,比一比谁认识的字最多。

[①] 选自《依标据本 激趣教法 高效识字——人教版部编版小学语文一年级上册〈日月明〉教学实录与评析》(执教:山东省寿光市明珠小学张丽 评析:山东省寿光市教科研中心李凤君),《山东教育》2017年第Z4期。

师：第一关,开火车读词语。(投影出示词语"大人""土地""小黄鸡""尖尖的")
生开火车读。

师：这一关没难住你们,下一关增加难度,有信心闯过去吗?

生：有。

师：第二关,看图猜字、说词。根据图片和古文字猜字和说词语,抢答。

(分别出示以下图片和古文字,生抢答,并组词)

师出示图片1：太阳图

生：日,日出。

生：日落。

生：日子。

生：生日。

师出示图片2：月亮图

生：月,月亮。

生：年月。

生：日月。

生：满月。

师出示图片3：田地图

生：田,田地。

生：田野。

师：你们可真了不起,这么难的关都能闯过去！我们的汉字可有意思了,你看,这三幅图画,一幅图画就是一个字,这些字是根据这些事物的形状造出来的,还记得叫什么字吗?

生：象形字。

师：对！今天我们再来学习一些更有意思的字——识字9。(板书：识字9)

【评析】 看似简单的复习导入环节,其中包含了教师的智慧：首先,闯关的形式符合一年级学生的年龄特点和认知规律,能激发学生的竞争意识和识字兴趣。其次,将枯燥乏味的汉字与图画结合起来,能让学生爱上汉字、有主动识字的愿望。再次,通过复习学过的知识,为下文的运用做好准备,做到学习新知识与复习旧知识结合起来。

二、多种形式,教给识字方法

(一)借助图片识记"明"和"男"

1. 学习"明"字。

师：(出示上面的日、月图片)请同学们想一想：天空中没有了日和月,会是什么样子呢?

生：我们周围会很黑,什么也看不见。

生：没有了日和月,分不出白天和黑夜。

生：花朵会枯萎。

生：没有日和月,人们就不能生活了。

师：对啊,日和月给我们带来了光明,有了它们,才有了我们这个美丽可爱的世界。把这两个字合在一起,组成一个新的字(投影"日""月"图片挨在一起,并出示带音节的"明"字)。你能读出这个字吗？(生自由读、指名读)

师：现在你知道这个字为什么读"míng"了吗？

生：因为"日"和"月"都能给我们带来光明。

生：因为"日"和"月"合在一起，更加光明。

生：因为有了"日"和"月"，我们的生活中才有光明。

师：对啊！这就是这节识字课的题目(投影出示：日月明)。伸出手，跟老师板书课题。(师生板书：日月明)

师：谁来读一读？(指名读)

师：你们不但说得好、读得好，还特别会动脑筋，根据"日"和"月"两个字的意，就能知道这俩字合在一起的新字是"明"。

师：(红笔板书"日")其中"日"是"明"字的偏旁，根据我们以前学过的偏旁，谁来说一说这个偏旁叫什么名字？

生：叫"日字旁"。

师：你能学以致用，了不起！

2. 学习"男"字。

师：我们再来看看这两个字又能组成一个什么样的字(出示"田"字和带音节的"力"字)。我们先来认识这个字(出示"力"字)。谁能借助音节读一读？(指名读)

师：你能用这个字组个词吗？

生：力气。

生：用力。

生：有力。

生：力量。

师：(投影出示图片：一个男人拿着锄头在田里干活)仔细看，图上画着什么？

生：图上画着田地。

生：画着一个人在田里干活。

生：天上还画着太阳。

师：同学们看得很仔细，你看到在田地里干活的这个人是男的还是女的？

生：是个男的。

师：(出示"男"字)在古代，大都是女人在家干家务，男人到田里用力地干活，所以说，"田"和"力"组成的这个字读什么呢？

生：读"nán"。

师：同学们跟他一起读一读这个字。(生齐读)

师：这两个字，课本上是这样说的(出示：日月明，田力男)。谁来读一读？

(男生读、女生读、男女接读)

师：刚才我们认识的这两个有意思的汉字，它们都是由两个字组成的，根据这两个字的意思，就能知道新组成字的意思，这样的字人们给它们起了个名字，叫会意字(投影出示：会意字)。

【评析】 汉字本身就是从图画起源、演变来的，结合图画，分析字形，既能帮学生了解会意字的构字规律，追溯字源，渗透字理知识，又直观形象，符合一年级学生的年龄特点。

(二) 借助实物识记"尖"和"尘"

1. 巩固了解"尖"字。

师：(卡片出示：尖)这个字我们已经认识了,现在谁能用这两只铅笔,根据刚才了解到的会意字的特点,说一说它的意思？(出示两支铅笔：一支新的没有削开,一支削开的,尖尖的)

生：(指着削开的一支)这支一头小,一头大,是尖的。(指着没削开的铅笔)这支两头一样大,就不是尖的。

师：对,能说个顺口溜吗？

生：大小尖。

师：我们写字的时候是从上往下写的,是不是说的时候也要从上往下说？怎么说更好呢？

生：小大尖。

师：你太棒了,说的跟书上一样,这个字卡送给会动脑筋的你了。

2. 识记"尘"字。

师：(出示两包土：一包是细小的尘土,一包是颗粒大的土坷垃。卡片出示：尘)谁能用这两包土说说这个字的意思？

生：(拿着颗粒大的土)这包土很大,是土块。(拿着细小的尘土)这包土很细,很小。

师：这些细小的土,请同学们仔细看,老师轻轻一吹,它们怎么样了？

生齐答：飘起来了。

师：对啊！这么小的土,飞在空中,如果落到窗台、桌子上我们叫它什么？

生：尘土。

生：灰尘。

师：这个字猜出读什么了吗？

生：这个字读"chén"。

师：你太厉害了,能猜读字音了。顺口溜怎么说呢？

生：小土尘。

师：老师把这个字卡奖给你。

【评析】 铅笔、尘土都是生活中最常见的东西,课堂上老师把它们当作教具,做到了就地取材,与生活紧密联系;同时通过引导学生观察、对比,从中有所发现,在发现中识记新的字词,了解字义,掌握识字方法。

(三) 自学"从、众、林、森"

师：我们刚才认识了四个会意字,这里还有四个会意字(投影出示：从、众、林、森),想认识这四个字,需要先认识一个象形字：(出示"木"字卡片)猜猜这个字读什么？

生：这个字读"mù",我早就认识这个字了。

师：自己能在课外识字是一种好习惯。你知道"木"一般指什么吗？

生：不知道。

师：(投影一棵"树"的图片和甲骨文"木"字)现在谁来说一说,"木"一般表示什么？

生：木是树。

师：你脑袋转得真快！这个"木"字奖给你了。木最初就表示树。

师：(投影出示：带音节的从、众、林、森)下面请动脑想一想，根据会意字的特点，猜它们分别是什么意思。

生思考。

师：谁来向大家介绍一下？你喜欢介绍哪个字就介绍哪个。介绍前，先告诉大家，你介绍的是哪个字。

生：我介绍"从"字。这个字是两个"人"组成的，意思是两个人拉着手一起走。

师：俩人一起走，怎么会成了"从"呢？

生：是一个人在前面走，一个人在后面走。

生："从"这个字的意思是一个人跟在另一个人后面。

师：说得对！一个人跟在另一个人后面，就是跟从。谁能来表演一下"跟从"？要想表演"跟从"，最少需要几个人？

生：两个人。(指名两名学生表演)

生：我说的是"林"字。"木"就是树，两个"木"字是两棵树，两棵树就是树林。

生：我不同意他的说法，两个"木"字是说比一棵树多，不是只有两棵，有很多树才是树林。

师：同学们同意第几个同学的说法？

生齐答：同意第二个同学的说法。

生：我说"森"字。两个"木"是树林，三个"木"比两个"木"的树还多，很多树就是大森林。

师：你说得真好。在古代用"三"这个数表示很多，三棵树就表示有很多很多的树，那就是大森林了。

师：同学们知道了三棵树是表示很多很多的树，那三个人表示什么呢？

生：三个人就是很多很多的人。

师：很对！你不但会认字了，还会动脑筋，通过字形能知道字的意思了！"众"是说人多，有时候也指物品多。比如，我们去商场里，会看到商场里商品众多。这里这个"众"字，说的是什么多呀？

生：商品多。

师：对！谁能用"众"字再组个词呢？

生：群众。

生：众人。

生：大众。

师：咱们给它们编一编顺口溜吧！

生：两人从。

生：二人从。

生：三人众。

生：两木林。

生：二木林。

生：三木森。

师：同学们看一下"众、森"这两个字是由几个字组成的？

生齐：三个。

师：有的会意字是由三个字组成的。三个字合起来的意思就是组成的新字的意思。你们不但认了字,还学会了会意字的识字方法,更厉害的是自己会编顺口溜了呢!请打开书,咱们看看课本上怎么说的。

生自由朗读。

师：(投影出示)齐读。

师：课文中有一句顺口溜的说法和你们说的不一样,找到哪句了吗?(指名说,根据回答投影出示：双木林)(出示词卡"双")知道"双"是什么意思吗?

生："双"就是两个。

师：看字形就知道"双"是两个的意思。你能用"双"说个词吗?

生：双手。

生：双脚。

生：双胞胎。

师：同学们太厉害了!这么短的时间就学会了自己识记会意字。咱们再一起读一读这些句子吧!

(出示：日月明,田力男。小大尖,小土尘。二人从,三人众。双木林,三木森)

生齐读。

【评析】 此环节设计了自学,目的是引导学生运用前边学到的识记会意字的方法,进行自主识字,遵循了"认知—迁移—运用"的学习规律。同时,在汇报的过程中又加入动作演示,帮助识记和理解。这样,多种识记方式和有层次的方法指导,既避免了形式单一造成的枯燥乏味,又逐步引导学生掌握会意字的识记方法。

三、拓展识字,内化识字方法

师：刚才咱们认识了一些会意字,真有意思!老师这里还有几个会意字,你们能不能根据这节课学到的方法,猜出这些字的读音和意思。下面开始抢答。

1. 拓展认读"歪"。

师词卡出示"歪"字。

生：不正。

生：不对,这是一个字,"不正"是两个字,这个字读"wāi"吧?

师：什么意思呢?

生：就是不正的意思。

师：你猜得太对了,不正了,就是歪了,请同学们歪一歪头(生做歪头的动作)。你看,这个同学桌子上的文具摆放得很正,一点儿也没歪(指着一名学生表扬,其他学生赶紧把自己桌上的文具摆放整齐)。

2. 拓展认读"泪"。

师词卡出示"泪"字。

生：读"lèi"。

师：什么意思呢?

生：前面我们学过,"三点水"代表水,"目"是眼睛,从眼睛里出来的水就是泪水。

师：同学们真该为他鼓掌,猜得准,而且话说得清楚。(生鼓掌)

3. 拓展认读"休"。

师：词卡出示"休"字。

生：老师，一个人挨着一棵树是什么字呢？

生：我知道，这个字读"xiū"，我早就认识这个字了。

师：你知道这个字的意思吗？

生：一个人在依着树休息吧？

师：对了，你不光认字多，还会动脑。

4. 拓展认读"笔"。

师：词卡出示"笔"字。

生：这个字读"bǐ"。上一节课我们刚学了。

师：你知道这个字为什么一个竹字头加一个毛吗？

生：不知道。

师：(出示毛笔)现在谁来说一说，"笔"字为什么是"竹字头"加"毛"字？你可以拿到手中看。

生：(接过毛笔看了看)这支笔上面是竹子的，下面是毛。

师：对！这支笔是毛笔，"笔"字最初是根据毛笔造字的。

【评析】 此环节是进一步巩固会意字的特点，利用构字特点进行识字，引导学生在猜读字音和猜说字义中，触类旁通，拓展识字量，巩固、内化识字方法。

四、随文识字，读文明理积累

1. 朗读识字。

师：同学们认识了这么多字，还掌握了一种新的识字方法，现在能不能借助音节把这首儿歌读正确？(出示儿歌：一人不成众，独木不成林。众人一条心，黄土变成金)

生：自由朗读。

师：谁能读给大家听一听？(指名读)

师：你读得一字不错，特别是这两个字(卡片出示：条、心)，都能读对，请你再领着大家读一读这两个字。(生领读)

师：说一说你在哪儿见过这两个字。

生："条"我是在前面的《剪窗花》中认识的，上面有"剪条鲤鱼摇尾巴"。

师：你不但爱读书，还边读书边认字，更厉害的是你能记住里面的句子。

生：我有本书名字叫《一条聪明的鱼》。

师：你也是个爱读书、会识字的孩子。

生：我爸爸是医院的心脏医生，我家里有很多书上都有"心"字。

师：你跟爸爸一样爱学习。

生：我们学校边有个"开心书屋"上面有个"心"。

生：我吃的"开心果"中有"心"。

生：我家用的抽纸，盒子上写着"心心"什么。

师：是"心心相印"吧？

师：你们太了不起了，不但能从课本上识字，还能从这么多地方识字呢！

师：老师也想读一读这首儿歌，咱们接读吧，老师读一句，你们读一句，边读边想一想，读后你知道了什么。

（师生接读）

师：读了这首儿歌，你知道了什么？

生：我知道了"众人一条心"，就是很多人一条心。

生：我知道了"黄土能变成金"。

生：我知道了我们要一条心。

生：我知道了我们要团结。

师：你们说得真好！只要我们一条心了，黄土都能变成金子呢！也就是说，只要我们团结起来，没有做不成的事。

2. 背诵积累。

师：你能把这首儿歌背下来吗？

生自由背诵。

师出示填空：一人（　　）众，独木（　　）林。（　　）一条心，黄土（　　）。

（指名根据填空背诵、全班背诵）

生不看填空，同桌互背。

【评析】　此环节把识字融入阅读之中，做到随文识字，增加了识字的趣味性。教师特别注意把识字从课内引申到生活的方方面面，拓宽识字渠道，拓展教室空间，体现了生活大课堂的理念，让学生感受到识字的乐趣，培养识字兴趣。

五、整体感知，总结下课

师：这节课你们真了不起，认识了这么多字，咱们再来读一读课文吧！（生齐读）

师：除了这节课上学到的这些字，还有很多会意字，课后自己找一找还有哪些，下节课比一比谁找到的多。

【总评】　《语文课程标准》中指出："识字、写字是阅读和写作的基础，是第一学段的教学重点，也是贯串整个义务教育阶段的重要教学内容。"如何让学生识得轻松，识得高效，是低年级识字教学的难题。这节识字课，融知识性与趣味性于一体，注重识字方法指导和多渠道识字的引导，实现高效识字，快乐识字。

第二节　小学阅读教学设计

2011年版语文课标关于"阅读"教学的总目标是："具有独立阅读的能力，学会运用多种阅读方法。有较为丰富的积累和良好的语感，注重情感体验，发展感受和理解的能力。能阅读日常的书报杂志，能初步鉴赏文学作品，丰富自己的精神世界。能借助工具书阅读浅易文言文。背诵优秀诗文240篇（段）。九年课外阅读总量应在400万字以上。"这是义务教育阶段语文课程中阅读方面的总体要求，指明学生"应该知道什么""必须做什么"以及"达到什么程度"，这对于规范义务教育阶段的阅读教学、规避或减少盲目性与随意性，具有重要的文件指导价值和方向引领作用。各学段的阅读教学目标，指向更为具体，能力表现更加清晰，具有可操作性；其具体条款此处暂不引述，详见以下各节具体内容。

一、小学诗歌阅读教学设计

(一) 小学诗歌阅读教学的目标及要求

2011年版语文课标有关小学阶段诗歌教学的目标如下:

第一学段:诵读儿歌、儿童诗和浅近的古诗,展开想象,获得初步的情感体验,感受语言的优美。

第二学段:①诵读优秀诗文,注意在诵读过程中体验情感,展开想象,领悟诗文大意。②积累课文中的优美词语、精彩句段,以及在课外阅读和生活中获得的语言材料。背诵优秀诗文50篇(段)。

第三学段:①阅读诗歌,大体把握诗意,想象诗歌描述的情境,体会作品的情感。受到优秀作品的感染和激励,向往和追求美好的理想。②诵读优秀诗文,注意通过语调、韵律、节奏等体味作品的内容和情感。背诵优秀诗文60篇(段)。小学阶段要求背诵诗文110篇(段),其中课标推荐背诵的篇目全部是诗歌,共计75首。

因此,在小学诗歌教学中,教师要加强课内、外结合,以提高学生诗歌学习的兴趣和质量。

(二) 统编版小学语文教材中诗歌的编排及教学建议

1. 增加优秀诗歌篇目

小学一年级开始就有古诗文,整个小学阶段12册共选优秀古诗文132篇,占所有选篇的30%,比原有人教版增加55篇,增幅达80%。其中,古诗词共编入112首,除义务教育课程标准推荐的75首全部入选外,另选入37首。体裁更加多样,从《诗经》到清代的诗文,从古风、民歌、律诗、绝句到词曲;同时,革命传统教育的篇目也占有较大的比重。

2. 诗歌教学强化诵读涵泳

通过诵读涵泳感受诗词音韵之美。温儒敏教授强调,最好的办法就是反复诵读,读得滚瓜烂熟,不用有过多的阐释,也不要太多活动,宁可多读几遍、多读几篇。温儒敏教授认为:汉语之美,也许一时说不清美在哪里,总之是积淀下来,有所感觉了。现在有些古诗词教学过于繁琐,像外科手术,把那种"美"都给弄没了。学习古诗文,对于小学生而言是比较难的,因此要求不能过高,不必在所谓主题思想、意义价值、艺术手法等方面讲太多。有的老师总喜欢来个三段论——"知作者,解诗意,想画面",未免太死板,也不得要领。另外,朗读不能取代自主性的阅读和吟诵,因此不宜一味地采用朗读手段。

(三) 小学诗歌教学设计举隅

★《渔歌子》(张志和)教学设计[①]

[文本解读]

《渔歌子》是人教版义务教育标准实验教科书语文四年级下册第六组课文《古诗词三首》

---

① 设计者:欧义赐(东部卓越教师发展计划"京苏粤浙第三期中小学卓越教师高端研修班小学语文学科"学员,广东省东莞市虎门镇北栅小学)。

里的一首词,它是根据本单元"走进田园,热爱乡村"这一专题编排的,目的在于引导学生通过读文,感受充满诗情画意的田园美景,体验洋溢着泥土气息、自然质朴的乡村生活,并由此产生向往之情;同时引导学生在阅读中能抓住景物的特点,体味优美语言,学习表达方法,积累精彩句段。

这首词是唐代词人张志和的代表作。整首词描绘了初春时节西塞山的美丽景色:西塞山、白鹭、桃花、流水、鳜鱼、渔翁……这画面清新明丽,宁静而美好。全词动静结合,意境优美,用词活泼,情趣盎然,生动地表现了渔夫悠闲自在的生活情趣。

对四年级的学生来说,他们在四年级上册第一单元就学习《忆江南》,已经接触了词这种文学样式,初步掌握了一定的诗词学习方法,对词的常识也有了初步的了解。

对于小学诗词的教学,既要体现诗词教学的特点,即初读感知,读准读顺,理解诗意,体会诗情,领悟方法,又要体现儿童学习的特点,即易学趣学好学。

[教学目标]

1. 读准字音,读出节奏,读出韵律。
2. 读懂诗意,体会诗情,领悟方法。

[教学过程]

一、猜一猜,引出课题

1. 出示谜面,学生猜测。

有画面,可欣赏;有声韵,可歌唱;句子有长又有短。(谜底:词)

2. 揭晓答案,了解特点。

有画面,有韵律,句子有长短。

3. 补充资料,聆听歌曲。

师:"渔歌子"原名叫"渔父""渔父乐""渔父词"等,后来给它配上了曲子,可以唱了,才改叫《渔歌子》。"子"即是"曲子"的简称。现在我们就一起来听听这首优美的曲子。

过渡:这首词只有27个字,现在请大家练读三遍,看看三遍后达到哪个级别。

【设计意图】 通过猜谜,激发学生学习的兴趣,初步了解词的特点。聆听"渔歌子",初步感受诗词的韵律美。

二、读一读,读好该词

(一)读准字音

1. 出示要求,明确级别。

第一级别:读准字音。

第二级别:读出节奏。

第三级别:读出味道。

2. 自由练读,纠正读音。

3. 集中认读,强化读音。

| 西塞山 鳜鱼 箬笠 蓑衣 |

4. 指导书写,展示成果。

塞　鹭　笠

5. 理解词意,渗透方法。

师:这些词语(西塞山、鳜鱼、箬笠、蓑衣)你可以通过哪些方式知道它们的意思。(理解词语的方法:看注释、查阅资料、结合插图)

【设计意图】 读准字音是学习诗词最基本的要求。诗是语言的贵族,这首词27个字,有4个生字。读准每个字的字音,做到字字落实,读音到位,字正腔圆。

(二)读出节奏、味道

1. 学生展示读,教师随机渗透朗读的技巧。

师:诗词是有节奏,有韵律的,哪位同学试着读出节奏,读出韵味。

(1)学生展示,随机指导朗读的语气。

师:这位同学用舒缓的语气读,能给人想象的空间;有适当停顿,让人回味。

(2)学生展示,随机指导读好押韵。

师:听了这位同学朗读,大家发现"飞""肥""归"三个字的读音有什么特点呢?(韵母都是一样,"ei"是这首词的韵脚)读的时候,我们要突出韵脚,将押韵的字拖长,再配合节奏,这样听起来就有味道。

2. 全班齐读,练习巩固。

过渡:关于这首词,颜真卿这样评价张志和的《渔歌子》:词中有画,画中有词。现在我们就来好好赏一赏这首如画的词。

【设计意图】 读出诗词的节奏、味道,不仅需要在读中感受、对比、体会,也需要教师进行适当的点拨。恰到好处地渗透朗读诗词的技巧,有利于提升学生学习古诗词的能力。

三、赏一赏,理解诗境

(一)一赏景物

1. 张志和既是诗人,也是一个大画家。他的词就如一幅画。画家要画好一幅画,就得选好景物。这一幅画里,他都选了哪些景物呢?请大家结合插图,快速圈出表示景物的词语。

2. 学生圈画,交流汇报。(西塞山、白鹭、桃花、溪水、鳜鱼、渔翁、斜风、细雨)

3. 随机点评:诗人对景物精挑细选,有山有水,有鸟有鱼,有花有树,有风有雨,有人有景。

(二)二赏顺序

1. 景物选好了,接下来就要对景物进行安排了。张志和是按照什么顺序来安排这些景物的呢?请大家继续观察插图。

2. 学生圈画,交流汇报。(从远到近;从高到低)

3. 随机点评:从远到近,从高到低,合理安排,错落有致。

(三)三赏色彩

1. 景选好,布局构思好了,张志和又给这幅画上了哪些颜色。

2. 学生圈画,交流汇报。(灰色、粉红、深绿、翠绿……)

3. 随机点评:色彩丰富,色调鲜明。

(四)四赏动态

1. 播放音乐,教师配乐朗诵。

请大家闭上眼睛,展开想象。你仿佛看到了什么,听到了什么,感觉到了什么,把你想象到的画面跟大家分享。

出示课件:

> 我仿佛看到了……
> 我仿佛听到了……
> 我仿佛感受到了……
> 我仿佛……

2. 学生想象,交流汇报。

预设:

西塞山白鹭图:白鹭展开双翅自由飞翔,越飞越远,渐渐消失在云间……

桃花流水鳜鱼图:桃花竞相开放,芳香扑鼻,花间蝴蝶起舞。一阵风吹过,几片桃花飘落在水面,水面荡起涟漪;几条肥大的桂花鱼正在嬉戏玩耍……

斜风细雨图:微风吹拂着,细雨飘落,落在箬笠上,落在渔翁的心田间……

渔翁独钓图:悠闲自在的渔夫垂钓江面,边赏风景边钓鱼……

3. 入情入境朗读。

师:让我们和着音乐把刚才想象到的画面带入这首词,用朗读去感受这如画的山水。

【设计意图】 朱光潜先生在《诗的境界——情趣与意象》中写道:"每首诗都自成一种境界。无论是作者或是读者,在心领神会一首好诗时,都必有一幅画境或是一幕戏景,很新鲜生动地突现于眼前……"因此,这个环节以赏画的角度切入,通过"赏景物""赏顺序""赏色彩""赏动态",逐层推进,在"赏"中理解诗意,感受山水之美,体会诗人独钓的悠闲自在,感受"词中有画,画中有词"的意境。

四、探一探,体会诗情

1. 追问"决定",感受"归"的文化。

(1)面对这如画的风景,诗人做了一个什么决定?(板书:不须归)

(2)关于"归",在中国人血液里,"归"是一个话题,一种文化,一种情结。在中国诗词中,有好多的诗词表达诗人归家、归乡、归国的情怀。

> 百川东到海,何时复西归。——[汉]汉乐府《长歌行》
> 临行密密缝,意恐迟迟归。——[唐]孟郊《游子吟》
> 长江悲已滞,万里念将归。——[唐]王勃《山中》
> 何年是归日,雨泪下孤舟。——[唐]李白《秋浦歌十七首》
> 君问归期未有期,巴山夜雨涨秋池。——[唐]李商隐《夜雨寄北》

2. 补充资料,了解"生平"。

师:由此可见,"归"是古人的一种文化心态和人生情怀。那么,张志和又为何不想归,不须归?仅仅是因为如画的风景而不归吗?请大家快速浏览张志和生平。

张志和生平介绍

一、少年得志，青云直上

张志和，原名"龟龄"。他三岁读书，六岁能文，过目成诵。年轻时，深受皇太子赏识，并赐名"志和"。753年，他做了杭州刺史；756年，被授为左金吾卫大将军；757年，被封为金紫光禄大夫。那时的张志和真可谓意气风发，仕途一帆风顺。

二、遭受打击，无意仕途

人生无常，就在张志和逐年升迁之际，他却遭遇到了人生之中第一场也是最后一场政治横祸。张志和被贬为民。祸不单行，命运无情，张志和家庭竟也出现重大变故，他的父亲、母亲、妻子在几年内接连去世。仕途的大起大落，亲人的相继离世，这一系列沉重打击，让张志和对官场心灰意冷，情不自禁地向往自由自在的世外桃源。

(1) 读完上面的资料，相信大家对"不须归"又有了新的体会，你又读懂了什么？

预设：

厌恶官场的勾心斗角、尔虞我诈……

无家可归，只能归于自然……

渴望自由，享受山水之乐……

(2) 带着这种体会，我们再读《渔歌子》，相信大家又有一番新的体会。

【设计意图】 通过补充"归"的文化，感受历代诗人对归家、归乡、归国的渴望，与张志和的"不须归"的情感形成对比；通过补充"生平介绍"走进张志和内心世界，深层次体会诗人"不须归"的真正原因。

五、比一比，领悟方法

1. 发现诗人的情感藏于诗的末尾句。

师：此时诗人的这种对官场的厌恶和对自由的向往就浓缩在这首词的"不须归"里。其实，张志和当时一共写了五首《渔歌子》，请看另外四首。张志和对隐居山水，渴望自由的心情还藏于何处呢？请同学们快速找出来。（每首词的最后一句）

其二	其三	其四	其五
钓台渔父褐为裘， 两两三三舴艋舟。 能纵棹，惯乘流， 长江白浪 不曾忧 。	雪溪湾里钓鱼翁， 舴艋为家西复东。 江上雪，浦边风， 笑著荷衣 不叹穷 。	松江蟹舍主人欢， 菰饭莼羹亦共餐。 枫叶落，荻花干， 醉宿渔舟 不觉寒 。	青草湖中月正圆， 巴陵渔父棹歌连。 钓车子，橛头船， 乐在风波 不用仙 。

2. 总结《渔歌子》的表达形式。

师：请大家横向观察这四首词，又发现什么共同规律？（二十七字，五句，一二四五都押韵。）这就是张志和《渔歌子》的特点，后来无数文人墨客也效仿《渔歌子》写了不少词，如李煜、苏东坡、陆游等。课后，请大家搜集《渔歌子》的词读一读。

【设计意图】 授之以鱼不如授之以渔。语文教学，不仅要得言、得意、得法，还要善于对资源进行整合利用，使学习效率达到最大化。通过拓展另外四首《渔歌子》，以期起到悟意、悟情、悟法的效果。

六、板书设计

词　渔歌子

西塞山(景) { 白鹭　桃花 / 潭水　鳜鱼 / 斜风　细雨 } 渔翁　不须归(情)

【教后反思】 王国维在《人间词话》里这样说:"词以境界为最上。有境界则自成高格。"如何引导学生感受张志和"词中有画,画中有词"的表现特点,感悟"不须归"的境界? 我做了以下几点尝试:

1. 以读为线,逐层推进。

读是古诗词教学最基本的、最实用的方法。读中正音明义,读中理解诗意,读中感受诗韵,读中想象情境,读中体会感情,读中渗透学法,读中积累拓展,读中领悟写法。整个设计以读为主线,逐层推进。

2. 展开想象,走进意境。

王国维说:"一切景语皆情语。"此诗只有27个字,处处是景,处处是情。颜真卿对此诗评价道:"词中有画,画中有词"。如何引导学生走进这如画的山水,感受初春西塞山的美丽风景,体会渔翁的悠然自得? 要通达诗词意境的最好途径就是展开想象。展开想象就需要透过视觉、嗅觉、听觉、触觉、感觉等;展开想象就需要找到抓手,这抓手就是意象(西塞山、白鹭、桃花、流水、鳜鱼、斜风、细雨……);展开想象还需要抽丝剥茧,赏景物,赏顺序,赏色彩,赏动态。如此一来,学生思绪翩飞,仿佛身临其境,不知不觉中走进了诗的意境。

3. 丰富内涵,体悟诗情。

古诗词教学的课堂不仅要充满诗情画意,还要焕发文化气息,具有文化内涵。在古诗词教学的课堂中,学生不仅理解了诗意,体会了诗情,还要感受祖国语言文字的优美,领略中国优秀传统文化的魅力,让学生尽情徜徉在古诗词的海洋里。为此,这一节课中增设了"归"的文化,拓展了四首《渔歌子》。两处拓展,不仅帮助学生走进诗人内心,体会诗人的情感,也丰厚了课堂的内涵。

二、小学寓言故事阅读教学设计

(一) 寓言故事阅读教学目标及要求

2011年版语文课标有关教学目标及要求如下:

(1) 阅读浅近的童话、寓言、故事,向往美好的情境,关心自然和生命,对感兴趣的人物和事件有自己的感受和想法,并乐于与人交流。

(2) 能复述叙事性作品的大意,初步感受作品中生动的形象和优美的语言,关心作品中人物的命运和喜怒哀乐,与他人交流自己的阅读感受。

(3) 阅读叙事性作品,了解事件梗概,能简单描述自己印象最深的场景、人物、细节,说出自己的喜爱、憎恶、崇敬、向往、同情等感受。

(二) 教学设计举隅

★《揠苗助长》教学设计①

[教学内容]
苏教版三年级下册第八单元第24课。

[教学目标]
1. 能正确、流利、有感情地朗读课文;学会文中生字;联系上下文与生活经验(或借助工具书)理解词语的意思,体会关键词句表情达意的作用。
2. 把握故事内容,能讲述故事主要情节。
3. 感悟故事蕴含的道理,懂得做事要脚踏实地,不可急于求成;初步学习阅读寓言的基本方法。

[教学过程]
一、回顾成语,认识寓言

师:课内外你积累了哪些成语?

师:成语的内容丰富多彩,有的是一段鲜为人知的历史故事,有的是一个千古流传的神话故事,还有的是一则意味深长的寓言故事。这节课咱们来学习寓言两则(板书:寓言两则)。"寓"和"则"是生字,要能读准,一起读。

师:以前学过寓言吗?学过什么寓言呢?(生说)

师:谁能说说寓言类的文章有什么共同的特点?(生说,师相机点拨)"两则"是什么意思?

师:先学第一则寓言故事(板书课题:揠苗助长)。谁会读?(指多生读后齐读)

【设计意图】 从回顾成语开始,切入寓言故事教学,旨在渗透寓言故事是成语的来源之一;调动学生学习寓言的经验来认识寓言的文体特点,教给孩子从文体特点入手的阅读方法。

二、指导读书,讲述故事
(一)读准读顺

师:这个小故事讲了什么内容呢?请竖起小耳朵,听一听这个故事。

(师配音绘声绘色地讲《揠苗助长》故事)

师:这就是《揠苗助长》的故事,现在你应该知道,"揠"也就是_____?"揠苗助长"也可以叫做_____?

师:你觉得这个故事有趣吗?你想象老师这样讲给别人听吗?

师:要讲好这个故事就要读熟读好这个故事。现在大家轻轻地读一读课文,用笔画出生字。(生读书圈画)

(出示生字词:**宋国 焦急 筋疲力尽 兴致勃勃 纳闷 枯死**)

(指生读)

---

① 设计者:晁江水(江苏省新沂市新华小学)

师：词语能读正确流利，相信你把它们带入课文也能读正确流利。

（指生分节朗读课文；相机评价或正音）

【设计意图】 把扎实的初读训练落到实处，既是教学手段又是教学内容；把"寓识于读"与集中识字结合起来，又强化了认读感知训练。

（二）读懂读好

师：读书不仅要正确流利，而且要有感情。你觉得怎样读才能有感情呢？

师：老师读书有个小窍门：读到谁时想象自己就是谁。特别是那些描写人物怎么想、怎么做、怎么说的关键词句，要一边用心想象体会一边尽力读得符合人物当时的情景。大家愿意试试吗？用这种方法自由练习朗读课文。

（生练读课文；师巡视倾听指导）

师指生分节朗读，相机指导：

第1节

师：这节共有两句话，每句话分别有个词语写出了农夫的心情，看谁有火眼金睛发现它们？（生说，师板书：巴望 焦急）

师：猜猜"巴望"是什么意思？想象一下农夫巴望禾苗长快些会有什么表现呢？（生说）

师：再来读第一句，看谁能把农夫巴望禾苗长得快些的心思读出来？（生读）

师：现在你们都是田里的小禾苗了。你们真的一点也没长吗？为什么不快一点长呢？（生想象说）

师：可是农夫总觉得你们一点儿也没长，心里十分_____？大家看"焦"字底下的这个偏旁叫四点底，就表示火，农夫心里就像烧了一把火那么急。谁能把第二句农夫焦急的心情读出来？（生读）

第2节

师：是呀，这么焦急的农夫终于想出了办法，谁能读好第二节呢？

（生读后师相机评价）

抓住重点词语指导读懂读好：

师：（板书：终于）从"终于"这个词，你知道了什么？

师：如果你就是农夫，此时此刻心情怎样？会有什么表现？（生描述）

师：结合刚才的想象，把农夫心情的急切读出来。（指生读）

师：他从中午一直忙到天黑，累得_____？（生说，师板书：筋疲力尽）

师："筋疲力尽"什么意思？你能做做"筋疲力尽"的样子吗？

师：看看插图，农夫身体上是筋疲力尽的，心里却很_____？猜猜看，他是怎么想的呢？

第3节

师：是呀，你们猜透了农夫的心思了，相信你们一定能把第3节读好。

（指生读后师相机评价并板书：兴致勃勃）

师：最高明的读书就像替人物在说话。"兴致勃勃"提示了农夫说话时的语气神情，所以你读书时要能让别人听得到农夫的兴致勃勃。谁愿意再试试？

师：农夫这兴致勃勃的两句话，用了两个感叹号。第一个是农夫在感叹什么？第二个又是感叹什么呢？

师：是呀，农夫觉得累有所值，所以兴致勃勃，我们一起读读吧。

（齐读第三节）

师：禾苗真的能长一大截吗？一起读第四节。（生读，师板书：枯死）

师：如果你是农夫的儿子，看到眼前枯死的禾苗会有怎样的表现呢？

（相机让学生读出自己内心的感觉）

【设计意图】 从教学策略考虑，精心抓住关键词句或推想或想象，让平面语言立体形象起来以激活学生情感体验，继而通过感情朗读转化为动感灵性的言语，实现言与象互转；从教学流程考虑，从自主朗读到教师抓"点"导悟再到感情朗读展示，方向明确，层层推进，意、言、法兼得。

（三）讲述故事

师：咱们抓住农夫怎么想、怎么说、怎么做的关键词句把故事读得很有感情了。现在咱们再抓住这些词句把故事讲出来，如果能加入自己的一些评论更好。先和同桌练习一下，再讲给大家听。

（指生讲述故事）

师引导学生评一评：哪里讲得最精彩？

【设计意图】 讲故事的过程同时也是重构文本语言的过程。学生除了讲之外还要积极借助动作、语调、神态等辅助手段来展示自己对故事的理解或感悟，能实现"多重记忆""立体积累"的效果。

三、究因明理，观照生活

师：细心的同学会发现，在农夫将禾苗一棵一棵往上拔的时候太阳公公是怎样的表情？从太阳公公的表情里，你能猜到他在想什么吗？

师：小鸟看到农夫拔禾苗，也叫喳喳地飞走了。如果你就是那飞走的小鸟，你在说什么呢？（师相机板书：急于求成）

师：可惜呀，你们说的农夫并不知道，好心却办了傻事。生活中，你或者你周围的人做过揠苗助长这样的傻事吗？（生说）

师：读了这个故事后，知道你（×××）傻在哪里了吗？

师：是的，这个故事警醒了一代又一代人，故事的题目也就成了大家常用的成语。

【设计意图】 借助插图将理性僵化的寓意总结趣化为童话式的内心表白，这才是真正的心灵感受；有了切身感受后观照生活的得失成败获得新的经验才真正达到教育改造生活的目的。

四、总结课堂，适度延伸

师：这节课，咱们学习了寓言故事《揠苗助长》并学会了阅读寓言的方法。其实，从远古时代开始，许多国家和民族都留下了大量精彩的寓言故事，比如《揠苗助长》就选自中国古代的《孟子·公孙丑》，另外古希腊《伊索寓言》、俄国的《克雷洛夫寓言》等等也都值得一看，课后大家搜集几则，读一读，讲一讲。

【设计意图】 语文课堂学习仅仅是"窗户"，教师应唤醒学生透过窗户来认识缤纷的语文"世界"。

附录:板书设计

揠苗助长

三、说理性课文阅读教学设计

★《说勤奋》(第二课时)教学设计[①]

[教学内容]苏教版四年级上册16课

[设计理念]

在"语用""逻辑"和"言语表现"三个维度的"最近区域"组织、编排教与学活动,即遵从议论文的论证逻辑,突出言语表达,在逐层对话中自然形成问题情境并在深度引领中让学生"得理""得言"又"得法"。

[教学目标]

1. 能正确、流利、有感情地朗读课文。
2. 感悟文章内涵,明辨"勤奋是通往理想境界的桥梁"这一深刻道理。
3. 在读中发现观点与实例之间的关系,初步领会"有理有据"的文体特征。
4. 通过补举例证、交流收获等方式进行言语表达训练。

[教学过程]

一、解析"说"字,明辨文体

师:题目是文章的眼睛。"说勤奋"的"说"与"说话"的"说"意思一样吗?这个"说"字还可以换成什么字?(谈、议、论……)

师:从题目看,文章不像《徐悲鸿励志学画》是写人的,也不像《九寨沟》是写景的,它是什么类的文章呢?(议论文;说理文)

师:这是咱们第一次学这样的文章,通过初读你发现什么特点了?

(学生发言后师点拨归纳并相机板书:理 例)

【设计意图】 导入解析"说"字起点"低",利于学生瞬间进入教学情境;阅读是一种文体

[①] 设计者:臧松刚(江苏省新沂市教师发展中心)

的思维,抓住"说"字起点"准",稍加解析就能扣住文题发现文体特点,为进一步依据议论文体式展开教学打开思维通道。

二、梳理脉络,明白道理

1. 聚焦"理"。

师:作者在文中提出了什么样的观点,说了什么样的道理?读读课文,画出有关句子。

指生读后师相机出示:

◆ 通往理想境界的桥梁是什么?是勤奋。
◆ 古今中外,每一个成功者手中的鲜花,都是他们用汗水和心血浇灌出来的。
◆ 只有一生勤奋,才能有所作为,才能对人民、对社会作出应有的贡献。

2. 读懂"理"。

(指生分别读句子后说说自己的发现)

师:一样的意思,用不同的句子来说有没有啰嗦重复的感觉?

(生读第一句)

师:我有点不懂,你说明白点。

生:勤奋是通往理想境界的桥梁。

师:把这个句子带到课文里完整地读——

生:人人心中……勤奋是通往理想境界的桥梁。

师:这样说既通顺又意思明白,但是作者在文章的开头偏偏用这种自问自答的句式,读起来有什么感觉?

生:这样说能引起我们的注意;这样说能把"勤奋"突出出来……

师:是呀,文章的开头贵在能一下子吸引读者的眼球。

(指生读第二句)

师:有没有重复啰嗦的感觉?(没有)

师:同样的意思连续说出来,我们却不感觉重复啰嗦,你是怎么看的?

(进一步说明"勤奋"的重要;作者反复强调"勤奋"的作用;古今中外的成功者证明了"勤奋"是非常重要的……)

师:你看,现在作者的立场、观点和态度已经十分清楚了。有人想有所作为,于是每天不勤奋工作却一门心思买彩票,说是等中了五百万大奖,然后去建几所希望学校,就有所作为了。你看行吗?(生答略)

师:看来投机取巧是不行的。要想有所作为、对人民和社会做出贡献,只有勤奋。

(指导朗读第三句,突出"只有"和"勤奋")

师:我今年勤奋,明年不努力会不会成功?

生:不会,要一生勤奋。

师:看来,三天打鱼两天晒网也是不行的。

(再次指导读第三句,突出"一生勤奋")

师:作者在结尾这样说,有什么目的?

(再次强调要想成功有所作为,只有勤奋一种办法;再次强调要一生勤奋、坚持不懈地勤奋;对自己所说的话进行总结……)

师：三个句子，一个观点，同样的意思。作者把它们放在不同的位置并采取了不一样的表达，于是就发挥了各自独特的作用，这就是表达的魅力。

【设计意图】 议论文阅读的常态规律是读者首先要获悉作者的立场观点。这个环节就是遵循这样的常态规律，引领学生去获知作者的观点、要说的道理，并从言语表达的角度理解道理、感受表达的效果。

三、领悟表达，学会说理

1. 举什么"例"。

师：为了说清道理，作者举了谁的例子？

生：司马光和童第周。

师：他们相似之处在于——

生：都是通过勤奋才成功的。

师：司马光和童第周是怎样勤奋获得成功的？默读二三节画出有关句子。

（生默读课文圈画句子）

层次一：司马光的"一生勤奋"

师：司马光小时候是怎样勤奋的？（生读句子）

师：长大以后呢？（生继续读句子）

师：小时候勤奋，长大以后更加勤奋。这就叫——

生：一生勤奋。

○ 解读"滚瓜烂熟"

（出示：他却躲在屋里一遍又一遍地高声朗读，一直读到滚瓜烂熟为止）

师："滚瓜烂熟"这个词你怎么理解？

生：把书读得特别熟。

生：快要能背下来。

师：如果死记硬背的，即使倒背如流，能叫真正的"滚瓜烂熟"吗？（不能）

师：司马光"躲在屋里一遍又一遍读书"，"躲"是为了——

生：理解老师讲过的内容。

生：一边读书一边思考。

师：读书不思考等于零，思考不读书也等于零，勤读善思才能真正地"滚瓜烂熟"。

○ 品读"警枕"

（出示：为了抓紧时间，他用圆木做了个枕头，睡觉时只要稍微一动，枕头就会滚开，他醒来后便继续读书写作。他管这种枕头叫"警枕"）

师：同学们，司马光的枕头与咱们的枕头不一样在哪里？

生：用圆木头做的，容易滚动。

师：时代久远，那时候人们枕什么样的枕头我们无法研究。但是，凭着咱们的经验可以推想出一般人枕枕头是为了——

生：睡觉更香。

生：睡觉更舒服。

师：司马光枕这样的圆木枕头却是为了——

生：快点醒来，抓紧时间读书写作。

师：从一般人为了"睡"和司马光为了"醒"的对比中，你想说什么？

生：时间对司马光来说太重要了。

生：司马光勤奋的精神值得我们学习。

师：司马光用独特的枕头延长了读书写作的时间，所以他亲切得称之为——

生（齐）：警枕。

师：这个普普通通的圆木枕头伴随着司马光成为千古流传的"名枕"，成为"勤奋"的象征。让我们怀着对司马光、对"警枕"的一份敬意一起再读读这段话。（生齐读）

师：司马光小时候躲起来勤奋读书，长大以后用枕头警醒自己勤奋读书写作，为了编成史学巨著《资治通鉴》竟用了——

生：19年时间。

师：司马光一生勤奋，终于有所作为。（板书：一生勤奋　有所作为）

【设计意图】　"勤奋"本是抽象概念，只有在具体文本语境中去感觉、捕捉；聚焦关键词语品读则是将文本语境中作者情感的集中点和燃烧点得以激活点燃。这样，词语的丰富内涵和暗藏的情感像火种一样投入学生的心中，获得一种立体的感受和升华了的情感体验。

层次二：童第周的"三重境界"

指生读后出示：

- 第一学期末，他的学习成绩很差，但他毫不气馁，奋起直追。
- 经过半年的努力，他终于赶了上来，学习成绩在班上名列前茅。
- 后来他远渡重洋，到比利时去留学，由于完成了高难度的青蛙卵剥离手术，在欧洲生物学界产生了很大的影响。

师：仔细读这段话，你会发现童第周的经历特别有意思。

（据生回答师相机引导概括并板书：追　赶　超）

师：童第周用勤奋实现了自己人生"追、赶、超"三重境界，文中是具体描述哪个字的？（追）

○ **品读"追"**

师：他在成绩很差的情况下是怎样"追"的？

生：每天天刚亮……晚上睡觉前……

师：从这两句话你能读出什么？

（勤奋刻苦；起早贪黑；夜以继日；不分昼夜……）

师：他的勤奋与司马光在哪些方面有相似之处？

（抓紧时间；珍惜时间……）

师：在落后的情况"追"仅仅靠勤奋刻苦是不够的——

生：他还十分注意改进学习方法。

师：所以说童第周的"追"不仅是勤奋刻苦地"追"，还是——

（讲究方法地"追"；智慧地"追"；科学地"追"……）

师："追"需要勇气的支撑，"追"需要勤奋刻苦的行动，"追"更需要科学的方法，带着这样的理解齐读这几句。（生齐读句子）

○ 想象"赶"

师：童第周经过勤奋努力，成绩赶了上来，成为班上名列前茅的学生。此时他会怎么想呢？（生想象，回答略）

○ 赞叹"超"

师：在童第周之前，生物学界是无人能把青蛙卵完整剥开的。此时，童第周已经超越了所有生物学界的专家，站在这项技术的制高点了。消息传到国内，如果你是他当年的同学好友，你会怎么赞赏他？（生答略）

【设计意图】 文本在概述童第周"勤奋"历程时层次结构清晰，教学思路应该与文本表达的逻辑思路本然统一。因此，先从整体上把握概括出"追、赶、超"三重勤奋境界，然后再围绕这三个方面组织读、品、想、赞等言语活动，目的是培养学生的归纳、概括、分析、类推等逻辑思维能力和语言文字运用表达能力。

2. 怎么写"例"。

层次一：领悟简要概述

师：童第周和司马光一样，手中的鲜花都是用汗水和心血浇灌出来的。作者在写他们勤奋的时候还有什么相似的地方？

（据生答师相机引导）

师：在记叙文中，咱们写事的时候可能会写到人的——

（语言、心理、动作、神态……）

师：记叙文中写事贵在详细具体。再看看第二节是怎样写司马光的？有没有语言、心理、神态之类的描写？是不是详细具体的描述？

师：这就是咱们平常所说的——

（略写；概括写……）

师：第三节写童第周的部分呢？

生：也是一样的。

师：议论文中写事是为说理服务的，所以贵在简要概述。（板书：简要概述）

【设计意图】 文本也是言语范本，阅读的最大意义在于能够给予学生言语生命、言语行为以启示。调动学生已有的记叙文中事例描写的经验与文本的事例进行对比，旨在领悟议论文中事例叙写的简明扼要特点，为言语实践储备表达智慧。

层次二：体会内在统一

师：两位都是通过勤奋获得成功的人，只举一个例子去掉行不行呢？

据生回答相机出示：

同学们一定还记得那个砸缸救人的司马光吧，他是北宋著名的史学家。

我国著名的生物学家童第周，到了17岁才进中学。第一学期他的学习成绩很差……

师：比较这两句话，你能看出什么？

生：司马光是古代人，童第周是现代人。

师：这又能说明什么？

生：古今中外，每个成功者都要靠勤奋。

生：砸缸救人的司马光是个从小聪明的人，童第周17岁才进中学而且成绩很差。

师：也就是说他们开始的时候是不同的，司马光——（从小聪明）

师：童第周——（上学晚，成绩差）

师：举这样两个人的例子其实是想说明什么？（生答略）

【设计意图】 作者观点与事例之间的关系学生很容易发现，但是事例与事例之间互补统一是需要老师"教"的。这种"教"绝不能是机械的"灌输"，而应是教师依据文本提供的"事实"设计编排成合宜的内容和形式，通过学生比对、教师点拨，从而形成学生自己的发现，达到一种教师开渠引水、学生自流而来的理想之境。

四、补举事例，自我表达

师：如果作者不写童第周、司马光的事例，还可以举哪些人的事例呢？

（师根据生回答相机点评事例是否与作者的观点一致）

师：现在咱们像作者那样用几句话把例子简要概括地写下来。

（生读例子，师即时"把脉"语言；生读后，师引导学生评议是否简要概述）

【设计意图】 补举事例，学生会调动相关的知识经验"模块"与作者观点"匹配""耦合"，呈现互为诠释、互为深化的态势；再者，学生在作者表达中积淀的简要概述经验迅速运用于言语表达实践，实现"过程与方法"的统一。

五、总结收获，引导实践

师：课文中，咱们见证了司马光和童第周用勤奋收获的鲜花。短短的一节课，老师也亲眼目睹了大家的勤奋，能谈谈你们这节课收获的鲜花吗？可以是道理的认识，也可以是读书经验和写作方法的获得。（生说师点评）

师：生活中还有很多的道理。你能不能选择一个道理像作者这样通过举例子方法来说一说、写一写呢？

【设计意图】 教育的本质在于提高学生的"生活"质量。让学生展示交流收获，实质是引领学生对"生活"质量的自我梳理、自我总结和自我评价。继而从读到写，引导学生把生活中的道理用举例论证的方法写一写，旨在把文本学习中积蓄的表达智慧投向表达实践。

附录：板书设计

说勤奋

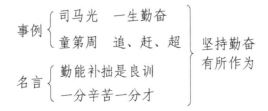

四、小学说明性文本阅读教学设计

★《音乐之都维也纳》教学设计①

[教材内容]

《音乐之都维也纳》选自苏教版小学语文第十册,课文以优美的笔触、浓郁的情思,从"音乐的摇篮""音乐的装饰""音乐的生活"和"音乐的圣殿"四个方面,为我们细腻、生动地描述了音乐之都维也纳的魅力,字里行间流淌着深切的赞美和向往之情,让人在品读的同时,眼前情不自禁地呈现出音乐之都的优美风景,耳畔萦绕维也纳的美妙乐音。

[教学目标]

1. 正确、流利、有感情地朗读课文,感受维也纳浓郁的音乐氛围;学会本课生字,理解主要词语。

2. 在整体感知的基础上,能找出表达课文中心的句子,弄清作者是从哪几个方面具体叙述维也纳是"音乐之都"的;充分感悟"维也纳"作为"音乐之都"的魅力。

3. 在课文语段及词句的品读中,运用网络资源,培养学生欣赏音乐的情趣和收集、分析、整理、表达信息的能力。

[教学重点]

维也纳被称为"音乐之都"的原因,以及歌剧院、"金色大厅"在全世界的影响是学生理解的重点。

[教学难点]

理解维也纳是欧洲古典音乐的摇篮和维也纳人酷爱音乐的生活习惯。

[教学手段]

1.《音乐之都维也纳》专题学习网站构建了非线性的教学互动空间,为学生提供了多种学习的起点和多条学习的路径,使学生能够从"音乐的摇篮""音乐的装饰""音乐的生活""音乐的圣殿"等任何一个层面自由进入,畅游、感受维也纳,并能方便、快捷地从一个层面进入另一个层面。

2. 以学生为主体,使课堂绽放出引人入胜的魅力。

[课时安排] 一课时

[教学过程]

一、营造情境,感受文本的美丽

(播放《蓝色的多瑙河》,维也纳风光片)

师:有这样一座城市,像心脏一样,属于欧洲的中部(出示地图),它的形状像一把小提琴,向人们暗示着这里的与众不同,这就是——

生:维也纳。(齐读课题)

师:看老师板书:维也纳。"纳"是个生字,哪位同学能用"纳"组个词。

生:归纳、纳税、采纳、纳凉等。

---

① 设计者:宋晓丽(江苏省南通市南通师范第一附属小学)

师：今天就让我们在这优美的乐曲声中，一起走进维也纳。打开课本，轻声地读读课文，相信维也纳一定会在你的脑海中留下深深的印象。

（生读文）

师：同学们，放下书本，从这些优美的文字与图片中，你一定已经对维也纳有一个初步的认识。如果请你用一句话来概括你对维也纳的第一印象的话，那就是——

生：这里到处流淌着音乐。

生：这里是音乐之都……

师：说得真好。（板书：音乐之都）

师："都"有三层意思：首都；大城市；盛产一种特产的地方。那你觉得音乐之都是哪层意思？

生：盛产音乐的地方。

师：对，不光是产，而且是"盛产"音乐。它生产的不是脆饼、葡萄干，它盛产的是——

生：音乐。

师：你想怎么读才能把他的特点读出来？

生读课题。

师：你们还知道哪些有特色的都城吗？

生：瓷都景德镇，我们江苏的宜兴被称为陶都。

生：对称之都北京。

生：花都巴黎。

生：雾都伦敦。

生：立体之都东京……

师：同学们真是知识渊博，让老师都觉得跟不上了。

师：在瓷都景德镇到处都能见到瓷器，而维也纳的音乐在哪儿呢？你感受到了吗？让我们再次拿起书本，静下心来，细细地读一读课文，相信你一定能够从文章的字里行间感受到迷人的旋律。

生静静读文，品词析句。

【设计意图】 美的画面，美的形象，美的语言，创设出直观、奇美的情境，多媒体的优势瞬间就调动起学生的兴趣，使学生很快就进入了愉悦的学习状态。为更快、更深入地走进文本做好铺垫。

二、自读梳理，品味文本的旋律

师：你感受到维也纳的音乐了吗？在哪里？说一说，可以精选一两处文字读一读，也可以直接谈自己的感受。

生：维也纳有许多音乐家，比如海顿、莫扎特、贝多芬等等，他们都在这里度过大部分音乐生涯，谱写了许多优美的乐章。

师：打动你的是一段音乐的历史。

生：从维也纳的建筑上可以感受到：到处可以看到大音乐家们的铜像或大理石像。

师：强烈的视觉冲击深深打动了你。

生：是的，维也纳的许多地方多是用音乐家的名字命名。

生：从夏天的夜晚也能感受到,在那里随处可以听到优雅轻快的华尔兹圆舞曲。

生：对呀,那里一天也离不开音乐。维也纳的许多家庭有着室内演奏的传统,尤其在合家欢乐的时候,总要演奏一番。

师：你是一个很会生活的孩子,音乐像空气一样弥漫在维也纳人们的周围。

生：他们的公园里还举行露天音乐演奏会,悠扬的乐声掺和着花草的芬芳,在晚风中飘溢、回荡。

师：只有心静如水的孩子,才能体会其中的快乐。

生：在维也纳,就连王宫花园的草坪上也用鲜花组成了一个巨大的音乐符号作为装饰。这里的音乐设施同样令人叹为观止。

师：视觉的冲击,听觉的享受,内心的震撼,无一不在告诉我们,这里就是维也纳。这里,音乐无处不在,无时不有,我们正置身于——

学生齐读课题《音乐之都维也纳》。

师：那作者又是怎样一步步把我们引入这音乐的圣殿的呢？快速浏览课文,用笔划一划,哪些语句最能概括维也纳的特点？

生：维也纳是欧洲古典音乐的摇篮。

生：维也纳是一座用音乐装饰起来的城市。

生：维也纳几乎一天也离不开音乐。

生：维也纳的歌剧院与音乐厅星罗棋布。

屏幕出示相关句子：维也纳是欧洲古典音乐的摇篮。

维也纳是一座用音乐装饰起来的城市。

维也纳几乎一天也离不开音乐。

维也纳的歌剧院与音乐厅星罗棋布。

师：作者就是这样一步步,一层层,带着我们走近、走进了音乐之都。脉络分明,层次清楚。

【设计意图】 在学生讲述了自己对维也纳的第一印象之后,随即转入第二个板块"自读梳理,品味维也纳的旋律"。基于这样美好的印象,让学生打开书本,阅读课文优美的文字,边读边想,自己看到了什么,听到了什么,又想到了什么？学生读完课文后,畅谈自己的所见、所闻、所想。学生初读课文后,经过梳理,就会感受到维也纳真是一个出音乐的地方,一个出音乐家的地方,音乐之都恰恰有"盛产音乐的地方"之意。整体感受之后,再次朗读课文,理清层次,文本分四个层次来写的脉络自然就呈现出来了。

三、细品课文,赏读文本的韵味

师：作者用从四个不同的角度,为我们展示着维也纳的不同凡响。你最想了解维也纳哪个方面的情况？

生发言,表达自己的愿望。

师：那就带着自己的好奇与疑问,通过网络来了解自己想要了解的内容。不过,老师有一个要求,对自己要了解的内容,要了解得细一些、深一些,不要蜻蜓点水。把自己了解的知识写在课文相应的地方。

请学生自由打开《音乐之都维也纳》专题学习网站浏览。

四大板块：A. 音乐家们的摇篮
　　　　　B. 音乐装饰的城市
　　　　　C. 弥漫音乐的生活
　　　　　D. 世界歌剧的中心

学生自由上网，自主学习。教师行走在学生中间。

师：有的同学一边浏览网页，一边对照课文学习，这是一种很好的学习方法。我们互相交流一下自己上网浏览的感受。

生：我们一边聆听音乐，一边欣赏着美景。在网上学习，真是一件快乐的事。

【设计意图】 指导学生充分阅读课文，自主选择探究的内容，借助网络自学、讨论，选择自己认为最富有表现力的方法向大家介绍维也纳。给学生留足自主探究的时间，在学生分组探究的过程中，教师有意识地参与到各探究小组中去，适时指导。对探究后的交流，进行灵活但又不失严谨的预设。

师生交流环节——

生：通过学习，我知道了什么是古典音乐，古典音乐就是1770年至1840年间在维也纳形成的一种音乐流派。

生：人们把最高的音乐荣誉、最美的音乐桂冠都给了维也纳。

生：这儿所有的这一切都在向世人展示着音乐殿堂那无与伦比的魅力。

师：刚才我们通过网络，了解维也纳，聆听着维也纳。你重点想了解了它的哪个方面，我们来交流一下。

生：我重点了解了维也纳是音乐家们的摇篮。

生：摇篮是小孩睡觉的地方，摇篮是人成长的第一个温暖的家，维也纳给音乐家们提供了最温暖的家。

生：从这里走出了那么多的音乐家。

生：从这里走出了海顿，走出了莫扎特，走出了贝多芬等等。

师：能够将自己了解的知识整理出来，变成自己的认识，这是一种高水平的学习能力。同学们今天的表现真的让老师感到高兴。从维也纳走出的这些天才的音乐家们，在世界乐坛上留下了灿如星辰的艺术作品。你们了解这些人吗？

生：海顿是世界音乐史上影响巨大的重要作曲家，他是维也纳古典乐派的第一位代表人物。我们一起来聆听一下他的作品。（生点击播放海顿的作品）

生：奥地利作曲家莫扎特是古典乐派最典型的作曲家，与海顿、贝多芬并称为"维也纳古典乐派三大作曲家"。他被称为是世界的"神童"。

生：我太喜欢贝多芬的作品《命运》，从那激昂的乐曲声中，能够听到扼住命运咽喉的铿锵有力的声音。每次听到，我都能被深深地打动，有一种想奋斗的感觉。我们也来听一下！（点击播放）

师：谁能读好这段优美的文字。

一生读课文；全班齐读课文。

生：我们重点了解了为什么说维也纳是用音乐装饰起来的城市。

生：是的，这座城市非常美，到处流淌着音乐。

生：我们在网站上的图片栏里，发现了一组维也纳的风光图，让我们来欣赏一下。同学们，我们细细地看，静静地体会，一定会有更多的体会。

师：是的，在静静流淌的音乐中，你们看到了什么？感受到了什么？

《蓝色的多瑙河》音乐悄悄起——

生：太美了，这里到处可以看到流淌的音乐。因为这里到处都有大音乐家门店铜像或大理石像。

师：课文中如何描述的？你来读读看。

生：维也纳是一座用音乐装饰起来的城市。在这儿，到处可以看到大音乐家们的铜像或大理石像。

师：这是灵动的音乐。读得真好，在你的朗读声中，我们仿佛看到了那美妙的城市。

生：我好像看到了维也纳的街道上到处有音乐家的名字，还有音乐符号作为装饰呢！

师：看看课文中怎么说的？

生：为了纪念乐坛大师，维也纳的许多街道、公园、礼堂、剧院、会议大厅等，也多用音乐家的名字命名。就连王宫花园的草坪上，也用鲜花组成了一个巨大的音乐符号作为装饰。

师：这是凝固的音乐，充满生命的魅力。如果你是导游，你怎样介绍得更有吸引力些呢？

生再读，身临其境般。

师：是的，音乐已经渗透到维也纳的每一个角落，让我们再来欣赏用音乐装饰起来的维也纳。（展示图片组合）

师：你还了解了什么？

生：我重点了解了维也纳处处弥漫着音乐。

师：是的，在维也纳，音乐就是生活，生活就是音乐。你从哪儿读出了音乐的味道？

生：我从维也纳的许多家庭举行家庭音乐会里读出了音乐的味道。

师：读读课文中的句子。

生读句子。

生：我从"传统"这个词中读出举行家庭音乐会是维也纳人对音乐的热爱。

生："更有趣的是，在举行集会、庆典甚至政府会议时，会前会后也要各奏一曲古典音乐，这几乎成了惯例。"惯例这个词告诉我们，维也纳人演奏古典音乐已然成为习惯，可见他们对音乐的痴迷。

师：你那么喜欢，能读好这句话吗？

生读句子。

师：是呀，所有的一切都让我们感受到在维也纳，音乐无处不在，无时不有。让我们在美妙的音乐中，读好这一段。

（配乐齐读课文）

【设计意图】 结合课文内容，将学生的交流分为四个主题进行教学预设。在"音乐的摇篮"这一主题，主要通过学生交流对音乐家的认识与欣赏名曲的感受来品味"摇篮"的含义；在"音乐的装饰"这一主题，重点扣住为什么说维也纳是用音乐装饰起来的城市来质疑学生，促使学生将赏图与读文相结合，理解维也纳的音乐雕塑与建筑是凝固的音乐、沉淀的音乐；

在"音乐的生活"这一主题,主要是引导学生结合自己的生活,来畅想维也纳人生活中音乐如空气般不能缺少,并引导学生以名曲作背景,进行优美语句的诵读。

师生交流环节——

生:震撼我的是维也纳的音乐大厅。

师:哪里震撼着你?

生读文。

师:1869年,22200个,110人,1500平方米……读了这些数字,你联想到了哪些词?

生:气势壮观、大、多、历史悠久……

师:还有吗?

生:我还发现,课文中描写的维也纳的"金色大厅",那么多的"金",金碧辉煌,金色墙壁……金色镂花,金光闪闪。这真是——富丽堂皇……

师:歌剧院简直就是一座美丽的宫殿,谁当小导游,读好这一段?(配乐)

生读文。

师:(图片配乐欣赏)这就是"金色大厅"。每到新年,这儿将成为全世界热爱音乐的人们瞩目的焦点,世界各地著名的音乐家也在这里登场。他们的精彩表演,吸引着成千上万的国内外观众。1998年,中央民族乐团在这儿成功举办了虎年春节中国民族音乐会。高音歌唱家宋祖英还在此举办了个人音乐演唱会。中国的民族音乐也走向世界,走进了音乐之都维也纳。

【设计意图】 "音乐的圣殿"这一主题是教学的重点。对这一部分的理解与感受,分四个层次设计,逐层递进。首先,引导学生扣住有关数字来感受金色大厅的壮丽雄伟、历史悠久。其次,寻找这段文字中七处含有"金"字的词语,来感受音乐大厅的金碧辉煌、华丽气派。再次,向学生展示金色大厅的图片,获得直接的视觉冲击,进而对语句有更深的感受,帮助学生朗读。最后,选播维也纳中国虎年音乐会片段,感受中国音乐之美,激发学生的自豪感。这四个层次,环环相扣,层层深入,最终,学生获得的是巨大的震撼、深切的感染,情感与语言必将达到较高层次的交融。

"音乐的摇篮""音乐的装饰""音乐的生活""音乐的圣殿"这四个主题是相对独立又相辅相成的整体,在这一过程中力求以教促学、以学定教。

师生交流环节——

师:音乐如此动人,维也纳那么美好,我们来到维也纳,你最想坐在哪位音乐家的雕像旁,听听哪位音乐家的故事?畅游维也纳,选一选,说一说。出示:"真高兴啊!我来到了音乐之都维也纳,_____。"

生:真高兴啊!我来到了音乐之都维也纳,我最想坐在音乐家贝多芬的身边,静静地聆听他的音乐《命运》,在他激昂的音乐声中,一起感受他对命运抗争坚决的力度,从他的音乐中汲取前进的力量,让我在遇到困难的时候,永不退缩,一直向前。

生:真高兴啊!我来到了音乐之都维也纳,我想坐在小约翰·施特劳斯的雕像身边,听听他的《蓝色多瑙河》,在他欢快的音乐声中可以感受到生活的美好,闻到生活充满了芳香。

……

师:(播放《蓝色的多瑙河》)伴随着蓝色的多瑙河,我们了解了维也纳,走进了维也纳,聆听了乐曲,我们知道,音乐流遍了维也纳的每一个角落,音乐渗入每个维也纳人的血液,维也纳是名副其实的音乐之都。

师:我们的音乐之旅远远没有结束。

下课后,同学们可以:

1. 借助网络,搜索维也纳的资料,深入了解维也纳。

2. 仿照《音乐之都》总分结构的写法,介绍我们所在的城市——南通。把写的内容上传到学校论坛栏目内。

3. 欣赏一首古典乐曲,把自己的感受写下来。

【设计意图】 通过上面几个阶段的铺陈,学生情绪、情感、情思逐渐进入高潮。此时引导学生回味拓展,用这样一个语段填空引发学生的联想与想象:"真高兴啊!我来到了音乐之都维也纳,＿＿＿＿＿＿＿＿。"学生在真情的言说中,对文本进一步感悟,真挚的情感在畅想中再次得到了升华。

课堂教学的结束并不意味着学生学习的终止。就这节课而言,课堂教学的终点,恰恰是学生另一个层面探究的开始。可以在网站中设计一个可以随时留言、回复的"互动空间",为师生之间、生生之间的课后交流提供一个有效的平台,并设计几条开放性的作业,来引导学生进一步探究,与维也纳亲密接触,与其他魅力之城真情相拥,再次架起一座桥梁,让孩子进行一次心灵的旅程,开展深度阅读,走进文本深处,引领学生走进一个崭新而又广阔的学习空间。

附录:板书设计

$$\text{音乐之都维也纳}\begin{cases}\text{音乐的摇篮}\\\text{音乐的装饰}\\\text{音乐的生活}\\\text{音乐的圣殿}\end{cases}$$

第三节　小学写作教学设计

一、小学写作教学的目标要求

2011年版语文课程标准关于"写作"的目标,第一学段定位于"写话",第二学段开始"习作",这是为了降低学生写作起始阶段的难度,重在培养学生的写作兴趣和自信心。

第二学段:①乐于书面表达,增强习作的自信心;愿意与他人分享习作的快乐。②观察周围世界,能不拘形式地写下自己的见闻、感受和想象,注意把自己觉得新奇有趣或印象最深、最受感动的内容写清楚。③能用简短的书信、便条进行交流。④尝试在习作中运用自己平时积累的语言材料,特别是有新鲜感的词句。⑤学习修改习作中有明显错误的词句。根据表达的需要,正确使用冒号、引号等标点符号。

第三学段：①懂得写作是为了自我表达和与人交流。②养成留心观察周围事物的习惯，有意识地丰富自己的见闻，珍视个人的独特感受，积累习作素材。③能写简单的记实作文和想象作文，内容具体，感情真实。能根据内容表达的需要，分段表述。学写读书笔记，学写常见应用文。④修改自己的习作，并主动与他人交换修改，做到语句通顺，行款正确，书写规范、整洁。根据表达需要，正确使用常用的标点符号。

2011年版语文课程标准关于写作教学的主要建议：

（1）在写作教学中，应注重培养学生观察、思考、表达和创造的能力。要求学生说真话、实话、心里话，不说假话、空话、套话，并且抵制抄袭行为。

（2）为学生的自主写作提供有利条件和广阔空间，减少对学生写作的束缚，鼓励自由表达和有创意的表达。鼓励写想象中的事物，加强平时练笔指导，改进作文命题方式，提倡学生自主选题。

（3）写作教学应抓住取材、构思、起草、加工等环节，指导学生在写作实践中学会写作。重视引导学生在自我修改和相互修改的过程中提高写作能力。

二、小学写作教学设计举隅

★ 叶子里的小秘密——四年级知识童话习作指导设计[①]

[教学目标]

1. 通过学习例文，初步感受知识童话表达严谨、语言生动的文体特征。
2. 迁移学习，通过收集资料、片段突破等方式，以"叶子"为主体，练习写一篇知识童话。
3. 引导儿童留心观察自然，以儿童的方式书写自然，涵养一颗颗热爱自然、热爱科学的心灵。

[教学重点]

重点：知识童话故事情节编写。难点：把知识童话写生动。

[教学准备]　PPT，补充读本

[教学时间]　二课时（第一课时指导，第二课时学生习作）

第一课时

[教学过程]

一、识叶，温习旧知

谈话导入：

初冬时节，我们同学都留心观察了身边的景物，同学们还兴致勃勃地捡拾、采摘了各种树叶，现在，请你们高高地举起手，展示你们带来的树叶吧！

有人说：世界上没有完全相同的两片树叶。这是真的吗？请四人小组相互观察带来的树叶，说说你的树叶和其他同学的树叶有什么不同。

李老师都听明白了，你们刚才说了形状、颜色、品种、大小、轻重等等的不同点，那么，有相同的吗？

---

① 设计者：李娟（江苏省南通市城中小学）

通过讨论,归纳如下:叶子的结构基本相似,外形一般都是扁平体,都是由叶片、叶柄和托叶组成的。

二、问叶,引发思考

1. 同学们懂的还真不少,此时此刻,我们的教室成了叶子的世界,你们看,那么多美丽的叶子都来了。

【播放课件】 一片片不同的树叶相继出示,定格,配音乐观赏。

2. 看到这么多的叶子,你的小脑袋里冒出来什么问题?关于叶子,有什么要问的吗?

预设:"为什么树叶会变黄?""为什么有些树叶宝宝会掉下来,有些不会掉下来?""为什么有些树的叶子还是绿的?""为什么有些树叶虫子喜欢吃?""树叶上除了有叶茎,还有什么呢?""树叶可以用来干什么?""为什么有的树叶是红色的?""叶子的形状为什么都不一样?""叶子的颜色为什么不一样?"

3. 评价:同学们真会思考,很短时间就提出了这么多的问题。会提问的孩子一定是爱学习、会学习的,今天这堂课,就让我们一起走进叶子的世界,一起去探究叶子里的小秘密。

4. 导出课题:叶子里的小秘密(板书)。

三、探叶,揭开谜底

1. 怎样才能解开叶子里的小秘密呢?老师课前给大家编印了一本小册子《叶子里的为什么?》,其中有许多问题是同学们刚才问到的。现在,请同学们先看看目录,挑选一个自己最想弄明白的问题,认真研读,准备用自己的话来说说读懂了什么。

【课件出示】 小册子的封面

2. 学生静心阅读后,思考:自己读懂了哪些问题,准备汇报交流。

3. 汇报交流(略)。

四、写叶,寻找故事

1. 我们了解了不少关于叶子的知识,你愿意把这些知识讲给小朋友们听吗?要让他们听得特别感兴趣、喜欢听,一听就明白,就能记住,你们有办法吗?

2. 好,我们一起来向课文学办法。还记得吗?三年级的时候,我们学过这些课文。指名说说,这些课文主要写了什么内容?

【课件出示】 分别出示《小露珠》《小稻秧脱险记》《跟踪台风的卫星》《航天飞机》。

3. 归纳写法:这几篇课文情节都特别有趣,都是以童话故事的形式来讲知识的,把事物当作了人来写,把知识和故事融为一体,知识就镶嵌在故事中,既让我们读了故事,又不知不觉地掌握了含在其中的知识,所以我们都爱读。

4. 看视频,了解仙人掌叶子的知识,然后完成知识童话的编写。

(1)【课件出示】"仙人掌的叶子",看后讨论:仙人掌的叶子去哪儿了?

(2) 大家说说观看视频后,获得了关于仙人掌叶子的哪些知识。

(3) 学生发言,并讨论。

无论是什么形态、什么色泽的仙人掌,它们的体表都是相似的,都有着很多毛茸茸的刺,可是却没有叶子。这是为什么呢?

仙人掌的故乡原本是在大沙漠里,那里既炎热又干燥。开始时,仙人掌身上没有小刺,只有叶子。那些叶子每天不知要蒸发掉多少水分!后来随着一代一代的进化,仙人掌为了能在干旱的沙漠里生存下去,就尽量减少水分的散失,并用身体将那些水分小心地储存起来。因此,它的叶子就慢慢地越长越小,最后变成了一根根小刺。所以,这些刺其实是仙人掌的叶子!

　　一些仙人掌的小刺变成了白色的茸毛,密密麻麻地布满全身。白色茸毛不仅可以减少水分蒸发,还可以反射强烈的太阳光,这样就可以降低体表温度,有利于保存体内的水分。

　　(4) 小结:看来,你们真的看懂了。在童话故事中要把知识准确地表达出来。同学们,知识点就是我们的想象点。现在我们就围绕"仙人掌的叶子为什么变成了刺"这个知识点来编个故事说明吧。

　　5. 讨论如何构思:时间、地点、人物以及情节。

　　(1) 每个故事都有发生的时间、地点、人物,这个故事发生在什么地方?一定是沙漠吗?你的家里也有仙人掌,但是,最初,故事发生的地点一定是沙漠,所以很多童话故事都是从"很久很久以前"开头的。

　　(2) 每个童话故事都有一个主要人物,这个故事的主要人物是谁?你打算给这些人物取个什么名字?

　　(3) 除了主要人物,你觉得根据这个知识点,随着故事的发展,还会出现哪些人物?(相机评价并板书:合适)

　　(4) 借鉴课文,学编情节。人物有了,我们就要围绕人物来想故事情节了。故事最吸引人的就是情节。这个故事怎么开始呢、怎么发展、怎么结束呢?我们可以回忆一下《小稻秧脱险记》这个童话。相机出示情节图:这样一步一步地发展,加入了不同的角色,这个情节就一波三折,就有了情趣,就生动了,就让大家都爱读了。(板书:生动)

　　好,开始写吧。我们的故事从哪儿开始呢?"沙漠上,生长着一棵棵仙人掌,仙人掌的身上长满了绿色的叶子……"这样开头可以吗?老师相信,同学们一定有更好的开头,也一定会构思出更加生动、有趣的故事情节。

　　(5) 四人小组合作讨论,学着先前《小稻秧》的情节图,用几个关键词写下自己小组的情节构思图,注意要把知识融入其中。学生讨论后交流,教师相机点评。

五、拓展,思路飞扬

1. 总结:今天,我们的课堂飞进了一片片叶子,她如同神奇的小精灵,带领着我们飞。

　　向神秘的大自然,去探究、去实践、去发现。这堂课,我们主要想了故事的情节,有了大体的构思。其实,除了可以用故事的形式介绍叶子的知识,我们还可以像小闹钟一样自我介绍一下,用自述的形式来写写叶子的秘密,也可以像《石头书》中的川川和磊磊一样,写一写发现的过程。课后,请大家阅读这些书,读一读,再自己写一写。

2. 作业:完成知识童话《仙人掌的叶子去哪儿了?》的写作。相信同学们的习作一定会成为习作园里最美的树叶,愿每个同学都成为一片美丽的叶子。

附录：板书设计

如何写知识童话

第四节　小学口语交际教学设计

一、小学口语交际教学目标及要求

第一学段：①学说普通话，逐步养成讲普通话的习惯。②能认真听别人讲话，努力了解讲话的主要内容。③听故事、看音像作品，能复述大意和自己感兴趣的情节。④能较完整地讲述小故事，能简要讲述自己感兴趣的见闻。⑤与别人交谈，态度自然大方，有礼貌。⑥有表达的自信心，积极参加讨论，敢于发表自己的意见。

第二学段：①能用普通话交谈。学会认真倾听，能就不理解的地方向人请教，就不同的意见与人商讨。②听人说话能把握主要内容，并能简要转述。③能清楚明白地讲述见闻，说出自己的感受和想法。讲述故事力求具体生动。

第三学段：①与人交流能尊重和理解对方。②乐于参与讨论，敢于发表自己的意见。③听人说话认真、耐心，能抓住要点，并能简要转述。④表达有条理，语气、语调适当。⑤能根据对象和场合，稍作准备，作简单的发言。⑥注意语言美，抵制不文明的语言。

2011年版语文课标关于口语交际教学提出具体的要求：

(1) 口语交际能力是现代公民的必备能力。

(2) 应培养学生倾听、表达和应对的能力，使学生具有文明和谐地进行人际交流的素养。

(3) 口语交际是听与说双方的互动过程，教学活动主要应在具体的交际情境中进行，不宜采用大量讲授口语交际原则、要领的方式。应努力选择贴近生活的话题，采用灵活的形式组织教学。

二、口语交际教学设计举隅

★ 口语交际《介绍世界名城》教学设计[①]

[教学内容]　苏教版小学语文五年级下册练习4

---

① 设计者：张小琴（江苏省南通市南通师范学校第三附属小学）

[教学目标]
1. 了解世界名城及雅号,学会运用有关方法介绍自己感兴趣的城市。
2. 培养学生搜集、分析、整理资料的能力。
3. 培养学生与他人合作、交流、分享的能力。
4. 通过收集的语言材料,感受世界名城的独特之处。

[教学重点]
1. 指导学生紧扣城市特色,运用思维导图,分析、整理搜集的资料。
2. 引导学生用自然的语言、大方的体态向同学介绍自己感兴趣的世界名城。

[教学难点] 指导学生对搜集来的资料进行整理,使介绍做到言之有序、语言自然、体态大方。

[教学准备]　多媒体课件、微课视频、相关资料

[教学安排]　一课时

[教学过程]
导入:交流谈话,相机介绍"长寿之乡"江苏省如皋市。

【设计理念】　边聊边介绍"长寿之乡",既是课前交流,又是口语交际的示范,为课堂指导服务。

一、走近世界名城

1. 知名城。

师:同学们,一座城市,一段历史,千个故事,万道风景,每一处都是文化的印记。放眼全世界,名城知多少!(板书:世界名城)

师:(出示维也纳金色大厅图片)你们知道这是哪里吗?

生:音乐之都维也纳。

师:维也纳,处处离不开音乐。(出示北京故宫图片)这是——

生:首都北京。

师:咱们有着几千年文明史的首都北京,大街建筑对称分布,端庄、稳重。

师:通过课前收集资料,你还知道了哪些世界名城和它的雅号呀?

【设计意图】　借助教材中提及的典型的世界名城,教师提供图片资源,让学生看图说城市及其雅号,既激发学生了解世界名城的兴趣,又了解学生课前对世界名城的认识程度,还补充了学生对个别城市独特之处认知的不足。

2. 知雅号。

师:这么多世界名城都有自己的雅号,(板书:雅号)看到这些名城和雅号,你最想了解些什么? 比如"对称的古都"北京,你最想了解——

生:北京为什么被称为"对称的古都"?

师:比如"水城"威尼斯,你最想了解——

生:威尼斯为什么被称为"水城"?

师:对呀,这雅号就是这座城市的独特之处(板书:独特之处),也是你们最想了解的地方。

【设计意图】　由城市和雅号让孩子聊聊自己最想了解的内容,以此发现城市雅号与名

城特色之间的关系,让孩子明确口语交际的内容。实践创设活动,围绕训练目标制造话题,激发学生参与交际的兴趣,激活学生思维,促成交际训练的开展。

二、了解介绍的方法

1. 说方法。

师:如果让你来介绍一座世界名城,你会做些什么准备呢?(板书:介绍)

生:查阅资料、整理资料、记住内容、实地游览……

【设计意图】 让孩子说说介绍前的准备工作,方法来源于孩子的需要。

2. 晓方法。

师:方法真多,老师就是学着你们的好办法来准备介绍长寿之乡如皋市的。当然还有其他小秘诀哦!一起来看看吧!(播放微课视频)(详见附录)

师:你发现了哪些小秘诀?

生:先根据主题收集整理材料,再提炼信息绘制思维导图,接着组织语言形成讲解文稿,最后借助导图记住讲稿,进行模拟演练。

【设计意图】 3分多钟的微课视频,结合课前交流的示范,从学生的需要出发,主要从搜集资料、整理资料、组织语言、实践操练4个方面为本次口语交际训练提供实践技能指导。

三、合作实践演练

1. 明确合作任务。

师:今天,咱们就抓住城市雅号,分四人小组合作介绍一座世界名城。介绍得最精彩的同学将被评为"出彩主讲人",得到老师精心准备的奖品——"世界名城"丛书,与小组成员共享。有信心挑战吗?

师:请组长取出抽屉里的资料袋,将袋内老师提供的世界名城的网络资料分发给组员,思维导图请组长先放自己身边。也可取出课前你们小组自己收集的资料。

【设计意图】 为训练设计实践任务,利用老师提供的资料或学生自己搜集的资料,让学生带着明确的目的走进口语交际的实践活动,并通过奖励措施让孩子带着挑战去学习。

2. 小组合作演练。

师:先来看要求(出示)。

筛选资料:先找出资料中和城市雅号有关的内容,说给组内伙伴听听。组长绘制思维导图,理清你们的介绍思路。

组织语言:用"删、改、加"的方法组织好语言,再说给伙伴听听。

模拟演练:借助思维导图熟记内容,组内推荐主讲人演练,注意与组员互动。

师:看哪些组能挑战成功。要求清楚了吗?那我们就开始吧!

(小组活动,教师巡视指导)

【设计意图】 让学生在小组实践活动中学会根据交际主题筛选材料,明确交际内容;学会运用思维导图理清介绍思路;学生学会对资料删繁就简,自然表达;学会借助思维导图熟记内容,与同伴交流互动;等等。只有真正经历操练过程才能习得技能,正所谓"在游泳中学游泳"。

3. 合作成果展示。

层次一:扣住雅号,思路清晰

师:时间到,我先请两组代表来介绍介绍。大家都来当评委,看看他们介绍的内容有没有扣住雅号,思路清晰不清晰?

生1:拿着稿子介绍"花都"巴黎。(老师配上图)

生2:拿着稿子介绍"对称的古都"北京。(老师配上图)

师:小评委们,你们觉得他俩介绍得怎么样?哪些地方讲得好?

生:介绍内容扣住雅号,思路清晰,声音响亮。

师:你很会倾听。那有什么建议让他们讲得更好呢?

生:语言再流畅些,加上动作、表情,能和大家互动就更好了。

师:怎么才能做到呢?

生:熟悉稿子,记住要介绍的内容。

师:老师再给你们2分钟,你们抓紧记,抓紧练!别忘了,思维导图可以帮助你记忆哦!待会儿再来挑战。

层次二:语言流畅,互动自然

师:哪一组代表来挑战?争取不带稿子。(生3拿着思维导图上台)

师:现在你们既是观众,又是评委,听听他的介绍语言是不是自然流畅,有没有与你们很好地互动起来。

生3:介绍"佛教之都"曼谷。(老师配上图)

师:介绍得怎么样?你认为有没有达到"出彩主讲人"的要求呢?还需要怎样的努力?

生:语言流畅,动作、神态自然,和我们互动也很自然,要是能不带思维导图就更好了。

师:恭喜你快达到"出彩主讲人"的要求了。继续加油哦!

层次三:记住内容,方式多样

师:刚才都是一个一个介绍的,有没有其他介绍方式呢?

生:可以小组合作介绍,两个人或几个人都可以。

师:是的,可以尝试着以小组合作的形式上来介绍,介绍2个、3个都可以,不带稿子,这样更具有挑战性哦,再给你们2分钟准备。

师:现在哪一组来挑战?

生4、5:合作介绍"水城"威尼斯。(带上自己收集的资料中的彩图,配合课件中的画面,一边互动一边介绍)

师:听了他俩对"水城"威尼斯的介绍,我们真的感受到了威尼斯这座水上之城的异域风情,真想现在就去威尼斯看一看啊!非常感谢你们的介绍!

【设计意图】 在展示与评价中帮助孩子提升,每一次展示都有评价的标准,且提出更高的要求,给孩子留足操练的时间,同学的评价也是一种互动,让孩子在课堂中拔节、成长。

师:不过,"出彩主讲人"最终花落谁家,现在咱说了还不算,后续的介绍就由你们的语文老师带大家进行。这套书放在你们老师身边,由她奖给最终的"出彩主讲人"吧。

【设计意图】 模拟训练是现实口语交际的前奏和准备,能让学生从中得到深切而又真实的体验。本环节根据微课视频的指导,进行实践演练,注重交际实践的渐进性,做到循序渐进,化解难点,每一步都落到实处。小组合作,让每个学生都参与训练,培养学生讨论、交流、分享的能力。

四、交际活动延伸

1. 总结方法。

师：孩子们，今天这节课我们不仅领略了世界名城的独特魅力，还学会了介绍世界名城的方法：

(1) 扣住雅号，搜集相关资料。

(2) 筛选资料，绘制思维导图。

(3) 组织语言，形成介绍文稿。

(4) 借助导图，进行模拟演练。

2. 实践延伸。

布置课后活动延伸作业：

(1) 用今天所学的方法，继续搜集资料，选择你感兴趣的一座城市，向家人或亲戚朋友介绍介绍。

(2) 大家还可以将搜集整理的图文并茂的资料编成一个小册子《走近世界名城》，供大家传阅。

【设计意图】 "多种渠道学语文"是本册要求训练的重要的学习习惯。由一堂口语交际课的话题，引导孩子通过多种渠道关注世界名城，并介绍不同的对象听，为孩子日常口语交际注入更丰富的话题。同时，将活动中的生成性资料编成小册子，也是孩子们共同分享的渠道。

附录：微课设计

微课《介绍"长寿之乡"如皋》

同学们，为了介绍"长寿之乡"如皋，让大家对这座城市的独特之处留下深刻的印象，我做了四项准备工作：

第一，扣住雅号，搜集相关资料。

"长寿之乡"是如皋的雅号，大家一定最想知道"如皋为什么被称为长寿之乡"，我的介绍就要围绕这一雅号来展开(点击出示雅号)。通过查找课外书、请教长辈、上网搜索，我获得了丰富的资料(点击出示资料)。

第二，筛选资料，绘制思维导图。

接着，我对资料进行了筛选整理，把与"长寿之乡"相关的内容划线做上标记，其他的关于这座城市的地理位置、人文景观等只要划出关键句留作简单介绍就行了。为了在介绍时做到言之有序(点击)，我对筛选整理后的材料进行了信息提炼，通过绘制思维导图理清了思路。从刚刚整理的资料中，我找到与"长寿之乡"这一雅号的由来相关的内容有：长寿人口多、长寿的原因、长寿美食。这样边提炼关键词语边梳理介绍顺序，开头加上简要的地理位置介绍，最后用曲线连接，一幅清晰的思维导图便绘制好了。（出示思维导图）

第三，组织语言，形成介绍文稿。

为了在介绍时做到语言自然，通俗化，还需要对资料进行语言重组。如：删掉过于繁琐的描述，将一些术语化的、拗口的句子修改成通俗易懂的语言，给相应板块的内容加上总起句、过渡句或者总结句等等，开头和结尾分别加上开场白和结束语。最终形成了这样的介绍

提纲和文稿。(出示提纲和文稿)

第四,借助导图,进行模拟演练。

介绍时要做到声音响亮,表情自然,动作大方。我们可以根据思维导图,记住思路,通过模拟演练,熟记内容。这样才能很自然地用表情、动作与观众互动;开场白、结束语也是一种互动;介绍过程中提个问题、卖个关子也是一种互动;等等。

怎么样,听了我的介绍,你们是不是跃跃欲试了呢?那就赶快用上这些秘诀试着介绍介绍你感兴趣的世界名城吧!

第五节 小学语文综合性学习教学设计

一、小学语文综合性学习的目标及要求

第一学段:①对周围事物有好奇心,能就感兴趣的内容提出问题,结合课内外阅读共同讨论。②结合语文学习,观察大自然,用口头或图文等方式表达自己的观察所得。③热心参加校园、社区活动。结合活动,用口头或图文等方式表达自己的见闻和想法。

第二学段:①能提出学习和生活中的问题,有目的地搜集资料,共同讨论。②结合语文学习,观察大自然,观察社会,用书面或口头方式表达自己的观察所得。③能在教师的指导下组织有趣味的语文活动,在活动中学习语文,学会合作。④在家庭生活、学校生活中,尝试运用语文知识和能力解决简单问题。

第三学段:①为解决与学习和生活相关的问题,利用图书馆、网络等信息渠道获取资料,尝试写简单的研究报告。②策划简单的校园活动和社会活动,对所策划的主题进行讨论和分析,学写活动计划和活动总结。③对自己身边的、大家共同关注的问题,或电视、电影中的故事和形象,组织讨论、专题演讲,学习辨别是非、善恶、美丑。④初步了解查找资料、运用资料的基本方法。

二、语文综合性学习的教学要求

语文综合性学习关键在"综合性",主要指向以下几方面:语文知识的综合运用;听说读写能力的整体发展;语文课程与其他课程的沟通;书本学习与生活实践的紧密结合。除了突出综合性之外,还要求重视以下几点:

1. 突出现实性

综合性学习课程的实施应贴近现实生活。联系生活中的实际问题开展学习活动,在实现语文学习目标的同时,提高对自然、社会现象与问题的认识,追求积极、健康、和谐的生活方式,增强抵御风险和侵害的意识,增强在与自然、社会和他人互动中的应对能力。

2. 注重参与性

综合性学习应突出学生的自主性。重视学生主动积极的参与精神,主要由学生自行设

计和组织活动,特别注重探索和研究的过程,要加强教师在各环节中的指导作用。综合性学习应强调合作精神,注意培养学生策划、组织、协调和实施的能力。

3. 提倡跨学科性

综合性学习的设计应开放、多元,提倡与其他课程相结合,开展跨领域学习。跨学科学习也应以提高学生语文素养为目的,积极构建网络环境下的学习平台,拓展学生学习和创造的空间,支持和丰富语文综合性学习。

三、小学语文综合性学习活动设计举隅

★ 写意之秋——语文综合性实践教学设计①

[教学设想]

"语文学习的外延与生活的外延相等。"这句话道出了语文学习与生活的关系。在生活中处处蕴藏着语文学习资源,比如针对一年四季,可以"遵循生命成长的规律,顺时而为、依季而孕",围绕季节推进架构人与自然、人与社会、人与自我的三维立体结构,从而使语文学习从课堂走向生活,从静态走向动态。以学生成长为主线,针对不同学段学生的身心特点和发展需求,从零散学习走向有序的活动开展,体现低、中、高学段各有侧重的"得趣—循法—学思"的序列目标。

在四季活动的大环境下,语文综合性学习可以有条不紊地进行从春到夏、从秋至冬的活动,历经"探春、嬉夏、品秋、暖冬"四季轮回的体验,四季的特征和质感在学生的心中更明澈。本则实践活动设计以"品秋"为主题,分为四个版块:第一版块:启——忆秋。第二版块:承——寻秋。第三版块:转——品秋。第四版块:合——绘秋。这样的语文综合性学习主要体现书本学习与实践活动的紧密结合,引导学生积极主动地忆秋、寻秋、品秋、绘秋,进行听、说、读、写的语文表达,努力突出语文综合性学习的开放性、语文性、自主性,并实现学习方式的多元综合,学习能力的多向提升。

本则设计适用于四、五年级,可用 2—3 课时完成教学。

[教学目标]

1. 欣赏关于秋天的诗歌,学生学习感受美,能够体会诗歌中蕴含的形象。
2. 通过走进秋天实践活动,感受秋天的韵致,培养美好情操。
3. 仔细体会诗歌《秋》的妙处和意境,理解诗歌中想象和炼字之妙。
4. 创写赞美秋天的美文一篇。

[教学重点]

积淀情感,品秋之韵致。

[教学流程]

一、忆秋

1. 心中秋。同学们,古人云,"春有百花秋有月,夏有凉风冬有雪",一年四季都有她独特的魅力,现在正是深秋时节,在你的印象中,秋天是怎样的呢?

---

① 设计者:魏青(江苏省淮安市淮阴师范学院附属小学);编辑时有所改动。

2. 诗中秋。在大家的描述中,秋天多么美好,多么富有诗意啊!难怪自古以来,许多文人墨客都喜欢以秋为主题来吟诗作对呢。在你心中印象最深的或最喜欢的描绘秋天的诗词有哪些呢?

二、品秋

1. 结合课件,师生共同吟诵古今写秋诗句。

(1) 我国汉朝的刘彻在有名的《秋风辞》中有两句名句:"秋风起兮白云飞,草木黄落兮雁南归";三国时曹丕在《燕歌行》中写道:"秋风萧瑟天气凉,草木摇落露为霜",这两句名句都从风、云写起,写出了秋天草木黄落,出现了霜,鸿雁南归,十分简洁地概括了秋景的特色。

(2) 唐代大诗人杜甫看到长江上落叶纷飞,感慨万千,他吟道:"无边落木萧萧下,不尽长江滚滚来。"

(3) 另一位唐代诗人刘禹锡却认为"秋日胜春朝",因为"晴空一鹤排云上,便引诗情到碧霄"。

(4) 唐代诗人张继身处江南秋夜,孤舟一叶泊枫桥,多少离愁别绪涌上心头,于是留下了"月落乌啼霜满天,江枫渔火对愁眠。姑苏城外寒山寺,夜半钟声到客船"的佳句。

(5) 一代伟人毛泽东站在秋天的橘子洲头,看到无比壮丽的大好山河,发出"万类霜天竞自由"的赞叹。

2. 展示:师生朗诵、品味所积累的美文语段。

秋日如此之美,文人墨客赞秋之文也颇多,请读一读你积累的描写秋天的语段。

(1) 秋天,炎夏终于悄悄地溜走了,阳光照射大地的时间比夏天短了,不再从早上五六点一直照到傍晚六七点;阳光开始变得柔和温顺了,不再像炎夏时那样怒气冲冲披挂上阵,让人望而生畏;秋天的阳光已经较为斜射,不像炎夏时那样直射,因而温度明显降低了许多。

(2) 初秋的风使人感到凉爽、舒适,那时候穿夏装,更觉得痛快。而深秋的风,尤其是早晚的风,有时就使人不寒而栗了。秋天多细雨,一阵阵,密密麻麻的,下一场雨天气的温度就下降一点,大自然就在一阵阵风雨之中变换季节,弄得人们心神不定。

(3) 深秋多浓雾、多霜,林木深处,鸟的叫声也变得怯生生的了,仿佛感觉到冬天快来了。高峰上已经开始盖上了初雪。

3. 小结。

其实还有许多写秋佳作,例如白居易、王勃、杜牧等诗人,都从不同角度写过秋天的韵味。总之,秋天既有大处的雄伟,又有小处的优美。无论是层林尽染,还是新月菊花,秋天的美景曾打动了多少人,让我们在诗歌所营造的意蕴中流连忘返。

三、寻秋

通过忆秋、品秋,我们初步领略了古今文人墨客笔下秋天的美好韵致,是什么让这些语段这样的优美?关键在于:有体验、有观察,才会有感受。让我们从自己的生活体验中寻找秋天的美好吧。

1. 寻找秋天:秋天在哪里?在红红火火的枫叶上,在起起伏伏的稻浪间……秋天像一首诗,秋天像一支歌,秋天像一幅画,秋天像一个美丽的童话。让我们一起来寻秋吧!学生按照句式继续接龙。

2. 实践活动:小组分工探究。

A. 秋之树叶:组员寻找、观察秋天的树叶

(1) 别看这一张小小的树叶,如果我们用眼睛去看,用鼻子去闻,用耳朵去听,用嘴巴去尝……我们能发现它里面包含了很多的信息,如果加上尺子、放大镜这样的工具,我们就能发现更多更准确的信息。

(2) 指导,我们观察步骤是:多感官观察;借助工具更细致地观察。

(3) 用心去发现,这些树叶在秋天发生了什么变化?

色彩:秋天的枫树叶有的还是绿色,有的一半绿色、一半红色,有的变成了红色,远远望去,枫树叶红绿搭配,美不胜收。秋天的梧桐叶是古铜色,中间还有一丝绿色。

形态:一把把金黄色的小扇子在风中轻舞,舞出一曲秋天的韵致。各式各样的叶片,在秋天里展示不同的舞蹈。

声音:一阵秋风过,侧耳倾听,哗啦啦一片。捡起叶片,用手指弹了一下叶片,听到的声音脆脆的。

(4) 这么美的树叶,诉说着秋的美妙,它们也会触动你们心中的诗情画意。你想说点什么?引导学生说出自己独特的发现和感受。

小结:落叶,是秋的最美的絮语,飘飘落落,讲述着秋的诗情画意的故事。

B. 秋之繁花:组员欣赏秋天的缤纷花朵,观察、记录

(1) 秋天盛放的花朵,散发着独特的芬芳,风中摇曳生姿,是秋的一道靓丽的风景。第二小组在欣赏花的美丽风姿之时,有什么发现吗?

引导学生从花的样子、色彩、芳香等方面进行观察,并梳理观察结果。

秋天盛开的繁花品种繁多,桂子花开十里飘香,秋菊傲霜斗雪,玉簪花开诗意浓,秋天有了繁花的点缀,美得让人心醉。

(2) 你们有一颗向美之心,用心发现秋天的繁花盛放,聆听花语,欣赏花姿,陶醉其中。赏叹之余,我们观察并记录下秋之繁花之美。你们有什么好方法?

指导:观察一种花,从整体到部分,写所看到的,并能加上自己的联想。掌握了方法,你笔下的花一定会活色生香。

小结:观察的方法,整体—部分,部分—整体,部分—部分;由静到动,或由动到静。如实描写,加入想象,抓住要点,考虑周到。

C. 秋之田野:组员在家长和老师的带领下,走进秋天的田野

(1) 同学们走进秋天的田野,看到了什么?

高粱成熟了,像团团燃烧的火焰;大豆成熟了,饱满的豆粒撑开了狭长的豆荚;稻子成熟了,在秋阳的照耀下金光灿灿。

(2) 尝试用自己的语言描述秋天的田野。秋天的季节是收获的季节,一派丰收的景象真是喜人!把这些美景贮存在大脑中,值得回味。如果学习用文字记录下来,才是最恒久的。例如用拟人修辞方法进行描述:棉花头顶白,茄子穿紫袄,大豆鼓肚皮,稻子笑弯腰。

四、绘秋

1. 词绘:列举描写秋天的词语。

描写秋天的成语:金风送爽、雁过留声、秋色宜人、天朗气清、一叶知秋、春种秋收、春兰

秋菊、春花秋月、秋风过耳、秋风萧瑟、秋雨绵绵、秋意深浓、秋兰飘香。(出示)

2. 句绘：列举描写秋天的语句。

(1) 秋雨在一流清冷的秋水池,一颗憔悴的秋柳里,一条怯懦的秋枝上,一片将黄未黄的秋叶上。

(2) 秋天不如春天那么羞涩,夏天那么坦露,冬天那么内向,劲风飞舞,枯叶飘落,秋蝉低鸣,虽衰败,但孕育着希望,虽凋零,但酝酿着收获。

(3) 秋,不是常说是金色的吗?的确,她给大自然带来了丰硕的果实,给包括人在内的众多生物赏赐了无数得以延续生命的食粮。"自古逢秋悲寂寥",这是常人的看法。

(4) 立秋作为夏秋的分界点,秋天悄悄地进入了我们的视线,一抹的墨绿变化成七彩的盛装,黄的、红的、紫的、绿的……色彩绚丽,五彩缤纷,装点着这个瑰丽、芬芳的世界。

3. 诗绘：赏析名家写秋诗作。

秋(沙白)

湖波上

荡着红叶一片,

如一叶扁舟

上面坐着秋天。

(1) 学生朗读,讨论交流,这首诗美在何处?炼字妙在哪里呢?

(2) 引导学生从荡、坐等词入手,想象当时的情景,体会用词的妙处。

(3) 归纳：惬意、宁静、安详,秋天这么大,能坐得下吗?这是作者奇特的想象。这美丽的红叶就是秋天的代言人,就是秋天的象征,一片红叶,引发诗人丰富的想象,"一叶知秋""一花一世界,一叶一如来",秋天,不就是从一些小小的变化开始的吗?小红叶折射出了大意境。

4. 文绘：完成一篇写秋散文。

(1) 提出写作任务：秋天像一首诗、一幅画。画家用笔墨、色彩这样的艺术语言绘秋,我们则可以用语言文字"绘"秋。现在正值金秋九月,同学们,你心目中的秋天是怎样的一幅画呢?那么就请大家拿起笔,用心构思,精心"绘"一篇属于自己的《秋天》"杰作"吧!

(2) 学生独立完成习作。

(3) 师生共同讲评习作。

第六章

备课：基于核心素养的阅读教学设计（初中）

> 读史使人明智，读诗使人聪慧，演算使人精密，哲理使人深刻，伦理学使人有修养，逻辑修辞使人善辩。①
>
> ——培根

初中语文教师资格《考纲》中关于"教学设计"的具体要求主要涉及以下几个方面：

(1) 学情分析：①能够根据语文学科特点及初中学生的认知特征，分析学生在语文学习方面的个体差异；②能够根据所选教学内容和学生已有知识水平，分析学生的学习需求；③能够根据学生的学习需求和已有知识水平，诊断并确定学生的学习起点；④能够根据学生的学习起点，明确教学内容与学生已有知识之间的关系。

(2) 教材分析与教学内容的确定：能够把握所选教学内容及其特点，准确分析教学任务，确定教学内容的相互关系和呈现顺序。

(3) 教学目标、教学重点、教学难点的确定：能够根据《义务教育语文课程标准(2011年版)》规定的初中课程目标、所选教学内容及学生语文学习特点，确定教学目标、教学重点和教学难点。

(4) 教学流程的设计与教学方法的选择：能够设计合理的教学流程，选择恰当的教学方法，突出与教学重点、难点相关的教学环节。

(5) 教学资源的开发、选择与利用：了解语文教学资源的多样性，能根据所选教学内容合理开发、选择和利用教学资源。

(6) 教学方案的撰写：了解编制教学方案的基本规范与要求，能在规定时间内完成教学方案。

第一节 阅读教学的目标及要求

一、初中阅读教学的目标要点

2011年版《语文课程标准》，对7—9年级的阅读教学目标作了明确的规定，其中与"教学设计"紧密相关的内容概括如下：

(1) 能用普通话正确、流利、有感情地朗读。在通读课文的基础上，理清思路，理解、分

---

① 崔海涛、郑观洲编：《人生经典》，山东人民出版社，1997年，第380页。

析主要内容,体味和推敲重要词句在语言环境中的意义和作用。

（2）在阅读中了解叙述、描写、说明、议论、抒情等表达方式；欣赏文学作品,有自己的情感体验,初步领悟作品的内涵,从中获得对自然、社会、人生的有益启示。对作品中感人的情境和形象,能说出自己的体验,品味作品中富于表现力的语言。

（3）学会阅读各种类型的文章。①阅读简单的议论文,区分观点与材料(道理、事实、数据、图表等),发现观点与材料之间的联系,并通过自己的思考作出判断。②阅读新闻和说明性文章,能把握文章的基本观点,获取主要信息。③阅读科技作品,还应注意领会作品中所体现的科学精神和科学思想方法。④阅读由多种材料组合、较为复杂的非连续性文本,能领会文本的意思,得出有意义的结论。

（4）诵读古代诗词,阅读浅易文言文,能借助注释和工具书理解基本内容。注重积累、感悟和运用,提高自己的欣赏品位。

（5）随文学习基本的词汇、语法知识,用来帮助理解课文中的语言难点；了解常用的修辞方法,体会它们在课文中的表达效果。

（6）了解课文涉及的重要作家作品知识和文化常识。

二、初中阅读教学的基本要求

2011年版《语文课程标准》对7—9年级的阅读教学提出具体建议,其中与"教学设计"紧密相关的内容概括如下：

（1）阅读是运用语言文字获取信息、认识世界、发展思维、获得审美体验的重要途径。阅读教学是学生、教师、教科书编者、文本之间对话的过程。

（2）阅读是学生的个性化行为,要珍视学生独特的感受、体验和理解。教师应加强对学生阅读的指导、引领和点拨,不应以教师的分析来代替学生的阅读实践,不应以模式化的解读来代替学生的体验和思考;要善于通过合作学习解决阅读中的问题,但也要防止用集体讨论来代替个人阅读。

（3）阅读教学应注重培养学生感受、理解、欣赏和评价的能力。在理解课文的基础上,提倡多角度、有创意的阅读,利用阅读期待、阅读反思和批判等环节,拓展思维空间,提高阅读质量。但要防止逐字逐句的过深分析和远离文本的过度发挥。

（4）在阅读教学中,为了帮助理解课文,可以引导学生随文学习必要的语文知识,但不能脱离语文运用的实际去进行"系统"的讲授和操练,更不应要求学生死记硬背概念和定义。

第二节　现代散文教学设计研究

★《成功》(季羡林)教学设计
成功(季羡林)

① 什么叫成功？顺手拿过来一本《现代汉语词典》,上面写道："成功,获得预期的结果。"言简意赅,明白之至。

② 但是，谈到"预期"，则错综复杂，纷纭混乱。人人每时每刻每日每月都有大小不同的预期，有的成功，有的失败，总之是无法界定，也无法分类，我们不去谈它。

③ 我在这里只谈成功，特别是成功之道。这又是一个极大的题目，我却只是小做。积七八十年之经验，我得到了下面这个公式：

$$天资＋勤奋＋机遇＝成功$$

④ "天资"，我本来想用"天才"，但天才是个稀见现象，其中不少是"偏才"，所以我弃而不用，改用"天资"，大家一看就明白。这个公式实在是过分简单化了，但其中的含义是清楚的。搞得太繁琐，反而不容易说清楚。

⑤ 谈到天资，首先必须承认，人与人之间天资是不相同的，这是一个事实，谁也否定不掉。十年浩劫中，自命天才的人居然大批天才。葫芦里卖的是什么药，至今不解。到了今天，学术界和文艺界自命天才的人颇不稀见，我除了羡慕这些人"自我感觉过分良好"外，不敢赞一词。对于自己的天资，我看，还是客观一点好，实事求是一点好。

⑥ 至于勤奋，一向为古人所赞扬。囊萤、映雪、悬梁、刺股等故事流传了千百年，家喻户晓。韩文公的"焚膏油以继晷，恒兀兀以穷年"[1]，更为读书人所向往。如果不勤奋，则天资再高也毫无用处。事理至明，无待饶舌。

⑦ 谈到机遇，往往为人所忽视。它其实是存在的，而且有时候影响很大。就以我自己为例，如果清华不派我到德国去留学，则我的一生完全不会像现在这个样子。

⑧ 把三个条件拿来分析一下，天资是由"天"来决定的，我们无能为力。机遇是不期而来的，我们也无能为力。只有勤奋一项，完全由我们自己决定的，我们必须在这一项上狠下功夫。在这里，古人的教导也多得很。还是先举韩文公。他说："业精于勤，荒于嬉；行成于思，毁于随。"这两句话是大家都熟悉的。

⑨ 王静安在《人间词话》中说："古今成大事业、大学问者，必经过三种境界：'昨夜西风凋碧树。独上高楼，望尽天涯路'[2]。此第一境界也。'衣带渐宽终不悔，为伊消得人憔悴'[3]。此第二境界也。'众里寻他千百度。蓦然回首，那人却在，灯火阑珊处'[4]。此第三境界也。"静安先生第一境界写的是预期。第二境界写的是勤奋。第三境界写的是成功。其中没有写天资与机遇。我不敢说这是他的疏漏，因为写的角度不同。但是，我认为，补上天资与机遇，似更为全面。我希望，大家都能拿出"衣带渐宽终不悔"的精神来从事做学问或干事业，这是成功的必由之路。

注释：

[1]语出韩愈的《进学解》。晷，日影，日光。兀兀，勤苦不懈的样子。[2]出自宋代晏殊的词《蝶恋花》。[3]出自宋代柳永的词《凤栖梧》。[4]出自宋代辛弃疾的词《青玉案》。

要求：用这篇文章给某中学初二年级某班上一节阅读课，请完成后面的几个设计。

1. 全文教学目标。

(1) 掌握"言简意赅、蓦然、阑珊、憔悴"等词语的写法及意义，理解"焚膏油以继晷，恒兀兀以穷年""业精于勤，荒于嬉；行成于思，毁于随"等句子的含义，并背诵。

(2) 理解该文逐层推进的结构特点，学习运用引证法。

(3) 领会"勤奋"在成功的几大要素中最重要的道理。

2. 全文的教学重点、难点。
(1) 重点：本文的主旨及论证结构，重要词语的出处及含义。
(2) 难点：理解公式"天资＋勤奋＋机遇＝成功"的意义，领会王国维"三境界"的寓意。
3. 全文教学的板书内容。

成功（季羡林）

天资：由天注定 ⟶
勤奋：自己决定（最重要）⟹ 成功
机遇：不期而来 ⟶

4. 文章第⑨节的教学内容及其程序。
(1) 整体感知：齐声朗读第⑨节，概括这一节主要写什么。
明确：重申成功的要素，突出"勤奋"的重要性。
(2) 自由阅读该节内容，指出运用了什么论证方法。
明确：引用论证法。引用王国维著名的"三境界"进一步论证："成功"几大要素中，"勤奋"最重要。
(3) 品味语言：解释"期许、蓦然、阑珊、憔悴"的含义。
明确：期望，这里指"目标"；
　　　蓦然，忽然、猛然；
　　　阑珊，黯淡、零落；
　　　憔悴，枯萎、凋零，这里指人瘦弱、疲惫。
(4) 具体说说：你是如何理解文中"三境界"的？
明确：第一境界，树立理想、抱负，或确立目标；
　　　第二境界，为所确立的目标、理想而付出努力；
　　　第三境界，经过长期而艰苦的努力，终于实现了理想目标。
5. 课后作业
背诵"三境界"出处的三首词：晏殊《蝶恋花》；柳永《凤栖梧》；辛弃疾《青玉案》。

★《野草》（夏衍）教学设计

野草（夏衍）

① 有这样一个故事。

② 有人问：世界上什么东西的气力最大？回答纷纭得很，有的说大象，有的说狮子，有人开玩笑似的说，是金刚。金刚有多少气力，当然大家全不知道。

③ 结果，这一切答案全不对，世界上气力最大的是植物的种子。一粒种子可以显现出来的力，简直是超越一切的。

④ 这儿又是一个故事。

⑤ 人的头盖骨结合得非常致密、坚固，生物学家和解剖学家用尽了一切的方法，要把它完整地分开来，都没有成功。后来忽然有人发明了一个方法，就是把一些植物的种子放在要剖析的头盖骨里，给它以温度和湿度，使种子发芽。一发芽，这些种子便以可怕的力量，将一切机械力所不能分开的骨骼，完整地分开了。植物种子力量之大如此。

⑥ 这也许特殊了一点,常人不容易理解。那么,你见过被压在瓦砾和石块下的一棵小草的生长吗?它为着向往阳光,为着达成它的生之意志,不管上面的石块如何重,石块与石块之间如何狭窄,它总要曲曲折折地,但是顽强不屈地投到地面上来。它的根往土里钻,它的芽往地面挺,这是一种不可抗的力,阻止它的石块结果也被它掀翻。一粒种子力量之大如此。

⑦ 没有一个人将小草叫做大力士,但是它的力量之大,的确是世界无比。这种力是一般人看不见的生命力。只要生命存在,这种力就显现,上面的石块丝毫不足以阻挡它,因为它是一种"长期抗战"的力,有弹性,能屈能伸的力,有韧性,不达目的不止的力。

⑧ 如果不落在肥土中而落在瓦砾中,有生命力的种子绝不会悲观,叹气,它相信有了阻力才有磨练。生命开始的一瞬间就带着斗志而来的草才是坚韧的草,也只有这种草,才可以傲然地对那些玻璃棚中养育的盆花嗤笑。

要求:用这篇文章给某中学初三年级某班上一节阅读课,完成后面的设计。

1. 全文教学目标。

(1) 解释文中"剖析、骨骼、瓦砾、嗤笑、顽强不屈、能屈能伸"等词语的含义,流畅地朗读全文。

(2) 领悟本文的寓意,学习托物言志的写作方法。

(3) 学习小草精神,努力做一个不悲观,不叹气,生命力顽强的人。

2. 全文的教学重点、难点。

(1) 重点:托物言志写法的运用。

(2) 难点:理解"生命开始的一瞬间就带着斗志而来的草才是坚韧的草,也只有这种草,才可以傲然地对那些玻璃棚中养育的盆花嗤笑"的深刻含义。

3. 全文教学的整体板书设计。

野草(夏衍)

野草 { 环境——石块很重,缝隙狭窄 / 目标——向往阳光,快乐生长 / 态度——曲曲折折,顽强不屈 / 行为——根往土里钻,芽往地面挺 / 结果——掀翻重石,投到地面 } 顽强不屈,能屈能伸。(托物言志)

4. 文章第⑥节的教学内容及程序。

(1) 自由阅读第⑥节,概括该节主要写什么。

明确:写小草是如何战胜困境、钻出土层,在阳光下快乐生长的。

(2) 研读该节,回答该节主要运用了什么语言表达方式,并举例说明。

明确:夹叙夹议,描写。夹叙夹议如:"它为着向往阳光,为着达成它的生之意志,不管上面的石块如何重,石块与石块之间如何狭窄,它总要曲曲折折地,但是顽强不屈地投到地面上来。""这是一种不可抗的力,阻止它的石块结果也被它掀翻。"描写如:"它的根往土里钻,它的芽往地面挺。"

(3) 思考:从全文看,该段在结构上起什么作用?

明确:承上启下,为下文展开议论、揭示主旨蓄势。

(4) 品味语言:"钻、挺"换成其他动词可以吗?如换成"扎、长"怎样?

明确:"钻、挺"生动而精准地描写出了小草对恶劣环境的抗争,强化了使劲、坚持的动态感和力度,突出了小草顽强的生命力。而"扎、长"是比较抽象意义的动词,不能突出小草的精神。

第三节　古代散文教学设计研究

★ 《曹刿论战》教学设计
曹刿论战(左丘明)[1]

① 十年春,齐师伐我。公[2]将战。曹刿请见。其乡人曰:"肉食者谋之,又何间焉?"刿曰:"肉食者鄙,未能远谋。"乃入见。问:"何以战?"公曰:"衣食所安,弗敢专也,必以分人。"对曰:"小惠未徧[3],民弗从也。"公曰:"牺牲玉帛,弗敢加也,必以信。"对曰:"小信未孚[4],神弗福也。"公曰:"小大之狱,虽不能察,必以情。"对曰:"忠之属也。可以一战。战则请从。"

② 公与之乘。战于长勺。公将鼓之。刿曰:"未可。"齐人三鼓。刿曰:"可矣。"齐师败绩。公将驰之。刿曰:"未可。"下视其辙,登轼而望之,曰:"可矣。"遂逐齐师。

③ 既克,公问其故。对曰:"夫战,勇气也。一鼓作气,再而衰,三而竭。彼竭我盈,故克之。夫大国,难测也,惧有伏焉。吾视其辙乱,望其旗靡,故逐之。"

注释:

[1]该课文选自苏教版语文教科书九年级(下册)第四单元:专题为"学会读书·知人论世读经典"。本文选自《左传·庄公十年》。[2]公:诸侯的通称,这里指鲁庄公(前706—前662年),是春秋诸侯国君主。[3]小惠未徧:小恩小惠没有遍及民众。徧,同"遍"。[4]小信未孚(fú):小信用未能使神信任。孚,为人所信服。

要求:用这篇文章给某中学初三年级某班上一节阅读课,完成后面的几个设计。

1. 全文教学目标。

(1) 能够通畅地朗读全文,并背诵全文。

(2) 读准刿、辙、轼、靡、徧、孚等字音,并理解其意思。

(3) 掌握间、鄙、鼓、盈、属、焉等实词和虚词的意义。

(4) 掌握牺牲、狱、可以、再的古今意义差别,以及"何以战"的特殊句式。

(5) 理解长勺之战以弱胜强的真正原因。

(6) 领悟课文写作详略处理的策略。

2. 全文的教学重点、难点。

(1) 重点:刿、辙、轼、靡、徧、孚等字音及其意义;间、鄙、鼓、盈、焉等实词和虚词的意义。

(2) 难点:牺牲、狱、可以、再的古今意义差别;曹刿与庄公的对话,揭示了决定战争胜负的原因。

3. 全文教学的板书设计。

曹刿论战(左丘明)

$$\left\{\begin{array}{l}(1)\text{何以战}\left\{\begin{array}{l}\text{衣食所安:分人(民不愿从)}\\\text{牺牲玉帛:信言(神不赐福)}\\\text{小大之狱:实情(极尽本分)}\end{array}\right.\\(2)\text{指挥战:} \quad \text{战于长勺,齐师败绩}\\(3)\text{论战略:一鼓作气,克之。}\end{array}\right.\begin{array}{l}\text{取胜因素:得民心}\\\qquad\qquad\text{懂战略}\end{array}$$

4. 对出自本文的成语"一鼓作气"进行教学设计。

(1) 指明此成语出自本文。

(2) 引导学生解释其中重要词素意义及用法。

一鼓作气:一,第一次。鼓,名词用作动词,击鼓。作,振作。气,勇气、气势,文中指作战士气。文中指第一次击鼓士气振奋。

(3) 引申义:后来用"一鼓作气"指趁劲头大的时候鼓起干劲,一口气把工作做完。

(4) 学生用"一鼓作气"造一个句子。

5. 为文章第①节设计具体的教学内容及程序。

(1) 学生自由朗读第①节,完成任务:a.用一句话概括该段主要写什么;b.明确曹刿面见庄公,论"何以战"?

(2) 指定学生朗读该段,其他同学注意字音、句读是否准确。

(3) 学生发言,找出该段中需要掌握的重要实词、虚词。

明确: 刿、辙、轼、靡、徧、孚等字音,并理解其意思。(略)

掌握间、鄙、鼓、盈、属、焉等实词和虚词的意义。(略)

(4) 该段中有几个词语,与现代汉语的意义不同,指出来,并解释古今不同的意义。

明确: ① 牺牲——古义:古代祭祀用的牛、羊等牲口。

今义:为正义而献出生命。

② 狱——古义:案件。

今义:监狱。

③ 可以——古义:两个词,可以,凭借。

今义:一个词,可以,表示"行"。

④ 再——古义:第二,文中指第二次。

今义:又。

(5) 学生齐声朗读该段,并思考:针对曹刿"何以战"的问题,庄公回答哪几个条件?曹刿赞成哪一种?为什么?

明确: 师生共同梳理归纳,完成该段板书(见"板书设计")。

(6) 学生用现代汉语翻译该段。(略)

★《与朱元思书》(吴均)教学设计

与朱元思书[1](吴均)

① 风烟俱净,天山共色。从流飘荡,任意东西。自富阳至桐庐一百许里,奇山异水,天下独绝。

② 水皆缥碧[2],千丈见底。游鱼细石,直视无碍。急湍甚箭,猛浪若奔[3]。夹岸高山,

皆生寒树；负势竞上，互相轩邈[4]；争高直指，千百成峰。泉水激石，泠泠作响；好鸟相鸣，嘤嘤成韵。蝉则千转不穷，猿则百叫无绝。鸢飞戾天者[5]，望峰息心；经纶世务者，窥谷忘反。横柯上蔽，在昼犹昏；疏条交映，有时见日。

注释：[1]该课文选自苏教版语文教科书九年级（上册）第五单元：专题为"学会读书·借助注释学文言"。吴均(469—520)，字叔庠，南朝梁文学家。本文是吴均写给朱元思的信中的一个片段。[2]缥(piǎo)碧：青绿色。缥，青白色，淡青。[3]奔：奔马。[4]轩邈(miǎo)：高远。[5]鸢(yuān)飞戾(lì)天：老鹰飞到天上，比喻追求高位。戾，至。

要求：用这篇文章给某中学初一年级某班上一节阅读课，完成后面的几个设计。

1. 全文教学目标。

(1) 能够通畅地朗读全文，并背诵全文。

(2) 给缥、湍、轩邈、泠泠、鸢、戾、柯等字注音，并解释其在文中的意义。

(3) 理解课文中奔、从、东西、轩邈的意义及其用法。

(4) 理解"鸢飞戾天者，望峰息心；经纶世务者，窥谷忘反"的含义，并指出所运用的修辞格。

(5) 联系有关文史知识，理解课文骈散结合的语言特色。

(6) 养成仔细观察景物特征的习惯，学习多角度描写景物的方法。

2. 全文的教学重点、难点。

(1) 重点：① 给缥、湍、轩邈、泠泠、鸢、戾、柯等字注音，解释其在文中的意义。

② 理解课文中奔、从、东西、轩邈的意义及其用法。

(2) 难点：① "鸢飞戾天者，望峰息心；经纶世务者，窥谷忘反"的含义。

② 写景抓住景物的特征，多角度写景的方法。

3. 全文教学的板书设计

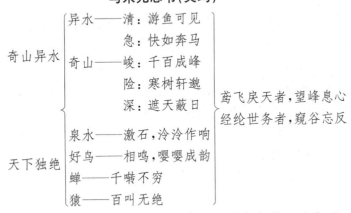

4. 从此类活用角度，找出第①节中与"互相轩邈"用法相似的一个句子，并对这两个句子进行教学设计。

明确：(1) "任意东西"与"互相轩邈"相似。

(2) 找出两个句子中活用的词语，并解释其意义。

东西：名词，这里用作动词，向东、向西。轩邈：形容词，高远，这里用作动词，比高比远。

5. 为文章第②节设计具体的教学内容及程序。

明确：

(1) 承上启下：第①节点明了沿途所见是"奇山异水，天下独绝"。以下重点研读第②节，看作者是如何写"奇山异水"的。

(2) 对照注释，自由阅读第②节，完成以下任务：

① 给缥、湍、轩邈、泠泠、鸢、戾、柯等字注音，并解释其在文中的意义。

明确："缥、轩邈、鸢、戾"详见文后注释。

湍：tuān，水势急，水流急速。

泠泠：líng，形容声音清越。

柯：kē，草木的枝茎，这里指大树的枝干。

② 理解课文中奔、东西、轩邈的意义及其用法。

明确："东西、轩邈"见上面第4题。

奔：动词用作名词，奔马。

③ 解释"鸢飞戾天者，望峰息心；经纶世务者，窥谷忘反"的含义，并指出修辞方法。

明确：

含义：那些像老鹰一样高飞至天的追求高位的人，看到这些雄奇的山峰，就会平息热衷功名利禄的心；那些忙碌于治理政务的人，看到这些幽美的山谷，也会流连忘返。

修辞：比喻，对偶。

(3) 指明学生朗读该段，其他同学注意其读的准确程度，之后师生酌情评价。

(4) 全班齐声朗读该段，思考：

① 该段写了哪些景物？它们各有何特点？师生共同梳理，归纳，完成板书。

明确：见上述板书设计。

② 作者写景的顺序是什么？这样写有何好处？

明确：在学生回答基础上，教师总结归纳，完成板书。

突出写"奇山异水"，还写了老鹰、寒蝉、猿猴、好鸟等等，从形、声、光几个方面描写景物，视角有俯视、仰视、心灵感受等。详见上述板书设计。

(5) 学生分工翻译该段。

明确：水都是青绿色的，千丈之深的地方也能看到底，游动的鱼和细小的石子，一直看下去，可以看得清清楚楚，毫无障碍。急流的水比箭还快，汹涌的大浪像飞奔的骏马。江两岸的高山上，都生长着耐寒常绿的树，山峦凭着高峻的地势，争相向上，都互相争着向高处和远处伸展，笔直向上，直插云天，形成千百座山峰。泉水冲击着岩石，泠泠地发出声响；善于鸣叫的鸟儿，鸣声嘤嘤，和谐动听。蝉不停地叫着，猿不停地啼着（或：蝉长久不断地鸣叫，猿也不时地长啼声音不绝）。那些极力追求名利的人，看到这些雄奇的山峰，就会平息热衷功名利禄的心；治理政务的人，看到(这些幽美的)山谷，(就)会流连忘返。横斜的树枝在上面遮蔽着，即使在白天，也像黄昏一样昏暗；在稀疏的枝条互相掩映的地方，有时可以见到太阳。

第四节　古今诗歌教学设计研究

★《沁园春·雪》(毛泽东)教学设计

[教材分析]

《沁园春·雪》是毛泽东的著名词作,创作于1936年2月。当时,毛泽东和彭德怀率领红军长征部队胜利到达陕北清涧县袁家沟,为了视察地形,毛泽东登上海拔千米、白雪覆盖的塬上,当"千里冰封"的大好河山和这白雪皑皑的塬地展现在他眼前时,不禁感慨万千,诗兴大发,欣然提笔,写下了这首极具豪放风格的词。该词咏雪言志,通过描写雄伟美好的北国雪景,纵论历史上的英雄人物,抒发了对祖国壮丽山河的热爱之情,表达了词人毛泽东作为革命领袖的伟大抱负和坚定信心,充分表现了当代无产阶级英雄和革命人民的豪情壮志。

2003年人教版语文教科书将《沁园春·雪》编排在九年级(上)第一单元第一课,该单元是以歌颂大自然为主题展开,共有四篇课文,其余三篇分别为郑愁予的《雨说》、江河的《星星变奏曲》以及济慈和叶赛宁的外国诗两首。

[教学目标]

知识与能力目标:

(1) 了解这首词的创作背景,熟读并背诵这首词。

(2) 理解词中所写景物特点,感受词中的形象和表达的思想感情。

过程与方法目标:

(1) 品味词中用词的精妙之处,体悟诗歌语言的凝练美。

(2) 深入领会词中的意境,感受词人的思想感情。

情感态度与价值观目标:

(1) 领略词中所写的祖国壮丽山河的美景,体会词人的胸怀和豪情。

(2) 引导学生树立远大的理想和抱负。

[教学重点难点]

教学重点:

(1) 品味词中的形象,体悟语言的凝练,深入领会词中的意境,感受词人的思想感情。

(2) 注重小组合作,进行探究式学习,让学生提出自己的见解。

教学难点:

(1) 体会词人的胸怀和豪情。

(2) 引导学生树立自身的远大理想和抱负。

[教学方法]

(1) 情境教学法。

(2) 诵读涵泳法。

(3) 提问对话法。

[教学流程]

一、导入:创设情境,导入新课

播放该词的朗读录音,并插播部分北国风光的视频,从听觉和视觉两方面引发学生内心的震撼和美感,从而为课堂教学营造积极的学习氛围。

二、切入:初读全词,整体感知

1. 检查预习,指定一名学生介绍关于词的相关知识,由其他学生进行补充,再进行总结。

2. 学习、读准生字词,例如分外、莽莽、妖娆、风骚等。

3. 指导朗读,把握节奏和韵律。先让学生试读,并尝试找出韵脚,进行划线勾圈,然后再进行示范,注意情感的抒发,读出重音,同时注意停顿和节奏。

三、推进:诵读涵泳,想象画面

1. 要求学生反复诵读,并且进入涵泳状态,体会感受该词的大气磅礴之美。

2. 学生找出词中所写的意象,并启发学生想象该词中所描绘的生动画面,训练形象思维能力。

四、深入:研读品味,提高文学鉴赏能力

(一)研读上片

1. 用简短的词语概括该词上片的主要内容。

明确:写景——描写北国风光雪景。

2. 上片怎样展开写景的?词中哪些语句是概括描写雪景的?哪些语句是具体描写雪景的?它们之间有什么联系?

明确:总写北国雪景——"北国风光,千里冰封,万里雪飘"。

分写雪景——第二、三、四句进行。它们之间是"总分"关系。

3. 动词"望",在结构上有何作用?

明确:起到领起下文作用,下面所写,"望"到的都是"长城内外"北国雪景风光,包括大河、山脉、高原。

4. 指出上片所描写的景物类型,并说说这样写的艺术效果。

明确:动景、静景;实景、虚景。

(1)动景:群山、高原。静景:长城、大河。(2)虚景:"须晴日,看红装素裹,分外妖娆"——是想象雪后日照的壮丽景象。其余的是实景。

艺术效果:动静结合,突出了北国风光的特色,令人震撼;虚实交替,明快有力,挥洒自如,充分展示了雄阔豪放、气势磅礴的风格。

5. 指出上片运用了哪些修辞手法,并分析其效果。

明确:比喻、拟人。

(1)比喻:"山舞银蛇,原驰蜡象"。披满白雪、连绵起伏的群山,像银蛇舞动;而白雪皑皑的高原丘陵地带,像蜡白色的象群在奔舞。

(2)拟人:"欲与天公试比高""看红装素裹,分外妖娆"。群山高原与低垂的冬雪云天相连成一片,因而作者信手拈来"欲与天公试比高"之句。"银蛇""蜡象"两个生动比喻,一下子赋予雪境以生命感,且有动中见静的艺术效果。这就"水到渠成"地引出"须晴日,看红装素裹,分外妖娆"的巧妙的联想;通过想象,赋予晴天的北国风光独特之美。

总结:上片写景,通过描写北国雪景,讴歌祖国山河的壮丽,字里行间渗透了词人对祖国山河的热爱。

(二)研读下片

1. 用简短的文字概括下片的主要内容。

明确: 抒情——抒发安邦定国的豪情壮志和理想抱负。

2. 分析"江山如此多娇,引无数英雄竞折腰"内容和在结构上的作用。

明确: 前句承上,后句启下。该句由写景转入评论历代英雄人物,抒发词人的抱负。"折腰"本来是鞠躬的意思,大多含贬义,而这里有赞颂之意,体现出无数英雄为祖国的壮丽山河而倾倒。一个"竞"字写出了英雄间激烈的争斗,同时也表明一代代英雄纷纷涌现。这个过渡句使词的上下片内容浑然一体。

3. 下片描写了哪些英雄人物?你了解这些英雄人物吗?

明确: 秦始皇、汉武帝、唐太宗、宋太祖和成吉思汗。后一问题重在让学生展示自己的文史常识。(答案略)

4. "惜"字在结构上有何作用?它与下面哪些词语相互呼应?表达了词人怎样的情感?

(1)与上片中的"望"一样,有领起作用。

(2)"惜"与以下"略输""稍逊"和"只识"相互呼应。

(3)表达了词人对上述历史上的英雄豪杰各有缺憾的深深遗憾之情。

用"惜"字,既肯定了秦皇汉武等都是中国历史上的英雄人物,具有雄才大略,对中国历史发展都起到了推进作用;又委婉地批评了他们不善文治,在思想文化方面的成就不高,为最后"卒章显志"作了铺垫,表达了今朝的"风流人物"必将超越历史英雄的强大自信。

5. 联系最后一句,怎样才算是真正的英雄?

"俱往矣,数风流人物,还看今朝。"今朝的风流人物,是新时代在文治和武功方面都有杰出才能和伟大抱负的人,是像诗人一样自信、自强的人民群众,以及领导人民群众进行斗争的无产阶级革命家,这也是全词的主旨所在。

总结:下片由祖国山河的壮丽引出英雄人物,抒发诗人的豪情壮志和理想抱负。引领学生提出自己的人生目标。

五、收束:总结归纳,拓展延伸

这首词不仅仅是一幅壮丽的风景图,也是一首豪迈的抒情诗。上片在空间上眺望祖国大好河山,由景即情;下片在时间上纵论众多英雄人物,抒发豪情壮志。全词情景交融,充满着蓬勃向上的新气象。课外阅读毛泽东的其他诗词,如《沁园春·长沙》等。

六、作业布置

1. 背诵并默写《沁园春·雪》。

2. 拓展阅读毛泽东的《沁园春·长沙》,与同学交流学习心得。

3. 运用写景、议论和抒情等手法,写一段描写雨景或雪景的文字,不少于400字。

板书设计：

沁园春·雪（毛泽东）

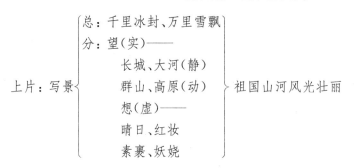

★ 范仲淹《苏幕遮·怀旧》《渔家傲·秋思》对比阅读教学设计

[教学目标]

1. 知识与能力：熟悉几种常见的诗词鉴赏方法，注重有关知识的积累和整合；熟悉并背诵范仲淹的其他诗词。

2. 过程与方法：通过对两首词品、赏、悟、味的体验活动，发展想象能力和审美能力，进一步提高文学修养。

3. 情感态度与价值观：注重个性化阅读，体味范仲淹怀旧、思念的情感；感受词人流寓异地对故乡深深的思念之情和渴望建功立业的人生追求，涵养心灵，提升人格。

[教学重难点]

1. 掌握对比阅读的方法。
2. 鉴赏词的手法。

[教学过程]

一、激趣导入

他是北宋著名文人，咏物抒怀，冠绝古今；先天下之忧而忧，后天下之乐而乐；为政清廉，体恤民情。他经略陕西，号令严明，屯田久守，白发出征。他文韬武略，革除弊政，数度被贬，一片丹心。我想大家都能猜到他是范仲淹吧，今天我们就来学习他的两首词《渔家傲·秋思》和《苏幕遮·怀旧》，通过对这两首词的品、赏、悟、味来感受诗歌意蕴。

导入：范仲淹是北宋杰出的思想家、政治家、文学家。请同学们回顾一下所熟悉的范仲淹的诗文名句。（学生回答，老师补充）

1. 政通人和，百废俱兴。

2. 不以物喜,不以己悲。

3. 居庙堂之高则忧其民,处江湖之远则忧其君。

4. 天人两相忘,逍遥何有乡。吾当饮且歌,不知羲与黄。

5. 昔多松柏心,今皆桃李色。

刚刚我们列举的这些名句,既体现了范仲淹的文采,也蕴含了深刻的哲理和情意。今天,我们将要学习范仲淹另外两首脍炙人口的词作:《渔家傲》和《苏幕遮》。在范仲淹以前,很少有人用词这一形式来真实地反映边塞生活。由于作者有丰富的边地生活经验,所以词中洋溢着浓厚的生活气息。

二、整体感知——浏览性阅读

(一)问题及要求

1. 问题:《苏幕遮·怀旧》《渔家傲·秋思》不仅是范仲淹的优秀之作,也是这一类词牌里的典型佳词,初步阅读这两首词,感受作者所表达的情感,并用自己的语言概括上、下片内容。

2. 要求:抓住主要意象,注重从宏观上整体把握。

(二)交流、整合

《苏幕遮·怀旧》:上阕写景,下阕抒情,写出作者心头萦绕不去、纠缠不已的怀乡之情和羁旅之思。

《渔家傲·秋思》:上片描摹出了一幅寥廓荒僻、萧瑟悲凉的边塞鸟瞰图,下片写戍边将士厌战思归及矢志不渝报效祖国、建功立业的胸怀。

三、品赏悟味——鉴赏性阅读

(一)运用知人论世的方法,了解两首词的创作背景,初步把握两首词所表达的意蕴

《苏幕遮》这首词作于宋仁宗康定元年(1040年)至庆历三年(1043年)间,当时范仲淹正在西北边塞的军中任陕西四路宣抚使,主持防御西夏的军事。范仲淹身处边塞要防之地,远离故乡,浓浓的思乡之情流溢纸上。

1038年西夏李元昊称帝后,连年侵宋。由于积贫积弱,边防空虚,宋军一败于延州,再败于好水川,三败于定川寨。1040年,范仲淹自越州改任陕西经略副使兼知延州(今陕西延安)。延州为西夏出入关要冲,战后城寨焚掠殆尽,戍兵皆无壁垒,散处城中。《渔家傲》可能即作于知延州时,作者厌战思归,保卫祖国的浩然大志喷薄欲出。

1. 展示有关词人资料。(学生介绍,老师补充)

范仲淹(989—1052),享年64岁,字希文,谥号"文正"。祖籍邠州(今陕西彬县),后迁居吴县(今江苏苏州)。他是北宋著名政治家,曾向仁宗赵祯上条陈十事,要求改革当时弊政。他又是一个著名的文学家,其《岳阳楼记》的名句"先天下之忧而忧,后天下之乐而乐"为后世所传诵。他的词,有的写边塞生活,有的写羁旅情怀,或苍凉悲壮,或缠绵深婉,对后来的苏轼、王安石有一定的影响。有《范文正公文集》传世。其一生可概括如下:

幼年丧父—苦读及第—泰州治堰—执教兴学—秉公直言—伏阁请对—景祐之争—戍边西北—庆历新政—高风亮节—与世长辞

2. 再次阅读,概括词人在不同时刻写下的这两首词的意蕴。(学生发言,互为补充,教师归纳)

《苏幕遮·怀旧》：表达作者心头萦绕不去、纠缠不已的怀乡之情和羁旅之思。

《渔家傲·秋思》：该词描摹出了一幅寥廓荒僻、萧瑟悲凉的边塞鸟瞰图，词的下片抒发将士壮志难酬和思乡忧国的情怀。整首词表现出将士们的英雄气概及艰难生活，意境开阔苍凉。

（二）运用品象入境法，赏析两首词的不同意蕴

指导：品象入境，即品味意，探入境。这是一种最为常见的具有中国特色的诗词文鉴赏方法。一般有以下几个步骤：披文识字—感知物象—探入意境—领悟意蕴—体会情感—审美评价。

四、赏析《苏幕遮·怀旧》

（一）切入导入

王实甫的《西厢记》长亭送别一幕的[端正好]的崔莺莺的唱词："碧云天，黄花地，西风紧，北雁南归，晓来霜染层林醉，总是离人泪。"元代王实甫巧妙地化用了范仲淹《苏幕遮·怀旧》的词句，王实甫笔下，离人泪在这悲凉的秋季增添了几分孤独和寂寞，与范仲淹的相思泪之寥寥凄清有异曲同工之妙。（播放崔莺莺唱词）

（二）讨论、交流、精读

1. 赏析："碧云天，黄叶地"所写之景。

明确： 秋天的天空格外晴朗，一片碧蓝，只有几许薄薄的云彩飘荡在蓝天上，在碧蓝天幕的背景中，云彩也成了碧色的了。碧云浮空，黄叶匝地，俯仰生姿，"碧""黄"搭配，色彩浓烈（斑斓），意境开阔，此句已成为描写秋景的千古名句。

2. 思考："秋色连波，波上寒烟翠"写景角度的变化。

明确： 由俯仰变为平视远眺。

3. 赏析："山映斜阳天接水。芳草无情更在斜阳外"两句使用的手法。

明确： （1）"芳草"化用了《楚辞》"王孙游兮不归，芳草生兮萋萋"句，意思是说王孙远游不归，只见家乡的芳草丰茂地生长，因此"芳草"指故乡。（2）以草的缠绵，喻情思不断。如《饮马长城窟行》："青青河畔草，绵绵思远道。"宋代谢逸《蝶恋花》："独依栏杆凝望远，一川烟草平如剪。"李煜的《清平乐》："离恨恰如草，更行更远还生。"（3）"山映斜阳天接水。芳草无情更在斜阳外"两句使用的实虚结合的手法。"山映斜阳天接水"写远观的实景，而"芳草无情，更在斜阳外"是虚景，即想象之景，实虚结合，将读者的情思引向更加渺远的故乡，使思乡之情得以深化。借"无情"衬出有情，"化景物为情思"，别有一番滋味。（4）这两句也起到了承上启下的过渡作用，由上片的写景，过渡到下片的抒情。

4. 讨论：上片描写了怎样的秋景？（老师巡视）

明确： 湛湛蓝天下，茫茫大地上铺满片片枯萎的黄叶。无边的秋色绵延伸展，融汇进流动不已的江水；浩渺波光的江面，笼罩着寒意凄清的烟雾，一片空蒙，一派青翠。山峰，映照着落日的余辉；天宇，连接着大江的流水。无情的芳草啊，无边无际，绵延伸展。这幅巨景，物象典型，境界宏大，空灵气象，画笔难描。

5. 理解"黯乡魂，追旅思"的互文手法。

明确： 思乡羁旅之情缠绕不止，使人黯然销魂。

6. 如何理解"明月高楼休独倚"表达的感情。

"休独倚"更可见词人夜间为乡愁所扰而好梦难成,便想登楼远眺,以遣愁怀;但明月团圆,反衬出词人身在异乡,倍感孤独寂寞。"倚"却说"休倚"表达了作者痛苦深沉的思乡情思。

7. 归纳整合(师生总结)。

(齐读后总结)《苏幕遮·怀旧》范仲淹运用虚实结合、互文和衬托的手法,描写了一幅凄清、寥廓苍茫的秋景图,表达了作者的痛苦深沉的羁旅思乡之情。

五、赏析《渔家傲·秋思》

(一)导入切入

这首词是作者戍守西北边关时所写,无论写诗或词作者一般常用借景生情、触景生情及寓情于景的手法,让我们一起去看看作者笔下的塞外大漠风光和他独特的情感。(学生跟读《渔家傲》的录音)

(二)讨论 交流 精读

1. 说出作者视觉下的悲凉景象,并分析其深意。

明确:(1)"衡阳雁去无留意"一句,大雁南飞,边塞已自荒凉,秋来更加萧瑟,大雁向衡阳飞去,没有丝毫的留恋之意。极言边地荒凉,连鸟也不愿久留,反衬出边地的荒凉,将士们条件艰苦。

(2)"千嶂里,长烟落日孤城闭"一句,孤城落日,斜阳西沉,烟雾缭绕中的千山万壑,犹如屏障,重重叠叠,前句描绘出一幅雄浑壮阔的画面。这句和王维的《使至塞上》"大漠孤烟直,长河落日圆"相通。"孤城闭"三字顿然情势突变,显示出一座孤城伶仃而立、城门紧闭的景象。"闭"字写出戒备森严,透出紧张气氛,可见战事紧张,战士们在傍晚就提高警惕,守卫孤城,防止敌人来犯。[又一次写出战士身处荒凉边塞,但责任重大,不容懈怠,那壮阔的景象恐怕无心欣赏]

小结:作者从视觉上把整个塞上偏僻的情景生动形象地描画出来,使人如临其境,同时感受到边塞将士的慷慨悲壮的情怀。

2. 说出作者听觉下的震撼,并分析其深意。(自由诵读)

明确:(1)"四面边声连角起"一句,西风呼啸,驼马嘶鸣,兵士吟唱,草木萧萧,衬上悲凉的军中号角声,使得边塞的秋天更显肃杀。角声从四面八方裹挟而来,隆隆作响,表明战事紧急、军情紧迫,这和李贺的《雁门太守行》"角声满天秋色里,塞土胭脂凝夜紫"有异曲同工之妙。

(2)"羌管悠悠霜满地"一句,在浓霜满地的夜晚,一片萧寒景象,而悠悠的羌笛哀婉悲越,使人备感凄凉。此句颇得王之涣的《凉州词》"羌笛何须怨杨柳,春风不度玉门关"之神韵。

3. 边塞环境如此恶劣,作者为什么不选择回家呢?作者此刻肯定十分思念故乡,他如何表现思乡之情的?(学生勾画讨论老师巡视指导)

明确:(1)"燕然未勒归无计",此句借用东汉车骑将军窦宪北伐匈奴大获全胜,在燕然山刻功记石的典故,表达作者渴望建功立业的大志,以及厌战的情绪和迫于形势的无奈,建功未果的失落和痛苦。国不安定,哪里有家?

(2)"浊酒一杯家万里""人不寐,将军白发征夫泪"两句,作者思念家乡却常年不得归,只好借酒浇愁,这"一杯"和"万里"形成鲜明对比,极指自己远离家乡,路途漫漫,颇有"烽火连三月,家书抵万金"的神韵。作者思念家乡辗转难眠,夜里甚是孤独寂寞,牵挂着远方的家,多年征战无归期,头已白,默默流泪。

(三)概括总结(师生同构)

我们深入分析了这两首词。《苏幕遮·怀旧》:作者主要运用虚实结合、互文和衬托的手法描写了一幅凄清、寥廓苍茫的秋景图,表达作者心头萦绕不去、纠缠不已的怀乡之情和羁旅之思。《渔家傲·秋思》:作者主要运用白描描摹出了一幅寥廓荒僻、萧瑟悲凉的边塞鸟瞰图,表达作者思乡忧国之情。(总结后齐读)

六、比同较异——评价性阅读

(一)两首词相同之处

1. 都抒发了思乡之情。

2. 字数相同,都只有62字。

3. 自古伤春悲秋,都是在秋季书写。

4. 都采用了白描手法写景。

(二)分析不同点(学生列举,教师概括)

1. 意境不同。

《苏幕遮·怀旧》描写了"碧云天,黄叶地。秋色连波,波上寒烟翠。山映斜阳天接水。芳草无情,更在斜阳外""明月楼高"的凄清,空蒙、空灵寥廓苍茫之境,而《渔家傲·秋思》描摹了"衡阳雁去无留意,四面边声连角起,千嶂里,长烟落日孤城闭""羌管悠悠霜满地"的雄浑壮阔,苍凉悲壮,充满肃杀的意境。

2. 表达的感情不同。

两首词都有表达思乡之情,《渔家傲·秋思》着重表现忧国之情,《苏幕遮·怀旧》着重表现"相思泪",而《渔家傲·秋思》既有"相思泪"还有"征夫泪"。

3. 手法不同。

《苏幕遮·怀旧》主要是运用虚实结合、互文和衬托的手法,而《渔家傲·秋思》主要是运用视觉、听觉对比的手法。

七、拓展延伸

我们要学会从一首诗读出这一类或者相关的其他诗,比如《苏幕遮·怀旧》可以结合《西厢记》[端正好]的唱词连读,读《渔家傲·秋思》时搜集更多边塞诗词对比阅读,如王维的《使至塞上》,王之涣的《凉州词》,王昌龄的《从军行》等。

八、教师感言(意在引发学生发表个性化阅读见解)

品读诗词的方法有很多,我们要学会对比阅读,运用精读、背诵、朗读等多种方式灵活地解读诗词,要巧学、活学。这样才能形成系统的个人化的理解,在生活中融会贯通,学以致用,感受中国诗词文化活色生香的魅力。

九、作业

1. 背诵这两首词,并分别将这两首词改写为散文。

2. 诵读以下几首《苏幕遮》词。

(1)〔北宋〕周邦彦《苏幕遮·燎沉香》

燎沉香,消溽暑。鸟雀呼晴,侵晓窥檐语。叶上初阳干宿雨。水面清圆,一一风荷举。

故乡遥,何日去?家住吴门,久作长安旅。五月渔郎相忆否?小楫轻舟,梦入芙蓉浦。

(2)〔清〕纳兰性德《苏幕遮·枕函香》

枕函香,花径漏。依约相逢,絮语黄昏后。时节薄寒人病酒,刬地梨花,彻夜东风瘦。

掩银屏,垂翠袖。何处吹箫,脉脉情微逗。肠断月明红豆蔻,月似当时,人似当时否?

(3)金庸《苏幕遮·向来痴》

向来痴,从此醉。水榭听香,指点群豪戏。剧饮千杯男儿事。杏子林中,商略平生义。

昔时因,今日意,胡汉恩仇,须倾英雄泪。虽万千人吾往矣。悄立雁门,绝壁无余字。

3. 诵读。

〔宋〕李清照《渔家傲·天接云涛连晓雾》

天接云涛连晓雾,星河欲转千帆舞。仿佛梦魂归帝所。闻天语,殷勤问我归何处。
我报路长嗟日暮,学诗谩有惊人句。九万里风鹏正举。风休住,蓬舟吹取三山去!

附录:

苏幕遮·怀旧(范仲淹)

碧云天,黄叶地。秋色连波,波上寒烟翠。山映斜阳天接水。芳草无情,更在斜阳外。
黯乡魂,追旅思。夜夜除非,好梦留人睡。明月楼高休独倚。酒入愁肠,化作相思泪。

渔家傲·秋思(范仲淹)

塞下秋来风景异,衡阳雁去无留意。四面边声连角起,千嶂里,长烟落日孤城闭。
浊酒一杯家万里,燕然未勒归无计。羌管悠悠霜满地,人不寐,将军白发征夫泪。

第七章

备课：基于核心素养的教学设计（高中）

  任何学校都同时存在5种课程：(1)理性课程（学者认为应当教授的内容）；(2)正式性课程（监督机构，如行政区等所规定者）；(3)感悟性课程（教师认为根据教师需要所要教授者）；(4)操作性课程（在教室中究竟教了什么，由外部的观察人员所发现者）；(5)经验性课程（学生所学者）。[①]

——古德莱德

  高中语文教师资格考纲中关于"教学设计"的具体要求包括如下几方面：

  (1) 学情分析：①能够根据语文学科特点及高中学生的认知特征，分析学生在语文学习方面的个体差异；②能够根据所选教学内容和学生已有知识水平，分析学生的学习需求；③能够根据学生的学习需求和已有知识水平，诊断并确定学生的学习起点；④能够根据学生的学习起点，明确教学内容与学生已有知识之间的关系。

  (2) 教材分析与教学内容的确定：能够把握所选教学内容及其特点，准确分析教学任务，确定教学内容的相互关系和呈现顺序。

  (3) 教学目标、教学重点、教学难点的确定：能够根据《普通高中语文课程标准（2017年版）》规定的课程目标、所选教学内容及学生语文学习特点，确定教学目标、教学重点和教学难点。

  (4) 教学流程的设计与教学方法的选择：能够设计合理的教学流程，选择恰当的教学方法，突出与教学重点、难点相关的教学环节。

  (5) 教学资源的开发、选择与利用：了解语文教学资源的多样性，能根据所选教学内容合理开发、选择和利用教学资源。

  (6) 课外活动的设计：能够设计多样化的课外活动（如读书报告会、书评交流会），引导学生分享阅读乐趣，交流阅读成果，共同提高阅读和写作能力。

  (7) 教学方案的撰写：了解编制教学方案的基本规范与要求，能在规定时间内完成教学方案。

---

① 钟启泉主编：《国际普通高中基础学科解析》，华东师范大学出版社，2003年，第133—134页。

第一节 单篇课文教学设计研究：文化经典学习

一、该研究的价值追求

怎样确定语文教学内容，是课改以来很纠结的问题。据研究者粗略统计，70%的课堂教学问题都源于教师研究教材的欠缺，问题大多在于弄不明白究竟要"教学什么"。理想的语文课程体系应该是："课程目标内容化—课程内容教材化—教材内容教学化—教学设计个性化。"当前语文课程实施中的难点是该体系中的后两个环节，即"教材内容教学化""教学设计个性化"，其实质就是"教学什么""怎么教学"的问题。由于我国《义务教育语文课程标准（2011年版）》（以下简称"2011年版语文课标"）仍然缺乏具体的课程内容，而当前通行的新课标教材基本都属于"文选型"教材，在"教材内容教学化"方面还有待提高，这就决定了语文教师的"备课"难度仍然不小。"教什么""学什么"在很大程度上比"怎样教""怎样学"更重要。

二、该研究的目标定位

《普通高中语文课程标准（2017年版）》（以下简称"2017年版语文课标"）设置18个"学习任务群"，以任务为导向，以学习项目为载体，整合学习情境、学习内容、学习方法和学习资源，引导学生在运用语言的过程中提升语文素养。每一个任务群都包括"学习目标与内容""教学提示"两大主体内容，这种崭新的课程内容为更好地培养学生的语文核心素养创造了条件。

2017年版语文课标明确规定要"强化优秀传统文化的渗透"，凸显了三个特点：

（1）内容全面：关于课内外读物建议，既保留原有的《论语》《孟子》《庄子》等选篇，又增加了《老子》《史记》等文化经典著作的选篇；要求学生广泛阅读的各类古诗文，范围扩大，覆盖了从先秦到清末各个时期。

（2）分量加重：课标明确作出数据化规定："课内阅读篇目中，中国古代优秀作品应占1/2。"

（3）要求更高：在要求全面加强优秀传统文化教育的前提下，设置中华优秀传统文化学习专题（详见"学习任务群14 中华传统文化专题研讨"），进行中华传统文化经典作品深入学习研讨。古诗文背诵推荐篇目有了大幅度增加，从2003年版课标的14篇（首），增加到72篇（首），其中文言文32篇，诗词曲40首。《过秦论》《六国论》《阿房宫赋》《伶官传序》《石钟山记》等经典名篇都在推荐背诵之列。

本专题以"学习任务群8 中华传统文化经典研习"规定的学习目标、内容及要求为研究视角，根据教师资格证国家考试大纲的相关要点，着重对传统文化经典的教学途径及策略进行探究与尝试。

三、"学习任务群8 中华传统文化经典研习"内容

本任务群旨在引导学生通过阅读中华传统文化经典作品，积累文言阅读经验，培养民族审美趣味，增进对中华优秀传统文化的理解，提升对中华民族文化的认同感、自豪感，增强文

化自信,更好地继承和弘扬中华优秀传统文化。

1. 学习目标与内容

(1) 选择中国文化史上不同时期、不同类型的一些代表性作品进行精读,体会其精神内涵、审美追求和文化价值。

(2) 在特定的社会文化场景中考察传统文化经典作品,以客观、科学、礼敬的态度,认识作品对中国文化发展的贡献。

(3) 梳理所学作品中常见的文言实词、虚词、特殊句式和文化常识,注意古今语言的异同。

(4) 阅读作品应写出内容提要和阅读感受。选择一部(篇)作品,从一个或多个角度讨论分析,撰写评论。

(5) 学习传统文化经典作品的表达艺术,提高自己的写作水平。

2. 教学提示

(1) 重视诵读在培养学生语感、增进文本理解中的作用,引导学生积累古代作品的阅读经验。

(2) 引导学生借助注释、工具书独立研读文本,并联系学习过的古代作品,梳理常用文言实词、虚词和特殊句式,提高阅读古代作品的能力。

(3) 多角度、多层面地组织主题学习单元,引导学生合理运用精读、略读的方式,由点到面地体会中华传统文化的精深和丰富,初步认识所读作品在中国文化史上的贡献。

(4) 组织学生在具有一定阅读量的基础上,展开交流和专题讨论,就传统文化的历史价值、时代意义和局限等问题,用历史和现代的观念进行审视,表达自己的看法。

(5) 引导学生坚持在研读的过程中勤查资料、勤做笔记;围绕所读作品,利用图书馆、互联网查阅相关注释、评点等资料,加深和拓展对作品的理解;学习运用评点方法,记录自己的感受和见解,不断提高独立阅读能力。

四、经典课文教学设计举隅

★《石钟山记》(苏轼)教学设计

[教学设想]

文言文是中国传统文化的载体,入选中学语文教材的文言文,大体包括史事传记、诸子散文、传奇小说、游记小品、政论辩说、诗词散曲、骈文辞赋、古代戏曲、书信公牍、序跋赠言等类型。不管哪一种类型的文言文,其教学价值一般都包含"文言""文章""文学""文化"四个方面,四者互为渗透、相辅相成。经典的文言文大多是"文章"与"文学"的统一,其中"文化"是多层面多视角地体现出来的,是渗透在语词、章法及所言之志、所载之道中的。因此,学习文言的词汇、词法、句法,是为了更好地读懂文言文,学习文言凝练而智慧的语言表达,从而汲取文言文中丰厚的文化滋养。

苏轼《石钟山记》是传统的经典课文,被多种版本语文教材收入,沪教版新课标教材将其编入高中语文第四册第六单元(华师大出版社 2011 年),该单元共选五篇课文,依次是《过秦论》《师说》《石钟山记》《劝学》《古代散文学习漫议》。以该单元设置为依据,立足于"教学什么""怎么教学",注重探讨经典课文的教学设计,以及如何体现出经典的厚度与张力。

[教学目标]
1. 给文中"彭蠡、钟磬、栖鹘、澎湃"等字词注音。
2. 解释文中"鼓、遗、适、固、方、发、殆、莫、何"等重要词语。
3. 指出文中的词类活用现象,解释词的意思,并掌握活用的规律。
4. 识别文中所运用的几种语言表达方式,理解其表达效果,并学习综合运用几种语言表达方式的写法。
5. 体会作者的探究精神和科学态度,理解文末所揭示的深刻道理。

[教学重难点]
1. 理解文中活用的词及其意义,并掌握其规律。
2. 学习综合运用记叙、描写、议论几种语言表达方式的写法。
3. 探究石钟山得名的真正原因,用现代观念审视作品该如何评价课文的地位和价值。

[教学方法] 提问对话法、诵读涵泳法、探究阅读法
[课时安排] 2课时
[教学流程]

一、导入:以旧带新,诗文兼顾,上挂下联

古代散文博大精深,先秦诸子散文、汉代政论文、唐宋八大家古文是其中几座高峰。在前两篇课文学习中,我们领略了贾谊《过秦论》兼具汉大赋特色的气势磅礴、汪洋恣肆,品味了韩愈《师说》的文道并重和雄健笔力;今天我们要走近苏东坡,跟随他姿态横生的笔触,去领悟游览名山大川引发的人生思考。其实,这类富含生活哲理的思考和感悟,在苏轼的诗歌中也有表现,即名句"不识庐山真面目,只缘身在此山中"。师生齐声背诵《题西林壁》,并引出有关文史知识:苏轼"两起三落,再三遭贬"的坎坷人生。以此调动学生的语文知识积淀,营造积极的学习氛围,为深刻理解课文的丰富哲理做铺垫。

1. 作家作品。

引导学生阅读注释①,接着看屏幕,口头完成以下填空题:苏轼,字子瞻,号东坡居士,北宋文学家。诗称"苏黄"(　　);词称"苏辛"(　　),是宋词豪放派的开创者;书法称"苏黄米蔡"宋四家(　　)、(　　)、(　　);文列唐宋古八大家。八大家:唐代(　　)、(　　)并称;宋代有欧阳修、三苏:(　　)、(　　)、(　　),还有(　　)、(　　)。

2. 作者生平。

苏轼的一生是"两起三落,再三遭贬"。他生活的北宋时代,贫弱的局势逐渐形成,社会危机急遽发展,士大夫酝酿政治革新运动。刚中进士的苏轼也参与这一浪潮,提出革新弊政的要求。但后来王安石推行新政过程中,措施过于激进,苏轼又站在保守派一边加以反对,于是外调杭州通判,转任密州、徐州等地。宋神宗元丰二年(1079),因写过讽刺新法的诗被告发,获罪下狱,这就是北宋有名的"乌台诗案"。侥幸未死,出狱后贬为黄州团练副使,他的著名词《念奴娇·赤壁怀古》就是在此期间写就的。到了1086年,宋哲宗即位,以司马光为首的旧党执政,苏轼又被召回朝廷。由于他在现实生活中体验到新法的施行仍有可取之处,又主张保留某些新政,于是又为旧党所不容。再度被贬于杭州。1093年,哲宗亲政,又起用新党,苏轼再遭打击,真是新仇旧怨,集于一身。后遇朝廷赦免北还,途中在常州病逝,谥号文忠。

3. 题解。

《石钟山记》是一篇著名的散文,它和王安石《游褒禅山记》等古代游记散文一样,叙议结

合、别开生面,体现了古人游览名胜往往有所思考和领悟的精神境界,也体现了苏轼一以贯之的人生态度。

二、切入:第一轮阅读,注重整体感知,体会文章脉络,概括初读感悟

1. 学习任务。

(1) 对照课文注释自读全文,概括课文主要写什么,找出文中表达主旨的语句。

(2) 彭蠡、钟磬、栖鹘的音、形、义;运用汉字造字规律,对"钟磬""磬竹难书""馨香"进行形近字辨析,以丰富词汇的积累。

2. 设计理念。

第一轮阅读设计,遵循"由表及里、逐层深入"的阅读规律,体现语文课程标准"注重整体把握"的阅读要求,培养学生快速搜寻、提取文章中重要信息的能力。古代山水游记的重要特点,是在游历名山大川、欣赏奇秀美景的同时,往往有所感悟,或名士情怀,或人生哲理,即所言"志"和所载"道"。文言文学习的最终落点就是文化的传承与反思,因此,无论是课内阅读还是课外阅读,这种阅读的"原初感悟"都很重要。

3. 能力点。

快速搜寻文本重要信息,迅速找到文章的"卒章显志"处,锁定重要语句"事不目见耳闻,而臆断其有无,可乎?"。

三、推进:第二轮阅读,注重语言文字层面,积累文言基础知识,积淀文言语感

1. 学习任务:掌握重要实词、虚词的意义及其用法,掌握特殊的文言句式
2. 学法指导:将重要词语、句子置于具体语境中理解掌握
3. 设计理念:

文言文教学的价值重要体现在"文言""文章""文学""文化"四个方面。关于文言文中的字词及文言句式教学,王荣生教授主张遵循"放过、突出、深入、分离"四原则,这是比较贴近当今文言文教学实际的。对于古今意义及用法完全一致的词句,直接放过;对于教科书有详细注释的词语,也尽量放过;对于较难的字句,如本文中生僻的拟声词"磔磔"、"噌吰"、"窾坎镗鞳"等,教科书上有确切的注音、解释,则不必花过多时间,都可放过。对于"同中有异"的常用字词,则应该结合具体语境予以突出、强化,如本文中的两个"绝":"乘小舟夜至绝壁下""噌吰如钟鼓不绝"。对于那些体现文章章法考究、折射作者炼字炼句独特艺术的词句,则需要深入赏析、涵泳品味。

对高中学生来说,在学习语言文字运用中重视规则,是很有必要的。夸美纽斯指出:"一切语言通过实践去学比通过规则去学来得容易","但是规则可以帮助并强化从实践中得来的知识"该单元中张中行《古代散文学习漫议》中指出:学习文言文要"多次重复""于熟中求通晓"。在该轮阅读设计中,结合上单元课文,重视书后附录《文言文的特殊句式》,列举相关例句,注重上挂下联、旁征博引,引导学生在积累中培养文言文语感。因此,在师生共同讨论环节中,针对课文中的例句,充分利用上下单元相邻课文,结合书后《文言文的特殊句式》,列举出一组相关例句,使其构成"同类项合并",注重引领学生重视归纳概括文言文学习中的有关"规律",即由"学会"向"会学"过渡,而不是死记硬背这些例句。

4. 阅读方式:指名学生朗读;分组分段朗读;重点句段翻译后反复朗读。

5. 学习活动。

(1) 掌握下列实词、虚词的意义。要求:对照注释,把字词放到具体语境中去理解掌握。

鼓、遗、适、固、方、发、当、殆、遗、焉(略)
(2)指出文中词类活用现象,解释其意义和用法,并理解这些用法的规律。
(3)指出文中特殊句式,翻译成现代汉语,并理解其规律。
(4)师生互动,共同完成如下归纳。

- 使动、意动用法

文中例句:虽大风浪不能鸣也。鸣,叫,发出声音;鸣也,鸣(之)也,即"使(之)鸣也",动词使动用法。

补充例句:下列句子含使动、意动用法,学生判断、解释,并理解两种用法的规律。
① 完璧归赵:形容词的使动用法,使……完好无缺。
② 大王必欲急臣:动词的使动用法,使……着急。
③ 以愚黔首:形容词使动用法,使……愚笨。
④ 项伯杀人,臣活之:动词的使动用法,使……活了下来。
⑤ 且庸人尚羞之:动词的意动用法,以……为羞耻。
⑥ 吾从而师之:名词的意动用法,以……为老师。
规律:使动用法是主语使宾语自身完成动词谓语所反映的行为方式。
    意动用法是主语自身在心理上认为宾语怎么样。

- 名词作状语

文中例句:余自齐安舟行适临汝。舟行,即用舟行,通过船出行,名词做状语。

补充例句:①包举宇内;②相如廷斥之;③奉璧西入秦;④一狼犬坐于前;⑤箕畚运于渤海之尾;⑥君为吾呼入,吾得兄事之。

规律:置于谓语动词之前的名词,则用作状语,表达行为的方式、地点、性状、工具等。

- 文言特殊句式

定语后置句的文中例句:石之铿然有声者,即铿然有声之石。
补充例句:①马之千里者;②村中少年好事者驯养一虫;③亦雁荡具体而微者。
规律:定语后置句,靠"之"或"者"把中心词提前。
宾语前置句的文中例句:古之人不余欺也,即古之人不欺余也;否定宾语前置。
补充例句:①未之尝闻;②何以知之(介宾);③大王来何操(动宾);④唯才是举(固定结构:唯……是……);⑤句读之不知,惑之不解(靠助词"之"提前宾语)。
规律:否定句宾语前置,有两个标志——一是有否定词,二是宾语是代词。
    疑问句宾语前置,有两种情况——一是动词宾语提前,二是介词宾语提前。
    例句④⑤是固定结构,靠固定词语将宾语提前。

四、深入:第三轮阅读,注重文章、文学层面,赏析文章构思的独特之处,品味炼字炼句处

1. 学习任务。
(1)用简洁语言分别概括文章三段的大意,并简要概括文章三个自然段的内容及其结构关系。
(2)识别文章主要运用哪几种语言表达方式(记叙、议论、抒情、描写、说明)?它们分别体现在文章哪些段落?
(3)思考:第2段集中笔力描写了怎样的一幅图景?作者着力描写这些景物有何意图?
(4)梳理文章中二"疑"、三"笑"、一"悟"等环节,体会作者行文构思的逻辑严谨性。

2. 学法指导。

要求学生结合课文后的思考题,重点梳理文中二"疑"、三"笑"、一"悟"等环节,初步体会作者行文构思的逻辑严谨性,然后进一步赏析。

3. 设计理念。

学习经典课文是如何布局谋篇、实现文道统一的,重点学习景物描写的方法。学习传统文化经典作品的表达艺术,提高自己的写作水平。

师生互动,逐步讨论并解决上述问题。

(1) 学生回答问题1、2两个问题,在此基础上,概括并完成以下板书。

石钟山记(苏轼)

1. 质疑——叙议结合 ⎫
2. 解疑——记叙、描写 ⎬(因果) ⎫(因果)
3. 感悟——议论 ⎭

(2) 师生讨论问题3,并加以概括。

第2段集中笔力描绘出一幅阴森恐怖的石钟山夜景,景物有远有近、有高有低、有动有静、有形有声,非常逼真;可谓姿态横生、用墨繁复,其用意在于:渲染环境气氛,烘托出亲身探访考察石钟山之不易,为下文抒发感慨、卒章显志蓄势。

(3) 师生讨论问题4,并在已有板书内容上表明文章三段之间的结构关系。

第1段与第2段之间是因果关系,第1、2段与第3段之间又是因果关系。二"疑"、三"笑"、一"悟"几个环节,折射出文章缜密的逻辑关系:因有疑而探访,由探访、实地考察而解疑;因实地考察、解疑之不易而产生感慨;从而揭示深刻的道理。这正是该篇游记的匠心独运之处,内容环环相扣,笔触姿态横生;叙事、写景、说理水乳交融,水到渠成。

五、拓展:第四轮阅读,注重文化意蕴层面,提取并整合课文内、外信息,学会辩证客观地评价古今人与事,获得文化提升

1. 学习任务。

学生根据课文及上述资料,概括关于石钟山得名由来的几种观点、依据及其代表人物。

2. 学法指导。

阅读方式:提取性阅读、探究性阅读。

3. 设计理念。

随着上海连续两次参与PISA测试,当代阅读素养内涵发生的变化,对我国的阅读教学逐渐产生影响。PISA阅读评估的范畴包括:获取信息;获取信息形成广义、整体的理解;形成完整的解释;反思评价文章内容,反思评价文章表达形式。就高中学生而言,学习中国古代优秀作品,要体会其中蕴涵的中华民族精神,为形成传统文化底蕴奠定基础;并且要学习从历史发展的角度理解古代作品的内容价值,从中汲取民族智慧;用现代观念审视作品,评价其积极意义与历史局限。鉴于此,该环节设计提取、整合、评价性语文活动,合理利用教科书中思考题有关内容,并链接有关资料。

4. 拓展内容。

(1) 教师呈现有关内容链接。

链接1:晚清学者俞樾的有关论述:经过周密考察,认为"全山皆恐,如钟覆地"。

链接2:清代郭庆藩诗作《舟中望石钟山》。

洪钟旧待洪钟铸,不及此山造化工。风入水中波激荡,声穿江上石玲珑。

链接3:今人共识——石钟山命名,"形"与"声"都是其因素。

(2)学生结合课文及上述链接资料,概括关于石钟山得名由来的几种观点、依据及其代表人物,完成下表的填写:

附:古今关于石中山命名原因异同对照表

观点	依据	代表人物
主声派	水声如钟、石声如钟	郦道元、苏轼、李渤
主形派	全山皆空,如钟覆地	俞樾
形声派	山形似钟、水声如钟	郭庆藩、今人

(3)说说自己怎样看待苏轼的见解,他的观点对本文的地位和价值有无影响?为什么?

总结归纳:尽管苏轼考察的结果并不完全正确,但是他不迷信古人、不轻信旧说,敢于怀疑、勇于身体力行的精神,还是值得肯定的,这与他一生中坚持自己的立场,不随便附和"革新派"和"保守派"的行为是完全一致的。这种不盲从不轻信、敢于探索、勇于追求的精神,对于涤荡当下人心浮躁、泡沫效应、文化快餐等社会现实,都有一定的积极意义。

对于学生学习的启发作用更加直接:新课程要求积极倡导自助、合作、探究的学习方式,要求学生具备问题意识,强调学习重要,而思考更重要;学会重要,而会学更重要;结果重要,而过程更重要;继承重要,而创新更重要。

六、收束:迁移提升

本文体现了宋代散文"因事见理、长于议论"特点。不仅如此,宋代诗歌也以因事见理的特质见称,世有"唐诗主情,宋诗入理"的说法。联系读过的古今诗文,列举其中含义蕴藉的语句,并简述其中蕴藏的深刻道理。

1. 说说苏轼《题西林壁》蕴涵的生活哲理(与前之"导语"内容首尾呼应,意在提高导语设计的利用率)。例如,观察事物、看待问题,立足点不同、视角不同,则所得结论必然不同。

2. 学生列举蕴含深刻道理的古今诗文中的名句警言,并作简单阐述。

(1)杜甫《春夜喜雨》:随风潜入夜,润物细无声。
(2)白居易《赋得古原草送别》:野火烧不尽,春风吹又生。
(3)陆游《游山西村》:山重水复疑无路,柳暗花明又一村。
(4)朱熹《观书有感》:问渠那得清如许,为有源头活水来。
(5)北岛《回答》:卑鄙是卑鄙者的通行证,高尚是高尚者墓志铭。
(6)王安石《游褒禅山记》:而世之奇伟、瑰怪,非常之观,常在于险远,而人之罕至焉,故非有志者不能至也。

3. 选择富含生活哲理的古今诗文名句警言,以其为话题材料,写一篇议论文,800字左右。

★《过秦论》(贾谊)教学设计[①]

[教学设想]

余秋雨说:"欧洲,作为古代经典最醒目的标志,是一尊尊名扬天下的雕塑和一座座屹

---

① 设计者:邵熠璇(南京师范大学教育硕士,初稿)

立千年的建筑。中国历史上毁灭性的战乱太多,只有一种难以烧毁的经典保存完好,那就是古代诗文经典。这些诗文是蕴藏在无数中国人心中的雕塑和建筑,而一代接一代传递性的诵读,便是这些经典绵延不绝的长廊。"贾谊《过秦论》是人教版普通高中课程标准试验教科书语文必修三第三单元的自读篇目,被 2017 年版语文课标列入建议背诵的 72 首(篇)诗文篇目。文言文是中国传统文化的载体,通过文言文教学,为学生打下扎实的文言文基础,有利于加深学生对中国传统文化的了解、充实文化底蕴、提升文化品位。

[教学目标]

1. 积累重点实词、虚词以及句式的用法。
2. 理解贾谊对秦王朝迅速灭亡原因的分析,了解作者的政治见解。
3. 掌握对比论证法在全文中的作用,学习借古讽今的写作方法。
4. 学习本文词采华丽、千变万化的语言特点,处处重复却不给人以累赘之感,句句相似却又没有雷同之嫌。

[教学重难点]

1. 加强诵读、理解文章结构层次及写作意图。
2. 识辨课文中通假字、活用词、古今异义词,掌握重要实词、虚词及多义词。
3. 学习本文词采华丽、千变万化的语言特点,引导学生识辨积累。

[教学方法]　提问对话法、诵读涵泳法、探究阅读法

[教学流程]

一、导入

一部战国史简直就是一部武林史,战国七雄经过激烈的角逐,最后秦国灭掉了其他六国,建立秦王朝。正当秦始皇做着千秋万代帝王的美梦时,一群疲弊的农民"斩木为兵,揭竿为旗",轻而易举地攻破所谓的"金城千里",导致强大的秦王朝"一夫作难而七庙隳,身死人手"。这一切是什么原因造成的呢?西汉的政治家、文学家贾谊阐述了他的看法。这就是今天我们要学习的史论《过秦论》。

1. 作者生平。

贾谊(前 200—前 168),汉族,洛阳(今河南洛阳东)人,西汉初年著名政论家、文学家。贾谊少有才名,十八岁时,以善文为郡人所称。汉文帝时任博士,迁太中大夫,受大臣周勃、灌婴排挤,谪为长沙王太傅,故后世称贾长沙、贾太傅。三年后被召回长安,为梁怀王太傅。后梁怀王坠马而死,贾谊深自歉疚,抑郁而亡,时仅 33 岁。

2. 题解。

(1) 过秦:言秦之过,指出秦亡国的过失。

(2) 论:一种文体,古文中所谓的论,是论事断理,它包括政论、史论等文字。

(3)《过秦论》全文共分上、中、下三篇:上篇写秦始皇的过失;中篇写秦二世胡亥过失的;下篇写秦王子婴的过失。《过秦论》主要是指讨论秦始皇的这一部分。

二、诵读学习

1. 学习任务。

(1) 对照课文注释自读全文,概括课文主要写什么。

(2) 指导学生朗读课文,体会其中不同部分应读出的情感。

明确：文中的铺排，要读出气势，高亢而有力；文中的对比，要读出情感，抑扬有别，褒贬分明；深责时，要义正词严；惋惜处，要让人警醒。在学生朗读完后，教师应给予适当的评价。

2. 能力点。

快速搜寻文本重要信息，概括文章内容；提升学生对文章感悟的能力，培养朗读能力。

3. 设计理念。

古人云："读书百遍，其义自见。"熟读或背诵一定数量的文言篇目，对加深文言文的文意理解，培养语言感知、直觉、积累、顿悟能力有很大的帮助。第一轮诵读学习，可以培养学生快速搜寻、提取文章中重要信息的能力，了解文章的主要内容。同时以读代讲，培养学生的原初感悟，提升学生诵读课文的能力。

三、文言知识积累

1. 学习任务。

(1) 掌握重要的通假字、古今异义词的意义。

(2) 掌握词类活用现象、特殊的文言句式。

2. 设计理念："积土成山""积水成渊"。知识积累是能力提高的基础，有计划地进行积累，不仅可以丰富学生的古汉语的语言材料和知识，使之形成系统，而且也能转化为能力，提高文言文阅读水平。

3. 学法指导：将重要词语、句子置于具体语境中理解掌握。

4. 阅读方式：指名请学生朗读；分组分段朗读；重点句段翻译后反复朗读。

5. 学习活动。

(1) 指出文中通假字，并理解其意义。

(2) 指出文中词类活用现象，解释其意义和用法，并掌握这些用法的规律。

(3) 指出文中特殊的文言句式，翻译成现代汉语，并理解其规律。

明确：师生互动，共同完成如下归纳：

- 词类活用

① 名词作状语

南取汉中：向南。

② 名词作动词

追亡逐北：逃跑的军队。

③ 形容词作名词

尊贤而重士：贤良之人；因利乘便：有利条件

④ 形容词的使动用法

会盟而谋弱秦：使……变得弱小

- 通假字

① 外连衡而斗诸侯　　"衡"通"横"

② 孝公既没　　　　　"没"通"殁"

③ 约从离衡　　　　　"从"通"纵"；"衡"通"横"

- 古今异义词

① 以**致**天下之士　古义：招纳　今义：导致
② 不**爱**珍器　古义：吝惜　今义：珍爱
③ **于是**六国之士……　古义：在这时　今义：表承接的连词
④ 流血漂**橹**　古义：盾牌　今义：船桨
⑤ 秦人**开关**延敌　古义：打开关隘　今义：按钮
⑥ 制其**弊**　古义：困乏　今义：弊端

- 特殊句式

① 判断句："陈涉瓮牖绳枢之子，氓隶之人，而迁徙之徒也""仁义不施而攻守之势异也"。
② 被动句："一夫作难而七庙隳"；"为天下笑者，何也？"
③ 宾语前置句："信臣精卒陈利兵而谁何"。
④ 状语后置句："谪戍之众，非抗于九国之师也""陈涉之位，非尊于齐、楚、燕、赵、韩、魏、宋、卫、中山之君也"。

四、合作探究

1. 学习任务：梳理文章内容，探索秦在不同时期与六国的关系，划分逻辑段落。

2. 学法指导：细读文本，划分文本逻辑段落，深入了解文章内容，初步体会作者行文构思的逻辑严谨性，为进一步赏析打下基础。

3. 设计理念：由"文字层面"阅读，过渡到"文章层面"阅读；学习经典课文是如何布局谋篇、实现文道统一的，通过逻辑段落的划分，了解文章论证结构，不断学习论证方法，提高自己的写作水平。

4. 学习活动。

(1) 用简洁的语言分别概括文章各段的大意，了解秦国在不同时期与六国的关系。

师生互动，共同概括大意，梳理结构关系：

① 学生自由朗读第一段，明确主要内容：孝公志在天下，得商君辅佐，使秦国于西戎称霸一方，奠定秦强盛的根基。

明确此时秦与六国关系："外连横而斗诸侯，秦人拱手而取西河之外。"

出示思维导图：秦的崛起

地利——据崤函之固、拥雍州之地
政治雄心——窥周室，有席卷天下，包举宇内，囊括四海之意，并吞八荒之心
人和——君臣固守
政通——内立法度，务耕织，修守战之具
(商鞅变法)外连衡而斗诸侯等的优势
首战告捷——拱手而取西河之外

② 同桌交流，明确第二段主要内容：惠文、武、昭襄因遗策，蒙故业，宰割天下，使六国诸侯恐惧；孝文王、庄襄王，享国日浅，国家无事。

此时秦与六国关系："六国精锐尽出仍不敌秦国，合纵之约散解，六国国力疲困。"

出示思维导图：秦的发展

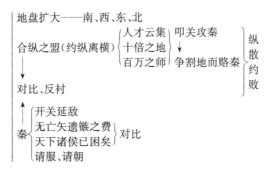

③ 第三段内容：始皇即位，奋六世之余烈，执敲扑而鞭笞天下，威震海内。践华为城，因河为池，以为关中之固，金城千里，能建立万世之业。

此时秦与六国关系："吞并六国，天下已定。"

出示思维导图：秦的极盛

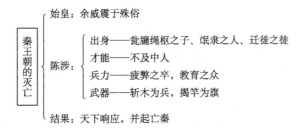

④ 第四段内容：始皇既没，余威震于殊俗，然而陈涉，瓮牖绳枢之子，将数百之众，斩木为兵，揭竿起义，天下响应，山东豪俊并起而欲亡秦。

秦与天下关系："秦已呈末世之态，各地反秦势力四起。"

出示思维导图：秦的灭亡

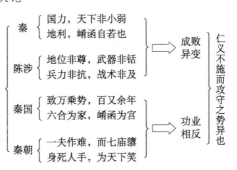

⑤ 第五段通过全段议论：将六国、陈涉与秦的"战力"进行比较。区区陈涉无论在武器、战术、组织……皆不及六国与秦，而六国为何地广兵强，却败于秦？陈涉又何以使强秦开始崩散？贾谊针对强秦的败亡提出关键结论："仁义不施，攻守之势异也。"

出示思维导图：全段议论

(2)在概括段落大意的基础上,划分文章逻辑段落,分小组讨论分析秦国成长史、始皇称霸史、秦朝灭亡史的过程。

明确:逻辑段落

1—3节:秦国强大,锐不可当。

4节:秦朝鼎盛,迅速灭亡。

5节:卒章显志,得出结论——"仁义不施,攻守之势异也"。

(中心论点)

五、细读鉴赏

1. 学习任务:品味文章谋篇布局的方式,鉴赏文章的语言特色,提升写作能力。

2. 设计理念:"审美鉴赏与创造"是语文核心素养的重要范畴,在语文课堂中注重审美的培育是重要的内容。本文结构缜密而精巧,语言犀利而精美,是培养学生审美鉴赏能力的重要载体。

3. 学习活动。

(1)学生同桌交流,在学习好文章内容的基础上,细品文章谋篇布局的特色。

明确:文章采取的是先记叙后议论的写作方式,出示思维导图。

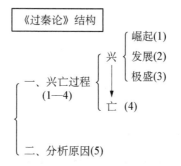

(2)四人小组合作,分析其中的语言特色,师生共同梳理。

① 对比:秦国之强大与陈涉之卑微。

秦国:"秦人开关而延敌,九国之师遁逃而不敢进,秦无亡矢遗镞之费,而天下诸侯已困矣。"

陈涉:"瓮牖绳枢之子,氓隶之人,而迁徙之徒也。才能不及中人,非有仲尼、墨翟之贤,陶朱、猗顿之富。"

② 排比:

六国文官武将之盛:"有宁越、徐尚、苏秦、杜赫之属为之谋;齐明、周最、陈轸、召滑、楼缓、翟景、苏厉、乐毅之徒通其意;吴起、孙膑、带佗、倪良、王廖、田忌、廉颇、赵奢制其兵。"

秦国国势之强盛:"及至始皇,奋六世之余烈,振长策而御宇内,吞二周而亡诸侯,履至尊而制六合,执敲扑而鞭笞天下,威振四海。"

③ 夸饰:本文颇有汉赋"铺张扬厉"的风格,气势充沛、笔锋锐利、言之凿凿、咄咄逼人,让读者有被说服之可能,也达到了作者议论的目的。

六国兵败山倒之惨况:"伏尸百万,流血漂橹。"

秦始皇一统天下后之暴烈:"振长策""执敲扑""鞭笞天下"。

外族敌国的卑弱："俛首系颈""胡人不敢南下而牧马,士不敢弯弓而报怨"。
陈涉出身的卑微："瓮牖绳枢之子,氓隶之人,而迁徙之徒也"。

六、拓展提升

1. 学习任务:拓展文章内涵,引导学生深刻体会"秦之过"蕴藏的深刻道理。
2. 学习活动:追根究底——秦之过到底是什么?秦国在攻打天下时,是通过施仁义而取得攻势的胜利的吗?

(1) 小组探讨合作,总结文中秦国历代首领的所作所为。

秦孝公:内立法度,务耕织,修守战之具,外连衡而斗诸侯。

惠文、武、昭襄:南取汉中,西举巴、蜀,东割膏腴之地,北收要害之郡……秦有余力而制其弊,追亡逐北,伏尸百万,流血漂橹;因利乘便,宰割天下,分裂山河。

孝文王、庄襄王:享国之日浅,国家无事。

始皇:奋六世之余烈,振长策而御宇内,吞二周而亡诸侯,履至尊而制六合,执敲扑而鞭笞天下,威振四海。

(2) 阅读相关资料。

① 清代方苞曾评论:"此篇论秦取天下之势,守天下之道。其取之也虽不以仁义,而势则可凭,且谋武实过于六国,此所以幸而得也。乃既得而因用此以守,则断无可久之道矣。此所以失之易也。秦始终仁义不施,而成败异势者,以攻守之势异也。"

明确:这里有一个词"始终",它的潜台词是秦的过错不是不施行仁义,而是"始终"不施行仁义。也就是说,攻的时候应采取军事手段,守的时候必须施行仁义。

② 贾谊《过秦论》(中篇)写道:"夫兼并者高诈力,安危者贵顺权,此言取与守不同术也。"

大意是:兼并的时候,要重视诡诈和实力;安定国家的时候,要重视顺时权变。这就是说,夺天下和守天下不能用同样的方法。

(3) 怎样解读贾谊的观点——秦王朝迅速灭亡的原因"仁义不施而攻守之势异也"?

明确:

① 秦王朝不施仁政,因而使国家由原来"攻"的形势转变为"守"的形势。
② 打江山与守江山所需的方略是不同的,秦王朝的过失在于:需要守江山的时候却不施仁政。

★ 《六国论》(苏洵)教学设计①

[教学设想]

苏洵《六国论》是一篇经典史论,被2017年版语文课标列入建议背诵的72首(篇)诗文之中。2017年版语文课标的相关目标要求:"通过文言文阅读,梳理文言词语在不同上下文中的词义和用法,把握古今汉语词义的异同,既能沟通古今词义的发展关系,又要避免用现代意义理解古义,做到对中华优秀传统文化作品的准确理解。"

本设计依据苏教版高中语文教科书必修二第三专题"历史的回声"第一板块"后人之

---

① 设计者:陈颖(南京师范大学教育硕士,初稿)

鉴",《六国论》是该单元的第二篇。作为一篇史论,该文表面上评的是六国,实际上讽刺的是北宋。当时北宋王朝统治者对契丹和西夏屈辱求和,作者借六国割地给秦国因而最后灭亡的史实,暗示北宋王朝不应重蹈六国灭亡的覆辙,而应该对辽、夏的入侵采取斗争的方式。本设计首先注重文言知识的积累,如实词、虚词的意义及其方法等;其次注重整合,倡导开放,引导学生聆听历史的回声,领会借古讽今、以史为鉴的积极意义。

[教学目标]

1. 掌握文中重要实词、虚词的含义及其用法,能够正确翻译文段。

2. 理清作者的思路,学习作者始终围绕中心论点不蔓不枝地展开论述的方法,学习例证、对比论证、引用论证等方法。

3. 理解作者提出"弊在赂秦"论题的政治意义,理解其政治见解的现实意义。

[教学重难点]

1. 积累文言词语,理清文章思路。

2. 学习本文例证、对比论证、引用论证等论证方法。

[教学方法] 提问对话法、理清思路法、语言揣摩法

[教学方法] 2课时

[教学流程]

一、导入:观看视频,回顾历史

情境导入:播放电视剧《秦始皇》中秦国统一六国的视频片段后:公元前221年,秦始皇统一中国,意味着持续五百多年的群雄争霸的春秋战国时代的终结。请同学们根据自己所学知识,说说曾经称雄一时的韩、魏、楚、赵、燕、齐六个诸侯国,为什么会在短短十年的时间里相继灭亡?(学生各抒己见)……现在,我们来学习《六国论》,看看一千多年前的文学家苏洵的观点是什么。

1. 作者生平。

苏洵(1009—1066),字明允,自号老泉,四川眉州眉山人,北宋著名散文家。据说27岁才发愤读书,经过十多年的闭门苦读,学业大进。宋仁宗嘉祐元年(1056)带领儿子苏轼、苏辙到汴京,以所著文章22篇谒见翰林学士欧阳修。欧阳修很赏识这些文章,认为可以与贾谊、刘向相媲美,于是向朝廷推荐。一时公卿士大夫争相传诵,文名大振。嘉祐三年,仁宗召他到舍人院参加考试,他推托有病,不肯应诏。嘉祐五年,授职秘书省校书郎,后为霸州文安县主簿。参与修纂礼书《太常因革礼》一百卷,书成不久即去世,追赠光禄寺丞。

2. 相关背景。

(1) 战国时期,诸侯势力日趋强盛,后来形成了独立的七个国家:齐国、楚国、燕国、秦国、韩国、赵国、魏国,史称"战国七雄"。秦国在孝公时,任用商鞅变法,国力大增,成了七国中最富强的国家。秦国强盛起来以后,积极地向东方扩张,逐渐蚕食别国土地,相继并吞了六国,建立了历史上第一个封建王朝,秦王嬴政称为"始皇"。

(2) 北宋王朝到宋太宗以后,国势渐趋衰弱,长期遭受到西边的西夏、北边的契丹小国的频繁侵扰,却一再忍辱求全,不思征战。宋真宗景德元年(1004年),与契丹(后来称辽)缔结澶渊之盟,答应每年给契丹白银10万两,绢20万匹。宋仁宗庆历二年(1042年),契丹派使者到宋朝要求割给他们晋阳(现在山西省太原市)和瓦桥(现在河北省雄县易水上)以南十

县的土地,结果定盟:由宋朝每年给契丹增加白银10万两,绢10万匹。庆历三年,西夏向宋朝上书请和,宋朝每年赠给西夏白银10万两,绢10万匹,茶3万斤。宋朝这样一再向敌人屈服妥协,结果增加了敌人的财富,削弱了自己的力量,带来无穷的后患,而实际上并不能换得和平。苏洵通过历史上六国灭亡的史实,借古讽今,向北宋统治者敲起警钟,指出对敌人一味屈膝求和,不用武力抵抗,结果必然招致灭亡。这种见解不仅在当时具有积极意义,就是在当今也有很强的现实意义。

3. 题解。

"六国论",即论六国;是倒装省略句,意为论六国灭亡的根本原因。"论"是散文的一种文体,以论证为主,分为两种:①政论:主要用于发表作者关于时政的见解和主张。②史论:通过评论历史,总结教训,为当代统治者提供治国借鉴。本文属于史论。

二、切入:第一轮阅读,注重整体感知,体会文章脉络,交流初读感悟

1. 学习任务:速读课文,感知文体和文章主要内容,找出文章主旨句。

2. 能力点:速读全文,找到本文中心论点及分论点,锁定第一段中"六国破灭,非兵不利,战不善,弊在赂秦""赂秦而力亏""不赂者以赂者丧"几个语句。

3. 设计理念。

第一轮阅读设计,遵循"由表及里、逐层深入"阅读规律,体现语文课程标准"注重整体把握"的阅读要求,培养学生快速搜寻、提取文章中重要信息的能力。史论一般通过评论历史,总结历史教训,为当时统治者提供治国借鉴。文言文学习的最终落脚点就是文化的传承与反思,因此,无论是课内阅读还是课外阅读,这种阅读的"原初感悟"对于学生把握全文精义起着重要作用。

明确(板书):

```
                      ┌ (分论点1)
                      │ 赂秦而力亏
六国灭亡:弊在赂秦 ────┤ ── 韩魏楚
(中心论点)            │ (分论点2)
                      │ 不赂者以赂者丧
                      └ ── 齐燕赵
```

三、推进:第二轮阅读,注重语言文字层面,积累文言基础知识,积淀文言语感

1. 学习任务:掌握重要实词、虚词的意义及其用法,掌握特殊的文言句式。

2. 学法指导:联系上下文,在具体语境中理解重要词句。

3. 设计理念。

黄老师认为文言文教学的内容应该包括文言、文章、文学、文化四个方面,四者不是简单的相加,而是自然的融合,应该从语言入手,达到四者的统一,具体可以从诵读、关键句的理解、文本的语言特点、丰富的学习活动等方面追求"四文"的统一与融合的效果。"四文统一"的两种基本形式是"以文带言"和"以言带文"。本文教学采取"以文带言"的教学方式,即以文章的分析为主,在分析过程中带出对文言字词的知识讲解。

4. 阅读方式:自由朗读;分组分段朗读;译读;背读。

5. 学习活动。

(1) 掌握下列实词、虚词的意义。要求：对照注释，把字词放到具体语境中去理解掌握。

暴、当、厌、速、事、却、而、为、以

(2) 指出文中词类活用现象，解释其意义和用法，并理解这些用法的规律。

(3) 指出文中特殊句式，翻译成现代汉语，并理解其规律。

(4) 师生互动，共同完成如下归纳：

- **通假字**

①暴霜露(通"曝"，曝露)；②当与秦相较，或未易量(同"倘"，倘若，如果)；③暴秦之欲无厌(通"餍"，满足)。

- **古今异义**

① 与战胜而得者，其实百倍　古义：它实际上的数量；今义：实际上
② 思厥先祖父　古义：祖辈和父辈；今义：父亲的父亲
③ 下而从六国破亡之故事　古义：先例，旧事；今义：真实的或虚构的有关人物的事情
④ 刺客不行，良将犹在　古义：不去行刺；今义：能力、本事欠缺；水平不高
⑤ 与嬴而不助五国也　古义：结交；今义：和
⑥ 始速祸焉　古义：动词，招致；今义：名词，速度

- **词类活用**

① 名词作状语

日削月割　　　　　　　　日：一天天地；月：一月月地

② 名词用作动词

义不赂秦　　　　　　　　义：坚持正义
以事秦之心礼天下之奇才　礼：礼待
则吾恐秦人食之不得下咽也　下：吞下
以地事秦　　　　　　　　事：侍奉

③ 形容词用作动词：

不能独完　　　　　　　　完：保全
惜其用武而不终也　　　　终：坚持到最终
始速祸焉　　　　　　　　速：招致

④ 动词的使动用法：

李牧连却之　　　　　　　使……退却，译为打退

- **一词多义**

兵 ⎰ 非兵不利(名词，兵器、武器)
　　⎨ 而秦兵又至矣(名词，军队)
　　⎱ 斯用兵之效也(名词，武力)

暴 ⎰ 暴霜露(动词，曝露)
　　⎱ 暴秦之欲无厌(形容词，凶暴，残酷的)

犹 { 犹抱薪救火(动词,像,如同)
　　犹有可以不赂而胜之之势(副词,仍然,还)

始 { 始有远略(名词,起初)
　　始速祸焉(副词,才)

向 { 向使三国各爱其地(副词,先前)
　　并力西向(动词,朝着,对着)

- **文言句式**

① 判断句：是故燕虽小国而后亡,斯用兵之效也(用"也"表判断)
　　　　　赂秦而力亏,破灭之道也(用"也"表判断)
② 省略句：举(之)以(之)予人(省宾语"之"和介词宾语"之")
　　　　　(子孙)起视四境,而秦兵又至矣(省主语"子孙")
　　　　　洎牧以谗诛,邯郸为(秦)郡(省定语"秦",秦国的)
③ 倒装句：其势弱于秦(于秦弱,介宾后置)
　　　　　赵尝五战于秦(于秦五战,介宾后置)
　　　　　苟以天下之大(大天下,定语后置)
④ 被动句：有如此之势,而为秦人积威之所劫(为……所,表被动)
　　　　　为国者无使为积威之所劫哉(为……所,表被动)

四、深入：第三轮阅读,注重文章、文化层面,赏析文章构思的独特之处,品味炼字炼句处

1. 学习任务。
(1) 对文章进行分层,并用简洁的语言概括每层大意,分析每层之间的关系。
(2) 识别文章主要运用哪几种论证方法(举例论证、引用论证、对比论证、比喻论证),它们分别体现在文章那些段落。
(3) 体会本文(史论)的艺术特色,分析并归纳。
2. 学法指导。
要求学生带着问题反复朗读、品读文章,在理清文章内容、结构之后,细细鉴赏本文的论证手法,品味其中的妙处和美处,吸收其中的精华,为后期自己行文添色。
3. 设计理念。
文言文的学习应该包括文言、文章、文学、文化四个层面的内容,本轮阅读中,需要注重文章的谋篇布局和行文特色,特别是本篇文章属于史论,在学习它的论证艺术的同时也要注重体悟此类文章借古鉴今的旨要。
师生互动,逐步讨论并解决上述问题：
(1) 学生回答第1个问题,师生共同分析全文结构。
第一部分(1—2节)提出论点,从赂者和不赂者两方面论证论点。
第二部分(3—4节)以史实论证中心论点,分别从"赂者"和"不赂者"两方面展开论述。
第三部分(5—6节)总结历史教训,点明写作目的。
(2) 教师可通过讲解第二自然段来引导学生自主思考第2个问题。
师生共同归纳：

① 对比论证：对国土的态度的对比；诸侯土地多少与暴秦贪欲的对比。

思厥先祖父，暴霜露，斩荆棘，以有尺寸之地。

子孙视之不甚惜，举以予人，如弃草芥。今日割五城，明日割十城，然后得一夕安寝。起视四境，而秦兵又至矣。

然则诸侯之地有限，暴秦之欲无厌，奉之弥繁，侵之愈急。

② 引用论证：古人云："以地事秦，犹抱薪救火，薪不尽，火不灭。"

（3）小组讨论第3个问题，组内交流后推选一人代表小组发言，最后对所有发言进行归纳总结。

明确：艺术特色

① 借古讽今，切中时弊。

战国时代，七雄争霸。为了独占天下，各国之间不断进行战争。最后六国被秦国逐个击破而灭亡了。六国灭亡的原因是多方面的，其根本原因是秦国经过商鞅变法的彻底改革，确立了先进的生产关系，经济得到较快的发展，军事实力超过了六国。同时，秦灭六国，顺应了当时历史发展走向统一的大势，有其历史的必然性。本文属于史论，但并不是进行史学的分析，也不是就历史谈历史，而是借史立论，以古鉴今，选择一个角度，抓住一个问题，持之有故、言之成理地确立自己的论点，进行深入论证，以阐明自己对现实政治的主张。因此，我们分析这篇文章，不是看它是否准确、全面地评价了历史事实，而应着眼于其强烈的现实针对性。本文从历史与现实结合的角度，依据史实，抓住六国破灭"弊在赂秦"这一点来立论，针砭时弊，切中要害，表明了作者明达而深湛的政治见解。文末巧妙地联系北宋现实，点出全文的主旨，语意深切，发人深省。

② 论点鲜明，论证严密。

本文为论说文，其结构完美地体现了论证的一般方法和规则，堪称古代论说文的典范。文章开篇即提出六国破灭"弊在赂秦"的论点；然后以史实为据，分别就"赂秦"与"未尝赂秦"两类国家从正面加以论证；又以假设进一步申说，如果不赂秦则六国不至于灭亡，从反面加以论证；从而得出"为国者无使为积威之所劫"的论断；最后借古论今，讽谏北宋统治者切勿"从六国破亡之故事"。文章围绕中心论点展开论证，既深入又充分，逻辑严密，无懈可击。全文纲目分明，脉络清晰，结构严整。不仅句与句、段与段之间有紧密的逻辑联系，而且首尾照应，古今相映。文中运用例证、引证、假设，特别是对比的论证方法。如"赂者"与"不赂者"对比；秦与诸侯双方土地得失对比，既以秦受赂所得与战胜所得对比，又以诸侯行贿所亡与战败所亡对比；以赂秦之频与"一夕安寝"对比；以六国与北宋对比。通过对比增强了"弊在赂秦"这一论点的鲜明性、深刻性。

③ 语言生动，气势充沛。

在语言方面，本文除了具有一般论说文用词准确、言简意赅的特点之外，还有语言生动形象的特点。在论证中穿插"思厥先祖父……而秦兵又至矣"的描述，引古人之言来形象地说明道理，用"食之不得下咽"形容"秦人"的惶恐不安，大大增强了文章的表达效果。文章的字里行间饱含着作者的感情。不仅有"呜呼""悲夫"等感情强烈的嗟叹，就是在夹叙夹议的文字中，也洋溢着作者的情感，如对以地事秦的憎恶，对"义不赂秦"的赞赏，对"用武而不终"的惋惜，对为国者"为积威之所劫"痛惜、激愤，都溢于言表，有着强烈的感染力，使文章不仅以理服人,而且以情感人。再加上对偶、对比、比喻、引用、设问等修辞方式的运用,使文章"博辨以昭"(欧阳修语),不仅章法严谨,而且富于变化,承转灵活,纵横恣肆,起伏跌宕,雄奇遒劲,具有雄辩的力量和充沛的气势。

五、拓展:第四轮阅读,注重文化意蕴层面,对比鉴赏,知人论世

1. 学习任务。

学生根据课文及补充资料,概括"三苏"各自所写的《六国论》中对于六国久存或破灭的原因,通过对比,分析苏洵为何将六国破灭归于"弊在赂秦"。

2. 学法指导。

学生结合教师提供的另两篇文章,收集相关史料,进行集中性的对比鉴赏。

3. 设计理念。

随着时代的发展,国际交往和国际交流大大增强,这对我们的学习提出了更高的要求。我们既要学习别人的先进文化,也要保存我们自己的传统特色,才不至于在国际大潮中迷失了自己。所以文言文教学要改变陈旧的解读方式,要进行文化解读。

4. 拓展内容。

(1) 教师呈现有关内容链接。

链接1:苏辙《六国论》(此略)。

链接2:苏轼《六国论》(此略)。

(2) 学生结合课文及上述链接资料,概括"三苏"各自所写的《六国论》中对于六国久存或破灭的原因。

明确:

> 苏洵:六国破灭,弊在赂秦。
> 苏轼:六国久存而秦速亡,突出强调了"士"的作用。
> 苏辙:六国破灭的原因是因为策略上有错误,不能团结一致,共同抗战。

苏轼的《六国论》,针对六国久存而秦速亡的对比分析,突出强调了"士"的作用。苏轼认为,六国诸侯卿相皆争养士,是久存的原因。只要把那些"士"养起来,老百姓想造反也找不到带头人了,国家就可以安定了。苏辙的《六国论》则是针对六国不免于灭亡的史实,指出他们相继灭亡的原因是不能团结一致、共同抗战,灭国是咎由自取。苏洵不是就事论事,而是借题发挥。苏洵的写作目的不在于总结六国灭亡的教训,而在于警告宋朝统治者勿蹈六国灭亡的覆辙。借古喻今,以谈论历史供当今统治者借鉴,这是苏洵高出其二子的地方。

(3) 说说苏洵为什么对其他的观点视而不见,只抓住"赂秦"这一点不放?苏洵的观点有失偏颇吗?为什么?

明确: 本文是史论,是今人站在现实的立场上观照历史,用现实的形势比照历史兴亡,苏洵选择"六国破灭"这一历史论题是有其良苦用心的。作者所生活的北宋时期的统治者,面对北方日益强盛的辽和西夏的南侵,一味地纳银输绢,妥协退让,以求苟安,用重赂来换取短暂的和平,这与六国"为秦积威所劫""争割地以赂秦"的历史惊人地相似。以史为鉴,可以知兴废。作者写此文,其意不在为六国破灭的原因作一个历史结论,而是为了借古讽今,希望宋王朝能吸取历史教训,奋起抵抗外侮。

应该说,苏洵的观点代表一家之说,并不失之偏颇。虽然从历史真实情况看,六国灭亡的原因并不是"赂秦"。六国的失败,主要是政治上保守,因循守旧,不重视改革,不能坚持"合纵"政策去对付秦国的"连横"政策,被秦国远交近攻的手段各个击破。另一方面,秦孝公任用商鞅变法,使秦国国力大增,具备了统一中国的实力。加上战国长期的战乱,民不聊生,由分裂到统一,符合人们的愿望。秦国统一中国,是历史发展的必然趋势。苏洵对此并非不知,他在文中也承认这一点:"以赂秦之地,封天下之谋臣;以事秦之心,礼天下之奇才,并力西向,则吾恐秦人食之不得下咽也。"然而作者用意不在此,他的意图是点明赂秦是六国灭亡的原因,以此警告宋朝统治者,不要用贿赂的方法对待契丹和西夏,要用武力,要抵抗。明代何仲默说过:"老泉论六国赂秦,其实借论宋赂契丹之事,而卒以此亡,可谓深谋先见之识矣。"

宋朝建国后,宋太祖片面地接受唐朝藩镇割据,尾大不掉,以致灭亡的教训,采取了"虚外实内"的政策,削弱边关的实力,调集重兵驻守京城。结果造成了边关的空虚。辽国乘虚而入,屡犯边疆。宋太宗继位后,曾两次派兵击辽,均遭失败。后宋太宗两次进攻幽州,企图夺回幽云十六州,又遭败绩。真宗景德元年(1004年),辽大兵压境,直逼澶州城下(今河南濮阳),威胁汴京开封。于是,宋与辽签定了"澶渊之盟"。苏洵对此痛心疾首,他借古喻今,纵横恣肆,痛陈利弊,对当权者进行规劝,希望其改弦易辙,增强国力,与敌斗争。苏洵的议论虽不无可商榷之处,但总的立论是正确的,并且不幸为苏洵所言中:就在苏洵死后六十年,终于发生了"靖康之变"(1126年),北宋重蹈了六国的覆辙,为后起的金所灭,徽、钦二帝被俘,客死异国他乡。

六、收束:迁移提升

古人云:"以铜为鉴,可以正衣冠;以人为鉴,可以知得失;以史为鉴,可以知兴替。"苏洵借本文来劝谏北宋王朝当权者以史为鉴,驱除鞑虏,奋起抗敌。请谈谈本文的现实意义。

明确: 面对霸权主义、强权外交,勿懦弱,勿屈服,须拼搏!为中华之崛起而奋斗。

★《师说》(韩愈)教学设计①

[教学设想]

《普通高中语文课程标准(2017年版)》(以下简称"2017年版语文课标")要求学生通过阅读中华传统文化经典作品,积累文言阅读经验,培养民族审美趣味,增进对中华优秀传统文化的理解。同时也要学习传统文化经典作品的表达艺术,提高自己的写作水平。《师说》是韩愈的代表作之一,是一篇抨击时弊、宣扬师道的著名论文。该文被多版语文教材收录,在苏教版高中语文教材中,该文被编排在必修一的第二单元"获得教养的途径"。本设计根据此专题的重点,引导学生尊师重教、尊重知识并获得教养,同时要通过本单元的学习,学生能掌握一些写作手法。

[教学目标]

1. 了解有关"说"的文体知识;了解"传、师、从"等实词及"以、也、则、于、乎、所以"等虚词的意义和用法;掌握古今异义词和特殊文言句式。

---

① 设计者:卢玉(南京师范大学教育硕士,初稿)

2. 学习并掌握对比的论证方法。

3. 品味、鉴赏本文的语言特色并尝试运用。

4. 树立尊师重教的思想,培养谦虚好学的品德。

[**教学重难点**]

教学重点:学习并掌握本文运用的论证方法。

教学难点:正确把握韩愈关于尊师重道的论述和本文的现实意义。

[**教学方法**]　诵读法涵泳法、提问对话法、理清思路法

[**课时安排**]　2课时

[**教学流程**]

第一课时

一、情境导入,以旧促新

1. 导语。

我们前面刚学习过荀子的《劝学》,明确了学习的重要意义。那么,学习的最佳途径是什么呢?中国自古以来就强调要尊师重道,强调从师学习的重要性。程门立雪的故事想必大家都听过,下面我们来看一段视频。(多媒体播放《程门立雪》的故事)

古人如此敬重老师,虚心求教,但在唐朝中期,社会上却弥漫着"耻学于师"的风气,士大夫轻贱老师,社会上从师之风日下。在这种情况下,唐代散文家韩愈却大张旗鼓地宣扬自己的观点,批判"耻学于师"的陋习。今天,我们就来学习千古佳作《师说》,从中感受韩愈非凡的勇气和斗争精神。

2. 作家。

(1) 韩愈:字退之,祖籍河北昌黎,也称"韩昌黎"。死后谥"文",故又称"韩文公"。韩愈是唐代著名的文学家,是唐代"古文运动"的倡导者,宋代苏轼称他"文起八代之衰",明人列他为"唐宋八大家"之首。唐宋八大家包括:唐代的韩愈、_____,宋代的_____、_____、_____、_____、_____、_____、_____。(由学生口头填空)

(2) "韩柳古文运动":是唐代文学史上的一次文学革新运动,它是针对六朝以来泛滥的浮靡文风而发起的。韩愈和柳宗元是这场运动的主将,他们主张文章要像先秦两汉散文那样"言之有物",要阐发孔孟之道;反对六朝以来单纯追求形式美、内容贫乏的骈俪文章;主张语言要新颖。韩愈的散文,题材广泛,内容深刻,形式多样,语言质朴,气势雄壮。今天学习的《师说》正是对"古文运动"主张的身体力行。

3. 题解。

(1) 文体知识:"说"是古代一种文体,属议论文范畴;可以先叙后议,也可夹叙夹议;一般为陈述自己对某种事物的见解,我们已经学过的如《捕蛇者说》《马说》等。

(2) 写作背景:魏晋时期,魏文帝曹丕实行九品中正制,按家世背景,将人分为几级,上层的士族阶层的子弟可以凭借他们高贵的家族身世,出仕为官,他们不用学习,自恃清高,也看不起老师,这样的风气一直沿袭到了唐朝,人们以从师为耻的风气愈加浓厚。当时韩愈35岁,还在长安当国子监博士,对这种风气痛心疾首,写作《师说》送给他的学生李蟠,大力宣扬从师的必要性和正确途径。

二、初读课文,整体感知

1. 学习任务。

(1) 学生对照课文注释,自由朗读全文,对不懂的词句进行圈点。

(2) 教师范读,简要点拨朗读时的注意事项。

(3) 学生带着情感齐读,对课文内容有大致的了解。

2. 指导点拨。

字音:句读(dòu)　或不焉(fǒu)　谀(yú)　郯(tán)

　　　聃(dān)　贻(yí)　传(zhuàn)

节奏:生乎/吾前,其闻道也/固先乎吾,吾从而师之;

　　　生乎/吾后,其闻道也/亦先乎吾,吾从而师之。

　　　吾师道也,夫/庸知/其年之先后/生于吾乎?

　　　古之圣人,其出人也/远矣。今之众人,其下圣人也/亦远矣。

强调:"也"作为语气词,可以放在句末、句中,这里表句中的停顿。

情感:应该用怎样的语气读这篇文章呢?我们先一起找课文中的语气词。

嗟乎、矣、呜呼、欤:这几个语气词是作者苦苦的呐喊与申诉,是作者愤怒、悲叹失望的内心写照。因此,大家在朗读的时候不仅要注意节奏,还要把握"愤慨、失望"的情感。

3. 设计理念。

论说文主要就是想阐发自己的观点,因而文章的主观情感会比较明显。第一轮主要采用诵读法,通过学生自读、教师范读,再到学生齐读,遵循"由表及里、逐层深入"的阅读规律,体现语文课程标准"注重整体把握"的阅读要求,先是帮助学生解决阅读障碍,再让学生从整体上把握课文内容和情感倾向。这有利于学生在后面的学习中准确理解把握文章的中心观点和作者的写作意图。

三、研读文段,积累文言知识

1. 学习任务。

(1) 学生默读课文,结合注释自行逐段翻译,找出不懂的词句,在课堂提出,大家解决。

(2) 教师点拨重要字词句,带领学生翻译全文内容。

(3) 归纳整理本课的文言知识点,分类整理,易于记忆和掌握。

2. 学法指导。

将重要词语、句子置于具体语境中理解掌握。

读通读顺:指名读,分组读,翻译后反复诵读。

3. 设计理念。

文言文的教学首先要培养学生阅读文言的能力,这就要求在教学中重视实词、虚词、古今异义词和特殊句式等文言基础知识的教学。因为高中生已经有了一定的文言知识基础,所以对于课文下有详细注释、大部分学生没有疑问的字词可以略讲。对于古今异义词、通假字、词类活用和特殊句式等,则需要重点讲解。应该引导学生将字词句放在具体的语境中,根据上下文理解意思,进而更好地掌握。

王荣生在《文言文教学教什么》中提出:"知识积累是能力提高的基础,有计划地进行积累,不仅可以丰富学生的古汉语的语言材料和知识,使之形成系统,而且也能转化为能力,提高文言文阅读水平。"因而,在逐段解决重点字词之后,应该带领学生将这些知识整理在笔记本中,以便他们课后能结合以前积累的知识,举一反三,归类整理。

4. 学习活动。

(1) 逐段解决重点字词,点名请学生口头翻译,其他同学点评、补充。

(2) 整理归纳课文中的文言基础知识,并适当引申补充。

师生共同研讨,整理归纳如下:

- 古今异义词

① 古之学者必有师　古:求学的人。今:在学术上有一定成就的人。者:……的人
② 所以传道受业解惑也　古:用来……的凭借。今:表因果关系的连词
③ 吾从而师之　古:两个单音节词。从:动词,跟随;而:连词,表顺承关系
　　　　　　　今:连词,表示结果或进一步的行动
④ 无贵无贱　古:无论。今:没有
⑤ 今之众人　古:一般人、普通人。今:许多人

- 通假字

① 使者所以传道受业解惑也　受,通假字通"授",传授
② 或师焉,或不焉　不,通"否",指不从师学习

- 词类活用

名词作动词:①师道之不传也久矣:从师求学;②其下圣人也亦远矣:低于
形容词作名词:①小学而大遗:小的方面,大的方面;②圣益圣,愚益愚:圣人、愚人
意动用法:①而耻学于师:以……为耻;②位卑则足羞:以……为羞;③吾从而师之:以……为师;④吾师道也:以……为师

意动用法规律:是主语自身在心理上认为宾语怎么样。

- 一词多义

"师"在课文中出现26次,它的含义和用法如下:

① 作名词,有三种情况:

作"老师"讲:古之学者必有师。

作"专门技艺人"讲:巫医乐师百工之人。

作"姓"讲:孔子师郯子……师襄。

② 作动词,有三种情况:

作"学习、效法"讲:吾师道也;巫医乐师百工之人,不耻相师。

作"从师"讲:或师焉,或不焉;师道之不传也久矣。("师道",偏正关系)

作"以……为师"讲,意动用法:吾从而师之。

乎:① 语气助词,表示反诘或推测语气,相当于"呢"或"吧"。例如"夫庸知其年之先后生于吾乎?"(表反诘,呢);"其皆出于此乎?"(表推测,吧)

② 介词,表示时间或比较,相当于"在"或"比"。例如:"生乎吾前。"(表时间,在)"固先乎吾。"(表比较,比)

于:① 介词,表示处所、方向,向,从,在。例如:"耻学于师。"(从、向);"其皆出于此乎?"(从、在)

② 介词，表示对象，对，对于。例如"于其身也"。
③ 介词，表示比较，比。例如："师不必贤于弟子"。
④ 介词，表示被动，受，被。例如"不拘于时"。

其：作语气副词
① 表猜测。例如"其皆出于此乎?"(大概)
② 表强调。例如"今其智乃反不能及，其可怪也欤!"(确实)

之：① 代词，指代人或事物。例如"择师而教之"；"之二虫，又何知?"
② 助词。
用于主谓间，取消句子独立性。例如"师道之不复，可知矣"。
表示宾语前置，例如"句读之不知，或之不解"。
表定语后置。例如"蚓无爪牙之利，筋骨之强"。
在动词、形容词或表时间词后，凑足音节无意义。例如"六艺经传皆通习之"。
③ 动词。
作动词，到、往。例如"吾欲之南海"；"陈涉辍耕之垄上"。

- 特殊句式

① 判断句。
"师者，所以传道受业解惑也。""道之所存，师之所存也。""彼童子之师……非吾所谓传其道解其惑者也。"
规律：用"者……也"或者"……也"表判断。

② 宾语前置句。
"句读之不知，惑之不解。"(以"是""之"为标志)
补充："时人莫之许也。"(否定句中代词作宾语)；"沛公安在?"(疑问句中疑问词作宾语)
规律：否定句宾语前置，有两个标志，一是有否定词，二是宾语是代词。
疑问句宾语前置，有两种情况，一是动词宾语提前，二是介词宾语提前。
或者是以"是""之"为标志。

③ 状语后置。
"而耻学于师。""其闻道也固先乎吾。""生乎吾前"
补充："申之以孝悌之义"。
规律：以"于""乎"为标志；以"……以……"为标志。

④ 省略句。
"生乎吾前(者)"；"今其智乃反不能及(之)"；"(人)爱其子，择师而教之。"
"(人)问之，(士大夫)则曰：'彼与彼年相若也……'"；"(士大夫)则群聚而笑之。"

四、语篇分析，脉络梳理

1. 学习任务。
学生再次自由朗读课文，概括每一段的内容；根据每段内容，理清文章的行文思路，梳理结构。

2. 学法指导。

概括每一段的内容,把握文章每一段的中心句,由文段内容分析作者的行文思路,进而体会此文的论证结构。

3. 能力点。

考察并训练学生快速搜寻文本重要信息的能力,能锁定每一段的中心句,即中心论点和分论点,把握文章脉络。

4. 设计理念。

2017年版语文课标在课程内容的学习要求中指出:"学生要灵活运用精读、略读、浏览等阅读方式,从整体上把握文本内容,理清思路,概括要点,理解文本所表达的思想、观点和感情。"这就要求学生在学习文章时能学会概括文章的重点,理解文章内容。

叶圣陶先生《语文教学二十二韵》中写道:"作者思有路,遵路识斯真。作者胸有境,入境始与亲。"强调在阅读文章时,要想真正理解作者对事物的真切认识,体会作者所表达的真情实感,领会作者写文章的真正意图,必须首先理清作者写作的思想路径,即思路。

5. 学习方法:学生自读思考、全班交流讨论。

明确:

第1段:古之学者必有师。托古言事,开篇点名中心论点,接着阐述师的职责,然后说明从师的必要性,最后择师的态度和标准,得出"道之所存,师之所存也"的结论。

第2段:师道之不传也久矣。以感叹发端,运用三组对比,批判了当下师道失传、士大夫耻于从师的不良风气。

第3段:圣人无常师。以孔子的言行道出"圣人无常师"的事实,提出师生之间的关系应该是"弟子不必不如师,师不必贤于弟子"。

第4段:交代写作原因。夸赞李生学有所成,能行古道。

文章的思路:首先,作者从古学师道中提出观点,接着批判了当下士大夫耻学于师的不良风气,再以孔子的事例进一步论证了"圣人无常师",最后交代了本文的写作缘由。

五、作业布置

1. 把归纳的字词和本课名句整理在笔记本上。
2. 熟读并背诵课文。
3. 思考:韩愈作此文的目的是什么?下节课讨论。

第二课时

一、导入:复习导入,唤醒记忆

1. 学习任务。

(1) 抽查上节课积累的文言知识,有重点地复习。

(2) 回顾段落内容和文章结构。

(3) 回忆以前学过的论证方法。

2. 学习活动。

(1) 学生齐读课文。指名学生回顾上节课内容。

(2) 根据上一篇《劝学》以及之前学过的其他论说文回顾论证方法。

明确:

① 举例论证:列举确凿、充分、有代表性的事例证明论点。

② 道理论证(引用)，如：君子曰："学不可以已。"
③ 对比论证，如：骐骥一跃，不能十步；驽马十驾，功在不舍。
④ 比喻论证：用骐骥驽马、朽木金石对照设喻，说明学习要注重积累的道理。
⑤ 事实论证：列举具体事例来论证一般结论的方法。如《过秦论》通过历史事实说明了"仁义不施而攻守之势异也"。
⑥ 因果论证：通过分析事理，揭示论点和论据之间的因果关系来证明论点。

以上就是课文中常接触到的论证方法。

《师说》这一课论证了从师之道，接下来我们一起来看看课文是怎样进行论证的呢？

二、研读课文，品味艺术特色

1. 学习任务。

(1) 深入研读课文内容，学习并掌握本文的论证方法。

(2) 鉴赏重点词句，体会文章的语言特色，同时把握作者的情感态度。

2. 设计理念。

2017年版语文课标在"学习任务群"中对课程内容作了一些说明，学习任务群6"思辨性阅读与表达"中强调要：

(1) 阅读古今中外论说名篇，把握作者的观点、态度和语言特点，理解作者阐述观点的方法和逻辑。

(2) 学习表达和阐发自己的观点，力求立论正确，语言准确，论据恰当，讲究逻辑。因而，对于论说文的论证方法，要重点教学，并且使学生在理解的基础上学会运用。

韩愈的论说文除了论证严密以外，其语言特色也为文章增添了不少色彩，学生可以通过品味语言，体会作者的情感态度，学习表达艺术，提高写作水平。

3. 学习活动。

(1) 学习第二段所使用的正反对比论证的论证方法。

提问1：第二段主要写了哪几种人？他们彼此之间构成什么关系？为了说明什么问题？

学习方法：分组朗读、合作探究、师生问答。

明确：写了六种人，他们两两之间构成对比。为了呈现"师道之不传也久矣"的社会现状。要明确一点，耻学于师的并不是所有人，而是社会的士大夫阶层。

提问2：梳理这段中作者的情感线索。

学习方法：全班齐读、教师范读、提问法。

明确：在该文中，韩愈毫不留情地批判了当下士大夫耻学于师、摒弃从师之道的陋习，在批判反面现象中进一步阐述中心论点，强调师而学的重要性，增强其说服力，并且富有感情色彩。

第一句：惋惜(嗟乎！师道之不传也久矣！)。

纵向对比：责问(其皆出于此乎？)。

行为对比：不解(吾未见其明也)。

横向对比：讽刺(呜呼！师道之不复，可知矣。其可怪也欤！)。

小结：文段主要为了说明什么？作者态度如何？用了什么方法？填写下面的表格。

分论点		对象	从师的态度	结果	语气和态度	论证方法
师道之不传也久矣	1	古之圣人	从师而问	圣益圣	其皆出于此乎？（责问）	正反对比论证
	2	今之众人	耻学于师	愚益愚		
	3	于其子	择师而教之	小学而大遗	吾未见其明也。（否定）	
	4	于其身	耻师			
	5	百工之人	不耻相师	士大夫之智不及巫医乐师百工之人	其可怪也欤！（讽刺）	
	6	士大夫之族	曰师曰弟子云者，则群聚而笑之			

(2) 学习第三段的举例论证和引用论证的论证方法。

提问1：第三段用了什么论证方法？为了说明什么观点？

明确：举孔子从师的事例，论证观点"圣人无常师"。引用"三人行，必有我师"，论证圣人对从师学习的重视。

提问2："圣人无常师"与课文第一句"古之学者必有师"有什么联系吗？

明确：二者首尾呼应，从"学者"推进到"圣人"，从"必有师"推进到"无常师"。孔子是人们心中的至圣先贤，以他的言行为证，突出（古之正例）古人从师的正面形象，令人信服。由此得出"师不必贤于弟子，弟子不必不如师，闻道有先后，术业有专攻"的结论，这是第一段中"道之所存，师之所存"的观点的升华，也是对士大夫之族耻学于师的进一步批判。

(3) 引导学生鉴赏文中重要词句，品味文章的语言特色。

明确：①运用排比、对偶句，使形式整齐，气势充沛，增强了表现力。如："生乎吾前……"，"生乎吾后……"；"古之圣人……"，"今之众人……"

② 运用顶真修辞，加强句子之间的连接，使论述环环相扣，严密紧凑。如："古之学者必有师。师者，所以传道受业解惑也。人非生而知之者，孰能无惑？惑而不从师……"

③ 丰富的语气表达，如用"嗟乎""呜呼"这样丰富的语气，增强了文章的生动性。

三、探讨主旨，审视文章的现实意义

1. 学习任务。

(1) 探究韩愈作此文的目的。

(2) 思考作者的观点在当下的意义和启发。

2. 学法指导：提问，合作探究，联系社会现实。

3. 设计理念。

学习优秀的古代文学作品，不仅要学习其文字、文章和文学层面的精彩之处，还要体悟其所蕴含的道理，深入文化层面，为形成文化底蕴奠定基础；不仅要从历史发展的角度理解古代作品的内容价值，从中汲取智慧，而且要用现代观念审视作品，联系当下实际，评价其积极意义与历史局限。因此，学生不仅要了解当时韩愈写作的目的，也要思考在当下此文的现实意义。进而点燃学生继承中华民族传统美德的热情，古为今用，树立尊师重教的思想，培养谦虚好学的风气。

4. 学习活动：

提问1：韩愈为什么要给这么一个名不见经传的后生写下这篇文章？

明确：可以总结为三个原因：李蟠好古文，六艺经传皆通习之；他不拘于时，学于余；能行古道。

李蟠不拘于时，他成为现今不从师的一个反例，与第三段中孔子为代表的古圣先贤表现出一种师道由古至今的传统关系，这是作者在激励后进，希望能恢复师道，暗示了师道当兴的观点。

提问2：除了写给李蟠，韩愈还是写给谁看的呢？

学法点拨：可以从《师说》一文在当时的意义及长远影响来谈，启发学生展开思维，拓展想象空间。

明确：

① 写给当时那些不愿学习的士大夫阶层看的，提醒他们改掉这种陋习，否则后果很严重。

② 1200多年过去了，今天我们身边还有很多人在重复着唐人同样的错误，社会上不尊重教师的现象比比皆是，从这个意义上说，这篇文章也是写给今天的我们看的。

正是这种穿越时空的恒久价值，使这篇文章历久弥新，成为经典。

四、课文总结

1. 板书设计：

师说（韩愈）

提出论点：古之学者必有师 { 老师的作用 / 择师的标准 }

借古鉴今 { 古今对比 / 世人矛盾行为的对比 / 百工之人等与士大夫对比 } 对比论证

古今典范 { 孔子事例 / 蟠行古道 } 举例论证

提倡从师之道（写作缘由）

2. 带领学生对所学内容进行整理和回顾。

对照板书，重温全文的论证过程、方法、内容。

文章开门见山提出中心论点，接下来用了三组对比批判了耻学于师的社会现象，然后以孔子为例论证了从师的必要性和要以道为师，最后交代了写作缘由，并希望以道为师。

学生再次朗读全文，注意情感的把握和抒发。

五、课后拓展，学以致用

1. 完成课后练习第3题：结合文章内容，说说《劝学》和《师说》具体使用了哪些论证方法，好处是什么？

2. 思考：由文中的"是故弟子不必不如师，师不必贤于弟子"说说你对师生关系的理解，写一篇300字左右的文段，尝试运用一两种论证方法。

★《阿房宫赋》(杜牧)教学设计①

[教学设想]

《阿房宫赋》是一篇文质兼美的经典文言文,具有很高的鉴赏价值,被列入2017年版高中语文课标推荐的背诵篇目。人教版高中语文教材将该文列为"古代诗歌散文鉴赏"第四单元第四篇课文。结合该单元的教学目标"创造形象,诗文有别",教学中应更多地侧重于对课文的朗读和文章主旨的把握。学生对"赋"已有一定了解,但不够深入,阅读此类文章往往蜻蜓点水,很难透彻理解。本文无论是从语言本身还是结构意蕴上都有较典型的价值和意义,因此在理解文本时,应让学生以诵读为主,让学生在读中感受,在读中领悟。

[教学目标]

1. 给文中"阿房、骊山、囷囷、媵嫱、摽掠、鼎铛玉石、迤逦"等字词注音。
2. 理解文中"一、北、走、霁、辇、鬟、杳、举、族"等重要实词的意义。
3. 在诵读中抽丝剥茧,逐步把握文中艺术形象,提升文言文阅读能力和品味赋体文章语言的能力。
4. 理解秦亡的原因以及作者的写作主旨,领悟文章的现实意义。

[重点难点]

1. 理解本文词类活用的现象,并掌握其规律。
2. 通过诵读,逐步把握文中形象,提高学生文言文的阅读和理解能力。
3. 理解本文借古讽今的现实意义。

[教学方法] 提问对话法、诵读涵泳法、理清思路法、语言揣摩法

[课时安排] 2课时

[教学流程]

一、导入:以旧带新,带着问题,走进课堂

古人云,"以史为镜,可以知兴替",总结历史的兴亡教训可以省察当今为政的得失。在这种思想的指导下,贾谊写了《过秦论》,他认为秦朝灭亡的原因是"仁义不施而攻守之势异也";苏洵写了《六国论》,他认为六国灭亡的原因"非兵不利,战不善,弊在赂秦"。那么同是反思历史的作品,杜牧在《阿房宫赋》中又提出了什么样的观点呢?我们首先梳理一下文史知识。

(1) 杜牧:唐代诗人,字牧之,号樊川居士,京兆万年(今陕西西安)人,与李商隐并称"小李杜"。因晚年居长安南樊川别墅,故后世称"杜樊川",著有《樊川文集》。

(2) 背景:学生看注释,然后补充相关内容。《阿房宫赋》作于唐敬宗宝历元年,即公元825年,杜牧在《上知己文章启》中说:"宝历大起宫室,广声色,故作《阿房宫赋》。"唐敬宗李湛十六岁继位,善于击球,喜手搏,往往深夜捕狐,与宦官嬉戏终日,贪好声色,大兴土木,游宴无度,不视朝政,求访异人,希望获得不死之灵药,曾有在长安洛阳兴修宫殿的庞大计划,后因平卢、成德节度使借口"以兵匠助修东都"想趁机夺取洛阳才作罢。作者预感到唐王朝的危险局势与黑暗现实,就写了这篇赋,表面上写秦因修建阿房宫,挥霍无度,贪色奢侈,劳

---

① 设计者:原茹(南京师范大学教育硕士,初稿)

民伤财,终至亡国;实则是借秦之故事讽唐之今事,规劝唐朝的当政者,要以古为鉴,不能哀而不鉴,最终只能落得"后人复哀后人也"的结局。本文借写阿房宫的兴建与毁灭,揭露了秦朝统治者的穷奢享乐,并借古讽今,阐述了天下兴亡的道理,希望唐朝的统治者不要只图自己奢侈享乐,重蹈覆辙。

(3) 文体:"赋"作为一种文体,有一个演变过程。赋体以楚辞为滥觞,至荀况始有定名。它出现于战国后期,到了汉代才形成确定的体制。赋体的流变大致经历了骚赋、汉赋、骈赋、律赋、文赋几个阶段。刘勰《文心雕龙》作了诠释:"赋者,铺也;铺采摛文,体物写志也。"

二、切入:第一轮阅读,注重整体感知,理清文章脉络,概括文章大意

1. 学习任务:朗读课文,读通读顺,并找出体现作者观点的句子。
2. 能力点:整体感知文章信息,快速把握文章主旨。
3. 设计理念。

第一轮阅读设计,遵循"由表及里、逐层深入"的阅读规律,体现语文课程标准"注重整体把握的阅读要求,培养学生快速搜寻、提取文章中重要信息的能力。历史政论文往往醉翁之意不在酒,以史立论,旨在讽今,鉴于往事,资于治道,资于立人。文言文最终的落脚点就是文化的传承与反思,因此,无论是课内阅读还是课外阅读,这种阅读的"原初感悟"都很重要。

明确:体现作者观点的句子是:"秦人不暇自哀,而后人哀之;后人哀之而不鉴之,亦使后人而复哀后人也。"

三、推进:第二轮阅读,注重语言文字层面,积累文言基础知识,积淀文言语感

1. 学习任务:掌握重要实词、虚词的意义及其用法,掌握特殊的文言句式。
2. 学法指导:不宜刻意强化,主要让学生在品味语言过程中,在具体的语言环境中掌握。
3. 阅读方式:自由读、分组读、点名读、齐读。
4. 学习活动。

(1) 为下列字正音,并掌握其意义和用法,要求放在句子语境中加以理解。

缦、霁、媵嫱、椒、辘、杳、剽、铛、逦迤、锱铢、橼、呕哑、参差

(2) 找出文中的古今异义词,分别解释其古义和今义。

明确:

① 直走咸阳   古:趋向;今:多指行走。

② 钩心斗角   古:指宫室建筑结构错综复杂精密。钩心,指各种建筑物都有面向中心攒聚;斗角,指屋角互相对峙,好像兵戈相斗。今:常用来比喻各自用尽心机,互相排挤。

③ 齐楚之精英   古:收藏的金玉珍宝。今:指卓越人才,泛指在一项或多项领域的优秀人才或领导者。

④ 可怜焦土   古:可惜。今:值得怜悯。

⑤ 几千万落   古:座。今:多指下降,衰败。

(3) 找出文中词类活用现象,解释其意义和用法,并掌握其规律。

① 六王毕,四海一   一:数词,用作动词,统一。

② 骊山北构而西折   北、西:名词,作状语,向北、向西。

③ 未云何龙,不霁何虹   云、龙、虹:名词,用作动词,出现云彩,出现龙,出现虹。

④ 辇来于秦　辇：名词,作状语,用辇车……

⑤ 燕赵之收藏,韩魏之经营,齐楚之精英　收藏、经营：动词,用作名词,指收藏的金银珠宝,经营的金银珠宝。精英：形容词,用作名词,精品,即金玉珠宝。

⑥ 鼎铛玉石,金块珠砾　铛、石、块、砾：名词,用作动词,把鼎当作平底锅,把宝玉当石作头,把金子当土作块,把珍珠当作瓦砾。

(4) 指出文中特殊句式,并划出标志性词语。

① 判断句："灭六国者,六国也,非秦也。""族秦者秦也,非天下也。""一人之心,千万人之心也。""朝歌夜弦,为秦宫人。"

② 被动句：输来其间(被运送到了这个地方)；函谷举(函谷关被攻破)。

③ 倒装句。

宾语前置：秦人不暇自哀。

定语后置：钉头磷磷；瓦缝参差；管弦呕哑。

介词结构后置：使负栋之柱,多于南亩之农夫；架梁之椽,多于机上之工女；直栏横槛,多于九土之城郭。

四、深入：第三轮阅读,注重文章、文化层面,体味语言特色

1. 学习任务。

(1) 概括该赋每一节的内容,体会作者如何一步步推进,为彰显主旨蓄势待发。

(2) 把阿房宫读"大"、读"小"、读"活",结合想象联想,在头脑中还原阿房宫的形象。

2. 设计理念。

多层次的诵读有助于深入把握文章的艺术形象,每一层次的诵读,对应着不同的艺术形象。本文又是一篇赋,赋的铺排夸张、极尽渲染之能事的语言特色更需要在诵读中加以体会。

3. 学法指导。

学生带着两个问题反复读课文,体会文中铺叙、夸张、渲染等手法的运用,在语言表达上的艺术效果；体会"赋"文体铺张扬厉的气势和魅力。

明确(1)：

第1节：宫殿建筑规模的庞大豪华。

第2节：宫内如云美女的奢华生活。

第3节：秦人大肆挥霍掠夺的财富。

第4节：秦人"独夫之心"致覆亡。

第5节：告诫唐统治者勿重蹈覆辙。

写殿实则是写人,阿房宫越是奢华,秦始皇就越显贪暴,文章表面在写阿房宫,其实是在写一个大起宫殿、荒淫奢侈、鱼肉百姓的秦始皇的形象。

明确(2)：

① 把阿房宫读"大"：抓住重要词句,生动形象地读出阿房宫的奢华之极,规模之大,美人之多,珍宝之富。例如读"覆压三百余里,隔离天日"时,就要体会到"覆压""隔离"两组动词带给人的窒息和震撼感,充分想象数量词"三百余里"与"天日"体现出的阿房宫一眼望不到尽头的广袤和遮天蔽日、高耸入云的状貌。

②把阿房宫读"小"：读出文中描写的精妙、细微之处，例如"钉头磷磷，多于在庾之粟粒"；"瓦缝参差，多于周身之帛缕"；从"小"处看阿房，以小见大，达到"窥一斑而知全豹"的效果。

③把阿房宫读"活"：读"鼎铛玉石，金块珠砾"时，想象其耀眼的光芒和金玉遍地、俯拾皆是的奢侈场景，体会到面对此情此景内心的震撼和无形的不安。又如"渭流涨腻，弃之水也"，可以想象到宫内的女人们如何早早起来梳妆，怎样一遍遍画眉涂抹，如何彼此比对，反复修改妆容，不厌其烦地修饰打扮等场面。再如读"戍卒叫，函谷举，楚人一炬，可怜焦土"时，要读出秦王朝覆亡的迅速与猝不及防的情势。

还要读出重要词语的内涵，如"毕""一""兀""出"四个动词，揭示了秦始皇统一中国以后的骄纵享乐，寓情于叙，爱憎强烈。又如"覆压"言其广，"隔离"言其高，"构""折""走""流"又使巨大的建筑群动了起来。以龙喻桥，以虹喻道，再配上"卧波""行空"，将静物写活。"歌台""舞殿"互文，又突出反映了受尽欺凌和侮辱的宫女们的痛苦心情。这些极富表现力的语言为下文揭露秦始皇骄奢淫逸的生活作了铺垫。

五、拓展：第四轮阅读，通过文化意蕴层面的探究，获得文化提升

1. 学习任务。

(1) 本文总结的历史教训是什么？提出了什么告诫？如何理解最后一句中的"哀"字和"鉴"字？

(2) 试比较《过秦论》与《阿房宫赋》的异同。

2. 学法指导：探究性阅读，小组交流合作。

3. 设计理念。

经典文言文的阅读包括文字层面、文章层面、文化层面三个环节，因此本环节是一个水到渠成的设计。

明确(1)：

作者总结的历史教训有两个：一是关于六国，"灭六国者，六国也，非秦也"。二是关于秦朝，"族秦者，秦也，非天下也"。六国、秦覆亡的共同原因是"不爱其人"。

作者提出的告诫："秦人不暇自哀而后人哀之，后人哀之而不鉴之，亦使后人而复哀后人也。"

此处的"哀"，不仅是悲哀，更多的是哀叹，并不是指同情残暴的统治被灭亡，而是指本可以不灭亡，但由于不爱惜人民而遭到灭亡的历史教训令人深感沉痛。"鉴"字是要统治者借古鉴今，避免重蹈覆辙。作者借阿房宫的兴、毁，规劝当朝统治者者，以古为鉴，明兴亡大道，表达出一个封建时代正直文人忧国忧民、匡世济民的情怀。

明确(2)：

相同点：总结的覆亡教训相同。两文都肯定了秦朝的强大，都强调秦朝灭亡是毁于自己，都说明了秦朝灭亡的迅速，指出秦朝灭亡的原因是不施仁政。

不同点：立论不同。

①《过秦论》从"秦国—秦朝"先后对比的角度，阐明"仁义不施而攻守之势异也"的道理；《阿房宫赋》以"秦爱纷奢"的角度指出了秦朝灭亡的原因。

②《过秦论》以秦的兴盛反衬它的灭亡；《阿房宫赋》通过描写阿房宫的兴灭，折射出秦王朝的"骄奢淫逸"，阐明"独夫之心，日益骄固"必然导致覆亡的结局。

③《过秦论》作为政论文重在说理,《阿房宫赋》作为一篇赋重在铺排叙写基础上的讽喻现实。

六、收束:迁移提升

联系社会现实,如村官开会豪车云集,抽天价烟、戴天价表的领导,此起彼伏的豪华办公楼等等事件,结合古人"生于忧患,死于安乐""忧劳可以兴国,逸豫可以亡身"等训诫,谈谈大到国家、小到个人,如何以史为鉴,防微杜渐,做到"穷则独善其身,达则兼济天下"。

该环节旨在让文言文的学习焕发出特有的时代气息,在现实背景中深化文章主旨,这正是获得教养的有效途径,也是发展学生核心素养的重要措施。

第二节　多篇课文整合教学研究:专题模块学习

一、该研究的目标定位

2017年版语文课标"学习任务群6　思辨性阅读与表达":本任务群旨在引导学生学习思辨性阅读和表达,发展实证、推理、批判与发现的能力,增强思维的逻辑性和深刻性,认清事物的本质,辨别是非、善恶、美丑,提高理性思维水平。课内阅读篇目中中国古代优秀作品不少于1/2。

1. 学习目标与内容

(1) 阅读古今中外论说名篇,把握作者的观点、态度和语言特点,理解作者阐述观点的方法和逻辑。阅读近期重要的时事评论,学习作者评说国内外大事或社会热点问题的立场、观点、方法。在阅读各类文本时,分析质疑,多元解读,培养思辨能力。

(2) 学习表达和阐发自己的观点,力求立论正确,语言准确,论据恰当,讲究逻辑。学习多角度思考问题。学习反驳,能够做到有理有据,以理服人。

(3) 围绕感兴趣的话题开展讨论和辩论,能理性、有条理地表达自己的观点,平等商讨,有针对性、有风度、有礼貌地进行辩驳。

2. 教学提示

(1) 以专题性学习为主要方式。选择日常生活和学习中、历史或当今社会中学生共同关心的话题,要求学生通过阅读与鉴赏、表达与交流、梳理与探究等语文学习活动,阅读古今中外典型的思辨性文本,学习并梳理论证方法,学习用口头与书面语言阐述和论证自己的观点,驳斥错误的观点。

(2) 教学过程要注重对学生思维过程和思维方法的引导,注意发展学生的辩证思维和批判思维,注重培养学生思维的逻辑性。结合学生阅读和表达中遇到的实际问题,适时适度地引导学生学习必要的逻辑知识;相关知识的教学要简明、实用,能有效地帮助学生解决概念、判断、推理等方面遇到的问题;避免进行不必要的、机械的训练。

本专题以"学习任务群6　思辨性阅读与表达"规定的学习目标、内容及要求为研究视角,着重对古代"史论"类经典的整合式教学设计进行探究。

二、整合式教学研究的意义

整合课程资源是课程改革所倡导的重要理念之一，也是当代课程设计领域的主要趋势。多年来不少研究者从不同角度、不同层次对其进行了理论的研究与探索，但是落实到实际课堂教学的尝试并不多。最近有语文教育界同仁对语文课程整合式教学进行了新的论述和尝试，这些探索对一线语文教师有一定的借鉴意义。本部分内容在新课程的理念指导下，结合这些研究成果，反思过去的做法和经验，对语文课程整合式教学的途径和方法作了一些思考和探微。广义的课程整合，不仅仅是一种组织课程内容的方法，还是一种课程设计的理论以及与其相关的学校教育理念；狭义的课程整合，指一种特定的课程设计方法，这里谈的主要是狭义的课程整合，即语文学科内的课程整合。

语文学科内的课程整合，要求打破原有的结构安排和方法设计，以特定的目标为中心，重新组织课程内容。语文教师应该在课程标准的指导下，依据某一学段的学习目标，以学生既有的学习经验为基础，将教科书所提供的教学内容进行重组，从而设计出教学操作层面上的具体语文课程内容，比如许多教师倡导的读写结合的教学模式，就是语文学科内课程整合的一种方式。新课程克服了课程类型单一、结构单一的弊端，实现课程模式的多元化，赋予教师更大的教学自主权。语文学科特有的人文性、实践性、民族性特点，使课程整合教学具有很强的可能性。

三、语文课程整合的纬度

1. 学科教学目标的整合

实施课程改革以来，根据语文课程标准编制的各套语文教科书，目前通过国家审定的如人教版、语文版、苏教版、鲁教版、粤教版语文教材，虽然仍然以教学单元面貌出现，但是其实质已经发生了根本性的变化。这些单元已经不再着重于语文知识点、能力点的逻辑排列，而是根据不同年级段提出若干"主题"或"情境"，每个单元从情感态度与价值观、过程与方法、知识与能力三个维度上进行整体推进，教学目标具有弹性。

例如，苏教版《语文》七年级上册六个单元的题目分别是："亲近文学""金色年华""民俗风情""多彩四季""关注科学""奇思妙想"。人教版《语文》八年级上册六个单元的综合性学习的题目分别是："世界何时铸剑为犁""让世界充满爱""说不尽的桥""走上辩论台""莲文化的魅力""怎样搜集资料"。从这些单元题目可以看出，新教材的单元编排，实际上是给学生提出了一个个与学生生活很贴近的话题，这些话题富有激起学生心灵对话的引力，有利于激发学生学习语文的兴趣。因此，教学定位就适合选择单元教学模式，设计教学目标时应该从单元总体考虑。例如人教版八年级上册第二单元，由五篇叙事性作品构成，分别是鲁迅《阿长与〈山海经〉》、朱自清《背影》、李森祥《台阶》、杨绛《老王》、余秋雨《信客》；这几篇文章都是通过平凡事情的叙写，折射出平凡生活中的随处可见的人性美、人情美。结合该单元的读写主题"让世界充满爱"，可将教学目标确定为"感受爱—品读爱—叙写爱—学会爱"，或定为"品读人性美—感受人性美—发现人性美—讴歌人性美"。总之，要让学生通过阅读、品味、感受、体验课文中的人和事所表现出来的情和美,充分领悟让人间充满爱的重要意义,从而收到陶冶情操、涵养性情的效果,并且学会发现并描写生活中的各种美好事物。

2. 学科教学内容的整合

从教学内容上看,新课程教科书的单元编排以综合性语文实践活动为主,不仅综合了语文知识和技能,综合了语文能力与观察、调查、参观访问、搜集资料等社会活动,而且还注重语文课程与其他学科的结合,以及语文课程与其他社会生活的联系。单元内部结构灵活,选题具有开放性,师生可以根据实际情况调整、补充或重选。如苏教版普通高中课程标准实验教科书"语文必修一"第三单元的主题是"月是故乡明",该主题内设两个板块。第一个板块"漂泊的人生",统领三篇课文:老舍《想北平》、韩少功《我心归去》、柯灵《乡土情结》;阐释的是人与故乡的关系,包括故土、家、亲情等等。第二板块"乡关何处"统领两篇课文:曹文轩《前方》、刘亮程《今生今世的证据》。它是对第一板块的拓展,重在阐释家园不仅是指故乡,还指向祖国与精神意义上的皈依,是人生命的确证。与之配套的教材"语文读本必修一"中,又编选一个主题为"故乡诗情"的单元,供学生拓展学习使用。其中的重要内容"乡愁",就可以作为整合式教学内容。

3. 学科教学方法的整合

新课程按教学主题或情境编排单元,教学时势必要求师生侧重于探究性学习方式,同时既要求学生个体主动去理解体验,又要求展开群体性对话与交流。以诗歌教学为例,如果仅仅是学习一篇诗歌,那主要通过诵读涵泳法就可以达成目标。但是如果把若干篇诗歌放到一起,或把某位诗人的多篇诗作放在一起,然后确立适当的教学目标,进行整合式教学,就势必需要综合运用多种教学方法,除了诵读涵泳法,还需要运用情境教学法、揣摩语言法、探究阅读法等;学生也需要采用合作、探究的方式进行深入的、个性化的阅读。

当然,还有许多整合的角度。例如,可以就文本的取材方面进行整合教学,如同为论及历史上六国灭亡史实的《过秦论》(贾谊)、《六国论》(苏洵)、《阿房宫赋》(杜牧);可以就手法运用方面加以整合教学,如运用象征手法的《病梅馆记》《白杨礼赞》《海燕》;可以就写作特色加以整合,如描写战争具有共同特点的《曹刿论战》《赤壁之战》《殽之战》;还可以就同一作家作品语言特色方面加以整合教学,如散文《春》《绿》《荷塘月色》《匆匆》等;或同一作家笔下人物的风貌,如鲁迅的作品等。

根据需要,整合式教学可以进行跨单元、跨版本,甚至跨年级段的整合,语文课程整合突出表现在语文教师对教科书的创造性使用上。但是不管采用哪种视角的整合,教师都应该全面把握文本内容,科学整合教学内容,努力优化教学结构,构建多边互动,强化阅读实践,引导学生探究思考,做到收放自如,指导到位。

四、史论类文化经典整合式教学设计举隅

★ 以《伶官传序》《过秦论》《六国论》《阿房宫赋》为例

[整合设想]

语文教材向来注重选入堪称民族精神源泉的经典作品,尤其是一些文质兼美、经久不衰

的文言文,具有丰厚的语言学习滋养和深刻的育人意义。例如欧阳修《伶官传序》、贾谊《过秦论》、苏洵《六国论》、杜牧《阿房宫赋》,向来是备受重视的语文课本选文。新课改后这些文化经典名篇,因教材版本体例的不同,或编入必修课本,或置于选修课程模块,有的被收入必修课程的配套用书"语文读本"之中。无论怎样归置,都应该充分发挥这些文化经典的育人功能,不能让几经遴选的置于选修课程或课外读本的经典名篇虚设。

一般情况下,对于选入必修课本的文本,教师大多会在课堂上引导学生认真研习;而课外阅读文本,则往往因学生的阅读兴趣和时间以及精力等因素,被冷落甚至完全闲置。笔者以苏教版普通高中课程标准实验教科书及其配套用书(2007年版)为依据,以《伶官传序》(语文读本·必修三)为主要阅读文本,结合《过秦论》(语文读本·必修二),以及已经学过的必修本中的《六国论》《阿房宫赋》(语文·必修二),对学生进行同类文本比较阅读训练;在如何将课内学习与课外阅读紧密结合方面,给学生以"铺路导引";同时也期望在语文必修课程与选修课程之间,起到"架梁搭桥"的作用。

[主题切入]
醉翁之意不在酒:以史立论,旨在讽今;鉴于往事,资于治道,资于立人。

[教学目标]
1. 疏通全文,理解文章大意,深刻理解文本的文化意蕴。
2. 背诵"满招损,谦得益""忧劳可以兴国,逸豫可以亡身""夫祸患常积于忽微,而智勇多困于所溺"等句子,并解读其含义及现实意义。
3. 梳理整合文中实词、虚词、句式等文言知识,体会汉语语法的文化特征:注重整体意涵,注重语序和虚词,注重语境等。
4. 研究《伶官传序》内容和结构,并与《六国论》《阿房宫赋》《过秦论》进行比较阅读,掌握比较阅读的基本方法。
5. 通过文本研习,学会审视历史、反思历史,接受和借鉴历史的经验,提高认识社会、适应生活的能力。

[课时安排]2教时

第一课时

[教学重点]
1. 理清思路,了解文章大意。
2. 疏通全文,归类整理文中实词、虚词的意义及用法;掌握判断句、省略句、介词结构后置句的句式结构,着重理解领略其表达效果。
3. 指导诵读,当堂背诵课文第三段。

[教学难点]
1. 理解常见的几种词类活用情况(兴国、函梁君臣之首、亡身、东出)。
2. 翻译句子"岂得之难而失之易欤?抑本其成败之迹,而皆自于人欤?"理解其大意;并据此判断作者所持的态度。

[教学步骤]
一、导入
用以旧带新法,以"醉翁之意不在酒"的出处导入课文。

二、有关知识

1. 作家作品（略）。

2. 补充注释。

欧阳修晚年自号"六一居士"缘由："吾家藏书一万卷，集录三代以来金石遗文一千卷，有琴一张，有棋一局，而常置酒一壶；以吾一翁，老于此五物之间，是岂不为'六一'乎？"以此引导学生追求高雅的志趣。

3. 题解。

五代，唐宋之间的五个王朝（梁唐晋汉周）。二十四史中有两部"五代史"，旧的《五代史》为宋代薛居正修撰，欧阳修嫌其不佳，便自撰《新五代史》。其中有篇《伶官传》，欧阳修又为此传写了序，重在论古讽今，属史论范畴。该序因文质兼美而为古今各类文集所收录，也是近现代各种版本语文教材中的经典篇目。

三、师生逐段研读课文，归纳整理有关知识

钱理群先生认为，在中学语文课程中讲经典作品，应有别于社会生活中的经典普及；它应服从于语文教育的目标，注意其基础教育的特点，应始终抓住语言文字这一基本环节，因文而会心。国学大师章太炎先生认为中华民族的历史精神都记录在中国语言文字中，故语言文字实为"国粹"之最精微者；深爱本国民族之种姓历史，必自深爱本国本民族之语言文字始。

1. 归类、整理文言实词、虚词、句式等内容。

2. 途径：以问题带动阅读，注重整体感悟；从品味语言入手，注重培养文言语感；师生互动，展开对话，共同建构知识。

3. 示例1：文中有哪些词类活用现象？找出来并予以具体解释。

（1）兴国：兴盛，形容词使动用法，使国家兴盛。

（2）函：木匣子，名词用作动词，把梁国国君和大臣的首级装在木匣里。

（3）亡身：死亡、灭亡，使动用法，使自身灭亡。

（4）东出：东方，名词作状语，表示行为动作的方向，向东出逃。

教学定位及价值引导：在文言文教学中渗透语言文化知识，展示中华文化景观，丰富学生的文化积累。如本文中的"函梁君臣之首"，不仅体现了古汉语的凝练，也展示了古代特定的行为习惯。词语的文化蕴含包括许多方面：表现中国独有的物质文化、宗教或制度文化、精神文化以及风俗习惯等；在与其他几篇文本比较阅读中，应引导学生注意这些词语的学习体会。

4. 示例2：文章中心论点是什么？文中句子"岂得之难而失之易欤？抑本其成败之迹，而皆自于人欤？"表明作者什么观点？翻译后予以概括。

教学定位及价值引导：在阅读教学中，要抓住文本中的关键语句进行语感分析训练，深化对文本内容的理解。本文作者没有直接提出中心论点，而是以慨叹起笔，用反问句委婉地表达自己的观点。因此，读者要凭语感理解其语意，从而概括出文章的中心论点："国家的盛衰是由人事决定的。"在叙述后唐庄宗得天下与失天下的史实之后，又连用问句"岂得之难而失之易欤？抑本其成败之迹，而皆自于人欤？"语气委婉而不乏决断，含蓄又兼张力；对后面的引用论证、对比论证和推论，起到了很好的蓄势作用。

四、课后作业

1. 归纳整理几篇文章中的特殊文言词法、句法的类型,并配之以句例。
2. 研究《伶官传序》的思想内容及结构,并与《六国论》《阿房宫赋》《过秦论》进行比较,探究其异同。

第二课时

[教学重点]

1. 总结课文结构特点,把握史论的常见结构。
2. 进行比较阅读,掌握比较阅读的常见方法。
3. 对国家盛衰的因素进行探究。

[教学难点]

1. 比较阅读中"比较点"的确立。
2. "国家盛衰"之理的拓展解读。

[教学步骤]

一、朗读全文,理清结构脉络,体会历史事实的"比较叙述"对于阐明道理的作用

二、总结课文内容结构,完成下列板书内容

伶官传序(欧阳修)

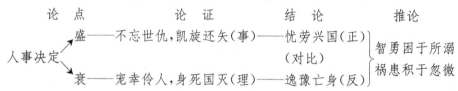

三、总结课文结构特点,把握史论的常见结构

联系有关课文,归纳借古讽今文章的立意谋篇特点:以史立论,旨在讽今;透视历史,卒章显志。

四、比较《伶官传序》《阿房宫赋》《过秦论》《六国论》的相同点和不同点

(一)明确比较的意义

比较是人认识事物、鉴别事物的一种方法;通过比较,能够了解事物的本质属性,揭示事物之间的相互关系和差别。有比较才有鉴别;通过比较,能够更好地打开思维的通道,学会多层面、多角度、多方位地思考问题,从被动接受进入主动分析评价,长此以往,必将走出思维定势、人云亦云的局限,有利于创新精神的养成。

(二)确立比较点:求同与求异

语文课堂教学的有效性取决于两方面:一是选择"合宜的教学内容";二是进行"有效的教学设计"。前者解决"教什么"问题,后者解决"怎么教"问题。合宜的教学内容,来自对文本的教学解读,主要依据课文的体式及学生的学情。鉴于本设计的目标定位是关注学生学习经验的积累,因此该教学环节设计如下两个学习活动。

1. 相同点。

(1)选材立意:几篇文章都通过历史上有关国家或王朝灭亡的史实,来奉劝当朝统治者力避重蹈古人之覆辙,这是史论的共同特点。

(2)文章体式:几篇文章基本上都属于史论范畴;虽然《阿房宫赋》前半部分更具"赋"的

工整对仗之美,但后半部分则兼有史论的特色。

(3) 结构布局:几篇文章的共同点是透视历史、卒章显志;或隐或现,都突出一个"鉴"字。

2. 不同点。

(1) 选材立意不同。写作主旨决定了文章的选材视角。《伶官传序》:通过后唐庄宗李存勖兴亡的典型事例,说明国家的兴衰,非由天命,实由人事;表达了作者关心国事、支持范仲淹等改革派的思想。《六国论》:用六国灭亡的历史事实,来劝诫北宋王朝不应惧怕契丹、西夏的威胁与侵略,要奋起抗敌。《阿房宫赋》:借用秦王朝统一天下后日益骄奢淫逸、不爱其民而导致灭亡的历史教训,讽谏当朝皇帝唐敬宗要"节用爱民"。《过秦论》:纵论秦国以锐不可当之势统一天下,建立秦王朝,不久却迅速灭亡,指出其原因是"仁义不施";"过秦"暗含"过汉",为汉文帝改革弊政提供借鉴。

(2) 论证结构异中有同。四篇课文结构上可谓同中有异、异中有同。《伶官传序》《六国论》是属于开门见山式结构:文章首先开宗明义提出中心论点,接着展开逐层论证,而后得出结论,最后进一步推论,揭示文章的主旨。

《过秦论》和《阿房宫赋》,前者属于"史论",而兼具"赋"之铺采摛文、笔墨酣畅的特色;后者名为"赋",而实有"史论"的功能。但是二者都是属于水到渠成式结构。《过秦论》从秦孝公拥有天时、地利、人和的优势起笔,纵论秦国历任国君励精图治,成就了"子孙帝王万世之业",然而却"一夫作难而七庙隳,身死人手,为天下笑",顺理成章导出了结论"仁义不施而攻守之势异也";这一结论正是作者卒章所显之"志":反对暴政,讽谏汉文帝实行政治改革。

《阿房宫赋》先以繁笔描写"阿房宫"之奢华,接着以简笔交代其结局:"戍卒叫,函谷举,楚人一炬,可怜焦土!"而后得出结论:"灭六国者,六国也,非秦也。族秦者,秦也,非天下也。"最后推论:"秦人不暇自哀,而后人哀之;后人哀之而不鉴之,亦使后人而复哀后人也。"

就得出结论后又增加"推论"这一结构特色而言,《阿房宫赋》与《六国论》《伶官传序》又有相同之处。《六国论》推论:"夫六国与秦皆诸侯,其势弱于秦,而犹有可以不赂而胜之之势。苟以天下之大,下而从六国破亡之故事,是又在六国下矣。"

《伶官传序》推论:"夫祸患常积于忽微,而智勇多困于所溺,岂独伶人也哉!"

(3) 语言风格不同。《伶官传序》:长于对比叙述,叙事波澜起伏;叙议结合,一唱三叹:"方其系燕父子以组,函梁君臣之首,入于太庙,还矢先王而告以成功,其意气之盛,可谓壮哉!及仇雠已灭,天下已定,一夫夜呼,乱者四应,仓皇东出,未及见贼而士卒离散,君臣相顾,不知所归;至于誓天断发,泣下沾襟,何其衰也!"笔墨婉转流畅,大起大落,给人以酣畅淋漓之感。

《六国论》:行文汪洋恣肆,气势排山倒海,论断斩钉截铁;如"思厥先祖父,暴霜露,斩荆棘,以有尺寸之地。子孙视之不甚惜,今日割五城,明日割十城,然后得一夕安寝。然起视四境,而秦兵又至矣。然则诸侯之地有限,暴秦之欲无厌,奉之弥繁,侵之愈急。故不战而强弱胜负已判矣。至于颠覆,理固宜然。"语言朴素而不乏生动,内容形象而更兼理性。

《过秦论》和《阿房宫赋》都具有"赋"的潇洒俊逸、铺张扬厉的特色。《过秦论》原有上、中、下三篇,开中国散文中"史论"的先河,被鲁迅称誉为"西汉鸿文"。课文所选为上篇,全篇气势宏伟,笔墨酣畅,可发动学生予以总结概括,此处不作列举。

五、拓展探究,升华认识

1. 结合古代文化经典中的有关内容,联系"生于忧患,死于安乐""得道者多助,失道者寡助""天时不如地利,地利不如人和""人定胜天""民为贵,社稷次之,君为轻"等著名论断,阐述自己对国家盛衰之理的认识。

2. 针对"夫祸患常积于忽微,而智勇多困于所溺"这一精辟论断,联系现实生活,谈谈面对当今社会多元化媒体、高科技娱乐、快餐文化消费等诸多诱惑,应该如何把握好个人成长的方向盘。

教学定位及价值引导:以上两个设计,主要是引导个性化解读和进行创造性思维训练,意在体现"用教材教"而不是"教教材"的新课程理念。

六、课后作业

以"国家盛衰之我见"或"也谈'祸患常积于忽微,智勇多困于所溺'"为题,写一篇议论文。

第三节 诗歌对比阅读教学研究: 品赏悟味引导

一、该研究的目标定位

高中诗歌教学的目标及要求主要集中在相关"学习任务群"中。本专题以"学习任务群5 文学阅读与写作"规定的有关目标内容及要求为研究视角,着重对诗歌鉴赏的途径及策略进行探究。

2017年版语文课标"学习任务群5 文学阅读与写作":本任务群旨在引导学生阅读古今中外诗歌、散文、小说、剧本等不同体裁的优秀文学作品,使学生在感受形象、品味语言、体验情感的过程中提升文学欣赏能力,并尝试文学写作,撰写文学评论,借以提高审美鉴赏能力和表达交流能力。

1. 学习目标与内容

(1)精读古今中外优秀的文学作品,感受作品中的艺术形象,理解欣赏作品的语言表达,把握作品的内涵,理解作者的创作意图。结合自己的生活经验和阅读写作经历,发挥想象,加深对作品的理解,力求有自己的发现。

(2)根据诗歌、散文、小说、剧本不同的艺术表现方式,从语言、构思、形象、意蕴、情感等多个角度欣赏作品,获得审美体验,认识作品的美学价值,发现作者独特的艺术创造。

(3)结合所阅读的作品,了解诗歌、散文、小说、剧本写作的一般规律。捕捉创作灵感,用自己喜欢的文体样式和表达方式写作,与同学交流写作体会。尝试续写或改写文学作品。

(4)养成写读书提要和笔记的习惯。根据需要,可选用杂感、随笔、评论、研究论文等方式,写出自己的阅读感受和见解,与他人分享,积累、丰富、提升文学鉴赏经验。

2. 教学提示

(1)运用专题阅读、比较阅读等方式,设置阅读情境,激发学生阅读兴趣,引导学生阅读、鉴赏、探究与写作。

（2）文学作品的阅读与写作，应以学生自主阅读、讨论、写作、交流为主。应结合作品的学习和写作实践，由学生自主梳理探究，使所学的文学知识结构化。

（3）教师应向学生提供有效的学习支持。如做好问题设计，提供阅读策略指导，适时组织经验分享和成果交流活动；在学习过程中进行指导点拨，组织并平等参与问题讨论；引导学生制订阅读计划，并要求阅读一定数量的经典文学作品，包括反映党领导人民进行革命、建设、改革伟大历程的作品，关心当代文学生活；鼓励和引导学生自主组织、举办诗歌朗诵会、读书报告会、话剧表演等活动，丰富学生的审美体验；创造更多展示交流学生作品的机会或平台，激发学生文学创作的成就感；引导学生进行自我反思性评价，为学生提供观察记录表、等级量表等自评互评的工具，促进学生不断进步。

二、该研究的重要意义

诗歌向来是语文教材的重要内容。2011年版义务教育课程标准要求背诵诗文240首（篇），推荐背诵诗文136首（篇），其中小学75首诗歌。2017年版高中语文课标要求背诵的诗文，由实验稿的14篇（首）增加到72篇（首），其中诗词曲40首。

诗歌是通过形象思维，用凝练、形象和有韵律节奏的语言，集中反映社会生活，抒发作者思想感情的一种文学样式。诗歌代表着一个民族最精细的感受与智慧（艾略特）。中国诗歌发展源远流长，最早的诗歌总集《诗经》距今已有2 000多年的历史。诗者，志之所之也；在心为志，发言为诗（毛亨）。诗是具有音律的纯文学，诗是最精妙的感官表现为最精妙的语言（朱光潜）。夏丏尊、叶圣陶认为：含有情绪、情操、想象的语言、文字，就含有诗的本质。

诗歌的类别很多，按时代划分为古诗、现代诗；按表现形式划分为格律诗、自由诗；按内容划分为抒情诗、叙事诗；按题材划分为山水诗、边塞诗。根据表现形式，古代诗歌可分为古体诗、近体诗。古体诗就是古代的自由诗，"歌、行、引"都属于古体诗。近体诗又称今体诗，就是格律诗，包括律诗（七律、五律）、绝句（七绝、五绝）和排律三种。词、曲都属于诗歌的范畴，最具有代表性的是唐诗、宋词、元曲。

三、诗歌阅读教学的策略

"诗无达诂"，是汉代董仲舒提出的诗歌鉴赏原则。清代沈德潜作进一步阐释："古人之言，包含无尽，后人叙之，随其性情深浅高下，各有会心。"常州词派主张："作者未必然，读者何必不然。"在遵循古今诗歌阅读鉴赏原则的基础上，应突出以下策略：一是把握诗歌的抒情性特征；二是探寻诗歌的意境创造；三是品味诗人的"炼字"；四是了解一些声律知识。古诗创作中讲究的"韵"，不完全等同于现代汉语拼音中的"韵母"，所以，所谓的"同韵"，我们可以近似地理解为"相同或相近韵母"。古人写律诗，是严格按照官方颁布的"韵书"来押韵的。例如"十三韵"，又称"十三道辙"。律诗中，一般是在二、四、六、八偶数句，也就是每联的对句的句尾押韵；三、五、七句，也就是每联的出句不押韵；全诗的首句可入韵也可不入韵。韵脚（押韵的字）一般为平声字（即阴平、阳平调的字）。律诗的平仄很重要，平仄的归属一般为：普通话的阴平、阳平归"平声"；上声、去声及入声（古音）归"仄声"。

四、教学设计举隅

★《乡愁》《边界望乡》《就是那一只蟋蟀》对比阅读教学设计①

[教学设想]

我国古代教育非常注重人生重大目标的定位,如"修身、齐家、治国、平天下""为天地立心,为生民立命,为往圣继绝学,为万世开太平""穷则独善其身,达则兼济天下"等等。这些思想在古今仁人志士、墨客文人得意或失意时写的诗文中都有所体现,它们都是民族优秀文化的重要组成部分。乡愁是中国诗歌中历久弥新的主题,文化乡愁就是一些人不能实现"匡时救世"的抱负而"心事浩茫连广宇"(鲁迅)的心灵倾诉,也是民族精神在知识分子身上的一种折射,这类民族传统正是当代教育不可或缺的人文滋养。因此,语文新课程标准教科书特别重视编选此类文本内容。如苏教版普通高中课程标准实验教科书语文必修一设置一个专题为"月是故乡明"的单元,并在语文读本必修一中编选一个主题为"故乡诗情"的单元,让学生与之配套学习。

本设计选择三首现代乡愁诗作为对比阅读的对象,它们被编入多种版本语文教科书,分别是余光中的《乡愁》(语文版义务教育课程标准实验教科书语文七年级下册;人教版义务教育课程标准实验教科书语文九年级下册)、洛夫的《边界望乡——赠余光中》(苏教版普通高中课程标准实验教科书《语文读本·必修一》)、流沙河的《就是那一只蟋蟀》(苏教版普通高中课程标准实验教科书《语文读本·必修一》;"人教版"全日制普通高中《语文读本试验修订本·必修》第三册)。

[主题导引]

在我国浩如烟海的文学作品中,乡愁诗几乎俯拾皆是。例如:崔颢"日暮乡关何处是,烟波江上使人愁";杜甫"露从今夜白,月是故乡明";李白"总为浮云能蔽日,长安不见使人愁";宋之问"近乡情更怯,不敢问来人";古诗十九首中"环顾望旧乡,长路漫浩浩";卢纶"家在梦中何日到,春来江上几人还?"李益"不知何处吹芦管,一夜征人尽望乡";等等。余光中先生说:"乡愁是根深蒂固的人之常情,但不完全由地理造成。一个人多年后回到故乡,仍然可能乡愁不断,因为他所熟悉的故乡已经变了。物是人非,便有乡愁。若是物也非了,其愁更甚。我当年离开内地,'掉头一去是风吹黑发/回首再来已雪满白头'乃此生最大的伤痛。幸好那一年我已经21岁,故土的记忆,文化的濡染已经深长,所以日后的欧风美雨都不能夺走我的汉魂唐魄。我在诗文中所以呼喊着狂吼着黄河长江,无非是努力为自己招魂。"

[教学目标]

1. 知识和能力:熟悉几种常见的诗歌鉴赏方法,注重有关知识的积累和整合;熟悉并背诵古今有关乡愁的诗词。

2. 过程和方法:通过对几首诗品、赏、悟、味的体验活动,发展想象能力和审美能力,进一步提高文学修养。

---

① 节选自金荷华:《一种情思别样离愁》,《语文教学研究》2008年第6期。

3. 情感态度和价值观：注重个性化阅读，体味乡愁诗人丰富的情感；感受诗人高度的社会责任感和高远的人格境界，涵养心灵，提升人格。

[教学过程]

一、整体感知——浏览性阅读

（一）问题及要求

1. 问题：《乡愁》《边界望乡》《就是那一只蟋蟀》（以下简称《乡愁》《望乡》《一只蟋蟀》）三首诗堪称姊妹篇，构成了当代文化乡愁诗中一道亮丽的风景线。但它们抒情方式各有不同，可谓"一种情思，别样离愁"。阅读后说说三首诗抒发思乡之情的主要方式分别是什么。

2. 要求：抓住主要内容，注重从宏观上整体把握。

（二）交流、整合

1.《乡愁》：乡愁的载体是诗人生命年轮中几个富有代表性的印记，表达了诗人生命长河中童年、青年、中年、晚年几个阶段乡愁的不同内涵。

2.《望乡》：诗人通过自己一次"近乡情更怯"的心灵震颤过程来表达思乡的复杂情怀。

3.《一只蟋蟀》：把乡愁置于中华民族广阔的文化背景中，采用与友人面对面的方式来倾诉、吟咏。

二、品赏悟味——鉴赏性阅读

（一）运用知人论世的方法，了解三首诗的创作背景，初步把握三首诗所表达的意蕴

1. 介绍知人论世法。

知人论世法与西方的"社会历史分析法"类似，是一种源远流长的文学鉴赏方法。所谓"知人"，即理解作者的生活经历和创作倾向；"论世"，即了解作者所处的时代状况和作品所反映的社会生活；依此二者求得对作品的充分认识。鲁迅说："我总以为倘要论文，最好是顾及全篇，并且顾及作者全人，以及他所处的社会状态，这才较为确凿。要不然，是很容易近乎说梦的。"[①]知人论世的鉴赏方法可以引导读者深入领会作品的意蕴，引发与作者的心灵对话，从而产生强烈的艺术共鸣。

2. 展示有关三位诗人的资料（学生介绍，教师补充。内容略）。

3. 再次阅读，概述三首诗的不同意蕴（学生发言，互为补充，教师归纳）。

余光中丰富的生活阅历、厚重的中华文化积淀，以及深厚的中西学养，无不折射出一个文化大家的风范和从容气度，但是正如他自己所说，"欧风美雨都不能夺走我的汉魂唐魄"。《乡愁》一唱三叹、回环往复，四个画面勾勒出诗人的生命成长过程，展示了一生的漂泊不定，及其在漂泊不定中乡愁的不同内涵，在反映人世沧桑的同时，把个人、国家、民族的命运紧紧地连在了一起，可谓思绪悠悠，离愁悠悠，感慨怅惘幽幽。

洛夫出生于大陆却谋生于台湾地区，以及其写诗、译诗、教诗、编诗的人生经历与余光中颇有相似之处，这是他在偶得望乡机缘时爆发思乡情愫的直接原因。其早期超现实主义的诗歌创作追求，使他善于锤炼语言，创造奇特意象，并且长于从现实中发掘超现实诗情。《望乡》抓住生活中几乎是稍纵即逝的一次心灵震颤过程，用极其繁复而细腻的笔触，将其夸张、放大，生动化、形象化，使读者伸手可及他那强烈的乡愁。

[①] 鲁迅：《鲁迅全集》（第六卷），人民文学出版社，2005年，第444页。

流沙河与前二人经历都不同,他生于大陆长于大陆,对文学的钟爱与追求使他有幸与余光中成为诗友。《一只蟋蟀》的创作,虽然也同样因为诗人对世事沧桑的敏感、忧患,但最直接的因素还是余光中的中华精髓、文化乡愁对他的濡染。该诗小序云:台湾诗人Y先生说:"在海外,夜间听到蟋蟀叫,就会以为那是四川乡下听到的那一只。"他所抒发的乡思乡情,不像前两首诗那样沉郁,而是极其舒缓畅达,雄浑自然,更多地是表达诗人一种坚定的民族信念。

　　(二) 运用品象入境的方法,赏析三首诗塑造的不同意境及其表达的意蕴

　　1. 介绍品象入境法。

　　品象入境,即品味意、探入境。这是一种最为常见的具有中国特色的诗文鉴赏方法。一般有以下几个步骤:披文识字—感知物象—探入意境—领悟意蕴—体会情感—审美评价。①

　　2. 赏析《乡愁》。

　　(1) 导引切入:诗中"小小""窄窄""矮矮""浅浅"几个修饰词语有何作用?注意从意境创造的角度去思考理解。

　　(2) 师生讨论、交流、赏析。

　　① 小小:邮票本来就不大,"小小"似乎多余,用它来形容邮票,意在说明诗人童年时代求学在外,恋家之心太切,想家之情过重,一封短短的家书怎么能取代孩子对家庭温暖的眷恋呢!所以童年时代的诗人面对家书内容,就只能眼巴巴地发呆,似乎母亲就在眼前,伸手可及,却难以扑到母亲的怀抱。邮票之微小,衬托出母爱之博大。

　　② 窄窄:用来形容船票颇有寓意。长大后诗人成家了,乡愁中最刻骨铭心的体验就是对爱妻的深深思念。一张窄窄的船票给亲人带来多少欢乐和幸福,又带去几多期盼和离愁!读到此段,让人顿生柳永笔下的"关河冷落,残照当楼""误几回、天际识归舟"的惆怅。唯其夫妻恩爱似江海宽广,每次相聚才会觉得时间太短太短。"窄窄"的船票哪里载得下夫妻的恩爱和离愁!"我在这头,新娘在那头",那种"相见时难别亦难"(李商隐)、"举手长劳劳,二情同依依"(《孔雀东南飞》)的情境如在读者眼前。

　　③ 矮矮:人到中年,操劳一生的母亲永远地去了,留给儿女的只有故乡的一抔土。就是这样一座"矮矮"的坟墓,薄薄的黄土,却如无形的厚墙高壁,阴阳两相隔绝。慈母的牵挂,儿女的喜忧,尽管近在咫尺却难以相诉。这种残酷的生离死别,怎一个愁字了得!

　　④ 浅浅:诗人晚年在台湾地区教书,写作,讲学;应该说人生、事业均收获颇丰,但是诗人总是有漂泊他乡的浓重的孤独感,他在诗文中"呼喊着狂吼着黄河长江",就是"努力为自己招魂"。然而,就是那不起眼的甚至给人些许美感的"一湾""浅浅的"海峡,竟然使诗人思乡之情漫长悠远,似乎永远没有尽头。地理概念上的浅浅,反衬出台湾地区与大陆政治、经济、文化阻隔的深重。不妨听听诗人在《听听那冷雨》中的倾诉吧,"大寒流从那块土地上弥天卷来,这种酷冷吾与古大陆分担。不能扑进她怀里,被她的裙边扫一扫吧,也算是安慰孺慕之情",面对这样的心灵道白,你眼前会出现伫立在台湾海峡一端遥望故乡的老者,其形容恰如雕塑一般。此时,令人联想到国民党元老于右任先生40多年前的凄怆哭喊:

---

① 刘真福:《文学鉴赏方法举隅》,《课程·教材·教法》2007年第8期。

"葬我于高山之上兮,望我大陆/大陆不可见兮,只有痛哭/葬我于高山之上兮,望我故乡/故乡不可见兮,永不能忘/天苍苍,野茫茫;山之上,国有殇!"(《望大陆》1964年)。

(3) 整合归纳。

作者用几个修饰语分别来形容诗中的几个意象,这是创造意境、表达意蕴、抒发感情的一种必要手段。诗人正是通过"小小的邮票""窄窄的船票""矮矮的坟墓""浅浅的海峡",以及"……在这头""……在那头"的对比处理,创造了少小离家别、成年夫妻别、中年生死别、晚年故乡别的生动画面,抒发了沉郁缠绵、悠远深长的离愁之情和故国之思。

3. 赏析《望乡》。

(1) 导引切入。

该首诗写的是一次边界望乡的心灵震颤过程(或叫心境),请仔细研读每一段,理出诗人当时的心路历程。注意抓住诗中奇特的意象描写,并对语言运用超出常规之处认真咀嚼品味,体会这些语言所创造的意境及其表达的意蕴。

(2) 师生讨论、交流、赏析。

第1段——

① 质疑:开头一节只有2句,"说着说着/我们就到了落马洲",表层语意只是简单交待到了目的地,但是这里有无深层语意呢?纵观全诗可推知他们说的是什么吗?

② 讨论解答:他们说的一定是与故乡有关的人和事,因为他们要去的是边界,是可以眺望故乡的。他们兴致勃勃地说着,不经意间就到了,反映出诗人一行对此次落马洲之行所抱希望很大。

③ 教师补充:这正是全诗内容的铺垫,是抒情的蓄势待发;希望越切,失望时越痛苦;这里可视为作者的创作空白。所谓创作空白,就是一切艺术创作中,艺术家有意或无意造成的隐蔽、残缺、中断、休止、无言、无声、无形的部分,即"笔所未到,有意所忽"之处,也就是留给欣赏者通过"有形"部分而进入想象的艺术空间。在语文课程阅读教学视域中,作家的艺术空白大体通过预设、角色、省略、隐蔽、终端、冗余、隐喻、陌生化等手段来达成。[①]

第2段——

① 质疑:你觉得这段中哪些诗句在语言表达上不符合常规?这样处理有何妙处?

② 回答:有两处,"望远镜中扩大数十倍的乡愁/乱如风中的散发""一座远山迎面飞来/把我撞成了/严重的内伤"。

③ 讨论、分析:由于诗人望乡心切,可是"雾正升起"不能及时望见故乡,因而"茫然""四顾",进而"手掌生汗",于是就有下面急切的动作。诗人不实写急速调整焦距放大影像的动作行为,而是写调整焦距的轻微动作带来心灵的强烈反应:乡愁被"扩大数十倍",而且"乱如风中的散发",可见乡愁何止是剪不断理还乱! 就在诗人因即将望到故乡而激动得心跳加剧的时候,望远镜里如飞一般扑面而来的远山,使诗人一颗饱受思乡之苦的心受到了强烈的冲击。此处用"撞""严重"形容冲击力之大,受伤害之深;"内伤"表明这种伤害是看不见摸不

[①] 倪文锦:《高中语文新课程教学法》,高等教育出版社,2004年,第75—79页。

着的,完全是内心深处的隐痛。

④ 总结、概括:语言的超常规表达在诗歌创作中极为常见。清代诗歌理论家吴乔在《围炉诗话》中将诗歌抒情的一种规律概括为"无理而妙",说的是诗歌中感情抒发强烈处往往是不合事理的。这种"无理",有的表现为语法上突破常规,如"碧水惊秋,黄云凝暮"(秦观)、"药炉汤鼎煮孤灯"(范成大)、"清新庾开府,俊逸鲍参军"(杜甫);有的则表现为行为方面自相矛盾,如"近乡情更怯,不敢问来人"(宋之问)、"抽刀断水水更流,举杯销愁愁更愁"(李白);还有的表现为大胆的夸张和想象,如"断肠人在天涯"(马致远)、"晓来谁染霜林醉,总是离人泪"(王实甫)。超常规的艺术表达,往往创造出新颖而独特的意象,拓宽加深意境的意蕴,从而增强作品的艺术感染力。

第3段——

① 质疑:由故国山河引起的精神痛苦使诗人恰如大病一场,这种病当然无临床表征。那么诗人是用哪些富含特殊意蕴的意象来表达这种难以言状的苦痛的?你觉得其中有哪些词语值得咀嚼品味?

② 回答:意象有"凋残的杜鹃"、"禁止越界"告示牌、"白鹭";值得品味的行为动作词语有"蹲""咯血""猛然折了回来";还有"一只""唯一""一朵"等数量词。

③ 讨论、赏析:以上内容共同构成了凄清、孤独、失望的意境。当时诗人离开大陆已经整整30年了,如今只能在望远镜中重温故乡山水,诗人在无限感慨中神伤心痛。洛夫的诗素有诗意象奇特、表现手法繁复多变、耐人回味之称,此处有意象的跳跃转换:凋残的是杜鹃花(山上那丛),咯血的是杜鹃鸟。杜鹃鸟,又称子规,其啼声如说"不如归去",游子听其叫声往往顿生飘零之感,离别之恨。"咯血"形容其伤痛之深,与"断肠人在天涯"(马致远)、"肠断白苹洲"(温庭筠)有相同的艺术效果。这里通过意象的跳跃转换,拓宽了意境,增大了意蕴的厚度,给人以诗情回转缠绵的感染。

第4段——

① 质疑:此段有三处值得思考讨论,一是你怎样理解"鹧鸪以火发音"和"冒烟的啼声"?二是鹧鸪啼声"穿透""春寒"表达上有何特殊效果?三是同伴"冷,还是/不冷"有何深层含义?

② 讨论、交流:鹧鸪又名山鹧鸪,啼声凄厉悲惨,其叫声如说"行不得也哥哥"。"火""冒烟""穿透",写出了鹧鸪叫声频率之快、声音之高,给人以声嘶力竭的感觉;"烧"与前句中"以火发音"和"冒烟的啼声"相呼应,是导致"双目尽赤,血脉贲张"的直接原因;这正是诗人"内伤"严重带来的心理和生理上的强烈反应。而同伴"竖起外衣的领子"问"冷,还是/不冷",则衬托出在场的所有望乡者都从内到外彻底冷透,此可谓心寒之至!

③ 归纳:这里又有语言的超常规表达,用"火""冒烟"的视觉形象来描写杜鹃啼叫给人的听觉感受,是通感手法。

第5段——

① 质疑:该段颇有点朦胧诗的味道,开头两句列出几个中国特有的农历节气有何用意?你喜欢"当雨水把莽莽大地/译成青色的语言"这一诗句吗?说说你的理由。

② 师生解读:诗人用中国特有的农历"二十四节气"中的几个节气来表示时令的更迭,别有寓意。惊蛰、春分、清明、雨水是相邻的几个节气,它们都代表春天的步伐,古老的中华

民族就是在这样的信号更迭中春耕,夏种,秋收,冬藏;生生不息,源远流长;同根同祖、血脉相连。这是毋庸置疑也无法改变的历史渊源!春风吹过,大地一片生命的绿色,在诗人看来,那就是中国人无声的心灵沟通的语言,所以他能听懂朋友广东的乡音。可是故乡明明是"伸手可及",却只能抓回"一手冷雾",近在咫尺难相诉,骨肉分离几十年,到底谁之过?此时诗人已经彻底伤心失望。

诗句"当雨水把莽莽大地/译成青色的语言"中,用"译"把大自然的更迭渐进现象拟人化了,比王安石"春风又绿江南岸"中的"绿"更添几分人类的灵性。

③ 总结归纳:诗人边界望乡时的心路历程:

近乡心切—望乡情怯—念乡心痛—思乡心寒—盼乡失望

4. 赏析《一只蟋蟀》。
(1) 介绍有关知识。①

① 兴象——是艺术作品中没有明显的人为痕迹的意象,"兴象天然",是无言的天籁。其构成似乎是纯粹客观的物象,往往没有明显的象征、比喻的意味,单个兴象的存在与否似乎也无关紧要,但由很多单个兴象组成的兴象群,就具有深层的意蕴。

② 境象——也就是通常所说的意境,是由基础层次上的意象组合而成的一个整体,它比基础性的意象在时空上更具有突破性,有强烈的宇宙感、历史感、人生感。

③ 喻象——通过比喻、象征的方式构置的意象,它是艺术家借助一定的艺术技巧,将客观物象按照心灵重组或变形,让客观物象成为心灵的载体而创造出来的。比喻和象征性的意象因其具有巨大的暗示性而为艺术家所喜爱。

(2) 导引切入。

该诗把乡愁放在广阔的民族文化背景中吟咏,诗中意象众多,内蕴深刻,组合也极巧妙。试找出其中意象的不同类别,并说说这些意象所表达的意蕴。

(3) 师生讨论、交流、明确。

① 诗中的兴象:主要集中在第2、3、4、5段中。第2段中的诗经、古诗、木兰辞、姜夔词构成第一个兴象群,这是从历史发展纵向铺排展开的;第3段中的驿道、烽台、天井、战场构成第二个兴象群,这是从地点转换横向铺排展开的;第4段中的月饼、桂花、石榴果、残荷、雁南飞、草垛构成第三个兴象群,这是按照童年、中年的生活片断铺排展开的;第5段中的台北巷子、四川乡村、露珠、萤火、鹧鸪构成第四个兴象群,这是按海峡两岸的空间来展开的。四个兴象群中,第一、二相互照应,第三、四相互照应。

② 诗中的境象:2、3、4、5诗段中众多兴象,组成了四大兴象群,这就构成了全诗的四大境象。透过这四大境象,读者可以深刻地感受到中华民族沧桑的历史,广阔的河山,可爱的家园,以及血脉相连、心灵相通的情愫。这些兴象群,从时间、空间、人物角度相互对应,互为补充,构成一个由客体呈现到主体呈现,由民族的宏观到个人的微观,再到民族的宏观的抒情脉络;充分表明从古至今,我们中国有着悠久的历史文化,共同的文化积淀使生活在不同

---

① 王本志:《〈就是那一只蟋蟀〉的审美意象及其组合艺术》,《语文教学通讯》2001年第6期。

时代、不同地域的中国人,有着相同的心理和情感。这种多层次、多角度的对应,使诗人将个体的情感投射到民族的文化背景上,从而使个人的情感得到放大、升华,这就使该首乡愁诗已经大大超越了古代文人墨客得意、失意时的思乡之作的境界。这也正是三首现代乡愁诗更容易引起当代读者共鸣的共性特征。

③ 诗中的喻象:就是贯穿全诗的蟋蟀。蟋蟀又称促织,是普通中国人都非常熟悉的小昆虫,但是诗歌中的蟋蟀已经不是一般意义上的昆虫了。由该诗小序可知,在两位诗人心目中,蟋蟀已不再受时间、空间、政治等因素的限制,它在两位诗友之间、诗人与读者之间架起了沟通的桥梁。蟋蟀就是我们中华民族生生不息的共同见证,是中国人血浓于水的感情象征。尽管这种感情有时是沉重甚至惨烈的,但却是不可磨灭的,是任何力量也隔绝不了的。

三、比同较异——评价性阅读

(一) 找出共同点

1. 主题相同。

都描写乡愁,倾诉离情,表达盼望台湾地区与大陆骨肉不再分离的强烈愿望。

2. 体裁相同。

都是现代抒情诗歌,结构形式和语言运用都比较宽松自由。

(二) 分析不同点(学生列举,教师概括)

1. 抒情方式不同。

乡愁的载体各不相同,详见"整体感知"概括。

2. 结构形式不同。

《乡愁》用"在这头""在那头""在里头""在外头",构成重章叠句的复沓式结构,全诗大体押韵,且一韵到底;每段行数、句数、字数都相等,较为整齐。《一只蟋蟀》也大体押韵,一韵到底;虽然每段的诗句行数不一,但是由于兴象众多,境象广远,大量相同的句式,构成反复和排比,朗读时有酣畅淋漓之效果。《望乡》则不同,全诗除了首段只有 2 句,其他几段都是 8 句,但是每段内部诗句长短极为自由,全诗不讲究押韵。

3. 用典不同。

(1)《乡愁》:从严格意义上说,该首诗没有涉及典故。只有塑造"夫妻别"意境时用的"窄窄的船票",赏析时可以引导学生联想李清照《武陵春》中"只恐双溪舴艋舟,载不动,许多愁",以及柳永《八声甘州》中"关河冷落,残照当楼""误几回、天际识归舟"等诗句,因为在写离愁别绪方面它们有异曲同工之妙。

(2)《望乡》:该诗中不少意象涉及典故。

① 杜鹃,传说杜鹃鸟叫声凄切,啼叫时嘴里会流出血来,在古典诗歌中多用来表示凄婉哀怨的情调。如李白的"杨花落尽子规啼,闻道龙标过五溪。我寄愁心与明月,随风直到夜郎西。"(《闻王昌龄左迁龙标,遥有此寄》)为送友人营造了哀怨的氛围;白居易的"其间旦暮闻何物,杜鹃啼血猿哀鸣"(《琵琶行》)渲染了被贬后寂寞难耐的情境;李商隐的"庄生晓梦迷蝴蝶,望帝春心托杜鹃"(《锦瑟》)写出了长期积压的遗憾和伤痛;秦观的"可堪孤馆闭春寒,杜鹃声里斜阳暮"(《踏莎行·郴州旅社》)表达了诗人被贬郴州后失意凄苦的心情;而文天祥《金陵驿》中的"满地芦花和我老,旧家燕子傍谁飞。如今别去江南月,化作杜鹃带血归",不

得不使读者为其壮志难酬、矢志不渝的精神境界而扼腕长叹。洛夫在该诗中用杜鹃咯血这个具有传统文化意蕴的意象,表达了自己不能回归故乡的哀怨悲苦之情。

② 白鹭,在古典诗歌中多表现为对安静、平和、自由生活的向往,如王维的"漠漠水田飞白鹭,阴阴夏木啭黄鹂"(《积雨辋川庄作》),渲染了积雨天气中辋川山野一片画意盎然的景象;杜甫的"两个黄鹂鸣翠柳,一行白鹭上青天"(《绝句》),描绘了有声有色的绚丽图景;张志和的"西塞山前白鹭飞,桃花流水鳜鱼肥"(《渔歌子》),道出隐居江湖生活的清静舒适。洛夫在这里借白鹭"飞跃深圳/又猛然折了回来",来抒发对台湾地区与大陆和平统一生活的渴望,也表达了自己纵使插上翅膀也难回故乡的近乎绝望的悲凉之情。

③ 鹧鸪,又名山鹧鸪,啼声凄厉悲惨,也是古诗词中经常用以表达哀怨离愁的意象。如辛弃疾的"江晚正愁余,山深闻鹧鸪"(《菩萨蛮·书江西造口壁》),强烈地抒发了作者不能南归的悲愤之情。洛诗中鹧鸪"以火发音"和"冒烟的啼声",使诗人蛰伏了30年的故国之思,如潮水奔涌不能遏抑,以致被"烧"得"双目尽赤,血脉贲张",强烈地抒发了自己遥望故国时急剧沸腾、摧肝裂胆的心灵躁动。以上三个意象的使用,将历史与现实叠合在一起,既抒发了诗人的乡愁情绪,又增加了这种情怀的历史纵深感和厚重感。

(3)《一只蟋蟀》:第2段中涉及5个典故。

① 诗经《七月》:第5章中写到蟋蟀的诗句是:"五月斯螽动股,六月莎鸡振羽。七月在野,八月在宇,九月在户,十月蟋蟀入我床下。"描写的是古代生民在岁寒时节的劳作情形。

② 诗经《蟋蟀》:每章首句"蟋蟀在堂",该诗是一篇岁暮述怀而又乐不忘忧的诗。

③ 古诗十九首《明月皎夜光》:"明月皎夜光,促织鸣东壁",这是一篇写失意之士对世态炎凉怨愤的诗。

④《木兰诗》:"唧唧复唧唧,木兰当户织。不闻机杼声,唯闻女叹息",其中"唧唧"一说为拟声词,用蟋蟀叫声,以动衬托静,突出木兰深夜心事重重、不能平静的状貌。

⑤ 姜夔《齐乐天》:"哀音似诉,正思妇无眠,起寻机杼。曲曲屏山,夜凉独自甚情绪?……笑篱落呼灯,世间儿女。写入琴丝,一声声更苦。"这是一首咏蟋蟀的词,该词着重写思妇、行人、骚客听了蟋蟀凄凉的叫声后的感受和情怀。

另外,《一只蟋蟀》中的意象多到组成四个大的意象群,因而其意象涉及典故和化用前人诗句的现象较多。

例如,第4章中的"想起故园飞黄叶":范仲淹词《苏幕遮》有"碧云天,黄叶地,秋色连波,波上寒烟翠"诗句。

"想起野塘剩残荷":李商隐《宿络氏亭寄怀崔雍崔兖》中有"秋阴不散霜飞晚,留得残荷听雨声"。

"想起雁南飞":王实甫《西厢记》中崔莺莺唱词有"碧云天,黄花地,秋风紧,北雁南飞,晓来谁染霜林醉,总是离人泪"。

4. 诗化语言的风格不同。

(1)《乡愁》:遣词用字比较平实自然,意象明朗清新。

(2)《望乡》:多运用一些超常规搭配的语言,来创造新奇而强烈的刺激,给读者以回味无穷的余地。例如:

①"望远镜中扩大数十倍的乡愁,乱如风中的散发":无形的"乡愁"以有形的望远镜来"扩大",用"乱如风中的散发"来形容;使看不见的"乡愁"可视化了,以有形写无形,生动、可感。

②"病了病了,病得像山坡上那丛凋残的杜鹃,蹲在'禁止越界'的界碑傍咯血":体现了超现实主义的诗歌创作追求,善于锤炼语言,创造奇特意象。这里杜鹃的意象瞬间作了转换:山坡上凋残的是杜鹃花,界碑旁咯血的是杜鹃鸟。

③"当雨水把莽莽大地译成青色的语言":用拟人、通感的手法,把视觉感受和听觉感受完全打通了、融合了,造成了清新脱俗的效果。这些语言的处理,创造了新颖的意象,拓宽了诗的意境,高度艺术化地反映了作者沉重悲苦、难以言状的故国之思。

(3)《一只蟋蟀》:由于通篇运用象征的艺术手法,全诗四大境象都由蟋蟀这个喻象统领起来,构成一个有机的整体。通篇使用反复、排比的修辞手法,每段都由"就是那一只蟋蟀"发端,经过"在……唱过""在……唱歌"的铺陈排比,将所有的意象都会聚到"蟋蟀"这个象征体上,纵横古今,循环往复,从而形成一种内在的节奏,发展到最后形成高潮。最后以"中国人有中国人的心态,中国人有中国人的耳朵"总结性地揭示了蟋蟀歌唱的深刻意蕴。

四、教师感言(意在引发学生发表个性化阅读见解)

如果说《乡愁》是一曲苏州评弹,委婉缠绵地向你倾诉着他生命中曾经历的少小离家别、成年夫妻别、中年生死别和晚年故乡别的遭遇,唱出了人世沧桑的多种况味和当下最强烈的心灵企盼;那么《望乡》就如一段当今流行的"rap",高频率、快节奏、大容量地向你倾诉他的一次"近乡情怯"的意识流动过程,淋漓尽致地道出了他的故国之思、离愁别恨;而《一只蟋蟀》则更像一曲沿着远古高高低低的山涧奔腾不息的泉水之歌,通过古今蟋蟀的声声不绝,唱出了中华民族文化同根、血脉相连、时空距离终究隔不断心灵融合的真理,全诗的感情基调厚重而更兼自信和乐观。

第四节 古代文化常识教学研究:综合性学习设计

一、该研究的目标定位

本专题以"学习任务群14 中华传统文化专题研讨"的有关目标、内容及要求为研究视角,着重对综合性学习活动的设计进行探究。

2017年版高中语文课标"学习任务群14 中华传统文化专题研讨":本任务群是在"中华传统文化经典研习"的基础上,选择中华优秀传统文化的内容组成专题进行深入研讨,旨在加深对传统文化的认识和理解,增强传承、弘扬中华优秀传统文化的自信心、责任感。

1. 学习目标与内容

(1)选读体现传统文化思想精华的代表作品,参阅相关的研究论著,确定专题,进行研讨。加强理性思考,增进对中华文化核心思想理念和中华人文精神的认识和理解,体会中华文化创造性转化和创新性发展的趋势。

（2）阅读应做读书笔记。围绕中心论题进行有准备的研讨，围绕专题选择合适的方式展示探究的成果。

（3）进一步提高文言文阅读能力。尝试阅读未加标点的文言文。阅读古代典籍，注意精选版本。

2. 教学提示

（1）教师依据传统文化学习内容、学生兴趣、学习资源等，推荐相关专题，供学生选择学习。学生也可自主设计，确定学习专题。

（2）专题的角度可以是多样的。参阅阐释经典的作品应作为研读原著的辅助手段，可以将经典作品与参阅的研究论著结合起来学习。

（3）设计多种专题研讨与交流活动。可以引导学生在独立完成相关专题研习的基础上，从研究的资料、过程、方法、收获等多个角度展示研究成果，并且围绕学习中的若干问题，组织交流讨论、合作探究等活动，要求学生尝试把自己的探究发现用论文形式呈现出来。

二、该研究的重要意义

文化传承与理解是语文核心素养内涵的重要组成部分。2016年9月《中国学生发展核心素养总体框架》研究成果在北京发布，紧接着教育部下发了《关于2017年普通高考考试大纲修订内容的通知》（教试中心函〔2016〕179号）。核心素养框架体系为课程的内涵发展和学科教学定位提供了依据；学科核心素养的内涵、培养方略、发展途径及评估策略，将成为当下及未来教育教学研究的重要领域，是深化课程改革的重要内涵及举措。新修订的全国高考大纲对基础教育如何立德树人作了具体的规定和引领，规定"增加中华优秀传统文化的考核内容，积极培育和践行社会主义核心价值观，充分发挥高考命题的育人功能和积极导向作用"。语文学科规定，"增加古代文化常识的内容，在汉语中增加文言文、传统节日、民俗等内容"；"古诗文阅读"部分增加"了解并掌握常见的古代文化常识"考查内容。

人教版普通高中课程标准实验教科书（必修）·语文每册都有一个"梳理探究"部分，它实际上就是一些语文专题活动。第一册：优美的汉字；奇妙的对联；新词新语与流行文化。第二册：成语——中华文化的缩微景观；修辞无处不在；姓氏源流与文化寻根。第三册：交际中的语言运用；文学作品的个性化解读；语文学习的自我评价。第四册：逻辑和语文学习；走近文学大师；影视文化。第五册：文言词语和句式；古代文化常识；有趣的语言翻译。

这些专题活动大体可分为两类：

（1）侧重于对学生以前语言、文学、文化等方面所学过的内容进行梳理，以便于在积累基础上进行巩固和整合。

（2）专题研究，主要在于引导学生自主思考、拓展探究一些问题，从而培养创新精神和实践能力。

中华文化博大精深、源远流长，语文学习要了解并掌握的中华优秀文化，通常聚焦于古代文化常识，一般指向以下六个范畴：岁时、历法；地理、区划；人物、民族；职官、科举；姓名、称谓;名物、礼俗。本活动主要根据人教版普通高中课程标准实验教科书·语文(必修五)中"梳理探究"之二"古代文化常识"的内容进行设计,力图兼具上述两方面特点,即既有巩固整合性内容,又有拓展探究性特征。

三、语文综合性学习活动设计举隅

★ 古代文化常识探究性学习活动设计

[活动目标]

1. 引导学生在长期积累古代文学常识基础上,对有关作家作品知识进行归类整合,在梳理探究中巩固知识,提高探究性学习能力。

2. 在品味古代学者名人的名、字、号、谥号的用字中,积累词汇,增强对词语的理解和运用能力,感受祖国语言文字的丰富多彩,体会中华文化的博大精深、源远流长。

3. 进一步领会古代仁人志士的人格理想和价值追求,在文化品味上受到感染熏陶,追求高尚情趣,提高道德修养。

[内容及步骤]

一、学生梳理课本所提示的内容,初步了解古代人姓名、称谓的常见规律

二、学生对古代人名、字、号、谥号的规律进行拓展探究

(一)具体要求

1. 把课内外读过的古代诗文作者的身份及名、字、号、谥号写下来。

2. 对这些人名、字、号、谥号的用字进行梳理、分析、诠释。

3. 把名、字、号之间有联系的人按朝代先后顺序列举出来,并加以归类。

4. 找出谥号与庙号、年号的区别。

(二)实施建议

1. 组成活动小组,分工合作;分组形式及任务分配由全班商定。

2. 小组内再进行责任分工,分工依据由组内成员商定。

3. 查阅、搜集资料范围:课内外所读文本与其他资料相结合。

(三)活动时间

课前准备:根据分工情况自行安排时间。课堂展示总结:2课时。

三、小组展示梳理探究成果

四、师生总结归纳,共建相关知识

名,古代人出生3个月由父母或祖父母命之;男子20岁行加冠礼、女子15岁行笄(别头发的簪子)礼,表示已经成人,应该受到尊重,于是再由父母或祖父母另起一个称呼,这就是"字";名与字,大多互为表里,故又称字为"表字"。

(一)名字之间的关系

1. 意义相同或相近。

孟子(战国时思想家、政治家、教育家):名轲,字子舆。轲,本义为一种车,接轴车;舆,车上载人载物的部分。"轲"与"舆"都与车有关,意义相近。

屈原(战国时爱国诗人):名平,字原;又自称名"正则",字"灵均"。平,平坦,引申为公

平、平均,与"原""正""均"意义相近。

班固(东汉史学家、文学家):字孟坚。"坚"与"固"意义相近。

曹操(三国时政治家、军事家、诗人):字孟德。操,操守、品德、品行。"操"与"德"意义相同。

曹丕(三国文坛领袖):字子桓。丕,有"大""宏大"义;桓,古代立在驿站、官署等建筑物旁作标志的木柱,后称华表,有威武宏大义。"丕"与"桓"意义相近。

曹植(三国魏诗人):字子建。"植"与"建",都有竖起、树立之义。

诸葛亮(三国蜀汉政治家、军事家):字孔明。孔,有"甚"之义,"甚明"即为"亮"。"亮"与"明"同义。

陶渊明(东晋诗人、文学家):名潜,字元亮。"明"与"亮"同义。

钟嵘(南朝梁代文学批评家):字仲伟,(岭)嵘,山势高峻,与"伟"都有高大、壮美之义。

高适(唐代边塞诗人):字达夫。适,到……去;达,到达,通达。"适"与"达"意义相近。

杜甫(唐代伟大现实主义诗人,世称诗圣):字子美。甫,古代在男子名字下加的美称,后常用于人的字,有时用"父"通"甫",如"余弟安国平父,安上纯父"(王安石《游褒禅山记》)。

孟郊(唐代诗人):字东野。郊,上古时代国都城外百里以内称"郊",后泛指城外、野外,"郊"与"野"意义相近。

李煜(五代时期南唐后主):字重光。煜,光耀。"煜"与"重光"意义相近。

曾巩(北宋散文家):字子固。巩,本义为用皮革捆东西,引申为坚固、巩固。"巩"与"固"有相同义。

秦观(北宋词人):字少游。观,看、观赏;游,游玩、游览。"观"与"游"意义相近。

陆游(南宋爱国诗人):字务观。观,看、观赏;游,游玩、游览。"观"与"游"意义相近。

梅尧臣(北宋诗人):字圣俞。尧与舜是传说中上古贤明君主,后"尧舜"泛指圣人。"尧臣"与"圣俞"意义相关相近。(其诗《鲁山行》入选人教版义务教育课程标准实验教科书·语文八年级上册)

辛弃疾(南宋词人):字幼安。"弃疾"则为"安",意义相通。

白朴(元代戏曲家、词人):字太素(一字仁甫)。素,未染色的丝;朴,未加工的木材,引申为质朴、淳朴。"朴"与"素"意义相近。

高启(明代诗人):字季迪。启,开、打开;迪,有开导、引导义。"启"与"迪"意义相近。(其诗《登金陵雨花台望大江》入选语文版普通高中课程标准实验教科书·语文必修三)

2. 意义相对或相反。

王绩(初唐诗人):字无功。"绩"与"无功"意义相反。(其诗《野望》入选苏教版义务教育课程标准实验教科书·语文八年级上册)

韩愈(唐代文学家):字退之。愈,胜过、更加;与"退"意义相反。

3. 名与字形体上相关。

吴敬梓(清代小说家):字敏轩,一字文木。梓,一种树木。"梓"与"木"意义相关,字形也有联系。

张璐(清朝医学家):字路玉。

曹邺:字业之。

4. 名与字共用一个语素。

李白(唐代伟大浪漫主义诗人,世称诗仙):字太白。

杜牧(晚唐著名诗人):字牧之。

睢景臣(元代散曲家):字景贤。

宋濂(明初散文家):字景濂。

冯梦龙(明代文学家、戏曲家):字犹龙。

(二)别号的类型

"号",是古代人成年后在社会上有一定的成绩或名望时,又另起的一个称号,故又叫"别号"。别号有时由自己起,表达自我期待和志趣追求,称"自号";有时是别人根据其为人或生平事迹加以概括而形成,表达世人对他的颂扬或尊敬。

1. 与人格志向有关。

陶渊明(略):自号"五柳先生",源自其自撰小传《五柳先生传》;表达了安于贫困、自得其乐的高洁志趣。世称"靖节先生",称颂他"不为五斗米折腰"而淡泊名利的脱俗人格。

欧阳修(北宋史学家、文学家):号醉翁,表达"醉翁之意不在酒,在乎山水之间"的人生境界。晚年自号"六一居士",自解缘由:"吾家藏书一万卷,集录三代以来金石遗文一千卷,有琴一张,有棋一局,而常置酒一壶;以吾一翁,老于此五物之间,是岂不为'六一'乎?"

贺知章(唐代诗人):自号"四明狂客"。四明,是其家乡地名(浙江境内);狂客,因"性放达,好饮酒,善狂草"而自号。

陆游(略):字务观,号放翁。"务观",体现了他饱读诗书、探奇览胜、亲历战乱、身杂老农间——"年来诗料别,满眼是桑麻"(陆游《倚仗》)的丰富的人生经历;又因"不拘礼法",同僚"讥其颓放",他索性自号"放翁"。

马致远(元代戏曲家):号"东篱"。其晚年隐居田园,过着"酒中仙,尘外客,林间友"的生活,这与陶渊明"采菊东篱下,悠然见南山"的宁静、致远的志趣相近。

李渔(清代戏曲理论家、作家):字笠翁,晚年自南京移家西湖,因号"湖上笠翁"。从其名、字、号中,可透视出柳宗元诗"千山鸟飞绝,万径人踪灭。孤舟蓑笠翁,独钓寒江雪"的意境,暗示着"钓胜于鱼"的人生态度和精神追求。

2. 与对其影响较大的地方有关。

李白(略):号"青莲居士",因其幼年生活在四川彰明县的青莲乡。

白居易(唐代大诗人、文坛领袖):晚年号"香山居士",因其晚年定居于洛阳的香山。

杜牧(略):号杜樊川,因晚年居住在长安城南其祖父留下的樊川别墅中。

王安石(北宋政治家、文学家、思想家):晚号"半山",因其晚年在金陵(南京)钟山的半山上筑室定居。

苏东坡(北宋大文学家、书画家):号"东坡居士",因谪居黄州时筑室东坡而自号。

辛弃疾(南宋词人):号稼轩,因其曾寓居江西上饶带湖稼轩。

姜夔(南宋词人、诗人、音乐家):号"白石道人",因其曾寓居浙江吴兴苕溪白石洞近旁。

袁枚(清代诗人):号简斋,别号"随园老人",因33岁退职定居南京,在小仓山筑园林号"随园"。

(三)谥号的渊源及发展

1."谥号"。

又称"谥",是古代帝王、诸侯、卿大夫、高官大臣死后,朝廷根据他们的生平行为给予的一种称号,用以褒贬善恶。用于谥号的是一些固定的字,这些字被赋予特定的含义,大致可以分为三类:①用于表扬。经纬天地曰"文";布义行刚曰"景";威强睿德曰"武";柔质慈民曰"惠";圣闻周达曰"昭";圣善闻周曰"宣";行义悦民曰"元";安民立政曰"成";布纲治纪曰"平";照临四方曰"明";辟土服远曰"桓";聪明睿智曰"献";温柔好乐曰"康";布德执义曰"穆"。②用于批评。乱而不损曰"灵";好内远礼曰"炀";杀戮无辜曰"厉"。③用于同情。恭仁短折曰"哀";在国遭忧曰"愍"(悯);慈仁短折曰"怀"。

上古谥号多用一个字,也有两个字的,如:周平王、郑武公、赵孝成王。后世除皇帝外,谥号大多用两字,如诸葛亮:**忠武侯**;岳飞:**武穆王**;左光斗:**忠毅公**。

取谥号一般在下葬之时,也有死后一段时间才追赠的,这叫"赠谥"或"追谥",如张溥《五人墓碑记》中道周顺昌(谥号"忠介")死后"赠谥美显,荣于身后"。

2."私谥"。

谥号的含义后来有所发展,除了朝廷给谥号外,一些有名望的人死后,其亲友也会根据其生前情况赠给一个谥号,这叫"私谥"。如陶渊明的谥号"靖节"即为私谥。世称"靖节先生",称颂他"不为五斗米折腰"而淡泊名利的高尚人格。

3. 谥号与庙号、年号。

唐代以前,对已殁的国君,多称谥号,如梁惠王(名䓨)、齐桓公(姜小白)、汉武帝(刘彻)、隋炀帝(杨广)。唐代以后则多称庙号。庙号兴起于汉代,有公德的皇帝都有庙号,称"祖"曰"宗"。每个朝代的第一个帝王,称为太祖、高祖或世祖;以后的嗣君多称太宗、世宗、仁宗、高宗等。如唐高祖(李渊)、唐太宗(李世民)、宋太祖(赵匡胤)、宋仁宗(赵祯)。唐以后也有庙号、谥号兼称的,如唐玄宗(庙号)李隆基,亦称唐明皇(谥号"明")。庙号后来渐趋泛滥,不管有无公德,几乎无帝不"宗"了。

年号,是帝王纪年的名号,始于汉武帝。每一个朝代每一个新帝即位,都必须改换年号,称此为"改元"。改元多的皇帝,一生中有过十几个年号,但也有的皇帝自即位到离位或去世,只用一个年号;明清两代的皇帝就是这样,因此人们一般不称他们的谥号、庙号,而习惯用其年号代称。如,朱洪武(年号),即指明太祖(庙号)朱元璋;康熙帝(年号),即指清圣祖(庙号)爱新觉罗·玄烨。同样,雍正帝,即清世宗爱新觉罗·胤禛;乾隆帝,即清高宗爱新觉罗·弘历。

五、迁移体验

名、字、号、谥号是我国独特的语言文化现象,其中选"字"择"号"的习惯一直延续到近现代。如梁启超,字卓如,其号"饮冰室主人"出自《庄子》的典故:"我朝受命而夕饮冰,我岂内热欤?"鲁迅,名樟寿、树人,字豫才;茅盾,名德鸿,字雁冰。同学们想给自己起一个字或号吗?请根据自己的积累,或翻阅词典选几个你喜欢的词,推敲含义,选定能表现你个性和精神追求的字词,叙述选择的过程和原因。

相关链接

1. 金荷华:《文化经典考查的新视角》,《语文学习》2011年第1期。
2. 金荷华:《2009年全国高考名篇名句考查情况分析》,《语文学习》2009年第10期。

请扫描二维码下载:

第八章

上课：语文课堂教学要有精、气、神

人们之间交流的效果，7%来自言辞，38%来自语调，而55%来自表情。

——奥尔波特

传统教学中提倡教师教学要有精、气、神，是指教师具有那种情感的升腾和冲动，极富感染力的语言和传神的情态。这里所指的"精""气""神"，是指在新的教学观、教师观、学生观指导下，语文教师对课堂教学的追求。

第一节 精：精当的目标、精选的内容、精心的设计

一、精当的教学目标

教学目标是教学活动的一大支柱。目标精当，就能避免教学的盲目性。精当的教学目标，要具备定向功能、强化激励功能、适应功能和评价功能，教学目标的精当还体现在以下几方面：

1. 精当教学目标的要求

（1）综合化。要兼顾目标的各个组成部分，如三维度目标中的"知识和能力、过程和方法、情感态度和价值观"都要体现；还要有所侧重，根据教材内容特点科学分配三个维度的比重，不可面面俱到，平均分配。

（2）系统化。目标设置既要符合"课程标准"中"总目标"要求，又要体现现阶段、本章节的具体目标定位，避免广度和深度上出现随意性和盲目性。

（3）行为化。教学目标是晓之以师生：学生要学习什么、学到什么程度。因此，目标的行为主体是学生；行为动词要具体明确，易理解、可测量，便于评价。

2. 三维度目标的内涵

教学目标清晰化，首先需要教师的专业判断，其次需要目标具体化的技术。当前教学目标的设定与描述仍然存在问题。如目标定位不恰当，预测性与发展性不协调，定位或高或低或太单一；又如三维目标割裂化，不能相互渗透、融为一体，在实施中经常遇到难以表述和操作的尴尬。有人因此质疑三维目标的科学性，甚至排拒三维目标理念。三维目标的实质是基础学力的一种具体表述，其具体内涵是：

（1）知识与技能：意指人类生存所不可或缺的核心知识和基本技能；指向"学会"范畴，属于成果性目标，包括字、词、句、篇、语、修、逻、文等语文核心基础知识，以及读、写、听、说等语文基本技能。

（2）过程与方法："过程"，意指应答性学习环境与交往体验，"方法"指基本学习方式和生活方式；指向"会学"范畴，属于过程体验性、能力形成性目标，包括语文学习的程序性知识和策略性知识，如通过识字写字、阅读、写作、口语交际和语文综合性学习等语文活动过程，学生掌握相关语文学习方法和学习规律等。

（3）情感态度与价值观：意指学习兴趣、学习态度、人生态度以及个人价值与社会价值的统一；属于情感迁移性、人格发展性目标，指向"立人"范畴。

三维目标是一个整体，不可分割；三个维度是辩证统一关系，既相互渗透、融为一体，又互为前提、互为因果。在学校教学中，既不能离开"过程与方法、情感态度与价值观"去求得"知识与技能"，也不能离开"知识与技能"去空讲"过程与方法、情感态度与价值观"的发展。三维目标理念体现了教育思想的进步，以此为确定语文教学目标的指导思想是毋庸置疑的。

3. 如何清晰地陈述三维度目标

目标的设定，要体现教学目标综合化、系统化、行为化和条目化的要求。语文教学目标，要根据国家课程标准要求，依据教材内容特质，结合学生实际情况，科学合理地设定。语文教学目标，不宜要求严格按照三维度切分开来作线性描述，因为容易造成三维度割裂的歧义或误导。表述形式上不一定要求列出，但目标范畴还是应该包括三维度的，因为这正是追求语文教学高效优质在教学目标层面上的集中体现。例如，一位小学老师教学《大自然的文字》（苏教版小学语文六年级上册）确定如下教学目标：

① 正确、流利、有感情地朗读课文，读准熊、耸、兆三个字。
② 了解什么是大自然的文字，从中获取哪些信息，以及如何读懂大自然的文字。
③ 创设探究情境，亲身体验观察思考的过程，初步感受科学小品文形象生动的语言特点。
④ 感受大自然的奇趣，点燃对大自然好奇探究的兴趣。

该教学目标尽管没有标明三维度，但很显然指向"知识与技能、过程与方法、情感态度与价值观"三个层面。目标①、目标②侧重于第一维度，兼及第二维度；目标③侧重于第二维度，兼及第一维度；目标④直指第三维度，但在字面描述上脱离语言学习的载体，有孤立地"教情感态度价值观"之嫌。如果将目标④组合到目标②中，使"情感态度价值观"目标的落实渗透在文本研读之中，这样既水到渠成，又水乳交融。

三维目标比重分配上，并非要求平分秋色，教师根据教学内容特质及学生学情，完全可以有所侧重或有所取舍。语文新课改之初，课堂教学一度出现矫枉过正现象，即"人文性有余而工具性不足"；可是据笔者听课观察，当下语文教学又有"工具性有余而人文性不足"的趋向；要努力避免在落实2011年版语文课标"语文是学习语言文字运用的综合性实践性课程"中而导致另一种矫枉过正。

就古今中外的经典名篇而言，文字层面、文章层面和文化层面的阅读价值都很高，指向三维目标的内容都很丰富。丰厚的语言文字养料当然值得高度重视，而以这些语言文字为载体的蕴藉深厚的人文内涵，是不应该淡化处理的。例如，古代儒家作品中"义利统一"的价值取向和"智仁双修"的人格理想(如《鱼我所欲也》《寡人之于国也》)；志士仁人不以物喜、不以己悲的人生境界和"天人合一"的博大情怀(如范仲淹《岳阳楼记》、庄子《逍遥游(节选)》)；古今思想者对于天、地、人的哲学思考(如陈子昂《登幽州台歌》、张若虚《春江花月夜》)；中外名人直面人生坎坷不幸的生死观、生命观(如史铁生《我与地坛》、司马迁《报任安书》)等等；这些内容直指"情感态度价值观"目标，有的甚至需要作为教学重点难点处理，因为其对于"立人"意义更大。

对于一些实用性文本的教学，尤其是通知、启事、申请书、调查报告之类的应用文体式，情感态度价值观目标，完全可以淡化甚至忽略，因为语言要符合语体色彩、格式要规范严谨，这些本身就是该类文本教学的主攻目标。

二、精选的教学内容

准确确定了教学目标，接着就要精心选择教学内容来达成这些教学目标。教学内容一般指教科书，广义的还包括参考资料、作业练习及其他辅助资料。怎样确定语文教学内容，是课程改革以来很纠结的问题。据业内研究者粗略统计，70%的课堂教学问题源于教师研究教材和把握教材的欠缺，问题大量出在弄不明白究竟要"教什么"。

由于我国《义务教育语文课程标准(2011年版)》(以下简称"2011年版语文课标")仍然属于"能力型"标准，仍然缺乏具体的课程内容；而当前通行的新课标教材基本属于"文选型"教材，在"教材内容教学化"方面还有待提高，这必然增加语文教师"备课"的难度。因此，语文教师备课的主要任务是追求"教材内容教学化—教学设计个性化"，这是实施语文课程新理念的关键环节。对教学内容的精选主要从以下几方面努力：

1. 抓住主要内容

就阅读教学而言，阅读文本有原生价值、教学价值的区别，也有文字层面阅读、文章层面阅读、文化层面阅读的不同取向，教师要针对教学目标从课文中选择合宜的教学内容，使"教材内容教学化"。所谓"合宜"，一要体现文本的体式特点或内容特质，二要体现学生的学情需要；从这两方面考虑精选教学内容，以解决"用什么来教"的问题。抓住文本主要内容，即抓住指向三维目标的内容，突出发展学生语文核心素养为主攻目标，紧扣教学、教育、发展任务，抓大放小，舍弃偏干旁支。这在"长课文短教""深课文浅教""多篇课文组合教"的教学策略运用中尤其重要。

2. 挖掘独特内容

所谓独特内容，即能够收到"举一反三、触类旁通、牵一发而动全身"效果的内容。正如叶圣陶所言："为教纵详密，亦仅一隅成。贵能令三反，触处自引申。"(《语文教学二十韵》)例如，渗透于鲁迅小说中"希望""绝望"两个生命母题；古今诗文中的"悲悯"情怀；现代象征、反讽、荒诞、写意作品对于人性、人生、人类的剖析与思考，如泰格特《窗》、余华《十八岁出门远行》、刘亮程《今生今世的证据》等等。遵循阅读对话的策略，引导学生进行深度阅读。

(1) 形成阅读期待。

阅读期待,是读者在阅读过程中表现出来的复杂的心理期盼,主要表现在以下几个方面:

① 体裁期待。是指读者由读物的文体和语体类型与形式特征而引发的期待视野。这种期待意味着读者希望从读物中看到他所了解的某种文体和语体所具有的那种特点和魅力。比如读者面对一本小说,希望看到动人心弦的故事情节;面对一篇文化散文,希望了解某一普通事物背后的悠久历史和文化意蕴。

② 形象期待。指读者在初步接触了读物的形象后,希望继续看到某些符合特定情绪的氛围与渲染。如看到"雨巷""离别"等词语,读者会期待一个哀怨的故事;看到"江雪""寒菊"等字眼,读者会期待一种孤独、抑郁或脱俗的人物出现。

③ 意蕴期待。指的是读者对所读作品的深层意蕴、审美趣味、情感境界、人生态度、思想倾向等方面的期待。在具体阅读过程中,读者总会自觉不自觉地期待着读物能够表达合乎自己理性的人生态度、思想倾向。

④ 自我期待。指的是读者在阅读过程中既希望与作者有心灵的契合,也愿意发现自己和作者有认识上的差距。读者的这种心理取向,使他既希望从读物中看到自己所熟悉的内容、所体验过的情感;又十分希望从读物中获取那些自己还未曾知晓、尚未深刻理解的思想观点、体系结构、人生感悟和情感态度等。

(2) 实现还原与填补。

① 还原,主要指还原语境。还原语境就是还原生活,理解语境就是知人论世。包括探查写作的时间、场合、心态,追寻作者所处的历史、社会、文化状况等。如阅读龚自珍的《病梅馆记》,让学生了解写作背景;教学《为了忘却的纪念》,讲清向子期《思旧赋》的典故等。

② 填补,指的是补足有形和无形的省略意义,包括填充文学作品的艺术空框,以生成"象外之象"和"言外之意"。作者在创作中往往有意留下许多艺术空白。诸如虚笔、间隙、跳跃、省略、停顿、残缺、冗余等,以造成弦外之音、音外之意的艺术效果。例如省略,《为了忘却的纪念》中"原来如此!……"《祝福》中鲁四老爷的"可恶!然而……"汪曾祺《胡同文化》中"虾皮熬白菜,嘿!"这些艺术空白,需要读者的合理想象去拓展和延伸,丰富文本的内容,品尝作品的韵味,领悟作品的意蕴。

(3) 进行探源与汇聚。

① 探源,是指为了理解和把握文本的深层意义而追本溯源,去探讨作者创作文本时的原初用意和基本母题。例如,钱理群在他的《解读鲁迅小说的一把钥匙》一文中,提出"希望"与"绝望"这两个互相纠结、渗透,又相互否定的悖论母题,构成了《呐喊》与《彷徨》的最基本的心理内容。人活在自然世界和社会世界中,一切活动都源于对自己生存状态和生命意义的追索和反思,这种思索,就成为人类世界独有的人文精神。因此,在阅读中探求文本所表达的关于人性、人的生存状态以及生存意义等人文精神的本源,既可以引导阅读走向深入理解和产生独特体验,又能使所读文本的意义得到新的开掘和升华。例如鲁迅小说《药》,以往教科书的"定论"是"总结辛亥革命的教训""批判资产阶级旧民主主义革命者脱离人民群众的错误"云云,现在语文新教材关于《药》的主题则概括为:"表现了群众的愚昧和革命者的悲哀。"

② 汇聚,是指在阅读活动中,注意汇聚相关文体或内容,横向开拓文本的阅读领域,从文本与文本的联系和关系入手,进行比较阅读的一种策略,这是读者介入文本,与文本对话,生成和创新意义的一个重要而颇有兴味的通道。例如比较杨万里、周邦彦、周敦颐、李渔描写荷花的特点,研读朱自清和俞平伯的《桨声灯影里的秦淮河》等等。

(4) 重视颠覆与重建。

是指读者以颠覆表达意义的方式,重建自己对于文本意义的理解。如历来人们都认为茅盾的《风景谈》是通过写延安的风景来谈政治,来讴歌解放区军民的崇高精神生活。但是从文章中几次关于"自然和人类"的议论内容来看,文章涉及一个普通而永恒的哲学命题。因此有人认为,《风景谈》的历史意义在于说明为捍卫祖国而战的抗日军民是伟大的,而该文的永恒意义则在于说明:胸怀崇高精神的人是伟大的,精神贫乏卑琐者是渺小可鄙的。同样,巴金写于抗日战争时期的《灯》,也不可作狭义的理解。

(5) 注意借鉴与反拨。

① 借鉴。阅读中利用自己的经验去生成和创新文本的意义,这是一种静态的接受;如果在阅读中自觉地与其他读者的阅读联系起来,广泛地参读和借鉴他人的阅读经验,开阔自己的阅读视野和思路,就是一种动态的接受。动态的接受,还包括读者与旧我的联系,因为阅读存在常读常新的现象。

② 反拨。反拨就是对自己认为是"误读"内容加以匡正或重构。文本的多义性和模糊性决定了解读的多元性,解读中出现误读现象在所难免。例如舒婷的《致橡树》,教师教学用书向来都将其界定为"爱情诗":"它是诗人的成名作,也是她爱情诗的代表作。"但是2004年7月22日在青岛大学"中韩现代诗会"上,舒婷这样回答别人的疑问:"那是一首与简爱毫无关系的诗歌,也是一首与爱情没有关系的诗歌。"原来该诗的创作缘起是这样的:1977年,一位年龄较大的男诗人曾对舒婷说,漂亮的女孩一定没有头脑,一个又漂亮又有头脑的女孩一定不温柔。舒婷不同意把女人的漂亮、头脑和温情放在一个矛盾的视角里,于是"夜不能寐"写下了《致橡树》。可见这首诗根植于一种鲜明的女性意识,表达了男女平等的观念,呼唤女性走出相夫教子、夫唱妇随、富贵妻荣的传统观念,摒弃庸俗的依附和享乐心理,勇敢地追求健康独立的女性人格。

3. 适时补充相关内容

要针对教学目标,紧扣教学内容,结合政治、经济、文化、科学技术等热点问题进行拓展性教学,建设开放而有活力的课程资源。举例如下:

(1) 教学余光中《乡愁》,链接流沙河《就是那一只蟋蟀》、洛夫《边界望乡》两首现代乡愁诗,可以进行整合式阅读教学设计。

(2) 教学《"神舟"五号飞船航天员出征记》,应该引导学生搜集有关"神舟"六号、七号、八号等系列内容,将神舟飞船研制的七大系统以及航天员生活和工作等社会关注的焦点内容,纳入课堂师生互动环节。

(3) 教学鲁迅《为了忘却的纪念》中的七律小诗"惯于长夜过春时",如果联系其名言"横眉冷对千夫指,俯首甘为孺子牛"的出处《无题》一诗,会有助于加深理解鲁迅当年面对黑暗、恐怖、凶险境遇的心灵挣扎。

(4) 引领学生体悟余光中《听听那冷雨》中的思乡倾诉:"大寒流从那块土地上弥天卷

来,这种酷冷吾与古大陆分担。不能扑进她怀里,被她的裙边扫一扫吧,也算是安慰孺慕之情。"有必要联系其《乡愁》最后一段,让学生想象:面对这样的心灵道白,你眼前是否出现伫立在台湾海峡一端遥望故乡的老者,其形容恰如雕塑一般;还可以展示国民党元老于右任1964年《望大陆》中的凄怆哭喊,以拓宽"文化乡愁"的深刻意蕴:

葬我于高山之上兮,望我大陆/大陆不可见兮,只有痛哭/葬我于高山之上兮,望我故乡/故乡不可见兮,永不能忘/天苍苍,野茫茫;/山之上,国有殇!

诸如此类的拓展延伸,通过加大提供给学生语言文字学习的空间,能够促进语文课程"立人"功能的发挥,具有一定的宽度、厚度和深度。

4. 不放过深奥之处

对于较重要而又难懂之处,教师作精细讲解,前提是要抓住重点,突破难点,解决疑点。

三、精心的教学设计

课堂教学设计包括多个方面,如导语设计、问题设计、活动设计、板书设计、作业设计以及教学过程设计等。其中"问题设计",详见第八章"评课"之第三节"语文教学中的'问题意识'"。这里重点阐述语文教学过程的优化设计。

1. 教学过程最优化理论

苏联教育家巴班斯基用整体性观点、相互联系观点、动态观点、综合观点、最优化观点等指导教学论研究,提出了教学过程最优化理论。教学过程最优化,不是一种特殊的教学方法或教学手段,而是科学地指导教学、合理地组织教学过程的方法论原则;是教师有意识地、有科学根据地选择一种最适合于某一具体条件的课堂教学的模式和整个教学过程的模式。所谓"最优化",是指一所学校、一个班级在具体条件制约下所能取得的最大成果,也是指学生和教师在一定场合下所具有的全部可能性。

2. 教学过程最优化的原则

(1)"部分-整体"协调性原则。

这一原则是从空间与时间相结合的角度来看语文教学过程的合理性、实效性,从而保证语文教学最优化的实现。①教学目标的设置要体现这一原则。如课堂教学目标、单元教学目标、年级教学目标、学段教学目标,与三维度目标以及课程总目标要相协调。②教学过程中各个环节、各个因素的处理要体现这一原则。如"识字与写字""阅读""写作""口语交际""综合性学习"五个板块的学习与"语文核文心素养"的培养要相协调。③教学评价、信息反馈、行为纠正要体现这一原则。如单篇课文教学评价要与单元教学评价、期中期末教学评价,在评价目的、评价标准、评价手段等方面相互协调,互为补充。

(2)"结构-过程"统一性原则。

语文教学过程中,要把观念上所采用或设计的语文教学结构,与实践中的语文教学过程有机地结合起来。坚持这一原则,实际上就是要求语文教学要坚持做到:①规律性与创造性相结合,如阅读教学一般规律是文字层面的阅读、文章层面的阅读、文化层面的阅读,但运用"整体感悟法",首先进行的是文化层面的阅读。②计划性与灵活性相统一,即课前备课与课堂实施的灵活处理,即要充分估计到教学中的"旁逸斜出"现象。③科学性与艺术性相协调,如识字与写字教学,讲究科学性,就是要认清、读准、写正确所学的汉字;重视艺术性,是指如何使用艺术化的方法、手段,使学生对所学汉字产生兴趣,认得清、读得准、写得正确,从而多、快、好、省地学习汉字,并逐渐热爱祖国的语言文字。

(3) "课程-教学"一体化原则。

关于课程,约翰·古德拉德在学校现场的研究报告中指出,任何学校都同时存在五种课程:理性课程(学者认为应当接受的内容);正式性课程(监督机构,如行政区等所规定者);领悟性课程(教师认为根据需要所要教授者);操作性课程(在教室中究竟教了什么,由外部的观察人员所发现者);经验性课程(学生所学者)。因此,优化教学设计,既要从教学实际的立场来设计编制语文课程,又要从语文课程本身的特征出发,来开发探索语文教学的体系与程序,使课程与教学在相互观照、相互映衬、相互作用下,共同实现语文教学最优化的目标。

(4) "科学-艺术"依存性原则。

语文教学过程既有科学性的一面,又有艺术性的一面;这样不仅能够提高语文教学的效率和质量,而且能够在艺术化的过程中提高语文教学的境界。坚持科学性与艺术性依存的原则,就是要求:①要加强语文教学的心理学基础,把课堂教学结构和教学过程的研究,建立在坚实的心理科学基础上,使语文教学的最优化建立在科学基础之上,成为促进学生身心发展的过程。例如,阅读教学要遵循"由表及里、逐层深入"阅读规律,切入课文学习要设计循序渐进的问题。②要发扬语文教学的创造性、灵活性与多元性,发挥教师与学生两方面的积极性、主动性与创造性,把语文教学变成一个艺术化的过程。例如,运用多媒体技术设计汉字的七个演变过程,展示甲骨文、金文、篆文、隶书、楷书、草书、行书的不同形体,或用电脑动画呈现汉字象形、指事、会意、形声的造字规律。

(5) "教学-生活"渗透性原则。

语文教学生活化是语文教学最优化的一个重要原则。语文教学与生活的关系是全方位的、渗透性的、迁移性的,所以说"语文的外延就是生活的外延"。坚持这一原则,就是要充分挖掘社会生活中的语文教育因素,把语文教学最优化的思想从课堂教学延伸到社会生活中去,为语文教学的最优化创造生活的基础与发展的动力。

① 寻找语文教学与社会生活的最佳结合点,并以此为基点,开展丰富多彩的语文教学活动。如PISA项目"阅读"能力测试内容中,"非连续性文本"占30%,材料多以统计图表、图画等形式呈现,诸如数据表格、图表、曲线图、图解文字、凭证单、使用说明书、广告、地图等组成;该类文本的特点是直观、简明,概括性强,易于比较,在现代社会被广泛运用,几乎与人们的日常生活须臾不离,其实用性特征和实用功能十分明显。②寻找到语文教学与个体生活需求的结合点,以此为基点,创造出语文教学的最近发展区,拓展出语文能力发展的新空间。例如"口语交际"能力的提高,与求职就业直接挂钩,发展核心素养与职业生涯联系起来等等。

(6) "效率-质量"兼顾性原则。

语文教学不但要追求高效率,在尽可能短的时间内,尽快地发展学生的语文素养,而且还要努力提高其质量,在特定教学条件下,使学生的语文能力得到最佳的发展。具体途径如:①提高语文教学科学管理的水平,强化语文教学系统的整体功能;②强化语文教学的艺术性,使语文知识的获得、语文能力的发展与审美能力的养成、文学鉴赏能力的提高、精神境界的提升有机地融合在一起。

第二节　气:民主的气氛、生活的气息、创新的气魄

一、民主的气氛

新课程的教学观、学生观,决定了师生之间的关系是新型的民主平等关系。教师在课堂上的角色是"平等中的首席"。针对教学内容,师生敞开心扉,倾听接纳,坦诚相待;学生人人参与,突出主体,表现个性,展示创造性。

1. 要树立民主教育思想

宁鸿彬"教学三原则"充分体现了民主教育思想:

(1) 三不迷信:不迷信古人;不迷信名家;不迷信老师。

(2) 三个欢迎:欢迎质疑;欢迎发表与教材不同的见解;欢迎发表与老师不同的观点。

(3) 三个允许:允许学生说错做错;允许学生改变观点;允许学生保留意见。

2. 建立新型的师生关系

课堂民主气氛是建立在新型的师生关系基础上的,因为"师生之间的关系决定着学校的面貌。"因此加强师德建设、纯化师生关系非常重要。要建构新型的师生情感关系,教师需要从以下几方面努力:

(1) 教师要真情对待学生,关心爱护学生。教师必须真情付出,关心和爱护每一位学生,公平地对待,一视同仁,绝不厚此薄彼;尤其对待学业成绩不够理想的学生,教师要多鼓励、多关怀,相信他们的潜力,并切实帮助他们。

(2) 展现教学过程的魅力,共享教学成功的喜悦。优化教学过程,激发学生学习兴趣,增强学生情感体验。改进教学方法,使课堂充满情趣和活力,提高教学活动的吸引力。师生在如沐春风、其乐融融的气氛中,通过分享彼此对教材的思考、经验、情感、体悟甚至困惑和疑虑,达到共识、共进、共发展的境界。

3. 完善个性,展现个人魅力

教师要得到学生的爱戴,就得有内在的人格魅力。教师努力完善自己的个性,使自己拥有热情、真诚、宽容、负责、幽默等优秀品质。

二、生活的气息

课程不仅指"文本课程",还包括"体验课程"。新课程在内容上加强与学生生活的联系,与现代社会、科技发展的联系,重视贴近学生学习的兴趣和体验;学生学到的是终身发展需要的知识、技能和人格素养。

1. 教育与生活的联系很紧密

教育与生活的联系向来很紧密,从杜威的"教育即生活,学校即社会",到陶行知的"生活即教育,社会即学校",都强调了教育与生活息息相关。

2. 语文学习与生活须臾不离

母语学习离不开生活的源泉,语文学习与生活须臾不离。无论是义务教育阶段的语文学习"识字与写字""阅读""写作""口语交际""语文综合性学习"的五大板块,还是普通高中阶段的语文核心素养"语言建构与运用、思维发展与提升、审美鉴赏与创造、文化传承与理解"的四个组成部分,都离不开生活情境的浸润和滋养。因此在教学中,要引导学生走近生活,观察社会,体悟人生,帮助学生形成乐观开放、勇于竞争和善于合作的人生态度。

3. 国际母语教育发展趋势更加重视现实生活

当前世界母语教育改革呈现共同的发展趋势:在突出"听、说、读、写"四大核心能力的基础上,积极向"观察、思考、评论"三大能力领域扩展,目的是提升人才综合竞争力。国际评估项目 PISA 阅读评估中的"非连续性文本"具有重要的导向作用:学会从非连续性文本中获取所需要的信息,并得出有意义的结论,是现代公民必备的阅读能力。该类阅读材料多以统计图表、图画等形式呈现,如数据表格、图表和曲线图、图解文字、凭证单使用说明书、广告、地图等,特点是直观、简明、概括性强,易于比较;在现代社会被广泛运用,几乎与人们的日常生活须臾不离,其实用性特征和实用功能十分明显。

三、创新的气魄

知识经济呼唤创新人才,素质教育的最高目标是培养创新人才。语文教学中,教师要有培养创新人才"舍我其谁"的责任感和气魄,学生也要有"敢为天下先"的自信和勇气。

1. 创造性人格的特征

心理学家吉尔福特根据研究得出,创造性人格有如下特征:①有高度的独立性和自觉性;②有旺盛的求知欲;③有对事物深究的强烈动机;④善于观察,知识面广;⑤工作追求准确与严格;⑥有丰富的想象力;⑦富有幽默感;⑧意志品质出众,能长时间专注于感兴趣的问题。当发现学生身上出现有如上一些特征时,不可忽视。人的创造性不是可望而不可即的,是可以培养的。

2. 语文教学中如何培养学生的创新精神

(1)立足个性差异,培养求异思维。

首先要承认学生的个体差异,并创造条件发展其个性。培养求异思维,切忌求同过多,遏止学生的独特性、创造性。创造性思维的基本前提是理清当下、怀疑既有、反思现状,因此语文教学中,要尊重学生的个体差异和独特感受,允许见仁见智。例如,教学鲁迅小说《故乡》主题思想时,在初读进行整体感知环节,学生的发言分歧较大,会出现如下见解:①刻画了一个贪小自私的女人;②对杨二嫂好逸恶劳的坏习气进行嘲讽;③作者对杨二嫂进行讽刺批判的同时,还寄托着一种同情;④写杨二嫂是为了突出闰土,像杨二嫂这样早先开豆腐店的小商人都变成这个样了,那闰土的生活就更不用说了;⑤通过对杨二嫂、闰土的刻画,全面地反映辛亥革命前后中国农村衰败萧条、日益破产的悲惨景象……新课改之前,课堂上如果出现前面 4 种答案,教师总是要千方百计地因势利导,直到学生归纳出第 5 种答案才罢休。现在则应该肯定几种说法都是正确的,只是要委婉地指出在认识程度上有差异,最后一种观点更深刻,更切近该小说的主题思想。

(2) 深挖教材内蕴,积极诱导启发。

在文本教学中,重视设疑、启疑。有一千个读者,就有一千个哈姆雷特。教师在教学中应引导、激发学生运用发散思维,立体地、全方位地审视文本的立意、结构和语言,对文本进行个性化解读,从而形成独特的见解。例如,阅读《孔乙己》,在不借助任何参考资料情况下,学生的初读感受往往是不尽相同的。有的学生认为,该小说反映的是"为富不仁"现象,认为"丁举人"之流对孔乙己的迫害行为很可恶;有的学生读出了封建社会的人情冷漠、世态炎凉,连"咸亨酒店"小学徒都有意无意地向孔乙己的伤疤上撒一把盐。又如文天祥《过零丁洋》,在读出大丈夫的社会担当和爱国情怀的同时,有必要引导学生感受、体味一下:作为一个孤独生命在灵与肉、理智与情感的激烈冲撞中的挣扎与痛苦。从人性的角度去理解、体悟文学作品,正是当下发挥母语立德树人的重要途径及策略。

(3) 创设宽松环境,鼓励创新精神。

创造学研究表明:荒唐和越轨往往是创造性的萌芽阶段。青少年独特的心理特点,决定了他们天真直率、敢想敢说,乐于独辟蹊径,却容易挂一漏万,失于严谨。教师要细心呵护这些宝贵的创新性表现,因为学生脆弱的自尊心会使它稍纵即逝。美国心理学家罗杰斯说:"成功的教学依赖于一种真诚的理解和信任的师生关系,依赖于一种和谐的、安全的课堂氛围。"除了要营造良好的师生关系和课堂氛围,还需要创设情境,触发创新灵感,激发学生的创造热情。例如,英国高中作文竞赛,题目需求是:只允许写一句话,但必须同时涉及"宗教、皇室成员、爱情、性、神秘感"。结果获得第一名的一句话作文是:"我的上帝啊,女王怀孕了,谁干的?"

(4) 掌握评价标准,呵护创新萌芽。

坚持新课程的评价理念,立足于发展,重视过程,充分发挥评价在学生全面发展中的积极作用。不据统一标准判成绩,不唯分数多少论高低。创造性如种子,它需要一定的环境,即良好的土壤、适宜的气候、科学的灌溉、合理的施肥、精心的培养;只有这样,它才能生根发芽、开花结果。

第三节　神：形象要精神、讲授要传神、听课要入神

一、形象要精神

这里主要指教师在课堂上的精神风貌。课堂上教师是学生注视的中心,其言行举止、音容笑貌具有鲜明的直观性,直接影响学生的学习心理。因此,教师的精神面貌应该神采奕奕、亲切自然,切忌无精打采、拘谨单调、拖沓慵懒。

二、讲授要传神

美国心理学家奥尔波特经过多年研究得出:人们之间交流的效果,7%来自言辞(文字),38%来自语调,而55%来自表情。① 一般情况下,老师讲授的内容都是重要而难懂的问题。讲授要达到传神效果,要从以下几方面努力:

首先要提高语言表达能力。教学语言要简明、规范,抑扬顿挫、富有节奏感,形象生动、富有幽默感。

其次要增强教学非言语表达艺术。一要发挥"类语言"的积极效果。类语言指无固定语意的发声,如笑、哭、叹息、呻吟、咳嗽等。教学活动中不可忽视笑声的作用。善意的笑,是师生关系和谐的润滑剂;幽默的笑,是营造宽松氛围的催化剂;会心的笑,能取得微妙的褒贬效果。二要恰当运用手势。教学中的手势按其构成方式和功能可分为:象征性手势;会意性手势;指示性手势(指定发言对象应以手掌向前做邀请姿势,不可用手指做点戳状);强调性手势;描述性手势;评价性手势。三要善于使用面部表情。做到:①自然:使学生看到教师表里如一的真实形象,以赢得充分信任。②适度:嬉笑而不失态,哀痛而不失声。③温和:教育心理学研究表明,当教师在课堂上的表情温和、亲切、平易时,师生间的角色差异给学生造成的心理压力就会减少甚至消失,因而学生接受信息的灵敏度会大大提高。②

三、听课要入神

学生如果对课堂内容产生了浓厚的兴趣,他的注意力就会高度集中,此所谓"入神"。课堂教学要以高水平、高质量来吸引学生精力的高度投入,而不是靠管、卡、压手段威逼学生进入最佳状态。值得注意的是,学生注意力高度集中的表现是多种多样的:有的跃跃欲试,有的屏气凝神;有的起身发言,有的低头深思;有的与老师思路一致,有的却与老师背道而驰。研究并掌握"入神"的种种状态,目的是要避免追求课堂的虚假"繁荣"。如教学中师生的"对话",有的教师就误解为:对话就是交谈,对话越多越好,对话就是求同等。于是课堂上出现了师生高频率问答的"活跃气氛",而仔细琢磨所问答的内容,就会发现其中很少有能够撞击学生思想火花、促进学生思维发展的内容。因此,要杜绝教学中的形式主义,就要重视每一节课、每一个教学环节、每一个教学因素的科学处理。

---

① 转引自关鸿羽:《提高教育教学质量的策略与方法》,中国和平出版社,2000年,第64页。
② 同上书,第66页。

第九章

说课：基于"备课"而高于"备课"

教什么和怎么教，绝不是凭空可以规定的。他们都包含"人"的问题；人不同则教的东西、教的方法、教的分量、教的次序都跟着不同了。[①]

——陶行知

第一节 新课程背景下的"说课"概述

一、说课的概念及意义

说课，就是授课教师依据课程标准，在充分备课的基础上，根据组织者规定的时间和要求，运用口头语言向同行或专家述说课堂教学的整个构思和设计。说课是一种没有学生参加的课堂教学技能的演示，是从教者知识水平、教学水平、理论水平的展示，它可以较全面地衡量一个从教者的业务素质，在检查、考核从教者对课程理念、性质以及实施内容的理解把握程度方面，有着短、平、快的效果。因此，说课成为教师专业研修、工作调动和新教师就业经受考核的有效手段。在当前深入推进新课程实施过程中，应当充分发挥说课在教师专业发展中的重要作用。新课程中的"说课"，要体现新课程"以人为本"的教育理念，要反映授课教师新型的教师观、新颖的教学观和科学的知识观。

二、说课的类型及其职能

由于组织"说课"的目的有所不同，因而说课的分类也不同。就说课的目的而言，可分为研究型说课、汇报型说课、示范观摩型说课、考核评比型说课等；就说课的内容要求而言，可分为整体型说课、专题型说课。

1. 研究型说课

也叫教研型说课，一般是以学校各学科教研组为单位进行的同学科备课交流，也可以是上级教育主管部门或教研机构开展的学科中心组活动；这种活动往往通过备课、说课、评议、

[①] 方明编：《陶行知教育名篇·中国师范教育建设论》，教育科学出版社，2008年，第374页。

修改的集体备课形式,来对某专题或某单元进行深入研究,从而达到整体上提高教师业务水平的目的。

2. 汇报型说课

是授课者向前来听课的同行或专家、领导进行说课,既展示备课者驾驭教材的水平,又显示说课活动开展的状况,从而得到赞同和指导。

2. 示范观摩型说课

就是针对说课立模子、给样子,也可以是树靶子,为同行进一步研修提供比较好的案例。

3. 考核评比型说课

是一种带有鲜明的竞赛性质的说课,是检验教师水平、选拔优秀教师的一种手段,是迅速培养骨干教师和学科带头人的有效方法。因为要突出比赛的公平公正,所以说课的内容和时间都有非常严格的限制,并有一定规则和评分标准。

4. 整体型说课

是对某一教学内容,按照课堂教学的内容设计,作系统而全面的述说。这种说课往往与上课配套进行;或先说课,而后付诸实际课堂教学;或先上课,而后面向听课者就课堂教学的构思和设计予以阐释说明。这种形式在各级各类优课评选中经常使用。

5. 专题型说课

是对特定教学内容中某一角度、某一方面的内容,根据组织方的要求,进行局部陈说;专题型说课经常被运用于检查考核之中,或作为教师基本功竞赛中的一个比赛环节。

第二节 说课的内容及结构

说课作为一种教学研究形式,早在 1987 年就由河南省某市一个区级教研室创建推行,其后虽然引起全国教育界同行的广泛关注,但是具规模、有影响的研究成果并不多见;在实践运用中,常有见仁见智、各行其道的现象。在国家新一轮基础教育课程改革中,教师面临必须与新课程同行的机遇与挑战;教师专业发展的新形势,赋予"说课"新的生命内涵,它将在新课程推进实施中产生新的价值。以下立足于"整体型说课",阐述新课程背景下说课的内容及策略。

一、说课的内容范畴

1. 说教材

这个环节包括三个层次:教材类型或定位、主要内容、授课年级。简单交待教材在教科书中的地位、作用以及与前后章节的知识联系或该章节的性质定位,并概括其主要内容以及将施教的年级;在此基础上自然地过渡到说教学目标的确定。

2. 说教学目标

首先,说确立目标的依据。总体依据是三维度目标,即"知识与能力、过程与方法、情感态度与价值观";具体要根据"课程标准"的总目标中的相关条目以及所授课年级的学段目标;或根据学科的领域目标的分类及相关表述,如"普通高中语文课程标准"中的"阅读与欣赏""表达与交流"中的目标要求。

其次,说具体的教学目标。教学目标的表述要符合以下要求:一是目标要条目化,如"知识与能力目标":1……;2……;3.……。"过程与方法目标""情感态度与价值观目标"依次如此表述;不可泛泛而谈,也不必展开论述,以免类似于"教学设想"。二是目标要符合新课程的教育理念。具体要求是:

(1) 目标中的行为主体一般是学生而不是教师。

关于教学目标,美国的克拉克认为是"目前达不到的事物,是努力争取的、向前的、将要产生的事物"。通俗讲,教学目标就是对教学活动完成后,学生应该达到的行为状态的详细具体的描述。因此,教学目标与以往"教学大纲"中的"教学目的"明显不同,不再用"使学生……""提高学生……""培养学生……"的陈述方式,这是区别"教学目的"与"教学目标"的关键所在。前者行为主体是教师,后者行为主体是学生。因为课程标准是检验和评价学生的学习结果有没有达到,而不是评价教师有没有完成某项工作,因而行为主体当然应该是学生。这样才体现了在执行课程标准或进行教学评价时,心中始终装着学生、一切为了学生的发展的理念。

(2) 目标中的行为动词必须具体明晰,便于理解和操作。

要摒弃过去"教学目的"陈述中诸如"提高……技巧""形成……态度""灵活运用……"等笼统、模糊的术语,在陈述中要确立相应的学习水平,行为动词要明确和规范。体现在如下两方面:

① 结果性目标陈述。在"知识"方面,属于"了解水平"范畴的,用"说出、回忆、举例、复述、再认、选出"等行为动词表述;属于"理解水平"范畴的,用"解释、比较、概括、推断、整理、归纳"等行为动词;属于"应用水平"范畴的,用"质疑、解决、检验、总结、证明、评价"等行为动词。在"技能"方面,是"模仿水平"的,用"模拟、重复、例证、临摹、扩展、缩写"一类动词表述;是"独立操作水平"的,用"完成、制定、拟定、安装、绘制、测量"一类动词;是"迁移水平"的,则用"联系、转换、灵活运用、举一反三、触类旁通"一类动词。这些行为动词,有质和量的具体规定,具有可测性和可比性,因而便于教师、学生在教学实践中把握,也便于进行教学评价时操作运用。

② 体验性目标陈述。要求既有一定的精确性,又有某些不确定性,如"在课文中划出自己喜欢的语句,并说出喜欢的理由""积累收藏自己喜欢的书籍资料",其中有确定的一面,就是要划出语句、积累收藏书籍;但又有不确定的一面,即并没有规定数量和具体内容。这样的目标陈述,其意义不仅在于目标具有弹性,更在于激发学生的学习兴趣,体现新课程标准"以人为本"的开放性和灵活性特征。

(3) 目标中有行为条件的限制和范围的界定。

行为条件是指影响学生产生学习结果的特定的限制或范围。诸如辅助手段的使用、信息的提供或提示、时间的规定、完成行为的情景等。例如,"可用计算器……""通过查字典……""40分钟内能完成不少于400字的习作""在课堂讨论时,能叙述……"这样的陈述,除了指向明确、师生便于操作之外,还贯彻了让学生自主学习、帮助学生自己建构知识的理念,同时也便于对学生学习进行综合评价。

3. 说教学重点难点

首先说确立重点难点的依据。确立教学重点难点,一要依据教材的特质,以语文课为例,假如文本的思想感情比较含蓄深沉,语言又深邃蕴藉,诸如《我与地坛》(史铁生)、《花未眠》(日本·川端康成)等,则重点难点可定为对文章思想内容的理解。二是依据施教班级学生的实际情况,包括学生原有的知识和技能的基础、学习态度和习惯、意志和毅力品质,特别要重视学生潜在的非智力因素;这样才能较为客观、准确地定位教学目标。当然,由于说课是一种没有学生参加的课堂教学技能的陈述和演示,说课者只能根据学校(自己所在学校或指定学校)的规模层次和班级的性质(如"实验班"或"学困班")作大致定位。

其次说具体的重点难点。按先后逐条表述即可,具体内容可单独拟定,也可在教学目标中选定;但是由于说课是诉诸听觉的,因此不适宜表述为见"教学目标某条目",而应该把被确定为重点难点的那几个条目再重复一遍。

4. 说课型设计

课型亦称课堂教学模式,指课堂教学中以教学内容为依据的师生双向活动的一种时空结构形态。设计课型要有效率意识,讲求实用性、可行性和合理性,目的是使教学任务能够高效率、高质量地完成。仍以语文课为例,课型主要有三大类:阅读课、写作课、口语交际训练课。阅读课型中又可细分为讲读课、扶读课、自读课等。课型设计也可具体指向教学过程模式,如钱梦龙的"三主四式"语文导读模式、魏书生的语文教学"六步式"等。

5. 说教学方法

教学方法是一种复杂的多要素的教育现象。广义的教学方法,是指为了实现教学目标所采用的一切手段、技术、途径和程序,包括教学内容和组织方式、教学过程安排、教学组织形式、教学设施、教学技术以及课堂教学结构等;狭义的教学方法,是指在教学情境中师生共同活动的具体独立的行为方式。说课中涉及的应该是狭义的教学方法,常见的几种分类有:就教育者的哲学观而言,有启发式、注入式;就师生双向活动而言,有教授法、讨论法;就信息传递方式而言,有语言类方法、直观类方法、练习类方法。

随着新课程的实施推进,经过广大教育工作者的探索实践,一些体现新课程理念的新兴教学方法陆续呈现出来,例如语文阅读教学的"提问对话法""理清思路法""整体感悟法""揣摩语言法""诵读涵泳法""情境教学法""研究阅读法"等等,说课时尽可能体现这些新颖方法的运用。选取教学方法,除了要考虑教材特质、学生实际情况外,还要注意兼顾教师自身的风格特点。比如,擅长运用现代教育技术的可以选择直观的方法,擅长朗诵的则可选择诵读涵泳法。

6. 说教学程序

教学程序是完成教学目标的具体途径及措施。说教学程序,就是简要说明课堂教学思路、教学结构和层次,说清楚教学过程的总体框架,甚至包括各板块的时间安排等。特别要说明在教学过程中,突破教学重点的环节设计,解决教学难点的步骤安排,以及对学生的学法指导等。具体程序如:

(1)导语。介绍导入新课的角度,并说明这样导入的目的。常见的导入语类型有解题式、过渡式、悬念式、情境式、趣味式、激情式等。

(2)切入。导入只是拉开了课堂的序幕,而进入教材学习,也需要有好的介入面。以往受苏联教育家教学模式的影响,总是习惯于从检查预习切入,基本是置学生于被动地位。如果换一个角度,从让学生展示预习成果切入,则在课的起始阶段就突出了学生的主体地位,且师生的情感关系也不再是检查与被检查的关系。当然,教师必须根据教学内容,设计出有效问题,来激发学生对教材进行整体感知或体验;否则,只作千篇一律的简单要求,就难以吊起学生积极投入学习的胃口。

(3) 推进。切入只是教学的开始,往后如何推进、进一步展开教学,使学生保持积极的学习情绪,还要精心设计一些教学环节,使之与"切入"相互关联,形成有机的组成部分。

(4) 深入。推进的目的是深入研究教材内容,目的是突破重点,解决难点。说如何深入教学内容时,要说清楚设计什么问题、组织哪些活动,并且要说明这样设计的目的。

(5) 收束。传统教学中的这一环节,大多是总结归纳、练习巩固,以达成教学目标。在新课程理念指导下,这一时段可以设计一些激活学生思维、培养创新精神的内容,这种设计往往能带来"投石击破水底天"的情境,激发学生思维火花的强烈闪现,从而收获"无法预约的精彩"。当然,这一环节的设计与掌控,要紧扣教材内容,不可信马由缰,作任意发挥。

总之,说教学程序要体现以下四个和谐统一:教师的主导作用和学生的主体活动的和谐统一;教法、学法与练法的和谐统一;知识传授与智能开发的和谐统一;德育、智育、体育、美育、劳动技术教育的和谐统一。

7. 说板书设计

陈述板书设计的主要内容、整体布局以及与教学内容的内在关系。最好结合多媒体课件或投影进行陈说,以增强直观性效果。教学板书设计要遵循如下原则:①要月明星稀,忌繁星满天;②要画龙点睛,忌鱼龙混杂;③要提纲挈领,忌一盘散沙;④要恰到好处,忌画蛇添足;⑤要别具一格,忌千篇一律;⑥要图文并茂,忌抽象单调。

8. 说课外作业布置

课外作业是课堂教学的延伸与补充,是复习知识、巩固能力必不可少的重要环节。说课外作业要突出三个问题:一是作业量,包括作业的数量和完成的时间;二是作业的难度与层次;三是完成作业的总体目标与要求。如果时间允许的话,最好再说说布置这些作业的理论依据,以及检查作业的措施与方法。

第三节 说课的策略

一、强化时间意识

要针对组织方的要求来安排说课内容的详略;但是基本上要突出整体性说课的特点,展示上述几大主要框架。

二、注重语言的简洁明晰

说课是诉诸听觉的一种教学活动演示,其内容稍纵即逝,因此说课的语言既要规范明晰,又要简明扼要、层次分明。有些内容可以一带而过,如上述 8 项中的 1、4、5、8 项,只需略说,有的甚至点到即止。

三、区分"说课"与"上课"的本质不同

上课是一种系统的教学活动,其实质是师生针对教材展开精神领域的交往、对话;教师是主导,学生是主体,教材是媒介。而说课是一种教学活动的介绍和演示,听"说课"的对象是教师、教研员或其他评委;说课者是主体。

四、弄清"说课稿"与"教案"的联系和区别

教案是教师进行课堂教学的操作性方案,重点内容是"教什么"和"怎么教",以及"学什么、学到什么程度、怎么学"等;而说课稿是揭示从教者在备课过程中、确定教学内容、教学手段、教学结构、教学程序、教学设计的思维过程和理论依据,不仅要说出"教什么"和"怎么教",还要说出"为什么这样教"。

五、需要注意的几个细节

第一,尽量脱稿,展示落落大方的教师精神风貌。

第二,展示语言表达能力,语音标准、抑扬顿挫是基本要求;表述重要内容时要字斟句酌,不可太快,更不可"吃字"。几个容易读错的字音:

熏陶、教法、教学、混沌、跳跃、褒贬、煲汤、挫折、通假字、潜移默化、质疑问难

第三,课件不可出现"硬伤"。一是避免错别字。二是目标叙写要条目化,遵循新课程要求,不可再用"知识目标、能力目标、情感目标"来分类,而应以三维度目标分类。三是正确使用标点符号:如一、(一)1.(1)①等。

第四,科学处理好"课件屏幕内容"与"口头陈述内容"。一般说来,说课的几大环节要展示出来,最好编写序号,以收到醒目、清晰效果。"●◆"等特殊符号一般用于特别需要强调的编外内容。PPT 内容不可庞杂,一般叙述语言、过渡语言、引导评价语言等,不要和教学的每个环节、提供思考的题目等"堆"在一起。

第五,恰当处理图片和音像资料。可酌情在屏幕上展示片刻,但不要全盘演示,图片展示与口头交代结合起来进行。

第六,把握说课的语言的基调。以平和舒缓的语气述说、陈述、说明,不宜用高亢的、感情浓烈的语气进行说课;说导语、创设情境或激发学生兴趣的内容时,展示自己是如何"声情并茂"地进行的,也只需示意一下即可,不可把评委当作学生大段地演示,因为时间来不及。

总之,说课者必须在掌握说课策略的前提下,做到脑中有理论、胸中有课标、手中有方法、眼中有学生。

第十章

评课：课堂教学要具备"四个意识"

课程不是静态的物质存在(教材、教具等)，而是教师、学生、教材、环境之间的动态交互作用的"完整文化"，是一种动态平衡的"生态系统"，教师与学生是课程的题中应有之义，是课程意义的创造者和主体。①

——施瓦布

在新课程背景下，语文课究竟该怎么上？好课的标准是什么？随着新课程的不断推进，有关该问题的讨论越发热烈，其论述见仁见智，可谓"横看成岭侧成峰"。有人甚至说：从感觉上看，语文老师觉得好、区县领导觉得好、学生认为好的课，就是好课；从效果上看，实用的、禁得住分析和拷问的课，就是好课。当前新课程的评价体系尚未完善，学科教学评价标准也有待于在讨论探究中构建，评课的标准很难统一，很多评课标准不好操作借鉴。一线教师上课常遇到"踩不着点儿"的尴尬，比如快乐于"活教活学"的同时，又痛苦着"顾此失彼"、完不成教学任务。因此，如何客观地评课对正确引导教师实施新课程有着重要的导向作用。本章从"课程意识""角色意识""问题意识""效率意识"几个角度探讨语文课堂教学的评判标准与策略。

第一节 语文教学中的"课程意识"

语文教师的课程理论素养是建构"真语文"的前提条件。教师课程理论素养的真味在于，坚持课程理念多元化，理解先进课程思想并灵活运用，既不抱残守缺，也不盲目跟风；注重回归本土语文传统，但绝不排斥国际母语教育发展潮流。

一、什么是课程

课程是教育思想和教育制度的具体体现，是实现教育目标的基本途径。追溯课程概念的变化，理解不同课程内涵对教师的角色定位和行为价值取向的不同要求，是当代教师专业发展的有效途径。具有代表性的课程观有三种：

---

① 转引自陈时见编：《教师教育课程论——历史透视与国际比较》，人民教育出版社，2011年，第67页。

1. 学科(科目)观

认为课程即科目或教材,强调学科知识的系统化进程的安排,教学的任务就是把经过选择并系统化的知识传递给学生;这种课程观发展到极端,就是把课程窄化为学科,把学科窄化为教材,把教材窄化为知识点;这必然导致忽视作为"人"的心理、情感、个性的发展。

2. 目标(结果)观

认为课程就应该关注学习结果,事先必须制订一套结构化、序列化的教学目标,课程实施就是按照预定的教学目标选择教学内容、组织教学活动,进而进行教学评价,著名的"泰勒原理"就是这一课程观的典型体现;该课程观反映了"流水线作业""工业化管理"的现代课程观特色,因为太重视目的性、计划性、操作性,而容易忽略教学的具体情境、个体差异等诸多不确定因素,常常忽略人认知过程的复杂性,以及教学预设与生成的辩证关系。

3. 经验(活动)观

认为课程就是学生在教育环节中与教师、材料、环境等相互作用的所有经验,如施瓦布提出:课程是教师、学生、教材、环境四个因素的整合;这是一种不仅注重学习成果,而且更加注重学习过程的多元化、个性化的课程观。

前两种课程观,相当于教师的"教程",因不适应21世纪人才培养的需求而逐渐受到诟病;而"经验(活动)观"更接近于学生的"学程",体现了后现代课程思想以及建构主义学习原理,很受推崇。教师所持的课程观,直接影响其教学实施。

二、语文教师的课程理论素养

1. 多元并举,科学运用

其实,上述新的课程理念并非"舶来品",我国教育家早有论证。例如,关于教材,叶圣陶说过:"语文教材无非是例子。"关于教学,陶行知指出:"教什么和怎么教,绝不是凭空可以规定的;他们都包含'人'的问题,人不同,则教的东西、教的方法、教的分量、教的次序都跟着不同了。"今天看来,坚持后现代课程观,遵循教学是师生的交往、对话过程,充分发挥学生在教学中的主体地位,当然重要,这是教育发展的历史必然。

然而,那些体现教师"教程"的课程观,也不应被扫进"历史的垃圾堆";因为其高度的目的性、计划性、指南性,对于规避教学中的盲目性、随意性,减少乃至杜绝教学中的"少慢差费""假大空杂"现象,具有重要的规约作用。因此,对于教育思想、课程理念,无论中外古今,也不管门第流派;只要有益于提高当下的教育教学质量,不妨从容"拿来",并消化吸收、内化为自身的教育素养。正如"讲授法"的运用,只要教学内容和学生学情需要,教师不妨精讲畅讲,大可不必因新课程倡导"自助、合作、探究"学习方式而谈"讲"色变。

2. 国际视野,本土行动

语文教师课程素养真味,还体现在课程定位上的国际视野与本土行动。国外母语课程改革与发展新趋势表现在三方面:

(1) 在教育理念上,明确要求在母语教育中渗透公民意识的培养和价值观的引领。

(2) 在课程内容上,规范母语学习的范畴,包括语言知识、文化知识和思维能力,具体指向"听、说、读、写"四大核心能力。

(3)母语课程标准在突出"听、说、读、写"四大核心能力的基础上,积极向"观察、思考、评论"三大能力领域扩展,目的是通过母语课程的学习,使中小学生能够对多样的文学文本、信息文本、媒介文本、视觉文本等,进行理解性的选择、阅读和思考;这是顺应时代发展、提升人才综合竞争力的必然趋势。我国2011年版语文课标顺应国际语文教育发展趋势,增设"非连续性文本"阅读能力目标,增加语文课程性质的界定:"语文是学习语言文字运用的综合性实践性课程";"运用、积累、方法、实践、读书"是2011年版语文课标中的重要关键词。因此,实施语文课程,就是让学生在学习语言文字运用的同时,吸收优秀文化,提高思想水平,促进精神成长和人格提升,充分发挥母语教育"立人"的重要功能。

三、新型课程观视野下的好课标准

1. 按部就班、照本宣科、亦步亦趋的课,不是好课

新课程的教学观要求教师强化"课程意识",积极发挥教师、学生、教材、环境四个因素的作用。主张把教材当作一个教学的凭借,不拘泥于教材,表现为"用教材教"而不是"教教材"。即要求教师因"校"制宜、因"班"制宜、因"学生"而异地处理教材。课堂教学应该立足现状,利用校本资源,突出班级特色,充分彰显师生的个性和优势,让每一个学生都获得个人意义上的成功感和幸福感。新教材的多样性、选择性,解决问题思维的多层次、多角度,问题答案具有开放性等特点,都为师生的个性化阅读和创新性理解提供了可能。那种抱着陈腐的课堂教学观念积重难返、按部就班、照本宣科、亦步亦趋的语文课,无疑是缺乏语文真味的课。

2. 冷落文本、架空文本、曲解文本、任意发挥的课,也不是好课

凡事过犹不及。在"用教材教"的教学实践中,往往出现架空文本、冷落文本甚至完全曲解文本的极端现象。如教学《愚公移山》,有人根据新课标提倡的"学习从历史发展的角度理解古代作品的内容价值,从中汲取民族的智慧;用现代观念审视作品,评价其积极意义与历史局限",启发学生进行开放式思维:①愚公不民主,听不得不同意见;对"其妻献疑""智叟问难"置之不理;②针对"寒暑易节,始一反焉",讨论工具落后、速度太慢问题;③从环境保护角度,提出让愚公搬家,保持生态平衡;④主张开发旅游,让愚公都富起来……《愚公移山》以寓言的形式,把中华民族脚踏实地、艰苦奋斗、百折不挠的精神,通过愚公典型形象折射出来,以弘扬民族优秀传统。而上述课堂教学处理,完全置"寓言"这种文学体裁于不顾,还津津乐道为"走出阅读教学的封闭圈",可以说完全曲解了新课程所指出的理解和评价古代文学作品的根本方法,也不符合"用教材教"的精神实质。在实施新课程中,诸如此类的曲解"用教材教"的课堂教学不乏其例,如:教学《叫三声夸克》,花大量时间让学生搞清相关物理知识;阅读《米洛斯的维纳斯》,引出众多艺术领域的不同历史时期的审美理念;学习《桃花源记》,把重点放在"桃花源"是否真实,或探究"桃花源"究竟在哪里上。

对文本的个性化解读、创新性理解,其前提是立足文本;"有一千个读者,就有一千个哈姆雷特",尽管千差万别,但毕竟还是"哈姆雷特",而不会是"李尔王";"用教材教",毕竟还要"凭借"教材,否则极易导致随意性和盲目性。把握教材精髓而又不拘泥于教材,是值得肯定的;但是,不顾文本的基本意义,冷落教材、架空教材,甚至完全背离文本的宗旨,随心所欲地

曲解文本,是要予以否定的。

3. 丢失语文"真味"的课,是严重违背新课改精神实质的"畸形"课

当下依然存在的"秀课""演课"色彩浓重的公开课、研讨课、示范课,师生活动呈现虚假繁荣、泡沫效应。"文道"关系的处理,表现为"道"有余而"文"不足;语言学习、思维训练没有落到实处。这样的语文课,不仅是丢失语文"真味"的课,而且是严重违背新课改精神实质的"畸形"课。这些课,绝不应该被认可、推崇,更不可以予以推广、模仿。

第二节 语文教学中的"角色意识"

一、新型教师观中教师角色的定位

教师角色,古今大致经历了"圣职化"—"工匠化"—"专业化"的演变过程,当代教师角色面临的挑战,是如何真正从"工匠化"走向"专业化"。语文教师既要继承发扬"蜡烛""园丁""人类灵魂工程师"等优秀传统,又要正视先进的新型的教师观。新型教师观中很受关注的有两种:一是后现代课程论专家小威廉姆·多尔的观点,"教师是学生平等者中的首席";二是唐纳德·A.舍恩的观点,"反思性实践者是教师的专业属性"。

舍恩认为教师要从技术理性的桎梏中解放出来,在实践中反思和探究,树立"反思性实践者"的专业形象。舍恩指出:"反思性实践者"是实践情境的研究者,是实践知识的创造者。教师作为反思性实践者的本质,就是要为学生营造自由的学习氛围,揣测学生的需求,导引学生的思考,辅助学生的活动。

二、教学中教师如何发挥"首席""反思性实践者"的作用

叶澜教授说过:把课堂还给学生,让课堂充满生命的活力;把班级还给学生,让班级充满成长的气息;把创造还给教师,让教育成为充满智慧的事业。"平等中的首席"之"首席"的意义在于:把好课堂教学的脉搏。

1. 妥善解决"气氛活跃"与"课堂秩序"的矛盾

课堂上学生主体性得到凸显,个性得以表现,创造性获得解放,课堂氛围可谓"活跃"。可是"活跃"往往容易与课堂秩序相悖逆。教师要有处理课堂"旁逸斜出"现象的机智,能使课堂教学在既"活跃"又"有序"的氛围中进行。发挥组织者、引导者的积极作用,随时扭转课堂讨论中的"话语霸权"现象,防止学生"活跃"与"缄默"两极分化的加剧。

2. 正确处理"用教材教"与"脱离文本"的矛盾

改革语文课堂教学陈腐的"牵牛式"方法当然必要,但是当改革已经走向另一个极端"放羊式"方法的时候,教师却集体无意识地以为这是在落实课改精神。匪夷所思的现象极具普遍性:课堂教学盲目无序、少慢差费,理由是要呵护学生的自尊心;文本解读信马由缰、五花八门,理由是要尊重学生的多元反应,提倡个性化解读。从表象看,尊重并释放儿童言说的权利,倾听儿童的话语,这是有益的;但是尊重儿童不能搞形式主义,激活儿童思维不能放任

儿童异想天开,过分怂恿儿童,而且不问是非,没有诊断、纠正和引导地"给他鼓掌"。这样的教师没有负起主导、教导的教学责任。这是当下教师角色定位严重失当最常见的现象,低年级语文教学中此类现象尤甚。

还有一个不容忽视的问题,就是课堂上教师要洞悉学生"多元反应"中的情感态度和价值取向,关注学生"说真话,抒真情"所反映出来的心理不健康或人格的低级趣味等现象,以便作适时引导和纠正。切不可纠正了"牵牛式",却又走向了"放羊式"。

3. 客观对待"自主探究"与"学习效率"的矛盾

改变被动接受、死记硬背的学习方式,实行自主、合作、探究的学习方式,学生的思维被激活后,疑问明显多了,问题的质量也会提高,有的问题还很棘手,讨论的时间也就长了,于是往往完成不了当堂教学任务。因此,课堂上教师要通过了解学生的不同状态,来判断其是否进入学习、思考的情境,并及时作适当调控。解决"自主探究"与"学习效率"矛盾,需注意以下几点:

(1) 不是课课、时时都要用"自主、合作、探究"的学习方式,得根据教学内容需要灵活运用,必要的呈现、讲解,教师尽可大胆去做。

(2) 对那些始料未及的问题,教师要快速进行梳理,作出反应:或纳入,或舍弃,或作为课后作业处理;不必拐弯抹角,搞迂回战术,浪费时间。当然,教师的语言要机智幽默,不可挫伤学生的自尊心和积极性。

(3) 教师要有"知之为知之,不知为不知"的胸怀和境界,勇于在学生面前袒露自己的不足。

(4) 要解放思想,与其面面俱到、隔靴搔痒,不如突出重点、不及其余。"伤其十指,不如断其一指。"

4. 指导学生正确使用"自主、合作、探究"的学习方式

对于"自主、合作、探究"的学习方式,不可满足于"形似",而要追求"神似"。不是让学生自己看书就是"自主学习"了,也不是前排学生一转身与后面同学面对面地高声说话就是"小组合作"了。

(1) 自主学习:是指学习主体有明确的学习目标,对学习内容和学习过程具有自觉的意识和反应的学习方式;强调培养学生主动、独立的学习能力,为学生自主发展和适应社会奠定基础。要求学生的"主体"与教师的"主导"有机地结合起来。自主学习应具备四个条件:①能学:建立在学生自我意识发展的基础上;②想学:学生具有内在的学习动机;③会学:学生掌握了一定的学习策略;④坚持学:学生要有恒心,有学习的意志和毅力。

(2) 合作学习:是指学生在学习主体中,为了完成共同的任务,有明确的责任分工的互助性学习方式。强调培养未来公民跨文化交流的能力,这是21世纪首要的教育目标。跨文化交流能力包括:科学与人文之间的交流;不同阶层文化之间的交流;不同性别文化之间的交流。合作学习应具备四个条件:①所确定的学习目标要明确、恰当,是短时间内能够完成的,是学生最近发展区域内的学习结果;②此前教师有所引导和培训,小组已经形成合作的机制,熟悉合作的规则,知晓自己的分工和任务,并能够在民主、有序的状态下进行;③教师要提供足够的准备时间,使学生能够对学习内容进行讨论、交流和整合;④合作学习的目的是"多赢",学生之间形成优势互补、资源共享的学习共同体关系。

(3) 探究学习:是指学生独立地发现问题并试图解决问题,从而获得自主发展的学习方

式;侧重培养学生探究未知世界的能力。探究学习的主要特征是问题性、实践性、参与性和开放性。

4. 教师发挥"首席""反思性实践者"作用应具备的前提条件

(1) 要有"青出于蓝而胜于蓝"的胸襟、抱负和魄力。自己具备"一桶水",则不满足于学生仅仅获得"一碗水",而要设法促进学生获得"一缸水",甚至"一潭水"。

(2) 要提高驾驭课堂突发事件的能力。具有评判学生"多元反应"、处理课堂"旁逸斜出"的底蕴和智慧;有不武断阻止学生思维,给学生以反复思考、纠偏改错的方略。

(3) 要掌握科学的评价策略。评价中有诊断、有评判、有引导、有纠正,立足于学习过程,重在促进学生全面发展。

三、新型教师观视野下的好课标准

1. 教学中教师的"光辉"掩盖了学生的"灿烂",这样的课不该予以肯定

新课程要求教师从心灵上打破自身传统意义上的权威地位,努力适应"是学生平等者中的首席"这一角色定位。课堂教学中"学生的成功感"重于"教师的成功感"。诚然,教师追求课堂的成功感无可厚非,但教师的"成功感"应该通过学生的"成功感"来折射。作为语文教师,在朗诵、书写、表演等许多方面有超过学生的地方,往往善于展示自己的才艺,过多地发挥示范作用,反而让学生遭遇"闲置",乃至因"自惭形秽"而产生不自信心理。有的教师为了避免课堂"冷场",或完不成教学任务而越俎代庖,把课堂教学变成教师的"表演剧",学生只是"道具"而已,切实的收获却寥寥无几。这样的教学过程是有"教"无"学"的过程。这样的课堂关注的是教师的成功感,而不是学生的成功感。

课堂上学生的"成功",内容丰富、形式不同:或得到教师的有效点拨,习得新知;或解决了一个有价值的问题,甚或发现一个老师也未发现的问题;或增进了交流体验,拓展了想象思维;或触动了心灵感悟,产生从未有过的审美感受;或陶冶了性情,提升了人格,改变了价值观,净化了人生观;等等。

2. 缺乏课前、课中、课后的反思,是违背古今中外教学理论精神实质的课

波斯纳认为:"没有反思的经验是狭隘的经验,充其量只能形成肤浅的知识。"他提出教师成长的公式:经验+反思=成长。科萨根指出:"训练只能缩小专家教师与新手教师之间的差异,而反思性实践或反思性教学,却是促使一部分教师成为专家教师的一个重要原因。"[1]在反思性实践中提高教师的教育智慧、促进专业成长的思想,我国古已有之。例如,关于教学火候的准确把握,《论语·述而》中有:"不愤不启,不悱不发;举一隅不以三隅反,则不复也。"一方面,如果没有教学前的反思,没有严谨的教学设计,教学时则无法做到举一反三、触类旁通;另一方面,教师要对学生"愤""悱"状态进行仔细观察,并作出准确判断,如果没有教学中的及时反思,根本无法完成真正意义上的"开导"与"启发"。

"反思性实践者",或专家型、学者型教师,不管哪种提法,都表明教师不仅要拥有丰富的文化底蕴,而且要具有扎实的教育实践能力,还要掌握敏锐娴熟的实践性思维方式;而这些

---

[1] 转引自李保强、薄存旭:《"教学相长"本义复归及其教师专业发展价值》,《教育研究》2012年第6期。

底蕴、能力和思维品质,最大的聚焦点就是课堂教学。

第三节 语文教学中的"问题意识"

一、问题意识的重要性

新课程特别强调问题意识的培养,《尚书》曰"好问则裕",我国古代教育就非常重视问题意识的培养,"多闻与阙疑"是古代重要的语文教学方法。《学记》中的五段学程,首提"博学之","审问之"紧继其后,位在"慎思之""明辨之""笃行之"前,对问题意识的高度重视可见一斑。清代教育家黄宗羲很重视学习中的疑问,强调:"小疑则小悟,大疑问则大悟,不疑则不悟。"

素质教育要求改变传统的"重知识传授、轻能力培养"的课堂教学模式,倡导以问题为纽带的教学、化结果为过程的教学,培养学生的问题意识。语文学科"工具性和人文性统一"的性质特点,决定了语文教育既是标准的、统一的、具有一定理性的教育,又是多样的、个性化的、更具感性的教育。因此,在语文课堂教学中注意激趣、质疑和引导学生发现、创新,具有得天独厚的条件。

二、体现"问题意识"的好课标准

1. 没有"问题"的课堂不是成功的课堂

这里的"问题"指向两方面:一是教师的设疑、启疑、答疑;二是学生的怀疑、质疑、解疑。新课程特别强调问题意识的培养,主张"课堂教学要以问题为纽带",让问题成为课堂教学的纽带,使学生带着问题走进文本,与作者的心灵世界沟通,与教材编者的意图对话;又能够带着新的问题,走出文本,在应用、拓展过程中,努力达到发现、创新的高度。教学中的问题设计要遵循如下策略:

(1)设计兼顾指向不同层次的问题。

教师提的问题一般有两大类:①记忆性问题,只要求学生回忆、再现具体的事实或信息,只回答"谁""是什么""对""不对"即可;这类问题主要指向"知识与能力"维度的目标。②发展性问题,往往需要经由理解、比较、联系、想象、重组等心智活动,对事实作出推理、判断和评价,或者把已有知识运用于新的情境;这类问题主要指向"过程与方法""情感态度与价值观"维度的目标。因此,教师要多设计发展性问题,以提升学生的概括、推断、评价、创意等能力。例如,教学《荆轲刺秦王》,设计如下问题:

① 文中荆轲自己解释刺杀秦王失败的原因:"事所以不成者,乃欲以生劫之,必得契约以报太子。"可是在有关诗文中却认为,荆轲不成功与其剑术不精有关;请根据课文的情节描写来判断荆轲说法有无真实性。

② 荆轲究竟是救国于危难之际的英雄,还是"为知己者死"的封建之"士"? 还是为施行暗杀手段的恐怖分子? 结合课文及相关历史资料,谈谈你的看法。

这样的问题设计,立足于课内文本的解读,要求学生结合课外阅读,广泛搜集资料,形成自己的观点,从而养成独立思考、质疑探究的习惯,增强思维的严密性和批判性。这样可以使学生在鉴赏领悟中,学会用历史的眼光和现代观念审视古代作品的内容和思想倾向。

　　(2) 要选好问题的切入点或突破口。

　　① 在关键的内容上。如《药》:怎样理解夏瑜"这大清的天下是大家的""可怜可怜"两句话? 买药的那一夜,华老栓睡得平静吗? 为什么？——该问题可谓牵一发而动全身,直抵该小说揭示民众愚昧、麻木、自私的主题。

　　② 在内容的矛盾处。如《鸿门宴》:项羽不杀刘邦,有人认为表现了项羽的"妇人之仁",而有人却认为这恰恰表现了项羽的"君人之度",你以为如何? 又如《雷雨》:周朴园对鲁侍萍有真爱吗？——这是具有开放性的问题设计,突破了传统的二元对立思想,对于提供的前后两个选择,无所谓正和反,学生选择哪一种观点都可以,只要能够自圆其说即可。这类问题设计,有利于提升训练思维品质,提升语文素养的教学效果。

　　③ 在内容的对比处。如《变色龙》:小说中奥楚蔑洛夫因为狗的主人的变化,他的态度也变来变去,但在这不断的变化中,他有没有不变的地方？——这是训练学生能够透过现象见本质的问题设计。

　　以下所列举的设问视角,切入点或突破口都比较独特,限于篇幅,不再一一予以分析。

　　① 在课文的重复处。如《纪念刘和珍君》:"我向来是不惮以最坏的恶意来推测中国人的","我已经说过,我向来是不惮以最坏的恶意来推测中国人的",文中两次出现这句话有何深刻用意? ② 在课文的细节处。如《荷花淀》:水生嫂默默地吮吸着弄破的手指这一细节描写,对刻画人物起什么作用? ③ 在课文的深刻蕴涵处。如《为了忘却的纪念》:"年轻时读向子期的《思旧赋》,很怪他为什么只有寥寥的几行,刚开头却又煞了尾,然而,现在我懂了。"——说说鲁迅懂了什么了? ④ 在解读全文的关键处。如史铁生《我与地坛》(节选):"一个人,出生了,这就不再是一个可以辩论的问题,而只是上帝交给他的一个事实;上帝在交给我们这件事实的时候,已经顺便保证了它的结果,所以死是一件不必急于求成的事,死是一个必然会降临的节日。"——这句话表达了作者怎样的生死观? ⑤ 在学生不经意却又是不可忽略的地方。如杨绛的《老王》:"有人说,这老光棍大约年轻时不老实,害了什么恶病,瞎掉了一只眼。"——杨绛赞成这种说法吗? 为什么? ⑥ 在字面背后还另有深层含义处。如鲁迅《故乡》末尾:"我想:希望是本无所谓有,无所谓无的。这正如地上的路,其实地上本没有路,走的人多了,也便成了路。"怎样理解这句话的含义? ⑦ 在对称照应处。如《纪念刘和珍君》:"苟活者在淡红的血色中,会依稀看见微茫的希望;真的猛士,将更奋然而前行。"这句话的深刻含义是什么? ⑧ 在总结概括处。如苏洵《六国论》:"苟以天下之大,而从六国破亡之旧事,是又在六国之下矣":从议论文的结构考虑,这句话是否多余? 为什么? ⑨ 在象征性语句处。如巴金《灯》:怎样理解文中"在这人间,灯光是不会灭的""毕竟我们不能都靠吃米活着"两句话? ⑩ 结构复杂的语句处。如《纪念刘和珍君》:"至于这一回在弹雨中互相救助,虽殒身不恤的事实,则更足为中国女子的勇毅,虽遭阴谋秘计,压抑至数千年,而终于没有消亡的明证了":这句话的中心意思是什么? 把修饰成分删掉一些,让句子更简洁些效果会怎样?

　　(3) 问题设计的语言表述。

　　提问要追求"寄深于浅、寄厚于轻、寄劲于婉、寄直于曲、寄实于虚、寄正于余"(刘勰)的境界。所提问题要追求旧中见新、易中见难、平中见奇、难而可及。问题要有缜密性,问题指向要明确,切忌笼统抽象、指向不明;同时,问题要有一定的针对性和连续性,使之形成问题链,有益于提高学生思维的缜密性。

2. 肤浅琐碎、多而滥的"满堂问"的课,不是具有问题意识的课

(1) 杜绝"伪问题设计"。

追求问题意识,要提高问题设计的价值,防止和杜绝"伪问题设计"。过去有人教学毛泽东的一首诗《送瘟神》,针对"春风杨柳万千条,六亿神州尽舜尧"诗句设计了这样一个提问:同学们,春风杨柳多少条啊?(生齐答"万千条!");"六亿神州怎么尧的呀?"(生齐答"尽舜尧!")这是提倡"启发式"课堂教学背景下出现的一个堪称"伪问题设计"的"经典"例子。在旧版语文教科书"思考和练习"中,经常出现一些预设判断先行,武断地牵引学生认同成人或者编者的解读之类的问题设计。例如《包身工》"思考和练习"题:

试比较下边每组句子里两个句子的句式,体会课文中用①这样的句式,表达效果为什么比句②更好些?

① 蓬头,赤脚,一边扣着纽扣,几个还没睡醒的"懒虫"从楼上冲下来了。

② 几个还没睡醒的"懒虫"从楼上冲下来了,蓬着头,赤着脚,一边扣着纽扣。

诸如此类的问题设计,与伪问题设计在本质上无多大区别。因为学生针对该问题的思考和探究,其任务就是要认同编者的结论,或按照这个结论去理解文本,这样学生的思考和探究岂不成了一场游戏?!其实,从遵循语文的人文性特点和尊重学生主体性需要来看,上述两组句子,句①和句②的表述其实都可以:句①是文中原句,运用特写镜头式的描写,突出包身工被日本资本家压榨、摧残得惨不忍睹的悲惨形象;句②符合由远及近的观察、认知规律,同样也描写了包身工的悲惨形象。据说句②是夏衍写作此文的草稿,问题设计,不可强扭着要求学生的思维与作家的思维完全保持一致。

(2) 问题设计要具有张力,体现促进思维的导引性。

新课程实验教科书,在问题设计上则避免了上述过分"求同"现象,注意体现新的教育理念,鼓励学生对文本进行多元解读,对文本语言发表独到见解。如语文版高中语文实验教科书(必修)第三册《山地回忆》第三题:

一个标点符号不同往往会造成不一样的表达效果。……"以后,女孩子就学习纺织的全套手艺了:纺,拐,浆,落,经,镶,织。"这7个动词之间若用顿号,在表达效果、节奏和语气上与用逗号有什么区别?从这7个动词中,你能想象出课文中那个女孩子劳动的情景吗?

上述问题的设计,在内容上既有理解与鉴赏的基本学习目标,又有拓展思维、深入探究的进一步要求;并且简明扼要,层次清楚;问题具有一定的连续性,使之形成问题链,这有益于提高学生思维的缜密性。

（3）设计开放性问题，尊重学生的独特体验。

问题意识，体现在课堂教学中，就是师生的质疑，具有先导性、好奇性、潜在性和深刻性，有益于提升学生的思维品质。师生只有有了真正的问题意识，才能发现问题、生成问题，从而在解决问题过程中，获得规律性知识，提高能力，发展智力。

例如，小学语文教育专家支玉恒教学《只有一个地球》，在理解性阅读环节，只设计一个问题："读了这篇文章，你是什么滋味？酸甜苦辣，你是哪一味？"这是一个高屋建瓴的问题设计：建立在对课文内容高度概括基础上，引起全班学生积极思考，学生可以见仁见智地回答问题；课堂上师生互动环节因此而遍地开花。可见，投石击破水底天、一石激起千层浪的问题设计，才真正体现问题意识的真味，具有点燃思想火花、撞击思维闸门的功效。

第四节 语文教学中的"效率意识"

一、语文教学"效率意识"的主要体现

强调语文课堂教学的"课程意识""角色意识"，旨在追求语文教学的"效率意识"。笔者曾提出，语文教学要从传统的"精气神"走向"精""气""神"。精，精当的目标设置，精选的教学内容，精心的组织设计；气，民主的气氛，成长的气息，创新的气魄；神，教师形象要精神，课堂教学要传神，学生听课要入神。具体内容详见第六章"上课"，此处不再阐述。以下针对语文课堂教学现状中存在的问题，重点讨论几个问题。

二、教学目标，是否要在课堂上交待

1. 现状

现在中小学语文课堂上，绝大部分教师并不展示该课的教学目标，评优课、展示课也如此。这就意味着教学目标仅仅存在于教案中，是作为教案必有的一个栏目以备督导检查，还是真正作为教师教学行为的指南和规约，抑或二者兼而有之，只有教师自己心里清楚。事实上，不展示教学目标是不规范的，课堂教学目标，其本质就是示之师生：这堂课或该篇课文，要学什么，要学到什么程度。精当的教学目标，是具备定向功能、适应功能、强化激励功能、评价功能的，将其告知学生，让学生能够根据自己的需要有针对性、有期待地参与课堂活动。反之，只是听凭老师安排，让读书便读书，让合作便合作，亦步亦趋；这种情况下，教学目标的多种功能将难以发挥，最多起到教师课堂教学行为的指向作用。

2. 原因

课堂上教师不交待教学目标，可能原因有多种：或不愿，课堂时间本不够用，不如省去此环节；或不屑，认为学生根本不懂什么教学目标，尤其是低年级；或不敢，是教师恐于未能实现教学目标而自我保护的策略。从加强课堂教学管理角度看，一节课时间是有限的，课堂教学有目标、有落实、有反馈、有督促、有巩固，学生才能有所提高、有所发展，提高、发展的效率更高。否则，以老师之"昏昏"难以使学生"昭昭"；即使老师是"昭昭"的，学生恐怕也难免

处于"昏昏"状态:教了,不一定学;学了,不一定会。这样的课堂教学只是"望天收",课堂教学效率难以保证。

3. 要求

教师在导入新课文后,应该交待本课文或本节课将要完成的教学目标,这对于语文教师"打算教什么"、在课堂上他"实际教了什么",具有规约作用;这也是当前观课、评课活动中应该高度重视的评价视角。魏书生当年经常在课堂上与学生共同商定本课教学目标,而后再导引学生研读课文达成这些目标。今天看来,这种行为的价值不只是师生关系民主化,还渗透着当今课程改革倡导的先进的教师观、学生观和教学观。

三、要注重培养呵护学生的自信心

1. 自信,是孩子学好的关键

美国著名心理学家斯腾伯格研究发现,人的成功智力发展有三大障碍:一是权威人物的负面期望;二是自身无端地妄自菲薄;三是缺少真正的榜样。其中,权威人物的负面期望是最大障碍。因为带有权威性的负面评价,会使一个人的自我认知、自我评价越来越消极,进而导致自尊心、自信心彻底动摇,最终丧失积极向上的原动力。一个认为自己是无能的人是不会付出很大努力的,他觉得努力是无用的,于是必然经常遭遇失败,而失败又更加强化了他消极的自我评价。

影响人成长的因素很多,主要是来自家庭、学校、社会的教育。对学生来说,家长、老师无疑是权威人物,他们对孩子的期望或评价无论是积极还是消极的,都会触及孩子的心灵,都会对孩子自信心确立起到举足轻重的作用。谦虚、内敛、不张扬是我国传统文化中的美德,许多家长、老师很吝啬表扬和鼓励,主张"鞭打快牛""好鼓需用重锤敲",唯恐孩子"翘尾巴"而不求进步。就学生而言,后两个障碍"妄自菲薄"与"缺少榜样",与第一个障碍往往是一脉相承的,因为家长、老师都有意无意地重复指责孩子不行,强化了他的失败心理,久而久之,他就可能形成心理定势,甚至在心灵深处大喊"反正我就这样了!"如此,即使他身边有榜样,也会因为自惭形秽而拒榜样于千里之外。

2. 积极发挥教育中的"皮格马利翁效应"

20世纪60年代著名的"罗森塔尔实验"体现了"皮格马利翁效应"。该实验表明,教师以积极的态度期望学生,学生就可能朝着积极的方向发展;相反,教师对学生的误解与偏见,也能对学生的学习积极性产生消极影响。拿破仑·希尔曾说:"信心是心灵的第一号化学家。当信心融合在思想里,潜意识会立即拾起这种震撼,把它变成等量的精神力量,再转送到无限智慧的领域里促成成功思想的物质化。"[①]自信,是人追求成功的一种意念,是坚持走向成功的一种意志,是一种巨大的潜能。因此无论是教师还是家长,都要切记:孩子的自信是学好的关键。

---

① 转引自金荷华:《切记:孩子的自信是学好的关键》,载周成平编:《新课程名师教学100条建议》,中国科学技术出版社,2005年,第113—115页。

3. 教学中呵护学生自信的策略

(1) 充分尊重、赞赏学生。

一要尊重。这就意味着不伤害学生的自尊心，不体罚不辱骂学生，不羞辱嘲笑学生，不当众训斥学生，不冷落学生。

二要善于发现和主动赞赏学生的闪光点。如赞赏学生的兴趣、爱好、专长及其独特性；赞赏学生所取得的哪怕是极其微小的成绩；赞赏他展示的善意和付出的努力；赞赏他对问题的深入思考和大胆质疑；甚至赞赏他对老师的超越。

三要杜绝制造自卑心理的语言。教师要注意语言使用的积极意义，比如"某某考了90分，哼，真是瞎猫撞上死耗子了！""你怎么只考了80分？某某还考了85分呢！"这种一句话就打击一大片的语言，其消极影响很大。至于"你就不是读书的料！""你的脑袋是榆木疙瘩！""癞蛤蟆想吃天鹅肉！"这些极具伤害力的话，则要杜绝使用。激励能使人奋发向上，训斥会使人颓废沮丧。

(2) 发挥"非智力因素"的积极作用。

心理学研究表明，"非智力因素"对学生的学业成绩起着重要的影响。教学中要注意对学生的兴趣、动机、情感、意志、性格等非智力因素的研究与培养，并且在教育观念、教学模式、教学内容、评价策略、师生关系等方面，遵循因地制宜、因人而异的原则，努力营造学生积极的心理氛围，让所有的学生都得到发展，获得个人意义上的成功，体验到成就感与幸福感，从而培养学习兴趣。兴趣能激发良好动机，良好动机能促进意志的坚强和情感的专注，而这一切又会带来新的成功，这样就形成了良性循环，自信也就在学生的心底逐渐生长起来。

新课程教育理念的核心是："一切为了每一位学生的发展。"这就要求教师平等对待学生、一视同仁，不可厚此薄彼。其实，对学业困难的学生来说，树立自信心尤为重要。有关实验研究结果表明，学业困难的学生，有预习习惯的仅占14.9%，有复习习惯的只占16.2%，有独立完成作业习惯的仅占11.1%；有90%以上的学生自我评价非常消极[1]。此类现象在"应试教育"观念下有很大的普遍性。过高的标准，统一的要求，"唯分数"的评价，使学业困难的学生强项得不到强化，而弱项却不断被提醒，他们失败的概率在不断上升。以下做法则有利于树立学生的自信心：

一是建立新型师生关系。强化民主氛围，尊重学生人格，接纳其个性行为表现并满足其需要；创造良好的环境和条件，让他们发现自己的潜能，体验到尊严感和幸福感。很多文化成绩不好的学生并不是一无是处，他们往往另有专长。教师要设法让其展示自身的亮点，通过"东方不亮西方亮"来改变他原来的形象，从而树立自信心。比如，让喜欢舞文弄墨的担任班级小报编辑；让经常引吭高歌的在主题班会上一展歌喉；让擅长勾勾画画的担当板报美工；让"打破砂锅问到底"的去充当小记者；给"小官迷"们提供一个为集体做贡献的平台；通过体育竞赛使大家都认识到"在操场上神气的人"决不是"四肢发达头脑简单"的平庸之辈。

二是改进教学方法和策略。采取"低起点严要求、小步子快节奏、多活动求变化、快反馈勤矫正"的教学原则[2]。语文教育家钱梦龙当年接到一个"差班"，上第一次作文课他说："这

---

[1] 转引自黄书光、王伦信、袁文辉：《中国基础教育改革的文化使命》，教育科学出版社，2001年，第120页。
[2] 同上书，第122页。

次作文我只提一个要求：将作文题目写在第一行的中间，只要达到这一要求就得高分。""差班"的学生大多有逆反心理，以为老师在"糊弄"他们，表现出一脸的狐疑。钱老师读懂了他们的表情，说"我说的是真话，知识就是这样一点一点积累起来的，聚沙成塔呀！"于是达到这一要求的学生都得了高分。第二次作文课他又提出"每一节的开头要空两格书写"的要求，做到的学生又得了高分。第三次作文他先予以简单总结，还表扬了字写得好的学生。而后说这回题目是"我的家庭"，"你家里有几口人，文章就分几段，做到就得高分"。一次又一次成功的感受，已经使学生对写作跃跃欲试了。钱梦龙老师的循循诱导、步步提携，其目的首先是让学生尝到成功感，继而树立信心，其次才是培养学生良好的学习习惯。因为一旦树立了信心，教学便会收到事半功倍之效。

4. 通过建立自信促进健全人格的形成

教育的真谛在于：将知识转化为智慧，使文明积淀成人格；智慧需要智慧的启迪，人格需要人格的感召。教育联系着每一个家庭的喜忧，联系着不同地区的面貌，联系着整个民族未来的兴衰。而高素质的人体现为：有一种心胸宽广、自强不息、乐观向上的气质；有一种自尊、自信、自谦、自持的精神；有一种关心他人、关心社会、关心自然的情怀；有一种求实致远、质朴高雅的品位；有一种"富贵不能淫、贫贱不能移、威武不能屈"的人格。可见，自信不仅有利于更好地完成学业，更重要的意义还在于健全人格的养成。

新课程以人为本的教育理念，就在于让每一个学生都以自信的积极心态走向社会，成为一个合格的公民；而不是考不上大学，就以失败者的心态"垂头丧气"蹭入社会。家长是孩子的第一位老师，家庭教育的重要性是不可低估的，目前由于就业形势的紧张，人才竞争日趋激烈，家长望子成龙、望女成凤之心越发强烈，他们对孩子的教育要求往往操之过急，或不切实际，有的甚至导致孩子性格扭曲，酿成悲剧。因此，教师要在教育要求与方法上与家长保持高度一致，共同促进学生健康成长。

四、教师引导学习，要知其心、善总结

新课程要求教师成为学生学习的促进者、帮助者和引导者。"促进"的具体含义、"帮助"的主要内容，目前已有不少较为详尽的论述，此不赘言。以下主要谈谈教师作为"引导者"要注意"知其心、善总结"的问题。

1. "知其心"的含义及要求

"知其心"，即树立先进的学生观，懂得青少年身心发展规律，了解并掌握学生的差异性，实施个性化教育。

（1）要承认学生作为"人"的价值。尊重学生的人格尊严，不能把学生当作知识的容器和考试的工具，在引导过程中要注意学生的情绪生活和情感体验。要了解他们的知识基础、智力水平、能力状况、性格特征以及他们的迷惘和困惑，加强引导的针对性，避免盲目性。

（2）要理解学生是正在发展的、具有独特性的人。青少年随着自我意识的发展，往往具有逆反心理，对成人的意见不盲从，对社会的看法不与别人苟同，对社会和未来有自己独立的见解，尽管有些见解不无偏激和错误之处。他们渴望来自家长、老师、社会对自己的理解与认可。因此，教师既要树立民主思想，平等对待学生；又要有爱心、包容心，宽容对待学生

的错误和不足,不可求全责备;对学生的片面性、不稳定性以及幼稚、狂妄等弱点,要给予切实的帮助和正确的引导。

(3) 要呵护自尊心,激励自信心。信任,能挖掘出潜藏在人灵魂深处的道德因素。教师要用发展的眼光看待学生,即使是失足少年,在老师信任的感召下,也会发生根本变化。苏霍姆林斯基说过,对待学生的自尊心"要细心得像对待一朵玫瑰花上颤动欲坠的露珠"。他还说:"无论多么寡言、腼腆和平庸的学生,在心灵深处都珍藏着为人民利益而英勇献身的愿望。"

2. "善总结"的含义及要求

"善总结",要研究引导的实质及内容,探索引导的途径和方法,从而在引导过程中因地制宜、因人而异。这就要求教师真正懂得教育、能够教育、善于教育。教育的本质在于引导,而引导的特点在于:含而不露,指而不明,开而不达,引而不发。引导表现为启迪和激励,既不能信马由缰,也不可越俎代庖。引导的内容不仅指学习方法和思维方法,还包括情感态度和价值观。弄清这些原则性问题之后,还要在实践中不断探索总结,从而掌握引导的策略。

(1) 何时引导。孔子主张"不愤不启,不悱不发。"心里苦苦思索但仍未想通叫"愤",口中想说却说不出来叫"悱"。强调教师的引导要到一定的火候再进行,否则难以达到最佳效果。新课程倡导学生自主、合作、探究的学习方式,目的在于培养学生学会学习、自主发展、适应社会的能力,因此教师对引导契机的把握相当重要。

(2) 何处引导。孔子说过:"举一隅不以三隅反,则不复也。"叶圣陶《语文教学二十韵》云:"为教纵详密,亦仅一隅成。贵能令三反,触处自引申。"教师要充分挖掘独特内容,作为引导的突破口或切入点,以便收"牵一发而动全身"之效。教育家赞可夫在小学数学课上,为了引导学生由连加向乘法过渡,出题目:$7+7+7+7+7+7+3=?$ 意在引导学生得出 $7×6+3$ 的方法;出乎意料,有一个学生的答案是 $7×7-4$。对于该生的聪明之举,赞可夫大加赞赏之后,机智地以此为切入点,来讲解数学的本质[①]。

引导的宗旨,还在于使学生获得科学知识,掌握科学方法,形成科学态度,具有科学精神。美国初一年级历史课上,教师并不是简单告诉学生哪一年发生哪些事件,而是通过埃及胡夫金字塔发掘历程的讲述,告诉学生考古学家是怎样去从事考古挖掘的,包括使用何种工具、应该如何进行现场发掘记录等,老师还通过有关事实让学生去理解什么是历史的第一手资料;并要求学生对自己所接触到的历史资料,都要思考询问:谁是作者?这属于哪一类资料?这个资料形成的过程以及时间?在美国,小学就侧重培养孩子收集材料、独立提问的研究能力;到了中学,则重点培养学生确立研究方法、实施研究计划的能力。

新课程设置了"知识和能力""过程和方法""情感态度和价值观"三维度目标,强调人的全面发展,强化教书育人功能的整体发挥,这体现了时代对人才培养的要求。文化的多元化往往带来情感态度和价值观的多元化。在学生身上,有的表现为文本阅读中"多元反应"的偏差——对课文内容的曲解,如阿Q精神胜利法就是乐观主义。有的表现为奋斗目标极端个人主义和心理灰暗。有研究者在3所重点中学、8所普通中学发放2000多份问卷,统计结果:68%的学生认为读书是为了当"大款",其中13%的人认为只要有钱,干什么都行;15%的人认为生存才是人的第一需要,道德完善是以后的事;21.85%的人认为现实社会无道德

---

① 袁振国:《教育新理念》,教育科学出版社,2002年,第47—48页。

可言,"钱""权"才是最重要的,目前只有通过高考可以通向"大款""大腕"的成功之路①。因此引导学生树立正确的社会观、人生观、道德观、价值观、审美观等,是教师在引导学生学习中不可忽视的重要内容,母语教育更加任重道远。

(3) 怎样引导。遵循因人而异、区别对待的原则,做到动之以情,晓之以理,导之以行,授之以法。

一是营造和维持学习过程中积极的心理氛围。教育学生胜不骄,败不馁;对那些自觉性很高、成绩一直很好,仅遇一两次失败就耿耿于怀、患得患失的学生,就要用"失败乃成功之母""人外有人,天外有天""运动场上长跑冠军并非起初就遥遥领先"等话语来劝导;而对那些容易满足现状、不思进取的学生,则要用"敢为人先""人生能有几回搏""不想当元帅的士兵不是好士兵"等名言加以激励。让不同层次、不同追求的学生理解自己所学内容的个人意义和社会价值,使他们都能够在原有的基础上有所发展。

二是善待学习困难的学生。课堂上总会有学生提一些"低级"问题,引起同学讥笑,老师切不可"雪上加霜"。小学教育专家于永正教学某篇课文时,一学生问"饱经风霜是什么意思啊?"于老师顺势说:"是啊,'饱经风霜的脸'是什么样的?想象一下把它写出来读给大家听听。某同学是在考我们的想象力啊。"此后于老师教学该课文一直保留了这个"写"的训练。于漪上课时有学生问文中"万万"是多少,同学发出嗤笑声,于老师机智地说:这正是作者匠心独运之处啊,为何不直接用"亿",而要用"万万"呢?是为了突出其多啊。就像"一年",有时却要说"365个日日夜夜"。诸如此类的处理既呵护了学生的自尊,又收到意外的教育效果。当然仅仅靠老师呵护还不够,必须激励学生自我树立自信。如教给学生一些行之有效的克服自卑的方法,或引导他们自编"我能行"歌谣,时刻勉励自己。还要引导他们选择和确定能够达到的目标,并掌握学习方法和学习规律。

三是创设情境,训练创新思维。首先,要树立教育民主思想,营造创新氛围。特级教师宁鸿彬的教改经验"宁氏教学三原则",就体现了培养创新型人才的教学策略。贯穿该"三原则"的思想就是引导求异,鼓励质疑,促进创新;这与当今新课程的教育理念是一致的。行成于思,思生于疑;学生敢于怀疑,勇于质疑,正是创新能力形成的起点。

其次,要具备引导的能力和机制。作为引导者的教师,要有"青出于蓝而胜于蓝"的胸襟;要有"自己有一桶水,要设法让学生获得一缸水"的抱负;要有评判学生"多元反应"、处理课堂"旁逸斜出"的底蕴和智慧;要有不武断阻止学生思维,给学生以反复思考、纠偏改错的方略——如不随意否定或任意拔高,注意肯定赞赏亮点,推波助澜引起讨论等;还要掌握评价中有诊断、有引导,立足过程、重在促进发展的科学评价标准。

◆ 专题模块: 语文教学情境适应性评价策略

以上只是从课程意识、角色意识、问题意识、效率意识几个方面对语文课堂教学的评判标准与策略进行探讨研究,主要侧重于语文教师的课堂教学评价能力。而语文教学评价能

---

① 曹宝印:《走进中学生的阅读世界》,《人民大学复印资料》2004年第9期。

力,尤其是语文教学情境适应性评价能力更加重要。因此,本章的最后链接一个专题模块"语文教学情境适应性评价策略",包括四个部分:

第一节:语文教师评价能力的标准;

第二节:语文学习评价的类型;

第三节:语文教学情境适应性评价;

第四节:语文教师的命题能力及提升。

其中"语文教师的命题能力"包括如何命制填空题、判断题、简答题,如何命制阅读理解题,如何命制"非连续性文本"的阅读理解题等,这些都紧扣当前语文课程评价发展趋势的需要,是语文教师评价能力的重中之重。

具体内容,请扫描二维码下载:

提升篇
语文教师核心素养怎样提升

第十一章

语文教师资格考试应考策略

德之不修,学之不讲,闻义不能徙,不善不能改,是吾忧也。

——《论语·述而》

教师资格制度是国家实行的一种法定的职业许可制度,是国家对专门从事教育教学工作人员的基本要求。国外许多国家已经取消教师资格证终生制,实施教师资格证更新制度,每3年或5年要重新考核教师资格证。因此,教师资格考试,不仅有志于选择教师岗位的在校毕业生要重视,在职教师也应该关注并有所准备。本章立足于小学、初中、高中语文教师资格考试的需要,结合近年来教师资格考试的真题,重点研究其笔试、面试的题型,并通过模拟试题,使本书读者既能熟悉考试的内容及形式,更能强化专业素质的提升。

虽然语文核心素养的四个组成部分是一个整体,但是"语言建构与运用"是语文核心素养的最基础层面:在语文课程中,学生的思维发展与提升、审美鉴赏与创造、文化传承与理解,都是以"语言建构与运用"为基础,并在个体言语经验发展过程中得以实现的。因此,本章最后,专门打造一个专题模块"语文教师竞聘晋级备考策略",为师范生考取编制以及一线语文教师竞聘、晋级和晋升提供扎扎实实的帮助。

第一节 小学语文教师资格考试内容及题型

鉴于小学教师资格考试是将"教育教学知识与能力"结合起来进行的,所以题型中"单项选择""简答题""材料分析题"都指向教育教学的共性知识及能力;只有"教学设计题"是指向具体学科的。因此,本节重点阐述小学教师资格考试语文教学设计的内容及题型。

一、请认真阅读下文,并按要求作答

白鹅

这白鹅是一位即将远行的朋友送给我的。我抱着这雪白的"大鸟"回家,放在院子里。它伸长了头颈(jǐng),左顾右盼,我一看这姿态(tài),想到:"好一个高傲的动物!"

鹅的高傲,更表现在它的叫声、步态和吃相中。

联系上下文,我体会到了这句话在全文中的作用。

鹅的叫声,音调严肃郑重,似厉(lì)声呵斥。它的旧主人告诉我:养鹅等于养狗,它也能看守门户。后来我看到果然如此:凡有生客进来,鹅必然厉声叫嚣(xiāo)。甚至篱笆外有人走路,它也要引吭(háng)大叫,不亚于狗的狂吠(fèi)。

鹅的步态,更是傲慢了。大体上与鸭相似,但鸭的步调急速,有局促不安之相;鹅的步调从容,大模大样的,颇(pō)象京剧里的净角(jué)出场。它常傲然地站着,看见人走来也毫不相让;有时非但不让,竟伸过颈子咬你一口。

图·丰子恺
("鵞"是"鹅"字的另一种写法,现已废除。)

鹅的吃饭,常常使我们发笑。我们的鹅是吃冷饭的,一日三餐,它需要三样东西下饭:一样是水,一样是泥,一样是草。先吃一口冷饭,再喝一口水,然后再到别处去吃一口泥和草。大约这些泥和草也有各种可口的滋味。这些食料并不奢(shē)侈(chǐ),但它的吃法,三眼一板,一丝不苟(gǒu)。譬(pì)如吃了一口饭,倘(tǎng)若水盆放在远处,它一定从容不迫地大踏步走上前去,饮一口水,再大踏步走去吃泥、吃草。吃过泥和草再回来吃饭。

这样从容不迫地吃饭,必须有一个人在旁侍候,像饭馆里的堂倌(guān)一样。因为附近的狗,都知道我们这位鹅老爷的脾(pí)气,每逢它吃饭的时候,狗就躲在篱边窥(kuī)伺(sì)。等它吃过一口饭,踏着方步去喝水、吃泥、吃草的当儿,狗就敏(mǐn)捷(jié)地跑过来,努力地吃它的饭。鹅老爷偶然早归,伸颈去咬狗,并且厉声叫骂,狗立刻逃往篱边,蹲着静候;看它再吃了一口饭,再走开去喝水、吃草、吃泥的

图·丰子恺

时候,狗又敏捷地跑上来,把它的饭吃完,扬长而去。等到鹅再来吃饭的时候,饭罐已经空空如也。鹅便昂首大叫,似乎责备人们供(gòng)养不周。这时,我们便替它添饭,并且站着侍候。因为邻近狗很多,一狗方去,一狗又来蹲着窥伺了。

我们不胜其烦,以后便将饭罐和水盆放在一起,免得它走远去,让鸡、狗偷饭吃。然而它所必需的泥和草所在的地点远近无定。为了找这些食物,它仍然是要走远去的。因此鹅吃饭时,非有一个人侍候不可,真是架子十足!

| 颈 | 厉 | 吭 | 吠 | 苟 | 倘 | 脾 | 供 |

颈	郑	厉	剧	餐	倘
饮	侍	脾	蹲	供	邻

课文写得真有趣,我要认真地读一读,还要把喜欢的部分背下来。

我们来交谈一下,课文中的鹅有哪些特点?作者是怎样具体描写这些特点的?

下面的句子写得生动有趣,课文里这样的句子很多,让我们找出来读一读,再抄下来。

- 鹅的步调从容,大模大样的,颇(pō)象京剧里的净角(jué)出场。
- 狗又敏捷地跑上来,把它的饭吃完,扬长而去。

请根据上述材料完成下列任务:
1. 简要分析文本的写作特点。(10分)
2. 如果指导中年段学生学习本文,试拟定教学目标、教学重点和难点。(10分)
3. 依据拟定的教学目标,设计新授课导入环节并说明设计意图。(20分)

(参考答案附后)

二、请认真阅读下文,并按要求作答。

古诗两首

草

白居易

离离原上草,

一岁一枯荣。

野火烧不尽,

春风吹又生。

请根据上述材料,完成下列任务:
1. 描写该诗的意境并分析主题。(10分)
2. 指导小学二年级学生学习材料,试拟定教学目标。(10分)
3. 设计针对生字"枯"的写字指导过程。(20分)

三、请认真阅读下文,并按要求作答。

【材料一】

四年级写作课"说说心里话"的教学内容:

在自己的成长过程中,你是不是有很多心里话想说,却没有机会说出来?这一次,就让我们在自己的习作中一吐为快吧!例如,对老师说,为了我们的成长,您操碎了心;对妈妈说,我已经长大了,别再把我当小孩看;对邻居叔叔说,谢谢您多年来对我们家真诚的帮助;对小伙伴说,我们不要再互相起外号了,这样不文明……总之,敞开心扉,把自己最想说的心里话,在习作里向对方说一说。说句心里话,就一定要真实,要说出内心的想法。写完后可以读给对方听,再根据别人的意见改一改。

【材料二】

某小学生的习作:

我很想很想变成爸爸,你知道为什么吗?因为当爸爸的话,生气就可以随便打儿子或者打女儿,他们都不可以还手,不然他会被说不尊敬长辈,而且天天穿西装穿皮鞋,多帅啊!如果上班当了领导就好了,可以叫别人做这个做那个,那种感觉可真爽啊,如果儿子求我帮他买玩具,可以傲慢地说不买,他会一直求到我帮他买的时候他才会停下来,当爸爸好处真多啊!我再告诉当爸爸最后一个好处就是……可以随便买东西,想买什么就买什么,当儿子的话什么都不可以买。咦!我想到了,还可以当妈妈,我们家爸爸最怕妈妈。不过我还是很想当爸爸。

请根据上述材料,完成下列任务:

1. 设计本次写作课的教学目标。(15分)
2. 分析学生完成该写作内容的难点。(15分)
3. 为上述学生的习作写一则100字左右的评语。(10分)。

【参考答案】

一、请认真阅读下文,并按要求作答。

1. ①结构特点:作为一篇写物的记叙文,本文先总写"白鹅""高傲"的特点,然后从叫声、步态、吃食三个方面来突出这一特点;层次清楚,脉络分明。②语言运用特点:通篇运用拟人的修辞手法,使文章生动、有趣,写出了"白鹅"的可爱、淘气与固执。

2. 教学目标:

(1)知识与技能:①生动流畅地朗读课文;学会"颈、吭、脾、蹲、譬、倘"等字词的读音;②理解"叫嚣、引吭、窥伺、敏捷、供养、奢侈"等词语的含义;③学会"空空如也、一丝不苟、从容不迫、一板三眼"的成语,并掌握其用法。(2)过程与方法:①认识本文总写与分写的结构布局,领会这种写法的好处。②体会拟人修辞手法的运对提高文章生动趣味的重要作用。(3)情感态度与价值观:学会观察身边的人、事、物,并将它们写出来,陶冶情操,热爱生活。

重点:理解"叫嚣、引吭、窥伺、敏捷、供养、奢侈"等词语的含义;学会"空空如也、一丝不苟、从容不迫、一板三眼"等成语,并掌握其用法。

难点:抓住事物的特征进行描写。

3. 导语:同学们,我学过诗歌《咏鹅》,那是"初唐四杰"之一的骆宾王6岁时写的,我们来一起背诵:"鹅鹅鹅,曲项向天歌,白毛浮绿水,红掌拨清波。"接着阐述:小小年纪的骆宾王观察多么仔细啊,写出了鹅的特点:脖子长,叫起来像在歌唱,在水里嬉戏时欢快、自由自在,红红的脚掌在清水碧波间划来划去……今天,我们来学习一篇文章,题目叫《白鹅》,这里的白鹅与骆宾王眼中的白鹅有什么不同呢?我们一起来学习课文。

设计意图:①用"以旧带新"导入法导入,调动学生的知识储备,在上课伊始就营造积极的学习氛围;全员参与,复习旧知识、学习新知识,知识的"雪球"越滚越大。②通过背诵同类题材诗歌,打通了诗文的通道,为学习新课文造成悬念。

二、请认真阅读下文,并按要求作答。

1. 意境与主题:

(1)意境:原野,一望无际,草木葱茏;随着季节的更迭,黄了又青,青了又黄,一片生机勃勃。即使发生了弥天大火,也烧不死这些生命力顽强的小草,来年春风一吹,它们又纷纷冒出头,茁壮成长起来。(2)主题:通过对原上小草坦然面对枯荣、顽强地生长的描写,表达了对生命的尊重和对大自然的感佩。

2. 教学目标：
(1)熟读、背诵并默写该诗；(2)理解"离离、原上、枯荣、一岁"等词语的含义；(3)对诗歌所写的内容展开想象、联想，并将学到的内容说出来，与同伴交流；(4)领会并学习小草生命力顽强的品质。

3. "枯"写字指导：
(1)启发学生认识这个字的构字规律：形声字，"木"是形旁，"古"是声旁；该字是左右结构。(2)解释该字的意思：指草木等植物失去水分。(3)在理解字义基础上指导写字："木"字偏旁靠左，写得稍微细长些，"捺"要写出"点"；右边"古"字要写饱满。

三、请认真阅读下文，并按要求作答。

1. 教学目标：
(1)了解什么是心里话；(2)学习寻找适当的倾诉对象，文从字顺地表达自己的认识和想法；(3)学会运用不同人称诉说心里话的方法。

2. 写作难点：
(1)掌握心里话的特征，即平时想说而不便说或无机会说的内心感受和想法；写作时要突出"内心深处"，否则就不是"心里话"，写出来也难以感人。(2)选择哪一种人称，直接影响说心里话的效果，例如，用第二人称"你""你们"或"您"，采用在纸上面对面的倾诉的方式，更能引人入胜，进而产生共鸣。

3. 评语：
(1)切题：习作写的确实算是"心里话"，内容直接来源于现实生活，真实可信。(2)主旨清晰：主旨就是羡慕爸爸的权威、地位以及优厚的待遇，最后以一句"咦！我想到了，还可以当妈妈，我们家爸爸最怕妈妈……"既丰富了文章内容，又更加突出了主题。(3)语言表达：活泼、生动、现象，在不经意的叙述中，爸爸的形象跃然纸上。(4)建议：如果能再增加一个点，即爸爸的"责任重担、辛劳压力"，可以写"这可不是我所羡慕的"，习作的主体会达到大大的升华。

第二节　初中语文教师资格考试内容及题型

一、单项选择题

(一)文史知识类

1. 教师指导学生阅读老舍的长篇小说《骆驼祥子》，拟向学生推荐一部以"人力车夫"为题材的中国现代文学作品，下列适合的是(　　)。

A. 钱钟书《围城》　　　　　　B. 矛盾《子夜》
C. 巴金《家》　　　　　　　　D. 郁达夫《薄奠》

2. 诗歌创作中，诗人往往以"梅"为意象，抒发思想感情，教师让学生照此举例，下列例句中不适合的是(　　)。

A. 俏也不争春，只把春来报　　B. 零落成泥碾作尘，只有香如故
C. 东篱把酒黄昏后，有暗香盈袖　　D. 不要人夸好颜色，只留清气满乾坤

3. 教师帮助学生总结文学常识,学生做了下列课堂笔记,其中无误的是(　　)。

　　A.《论语》是我国第一部语录体著作,是记录孔子及其弟子言行的书,该书作者是孔子。

　　B. 四书五经是四书和五经的合称,是中国儒家的经典书籍。四书指《论语》《孟子》《大学》《中庸》,五经指《诗》《书》《礼》《乐》《春秋》。

　　C.《史记》是我国第一部国别体史书,被人们称为信史,由西汉武帝时期的司马迁花了13年的时间所完成的。

　　D. 诗经六义,即是指"风、雅、颂"三部分内容及"赋、比、兴"三种诗歌表现手法。

4. 教学杜甫《春望》后,教师准备给学生另外推荐几首五言律诗,以下合适的是(　　)。

　　A. 岑参《白雪歌送武判官归京》　　　　B. 崔颢《黄鹤楼》
　　C. 王湾《次北固山下》　　　　　　　　D. 李商隐《锦瑟》

5. 教学陶渊明《饮酒》后,教师打算向学生推荐其他几首田园诗,下列适合的是(　　)。

　　A. 白居易《钱塘湖春行》　　　　　　　B. 王勃《送杜少府之任蜀州》
　　C. 孟浩然《过故人庄》　　　　　　　　D. 李商隐《夜雨寄北》

6. 教学莫泊桑的《我的叔叔于勒》后,教师建议学生再阅读一些莫泊桑的小说,培养阅读兴趣,下列作品不合适的是(　　)。

　　A.《羊脂球》　　　B.《项链》　　　C.《漂亮朋友》　　　D.《变色龙》

7. 教师帮助学生总结文学史上有名的作家,学生做了下列课堂笔记,其中正确的是(　　)。

　　A. 三曹:曹操、曹植、曹冲
　　B. 初唐四杰:王勃、骆宾王、杨炯、杜甫
　　C. 唐宋八大家:韩愈、柳宗元、欧阳询、苏洵、苏轼、苏辙、曾巩、王安石
　　D. 元曲四大家:关汉卿、郑光祖、白朴、马致远

8. 教学张养浩的《山坡羊·潼关怀古》时,教师打算向学生推荐其他咏史诗,下列适合的是(　　)。

　　A. 杜牧《赤壁》　　　　　　　　　　　B. 杜甫《春望》
　　C. 文天祥《过零丁洋》　　　　　　　　D. 曹操《观沧海》

9. 学习海伦·凯勒的《再塑生命的人》后,教师向学生推荐其他表现"磨难促人成长"主题的文学作品,下列适合的是(　　)。

　　A.《骆驼祥子》　　　　　　　　　　　B.《格列佛游记》
　　C.《钢铁是怎样炼成的》　　　　　　　D.《威尼斯商人》

10. 教师指导学生阅读莎士比亚戏剧,提及西方文学史上的四大吝啬鬼形象,下列不属于的是(　　)。

　　A. 阿巴贡　　　　　　　　　　　　　　B. 夏洛克
　　C. 葛朗台　　　　　　　　　　　　　　D. 乞乞科夫

11. 学习《爱莲说》,教师要求学生列举其他运用托物言志手法的诗文,以下不符合要求的是(　　)。

　　A.《登飞来峰》　　B.《陋室铭》　　C.《石灰吟》　　D.《竹石》

12. 教学李商隐《锦瑟》后,教师准备给学生另外推荐几首七言律诗,下列不合适的是(　　)。

　　A. 白居易《钱塘湖春行》　　　　　　　B. 崔颢《黄鹤楼》

C. 李白《登金陵凤凰台》　　　　　　D. 杜甫《春望》

13. 教学完课文《鲁提辖拳打镇关西》后,教师为了加深学生对《水浒传》内容的理解,布置了如下作业:阅读原著《水浒传》,搜集总结精彩的故事选段并标注好相关的人物形象。在下列学生的总结中不正确的是(　　)。

　　A. 倒拔垂杨柳——鲁智深　　　　　B. 醉打蒋门神——武松
　　C. 大闹野猪林——卢俊义　　　　　D. 风雪山神庙,雪夜上梁山——林冲

14. 古诗词鉴赏课结束之后,教师让学生对古诗词进行整理,下列诗词作品没有表达离愁别绪的是(　　)。

　　A. 王维《送元二使安西》、李白《闻王昌龄左迁龙标遥有此寄》
　　B. 李白《忆秦娥》、苏轼《江城子(十年生死两茫茫)》
　　C. 白居易《忆江南》、张志和《渔歌子》
　　D. 李清照《武陵春》、江淹《别赋》

15. 教师帮助学生总结文学史上有名的作家,学生做了下列课堂笔记,其中有错误的是(　　)。

　　A. 汉赋四大家:司马相如、扬雄、班固、张衡。
　　B. 建安七子:孔融、陈琳、王粲、徐干、阮瑀、应玚、刘桢。
　　C. 元嘉三大家:谢灵运、谢朓、鲍照
　　D. 吴中四士:包融、贺知章、张若虚、张旭

16. 教学《〈论语〉十二章》时,教师打算向学生推荐其他先秦的诸子散文,下列散文不适合的是(　　)。

　　A.《曹刿论战》　　　　　　　　　B.《劝学》
　　C.《逍遥游》　　　　　　　　　　D.《孟子见梁惠王》

17. 教师讲授《木兰诗》后,引导学生进行拓展阅读,帮助学生加深对乐府诗叙事特点的了解,以下推荐篇目中,符合的是(　　)。

　　A.《氓》　　　B.《孔雀东南飞》　　C.《梧桐雨》　　D.《长恨歌》

18. 在学习完莎士比亚的悲剧《哈姆雷特》后,教师指导学生拓展阅读其他代表性的外国戏剧作品,其中不符合的是(　　)。

　　A.《钦差大臣》　　B.《奥赛罗》　　C.《麦克白》　　D.《伊利亚特》

19. 在教学完朱自清的《春》后,教师让学生搜集关于春的诗句,以下学生搜集的结果,不符合的是(　　)。

　　A. 夜来风雨声,花落知多少　　　　B. 昨夜风开露井桃,未央前殿月轮高
　　C. 行到中庭数花朵,蜻蜓飞上玉搔头　D. 忽如一夜春风来,千树万树梨花开

20. 学习完《威尼斯商人》,教师推荐中国著名的戏剧作品,引导学生拓展阅读,了解中国戏剧作品的叙述特色和语言特点。下列作品不适合的是(　　)。

　　A.《雷雨》　　　　　　　　　　　B.《茶馆》
　　C.《名优之死》　　　　　　　　　D.《我这一辈子》

(二)文化常识类

1. 教师指导学生练字时,向学生介绍不同字体的特点,下列字体中具有"点画替代""笔

画简省""笔顺改变""方圆兼备"等特征的是(　　)。

　　A．篆书　　　　　　B．行书　　　　　　C．楷书　　　　　　D．隶书

2．教师引导学生总结古文中有年龄称谓的诗句,下列解释正确的是(　　)。

　　A．黄发垂髫,并怡然自乐(《桃花源记》)垂髫:婴儿一两岁。

　　B．余自束发读书轩中(《项脊轩志》)束发:少年十七八岁。

　　C．豆蔻梢头二月初(《赠别》)豆蔻:女子十五岁。

　　D．既加冠,益慕圣贤之道(《送东阳马生序》)加冠:男子二十岁。

3．在"典故之趣"的文字小组活动中,教师让学生归类整理源于我国古代文人轶事的典故,下列不适合的是(　　)。

　　A．闻鸡起舞　　　　B．兰亭雅聚　　　　C．程门立雪　　　　D．咏絮之才

4．在"汉字书法"活动课中,学生问草书、行书、楷书、隶书四种字体中最先产生的字体是什么,教师正确的回答是(　　)。

　　A．草书　　　　　　B．行书　　　　　　C．楷书　　　　　　D．隶书

5．教师指导学生练字时,向学生介绍不同字体的特点,下列字体中具有"笔法瘦劲挺拔,直线较多""起笔有方笔、圆笔,也有尖笔""收笔悬针,较多"等特征的是(　　)。

　　A．篆书　　　　　　B．行书　　　　　　C．隶书　　　　　　D．楷书

6．教师引导学生总结古文中有地理名称的诗句,下列解释错误的一项是(　　)。

　　A．关东有义士,兴兵讨群凶(《蒿里行》)关东:古代指函谷关或潼关以东地区,近代指山海关以东的东北地区。

　　B．始皇之心,自以为关中之固(《过秦论》)关中:古人习惯将函谷关以西地区称为关中。

　　C．淮左名都,竹西佳处(《扬州慢》)淮左:指淮水西面。

　　D．城阙辅三秦,风烟望五津(《送杜少府之任蜀州》)三秦:指潼关以西的关中地区。

7．教师指导学生练字时,会在大屏幕上出示不同字体的特点,下列字体中是古今文字分水岭的是(　　)。

　　A．篆书　　　　　　B．行书　　　　　　C．隶书　　　　　　D．楷书

8．教师指导学生练字时,在大屏幕出示不同字体的特点,下列字体中具有"笔道肥粗,弯笔多,团块多"特点的是(　　)。

　　A．篆书　　　　　　B．甲骨文　　　　　C．隶书　　　　　　D．金文

(三)文言词义类

1．在文言文总结课上,教师举例讲解通假字的特点和作用,下列不合适的是(　　)。

　　A．孰为汝多知乎(《两小儿辩日》)　　　　B．当窗理云鬓,对镜帖花黄(《木兰诗》)

　　C．斯是陋室,惟吾德馨(《陋室铭》)　　　D．甚矣,汝之不惠(《愚公移山》)

2．期末考试前,教师引导学生总结文言文词语的"古今异义",下列符合的是(　　)。

　　A．与友期行(《陈太丘与友期》)　　　　　B．罔不因势象形(《核舟记》)

　　C．乃不知有汉,无论魏晋(《桃花源记》)　　D．衣食所安,弗敢专也(《曹刿论战》)

3．教师讲解"复投之,后狼止而前狼又至"(《狼》)中"而"的用法,再举出和"而"意义完全相同的一句,下列适合的是(　　)。

A. 尉剑挺,广起,夺而杀尉(《陈涉世家》)

B. 望之蔚然而深秀者,琅琊也(《醉翁亭记》)

C. 而计其长,曾不盈寸(《核舟记》)

D. 学而时习之,不亦说乎(《论语》)

4. 在文言文总结课上,教师举例讲解"通假字",下列不合适的是( )。

A. 属予作文以记之(《岳阳楼记》)　　B. 两岸连山,略无阙处(《三峡》)

C. 至于斟酌损益(《出师表》)　　D. 食马者不知其能千里而食也(《马说》)

5. 为了让学生理解"其一犬坐于前"中"犬坐"的意思,教师引入用法相同的例子进行比较,下列不适合的是( )。

A. 冰释　　B. 雪崩　　C. 蜂拥　　D. 牛饮

6. 教师指导学生归纳文言虚词"以"的用法和意义,下列解释正确的是( )。

A. 属予作文以记之:连词,表示目的,意思是"来"。

B. 以君之力,曾不能损魁父之丘:介词,意思是"因为"。

C. 咨臣以当世之事:介词,意思是"以为"。

D. 物以类聚,人以群分:介词,意思是"凭借"。

7. 在文言文总结课上,教师举例讲解"古今异义词"的用法,下列不合适的是( )。

A. 中间力拉崩倒之声(《口技》)

B. 香远益清,亭亭净植(《爱莲说》)

C. 肉食者谋之,又何间焉(《曹刿论战》)

D. 自此,冀之南,汉之阴,无陇断焉(《愚公移山》)

8. 期末考试前,教师引导学生总结文言文词语中的"古今异义",下列不符合的是( )。

A. 臣本布衣,躬耕于南阳　　B. 小大之狱,虽不能察,必以情

C. 率妻子邑人来此绝境　　D. 属予作文以记之

9. 为了让学生理解《小石潭记》一文"其岸势犬牙差互"中"犬牙"的用法,教师引用用法相同的例子进行比较,下列不适合的是( )。

A. 居庙堂之高则忧其民　　B. 有亭翼然临于泉上者

C. 陈胜、吴广皆次当行　　D. 乃丹书帛曰"陈胜王"

10. 教师指导学生归纳文言虚词"乃"的用法和意义,下列解释不正确的是( )。

A. 问今是何世,乃不知有汉:强调某一行为出乎意料或违背常理,可译为"却""竟(然)""反而"等。

B. 王师北定中原日,家祭无忘告乃翁:用作第二人称,常作定语,译为"你的";也作主语,译为"你"。

C. 设九宾于廷,臣乃敢上璧:表示前后两事在情理上的顺承或时间上的紧接,可译为"才""这才""就"等。

D. 至东城,乃有二十八骑:用在判断句中,起确认作用,可译为"是""就是"等。

11. 教师指导学生归纳文言虚词"何"的用法和意义,下列对"何"的解释正确的是( )。

A. 何者？严大国之威以修敬也(《廉颇蔺相如列传》)：语气助词,相当于"啊"。

B. 豫州今欲何至(《赤壁之战》)：疑问代词,单独作谓语。

C. 然则何时而乐耶(《岳阳楼记》)：疑问代词,作动词或介词的宾语。

D. 何不按兵束甲,北面而事之(《赤壁之战》)：疑问副词,表示反问。

12. 教师指导学生归纳文言虚词"于"的用法和意义,下列解释不正确的是(　　)。

A. 于人为可讥,而在己为悔(《游褒禅山记》)于：介词,在。

B. 青,取之于蓝(《劝学》)于：介词,从。

C. 莫若遣腹心自结于东,以共济讹业(《赤壁之战》)于：介词,与、跟,同。

D. 爱其子,择师而教之；于其身也,则耻师焉(《师说》)于：介词,由于。

13. 为了让学生理解《伤仲永》"稍稍宾客其父"中"宾客"的用法,教师引用用法相同的例子进行比较,下列不合适的是(　　)。

A. 父利其然也(《伤仲永》)

B. 一狼洞其中(《狼》)

C. 不独子其子(《大道之行也》)

D. 孔子师郯子、苌弘、师襄、老聃(《师说》)

14. 为了让学生理解《西江月》诗句"日月别枝惊鹊"中"惊"的用法,教师引用用法相同的例子进行比较,下列不适合的是(　　)。

A. 吾日三省吾身(《〈论语〉十二章》)　　B. 卧右膝(《核舟记》)

C. 作则飞沙走砾(《满井游记》)　　D. 劳其筋骨(《生于忧患,死于安乐》)

15. 教师讲解韩愈《师说》"句读之不知,惑之不解,或师焉,或不焉"中"之"的用法,下列举例中加点的"之"与其用法相同的是(　　)。

A. 子而思报父母之仇,臣而思报君之仇(《勾践灭吴》)

B. 诗云："他人有心,予忖度之",夫子之谓也(《齐桓晋文之事》)

C. 蚓无爪牙之利,筋骨之强(《劝学》)

D. 有牵牛而过堂下者,王见之,曰："牛何之？"(《齐桓晋文之事》)

16. 为了让学生理解"而不知太守之乐其乐也"中"乐"的用法,教师引用用法相同的例子进行比较,下列不适合的是(　　)。

A. 作则飞沙走砾(《满井游记》)

B. 其家甚智其子(《智子疑邻》)

C. 吾妻之美我者(《邹忌讽齐王纳谏》)

D. 且庸人尚羞之,况将相乎(《廉颇蔺相如列传》)

17. 在教完老舍《济南的冬天》后,教师让学生搜集关于冬天的诗句,以下学生搜集的结果不符合的是(　　)。

A. 忽如一夜春风来,千树万树梨花开　　B. 窗含西岭千秋雪,门泊东吴万里船

C. 零落成泥碾作尘,只有香如故　　D. 纸屏石枕竹方床,手倦抛书午梦长

18. 为了让学生理解《钱塘湖春行》诗句"乱花渐欲迷人眼"中"迷"的用法,教师引用用法相同的例子进行比较,下列不合适的是(　　)。

A. 无案牍之劳形(《陋室铭》)　　B. 渔人甚异之(《桃花源记》)

C. 衔觞赋诗,以乐其志(《五柳先生传》)　　D. 清风半夜鸣蝉(《西江月》)

19. 为了让学生理解《陈涉世家》句子"乃丹书帛曰:陈胜王"中"丹"的用法,教师引用用法相同的例子进行比较,下列不适合的是(　　)。

A. 域民不以封疆之界(《得道多助,失道寡助》)

B. 于是与亮情好日密(《隆中对》)

C. 箕畚运于渤海之尾(《愚公移山》)

D. 能面刺寡人之过者(《邹忌讽齐王纳谏》)

20. 教师讲解"可怜九月初三夜,露似珍珠月似弓"中"可怜"的词义,另举一例加以说明,下列合适的是(　　)。

A. 昨夜闲潭梦落花,可怜春半不还家

B. 姊妹弟兄皆列土,可怜光彩生门户

C. 戍卒叫,函谷举,楚人一炬,可怜焦土

D. 东家有贤女,自名秦罗敷,可怜体无比

(四)文字语法修辞类

1. 在语文课上,教师常通过举例的方式帮助学生总结和学习常见的联绵词,下列不能作为例子呈现的是(　　)。

A. 仿佛　　　　B. 骆驼　　　　C. 葡萄　　　　D. 姥姥

2. 学生对常见标点符号中引号的用法容易混淆,教师讲解后,安排学生练习,下列句子中引号使用错误的是(　　)。

A. 黑格尔曾指出过,错误本身乃是"达到其理的一个必然的环节",这是很有见解的。

B. "横眉冷对千夫指,俯首甘为孺子牛"是鲁迅先生的行动写照。

C. 余光中的"乡愁"和"乡愁四韵"是海外游子情深而优美的恋歌。

D. 我们在日常生活中应该从小事做起,力求做到"勿以恶小而为之,勿以善小而不为"。

3. 在语文课上,教师通过举例的方式帮助学生总结常见的合成词,其中,不可以作为例子呈现的(　　)。

A. 道路　　　　B. 电视　　　　C. 船只　　　　D. 犹豫

4. 学生对标点符号的用法容易混淆,教师讲解后安排学生练习,下列句子使用标点符号正确的是(　　)。

A. 领导同他谈过话后,他说:他有决心把工作搞好。

B. 晚上爸爸问我昨天一天做了什么事?我吞吞吐吐地说不出来。

C. 我最爱读李商隐、杜牧,和白居易的诗。

D. 那里开着许多鲜花,火红的桃花,雪白的梨花,娇艳的海棠花。

5. 学生对"顶针"这一修辞手法不太了解,于是教师搜集了一些例子来讲解,下列语句不适合的是(　　)。

A. 出门看火伴,火伴皆惊忙　　　　B. 归来见天子,天子坐明堂

C. 知者不博,博者不知　　　　D. 人法地,地法天,天法道,道法自然

6. 诗歌教学过程中老师讲解"借代"的修辞手法,下列举例恰当的是(　　)。

A. 飞流直下三千尺,疑是银河落九天　　B. 日出江花红胜火,春来江水绿如蓝

C. 千山鸟飞绝,万径人踪灭　　　　D. 何以解忧,唯有杜康

7. 学生对"借代"这一修辞手法不太了解,教师便搜集了一些例子来讲解,下列语句不合适的是(　　)。

A. 不知道是听信了他的话呢,还是自个看不上眼,老王太太离开玉石眼了。(《暴风骤雨》)

B. 纨绔不饿死,儒冠多误身。(《奉赠韦左丞丈二十二韵》)

C. 我似乎打了一个寒噤;我就知道,我们之间已经隔了一层可悲的厚障壁了。我也说不出话。(《故乡》)

D. 日夜的辩论;剧烈的争吵。行动胜于语言;拳头代替舌头。(《哥德巴赫猜想》)

8. 学生对"借喻"这一修辞手法不太了解,教师搜集课文中的例子来讲解,下列语句适合的是(　　)。

A. 野花遍地是:杂样儿,有名字的,没名字的,散在草丛里,像眼睛,像星星,还眨呀眨的。(《春》)

B. 空中,半空中,天上,自上而下全是那么清亮,那么蓝汪汪的,整个的是块空灵的蓝水晶。(《济南的冬天》)

C. 我似乎打了一个寒噤;我就知道,我们之间已经隔了一层可悲的厚障壁了。我也说不出话。(《故乡》)

D. 从未见过开得这样盛的藤萝,只见一片辉煌的淡紫色,像一条瀑布,从空中垂下,不见其发端,也不见其终极。(《紫藤萝瀑布》)

9. 学生对"互文"这一修辞手法不太了解,教师搜集了一些例子用来加以讲解,下列语句不合适的是(　　)。

A. 烟笼寒水月笼沙(《泊秦淮》)

B. 秦时明月汉时关(《出塞》)

C. 忽如一夜春风来,千树万树梨花开(《白雪歌送武判官归京》)

D. 将军百战死,壮士十年归(《木兰诗》)

10. 某教师在指导学生朗读时,为了纠正学生平翘舌音不分的情况,举例说明词语的平舌音和翘舌音,下列词语全部属于翘舌音的是(　　)。

A. 僧寺处置　　　　　　　　B. 祖宗素材

C. 嘈杂棕色　　　　　　　　D. 知识装饰

11. 教师讲解朗读技巧时,举例说明儿化具有区分词义和词性的作用,下列可以作为举例说明的是(　　)。

A. 头儿　盖儿　　B. 鱼儿　叶儿　　C. 人儿　棍儿　　D. 歌儿　馅儿

12. 教师在向学生讲授指事字时,为了帮助学生更好地理解,特将以下汉字作为例子,其中不适合的是(　　)。

A. 刃　　　　B. 上　　　　C. 凶　　　　D. 估

13. 教师在向学生讲授象形字时,为了帮助学生更好地理解,特将以下汉字作为例子,其中不全是象形字的是(　　)。

A. 弓、刀　　　B. 戈、斤　　　C. 末、车　　　D. 月、尸

(五)课程教学类

1. 教师教学《中国石拱桥》后,选择了一道课后练习题作为作业:"中国石拱桥的总体特点是什么?试以赵州桥为例,用自己的话说说它是如何体现了中国石拱桥的特点的。"对教师选用此题的目的,下列分析不正确的是( )。

  A. 引导学生整体把握文章结构　　　　B. 体会"举例子"说明方法的作用
  C. 启示学生说明事物要抓特征　　　　D. 巩固学习内容,提高表达能力

2. 下面对于新课程标准下的作文教学,理解不正确的一项是( )。

  A. 写作与生活的联系,重观察、重思考、重真情实感,要求说真话、说实话、说心里话,不说假话、空话。
  B. 写作过程中不能任由学生想象和幻想,进行创意的表达。
  C. 重在激发学生练笔的兴趣,在具体要求上,不再从中心、条理等方面提过高的要求,而是注重培养学生初步的、实用的书面表达能力。
  D. 要求多角度地观察生活,发现生活的丰富多彩,捕捉事物的特征。

3. 《义务教育语文课程标准(2011年版)》倡导教师恰当运用多媒体。下列关于教学中多媒体运用的阐述不恰当的是( )。

  A. 展示与教学内容有关的图片,可以帮助学生理解课文
  B. 播放由名著改编的影视作品,可减少讲解课文的时间
  C. 观看由名著改编的影视作品,可以激发学生的学习兴趣
  D. 用多媒体营造适宜的教学情境,可以集中学生的注意力

4. 命制初中学生语文学业水平测试工具,需要遵循一定的标准,下列表述正确的一项是( )。

  A. 测试内容要与教学目的对应
  B. 测试难度要在同一层次上
  C. 测试要以情感态度价值观为重点
  D. 测试题不必兼顾不同水平的学生

5. 《义务教育语文课程标准(2011年版)》提出:具有日常口语交际的基本能力,学会倾听、表达与交流,初步学会运用口头语言文明地进行人际沟通和社会交往,发展合作精神。下列对口语交际的理解错误的是( )。

  A. 口语交际的话题直接关系到学生的投入程度和关注程度,因此应该考虑话题的现实意义、难易程度和学生的实际情况
  B. 口语交际着重要学生学会表达,因此老师不必在教学过程中创设交际情境
  C. 由于不同年级的学生特点不同,口语交际必须有计划、有步骤、有层次地进行
  D. 初中生阅历浅,语言表达处于生长发育期,因此口语交际中要充分发挥榜样示范的作用

6. 《义务教育语文课程标准(2011年版)》建议教师在教学中努力体现语文的实践性和综合性。对该教学建议的理解不恰当的是( )。

  A. 注重听、说、读、写的有机联系,整合教学内容,统筹安排教学活动
  B. 注重语文知识的系统讲授,强化基本技能训练,打好语文基础

C．善于通过专题学习等方式，沟通课堂内外，增加语文实践机会

D．充分利用学校、家庭和社区等教育资源，拓展语文学习空间

7．《义务教育语文课程标准(2011年版)》提出：具有日常口语交际的基本能力，学会倾听、表达与交流，初步学会运用口头语言文明地进行人际沟通和社会交往。下列对"学会倾听"理解正确的是(　　)。

A．恰当运用语音、语体和态势语　　　B．能够对对方的话语及时做出应答

C．能够感知不同个体发出的声音　　　D．耐心专注，理解对方的观点和意图

8．教师在教授完高尔基的《海燕》后，给学生布置的课后作业是"有感情地朗读课文，体会高尔基把诗和散文结合起来的语言特色，并背诵自己喜欢的段落"。对于该课后作业的设计意图，分析不正确的是(　　)。

A．增加学生的语言积累，培养语感

B．通过朗读和背诵，引发学生的情感共鸣

C．引导学生体会高尔基的语言特色

D．提高学生概括文章大意的能力

9．某教师阅读《义务教育语文课程标准(2011年版)》后，写了一段学习体会，下列对于阅读教学的理解，不正确的是(　　)。

A．阅读是学生的个性化行为，教师要珍视学生独特的感受、体验和理解

B．教师应加强对学生阅读的指导、引领和点拨，但不应以教师的分析来代替学生的阅读实践

C．阅读教学是学生、教师、文本之间对话的过程

D．有些诗文应要求学生诵读，以利于丰富积累，增强体验，培养语感

10．人教版教材七年级下册第一单元的单元导读中写道："在我们成长的过程中，有幸福的回忆，美好的向往，也会有小小的烦恼。这个单元的文章，或记录作者成长的足迹，或展示他人成长的历程，都给我们以有益的启迪。学习这个单元，要整体把握课文内容，并结合自己的经历和体验，深入体味文中的情感，注意学习文章的表达技巧。"这段文字，属于语文教科书的哪一个系统(　　)。

A．范文系统　　　B．知识系统　　　C．练习系统　　　D．助读系统

（六）案例评析类

示例一：阅读《背影》教学实录(片段)，按要求答题。

师：现在我们来研习课文中最感人的细节描写：从描写父亲穿过铁道，爬上月台，买了橘子的这段文字中，大家可以就自己最感兴趣的内容展开分析、思考。

生：很感人。

师：有想法。可不可以再细致深入一些呢？

生：细节描写在传达人的内心情感上有突出的作用。

师：深入多了。能不能在文章语言文学的运用上再细致一些呢？

生：老师，您看，朱自清的爸爸"穿过铁道"，这是违反交通规则，多危险啊！

师：这位同学看到了与大家迥异的方面，他所陈述的事实，我们很多人都没有发现，表明他阅读得非常细致。那么，怎么看待他所提出的问题呢？我们学习《背影》，通过文字来体

验如何表达情感,至于父亲穿过铁道的行为得当与否,也许有其讨论的价值,却与我们的目标不一致,但是请大家关注这位同学所说的"多危险啊",可见父亲不顾自己的安危去为儿子买橘子,在某种意义上也体现了父亲的舐犊情深。

生:(鼓掌)是啊!

对上述教学实录(片段)的分析,正确的是(　　)。

A. 教师没有简单地否定学生提出的异议,体现出对学生的充分尊重
B. 教师依据散文文体特征所做的处理有助于学生深入把握文章主旨
C. 教师对学生从不同角度理解课文内容的方式没有给予恰当的肯定
D. 教师针对学生在小组合作学习中提出的异议,做了必要的引导分析

示例二:

师:我们学习古文应该反复诵读,以至成诵。古人说过"书读百遍,其义自见",还说"熟读唐诗三百首,不会作诗也会吟"。是的,不诵读就不能领会文章的意蕴。这节课我们就通过反复诵读来学习文章。我们第一遍读,要求结合注释读准音,并大体弄懂文章的意思。如果有疑问,可以和同桌商量,余下解决不了的,请提出来。

(师板书:一读——读准音,通文意)

生:"白丁"是什么意思?

师:谁来回答这个问题?

生:"白丁"是平民的意思。

生:这里指没有学问的人。

师:简单说一下。在唐朝,穿衣服能体现人们地位的高低,以黄赤最为高贵,红紫为上等,蓝绿次之,黑褐为低下,白色是没地位的,所以"白丁"指平民百姓。为什么"白丁"在这里可以理解为没有学问的人?

生:因为前文中写道"谈笑有鸿儒",鸿儒指有学问的人,前后对应,后文的"白丁"应指没有学问的人。

师:这位同学能结合语言环境来理解词语的意义,很好。还有什么问题?

生:"何陋之有"的含义是什么?

师:你能说说它的字面意思吗?

生:字面意思是"有什么简陋的呢?"

师:这是一个反问句,它的意思是这个屋子根本就不简陋。你想问这句话的深层意义是吗?这个问题我们在反复诵读中解决它,如果老师忘了,你可以提醒我。

师:"无丝竹之乱耳,无案牍之劳形"中的两个"之"字有什么作用?

生:代表"的"的意思。

生:代词,"他"的意思。

生:副词,没有多大作用。

师:从语法角度说,它是助词,没有实在意义,我们朗读时能借助它来调整节奏,从中传出文章的意蕴就够了。

师:老师提一个词——"斯是陋室,惟吾德馨"的"馨",谁能在黑板上写一下,并注出它

的意思？其他同学看课文，加深印象。（生板书，师作评）

对该教学实录的分析，不正确的是（　　）。

A．学习文章之前，先介绍文言文学习的方法，让学生举一反三

B．教师的点评既肯定了学生的回答，又向其他同学推荐了一种理解词语意义的方法

C．文意的疏通主要通过学生的"有疑发问"和教师的"有意提问"来解决疑难

D．通过上述学习，我们理清了文章的主旨

示例三：阅读《白雪歌送武判官归京》课堂实录的导入环节，按要求答题。

师：同学们，今天我们一起来学习一首古诗《白雪歌送武判官归京》，之前让大家通过网页中的"课前预习"部分进行预习，大家都完成了吗？

生：完成了！

师：很好，在预习的基础上进行课文学习，就可以对这首诗有比较全面的认识，也可以有更深刻的理解。首先我们来看看课题，有没有同学能从中发现这首诗有哪些特点？

生：是在描写雪天的场景。

师：哦，也就是"咏雪"，对吧？

生：我从"送""归"两个字看出这是一首送别诗。

师：好，你真敏锐。从题目中我们不难发现，《白雪歌送武判官归京》是一首融合了"咏雪""送别"两个主题的边塞诗。从初一至今，大家学过不少"咏雪"或"送别"的诗，能否举例说说你所学过的"咏雪""送别"诗中都包含了作者怎样的情感？

生：高适的《别董大》，表达了作者对朋友的祝福。

生：柳宗元的《江雪》，作者将自己比喻为渔翁，表现出一种独立寒江的傲慢。

师："傲慢"这个词用得不够好，我想把它换成"清高"是不是更贴切些呢？

生：李白的《赠汪伦》，从"桃花潭水深千尺，不及汪伦送我情"看出李白与汪伦之间深挚的友情。

师：两人的感情真比桃花潭水更加宽广、深厚啊！还有同学举例吗？我想问问大家有没有读过《沁园春·雪》？其中的"江山如此多娇""北国风光，千里冰封，万里雪飘"这些诗句都表达了作者怎样的思想感情？

生：歌颂祖国的大好河山。

师："很好！从刚才同学们的举例中，我们可以感受到诗歌传达出的诗人不同的思想感情。今天我们学习岑参的《白雪歌送武判官归京》，希望大家能用心走进诗歌的字里行间，体会作者是如何歌咏白雪，如何抒写朋友间的送别的。

对该教学实录评价不正确的是（　　）。

A．教师在课前要求学生根据网页中的"课前预习"部分对诗歌进行预习，有助于学生对诗歌有初步的认识和感知

B．教师通过提问的方式逐步引导学生分析诗歌的内容，最后自己总结出诗歌的主题，教学设计合理

C．教师在导入环节，让学生思考以前学过的送别诗，有助于学生对诗歌的深层理解，很有必要

D. 教师在导入最后,列举《沁园春·雪》跟《白雪歌送武判官归京》的思想没有关系,因此是多余

二、案例分析题

案例一:阅读一位教师讲授八年级的语文课文《阿长与〈山海经〉》的两个环节,完成第1题。

环节一:启发思考。

教师提示:文中写到小时候的鲁迅拿到《山海经》时的反应是"霹雳""震悚",那么,让他发生如此反应的《山海经》是一本什么样的书?(展示幻灯片)

环节二:比较阅读。

教师提问:文中有三次提到《山海经》,文字有什么不同?如果第三次和第一次调换顺序可以吗?对于"我"而言,《山海经》有着怎样的意义?(展示幻灯片)

第一次:他说给我听,曾经有过一部绘图的《山海经》,画着人面的兽,九头的蛇,三脚的鸟,生着翅膀的人,没有头而以两乳当作眼睛的怪物,……可惜现在不知道放在那里了。

第二次:赶紧去接过来,打开纸包,是四本小小的书,略略一翻,人面的兽,九头的蛇,……果然都在内。

第三次:看起来,确是人面的兽;九头的蛇;一脚的牛;袋子似的帝江;没有头而"以乳为目,以脐为口",还要"执干戚而舞"的刑天。

学生讨论发言。

教师归纳:顺序不能换,因为第一次是写叔祖的介绍,"听别人讲"的,知道了这本书。第三次的文字表明——经过"自己细细读"已了如指掌,如数家珍。正是通过这三次对书的描写,说明了《山海经》于"我"而言的意义是打开一个世界,唤起无穷的好奇心和无尽的想象力的书,甚至可以说有"启蒙"的意义。

问题:

1. (1)评析"环节一"中幻灯片展示的《山海经》一书的作用是什么。
(2)评析"环节二"中教师所提问题的目的。

案例二:阅读下面的学生习作,完成2、3题。

留点感动在心中

(1)因为繁星的陪伴,明月更加清幽皎洁;因为白云的点缀,蓝天更加宁静;因为同学的善良、关爱,我获得了无限感动。发生在我身上的两件小事让我第一次明白,我们应该留点感动在心中。

(2)一天中午,伴着最后一节课的下课铃声,同学们纷纷冲出了教室——拿饭。可是,由于昨天晚上没有睡好,加上感冒,我有些不舒服,便趴在桌上补觉,没有去拿饭。没过一会儿,突然有个东西碰了我一下,我惊醒了,一看,原来是她——前天刚闹完矛盾的她把盒饭放在了我的桌子上。这时,我有些尴尬地说:"不好意思,我有点不舒服,没来得及去拿饭,谢谢!"她说:"没事啦,我看你好像不太舒服,于是就替你把饭拿了。你到底哪里不舒服?要不去医务室看看吧。"我连忙说:"不用,不用,睡会就好了。你赶紧吃饭吧!"她又叮嘱我:"你也赶快吃吧,不然凉了就不好吃了。我再去给你盛碗汤。""嗯,多不好意思,我自己……"没等我说完,她已经转身盛汤去了。我感激地望向她,觉得她是那么的善良。她帮助了一个

与她刚闹过矛盾的同学,对她说着关切的话语,她的友善、她的大度、她的细心有着多么感人的力量,她的行为也许对她来说只是举手之劳,却使我产生了深深的感激之情。那顿饭,我吃得格外香,那种感觉我至今都记得。

（3）类似的感人小事我还碰到过一件。

（4）在一个雨天,我因为没有带雨伞,正在愁怅放学后怎么回家的时候,一位离我家较近的同学主动说要送我回家。就这样,我们并肩挤在一把小伞中,一起走回家。到我家楼下时,她微笑着与我道别,我感激地跟她说"谢谢",她摆摆手,转身沿着我们刚刚走过的路回去了。原来为了送我,她竟绕了一段路。我看着她逐渐消失在雨中的背影,一种发自内心的感动之情油然而生。

（5）让我们留点感动在心中吧,去感激那些充满爱心,帮助他人的每一个人。

问题：

2. 请从第（4）段找出两个错别字,从第（2）段找出一处病句,分别改正。

3. 请指出该习作的一个缺点,并提出具体的改进建议。

三、教学设计题

爱莲说（周敦颐）

水陆草木之花,可爱者甚蕃。晋陶渊明独爱菊。自李唐来,世人甚爱牡丹。予独爱莲之出淤泥而不染,濯清涟而不妖,中通外直,不蔓不枝,香远益清,亭亭净植,可远观而不可亵玩焉。

予谓菊,花之隐逸者也；牡丹,花之富贵者也；莲,花之君子者也。噫！菊之爱,陶后鲜有闻。莲之爱,同予者何人？牡丹之爱,宜乎众矣。

单元导语：

本单元所选文言文,体裁不尽相同,有叙事的,有夹叙夹议的,有说明事物特征的,文字简洁而意味深长,有些文章还寄托了作者的情怀。又选杜甫诗三首,都是历来脍炙人口的名篇。学习本单元,要先借助注释和工具书读懂课文大意,然后在反复诵读中领会它们丰富的内涵和精美的语言,并积累一些常用的文言词语。

课文导语：

古代文人表述自己的志向和情操时,往往不采用直白的方式,而常常以物为喻,写得比较含蓄,这叫"托物言志"。这篇文章是托物言志的名文,文字优美,意味深长,学习时要反复诵读,用心品味,以充分领略作者的情怀,同时也要认识这种情怀产生的社会背景。

课后练习：

一、背诵并默写这篇短文。

二、反复品味文章的寓意,研讨下列问题。

1.《爱莲说》中称莲是"花之君子",试根据课文说说作者心目中的君子应当具有哪些美好的品质。

2. 下面这句话有言外之意,试做分析。

"牡丹,花之富贵者也。""牡丹之爱,宜乎众矣。"

三、"之"有时相当于"他（她、它）""这（那）",有时相当于"的",有时却只有表示语气的作用,没有实际意义——后一种用法往往凭语感就可以察觉到。试用此法辨析下列各句中的"之"字哪些属于这种用法。

1. 水陆草木之花,可爱者甚蕃
2. 予独爱莲之出淤泥而不染
3. 无丝竹之乱耳,无案牍之劳形
4. 孔子云:何陋之有?
5. 渔人甚异之。复前行,欲穷其林

《义务教育语文课程标准(2011年版)》相关教学要求

诵读古代诗词,阅读浅易文言文,能借助注释和工具书理解基本内容。注重积累、感悟和运用,提高自己的欣赏品位。

掌握查找资料、引用资料的基本方法,分清原始资料与间接资料的主要差别,学会注明所援引资料的出处。

学生情况:八年级,班额50人。

课时安排:一课时。

教学条件:教室配有多媒体设备,能演示幻灯片,播放音频、视频文件,投影实物。

问题:

1. 为本篇课文设计一道至少包括4个文言实词学习的课后练习题。
2. 根据上述材料,确定本课教学目标,并具体说明确定的依据。
3. 选择其中一个教学目标,设计一个教学方案,简要说明每个环节的教学内容和教学方式。

【参考答案】

一、单项选择题

(一)文史知识类

1. D 2. C 3. D 4. C 5. C 6. D 7. D 8. A 9. C 10. D 11. A 12. D 13. C 14. C 15. C 16. A 17. B 18. D 19. D 20. D

(二)文化常识类

1. C 2. D 3. D 4. D 5. A 6. C 7. C 8. C

(三)文言词义类

1. C 2. D 3. C 4. C 5. D 6. A 7. B 8. D 9. A 10. D 11. A. 12. D 13. B 14. A 15. B 16. A 17. D 18. B 19. A 20. D

(四)文字语法修辞类

1. D 2. D 3. D 4. D 5. C 6. D 7. D 8. C 9. D 10. D 11. A. 12. D 13. C

(五)课程教学类

1. A 2. B 3. B 4. D 5. B 6. B 7. A 8. D 9. C 10. D

(六)案例评析类

示例一:A 示例二:D 示例三:D

二、案例分析题

案例一:(1)采用幻灯片多媒体教学能够激发学生的学习兴趣,增加学习内容的新颖性,从而提高教学质量;采用幻灯片多媒体教学能够提高课堂时间的利用率,加大课堂的知识容量,增添授课内容,使学生的知识面进一步得到扩展;采用幻灯片多媒体教学能够让教学内容变得形象直观,图文并茂易于学生接受,也使课堂气氛活跃,进而加深、巩固学生对教学内容的理解,让学生感受到学习的喜悦,寓学于乐。

(2)教师在教学中采用提问的方式可以有效地集中学生的注意力,激发学生进行积极的思维活动,提高学习效果。提问式教学可以让教师更直接地了解学生的学习程度,及时检验自己的教学效果,从而提出一些补救措施来弥补学生的知识缺陷,开拓学生的思维,使学生保持注意力和兴趣。提问式教学可以将教学内容更为集中、准确地展示给学生,让学生更清楚教学的重难点,引导学生对问题的思考,从而更深刻地理解教学内容。

案例二:(1)错别字:第四段中"愁怅"的"愁"应改为"惆";"延着"的"延"应改为"沿"。

(2)病句:第二段中"她帮助了一个与她刚闹过矛盾的同学,对她说着关切的话语"应改为"她帮助了一个与她刚闹过矛盾的我,她对我说着关切的话语"。

案例三:(1)缺点:这篇习作中,作者在事例的叙述上详略安排不当,第一件事写得过于详细,而第二件事写得过于简略。在叙事的过程中,语言还不够简练,结尾比较仓促,在结尾前缺乏一定的抒情议论,对主旨进行升华。

(2)改进建议:可以将第二段第一个事例进行缩写,将"我"不舒服趴在桌子上休息和"我"跟同学讨论"我"生病的情况进行简写,可以加入"我"当时的心理描写,也可以着重写同学的语言动作来表现同学对"我"的关心;再将第二个事例适当地详细叙述,可以将我们同打一把伞回家的过程写得详细一点,以此来体现同学之间的友情。可以在文章的结尾处加上一个段落来抒发自己的感情,对文章主旨进行议论,使文章主旨更加鲜明。

三、教学设计题

1.本文重点实词有"蕃""染""濯""直""蔓""枝""亵"等。据此,设计习题如下:将下列句子翻译成现代汉语,注意节点字词意义的落实:

"予独爱莲之出淤泥而不染,濯清涟而不妖,中通外直,不蔓不枝,香远益清,亭亭净植,可远观而不可亵玩焉。"

答案:我唯独喜爱莲花,它从淤泥中长出来却不沾染污秽,在清水里洗涤过但也不显妖媚,它的茎中间贯通,外形挺直,不生枝蔓,不长枝节,香气远播,更加清香,笔直而洁净地立在那里,可以远远地观赏但是不可轻慢玩弄它。

2.教学目标:知识与技能:(1)理解课文中的"蕃""染""濯""直""蔓""枝""亵""焉"文言词汇。(2)反复朗读课文,能够背诵课文。 过程与方法:(3)通过品读课文,感受莲的外在美和内在美;(4)学习文章托物言志和衬托的写作手法"。 情感态度与价值观:(5)学习作者不慕名利、洁身自好的生活态度。

确立目标的依据:(1)依据课标有关要求。《义务教育语文课程标准(2011年版)》要求:"阅读浅易文言文,能借助注释和工具书理解基本内容。注重积累、感悟和运用,提高自己的欣赏品位。"据此设定上述"知识与技能"的教学目标。(2)依据文本的特质。本篇是一篇托物言志的名作,以具有高尚品格的"莲"自比,通过对莲的形象和品质的描写,歌颂了莲坚贞的品格,委婉地批判了当时趋炎附势、追求富贵的世风,也表现了作者洁身自爱的高洁人格和不慕名利的生活态度。据此设定上述"过程与方法"的教学目标。(3)依据学生学情。八年级学生已有一定的文言基础,懂得一定的朗读技巧;且思维活跃、情感丰富,正处在人生价值观形成和确立的关键期,通过语文学习让学生形成有益于人生的积极情感和价值观十分必要。据此设定上述"情感态度与价值观"的教学目标。

3. 落实"知识与技能目标"的教学设计:

(1) 导入,用以旧代新法:

同学们学过描写荷叶荷花的诗吗?杨万里的两首会背诵吗?师生齐声背诵《晓出净慈寺送林子方》《小池》后,重申"接天莲叶无穷碧,映日荷花别样红。""小荷才露尖尖角,早有蜻蜓立上头":写的都荷叶荷华的外在心态美,看得见、摸得着;今天我们来学习周敦颐的《爱莲说》,看看周敦颐笔下的荷叶荷花具有怎样的美呢?

(2) 切入,反复朗诵,整体感知:

①自由诵读,注意"番""染""濯""直""蔓""枝""亵""焉"等生字词的准确读音。②教师范读,听配乐朗诵,注意朗读的节奏和情感。③学生朗读,并概括文章主要写什么。

(3) 推进,研读课文,交流讨论:

①朗诵并熟记作者具体描写荷花的句子。②莲花"出淤泥而不染,濯清涟而不妖""可远观而不可亵玩焉"的形象有什么象征意义?明确:主要象征在污浊的社会中洁身自好、保持正直坚贞的节操。③文中哪个词可以概括作者对荷花的感情?明确:"独爱"。④作者仅仅是为了表达对莲花的爱吗?这是一种什么写法?明确:托物言志——托"莲花"这个"物",言"洁身自好"之志。作者赋予莲花以人的品格,他说花,其实是在说人;写爱莲,其实是在写爱君子洁身自好、正直坚贞的节操。⑤写"爱莲",为什么又写"爱菊"和"爱牡丹"?明确:是衬托的手法。其中,爱菊是正衬,爱牡丹是衬托。

(4) 收束:

①背诵课文;②课外搜集运用托物言志写法的作品,朗读并背诵。

第三节 高中语文教师资格考试内容及题型

一、单项选择题

(一) 文史知识类

1. 在校本课程"成语智慧"的学习中有同学请教"韦编三绝""闻鸡起舞""洛阳纸贵"三个成语分别涉及的人物,教师的回答正确的是(   )。

A. 孔子、班超、白居易   B. 司马光、祖逖、白居易
C. 司马光、班超、左思   D. 孔子、祖逖、左思

2. 教学《茅屋为秋风所破歌》教师引导学生梳理歌行体作品,下列不适合的是(   )。

A.《白雪歌送武判官归京》   B.《琵琶行》
C.《商山早行》   D.《春江花月夜》

3. 教学《孔雀东南飞》,教师要求学生梳理古代叙事诗的发展脉络,下列作品中朝代最早的叙事诗是(   )。

A.《陌上桑》   B. 屈原《离骚》

C.《诗经·氓》 D. 白居易《长恨歌》

4. 在学习完苏轼《赤壁赋》后,为了加深学生的文学积累,教师又为学生推荐了以下宋词作品,其中不符合要求的是(　　)。

A. 柳永《雨霖铃·寒蝉凄切》 B. 李清照《声声慢·寻寻觅觅》
C. 辛弃疾《永遇乐·京口北固亭怀古》 D. 温庭筠《忆江南·梳洗罢》

5. 某教材设置了"满怀豪情,放声高歌——走进宋词豪放派"专题,下列作品适合选入该专题的是(　　)。

A. 苏轼《念奴娇·赤壁怀古》、张孝祥《六州歌头·长淮望断》、辛弃疾《永遇乐·京口北固亭怀古》
B. 贺铸《青玉案·横塘路》、李清照《声声慢·寻寻觅觅》、张先《天仙子·水调数声持酒听》
C. 秦观《鹊桥仙·纤云弄巧》、岳飞《满江红·怒发冲冠》、朱敦儒《临江仙·直自凤凰城破后》
D. 柳永《雨霖铃·寒蝉凄切》、宋祁《玉楼春·东城渐觉风光好》、范仲淹《渔家傲·秋思》

6. 某教材设有"先秦史传散文"专题,教师向学生推荐阅读篇目,下列适合的是(　　)。

A.《逍遥游》 B.《劝学》
C.《触龙说赵太后》 D.《非攻》

7. 学习《春夜宴从弟桃花园序》,教师举例阐释"宴饮类文学作品的悲伤情调",下列例句不恰当的是(　　)。

A. 感生命之不永,惧凋零之无期。　　石崇《金谷诗序》
B. 向之所欣,俯仰之间,已为陈迹。　　王羲之《兰亭集序》
C. 引壶觞以自酌,眄庭柯以怡颜。　　陶渊明《归去来兮辞》
D. 呜呼!胜地不常,盛筵难再,兰亭已矣,梓泽丘墟。　　王勃《滕王阁序》

8. 某教师在教学《故都的秋》后,布置话题作文,要求以"秋天"为主题,建议学生引用描写秋天的古诗名句,增加文章的文化意蕴。下列名句合适的是(　　)。

A. 胜日寻芳泗水滨,无边光景一时新 B. 接天莲叶无穷碧,映日荷花别样红
C. 忽如一夜春风来,千树万树梨花开 D. 寒蝉凄切,对长亭晚,骤雨初歇

9. 某教师开设了先秦诸子散文阅读专题,并向学生推荐了如下阅读作品,其中不适合的是(　　)。

A.《庖丁解牛》 B.《季氏将伐颛臾》
C.《五蠹》 D.《郑伯克段于鄢》

10. 教师指导学生阅读白居易的《长恨歌》,拟向学生推荐一部以"李隆基和杨玉环的爱情故事"为题材的中国古代文学作品。下列适合的是(　　)。

A. 白朴《梧桐雨》 B. 马致远《汉宫秋》
C. 汤显祖《牡丹亭》 D. 孔尚任《桃花扇》

11. 教师指导学生阅读古诗词语境时,援引之前学过的诗句,下列所引诗词表述恰当的是(　　)。

A．"明月别枝惊鹊,清风半夜鸣蝉。"夏夜的西湖边,热闹的不仅是那些可爱的小生灵,更有璀璨的华灯和络绎的游人。

B．毕业数十年再次相聚,我的心情只能用"何当共剪西窗烛,却话巴山夜雨时"来形容。

C．"谁言寸草心,报得三春晖。"母亲一个人含辛茹苦把我们姐妹养大,每次看到她两鬓的白发,我就会想到这首诗。

D．"云中谁寄锦书来?雁字回时,月满西楼。"在异乡忙于追梦的游子,无法体会母亲在故乡的牵挂和守望。

12．在讲授完古代诗歌后,教师出示以下诗歌常识,进行拓展阅读,下列表述不正确的是(　　)。

A．律诗每首八句,每两句组成一联,共分四联,分别称为首联、颔联、颈联、尾联,每联的上句叫出句,下句叫对句。

B．绝句每首四句,等于律诗的一半,所以也称"截句""断句",唐朝诗人王昌龄擅长七绝,有"七绝圣手"的美称。

C．词是唐兴起的一种合乐可歌、句式长短不齐的诗体,有"曲子""乐府""诗余""长短句"等别称。

D．散曲是曲的一种体式,在戏剧作品中,供状物叙事之用,是戏剧作品的有机组成部分。著名的散曲作家有关汉卿、马致远、张养浩等。

13．考试前,教师引导学生复习文学作品,出示以下文学常识,其中表述有误的是(　　)。

A．《促织》选自蒲松龄的《聊斋志异》。蒲松龄,字留仙,世称聊斋先生,清代著名文学家。

B．《〈黄花岗七十二烈士事略〉序》的作者是梁启超,号饮冰室主人,是我国近代思想家、政治家、教育家。

C．《柳敬亭传》的作者是黄宗羲,世称梨洲先生,是我国明末清初著名思想家和历史学家。

D．《毛遂自荐》出自《史记·平原君虞卿列传》。平原君是赵国公子赵胜的封号。除他以外,战国四君子中的其他三位是魏国的信陵君魏无忌、齐国的孟尝君田文、楚国的春申君黄歇。

14．某教师在选修课上提问学生有关先秦诸子的教育思想,下列判断错误的一项是(　　)。

A．孔子思想的核心是礼　　　　　　B．墨子思想的核心是兼爱

C．老子思想的核心是道　　　　　　D．荀子认为人的本性是善的

15．某教师在讲授某教材必修5第二单元课文《逍遥游》时,为学生介绍了《庄子》这部作品。下列说法正确的是(　　)。

A．作品"寓真于诞,寓实于玄"

B．庄子的哲学思想源于孔子,又发展了孔子的思想

C．庄子是我国春秋时期伟大的思想家、哲学家和文学家

D．庄子还著有《天问》《齐物论》等名篇

16．某教师在教学《林黛玉进贾府》时,设计了一道关于四大名著的题目。下列名著中

的人物与情节搭配不恰当的是(　　)。

A. 林黛玉——葬花　　　　　　　　B. 诸葛亮——草船借箭

C. 鲁智深——醉打蒋门神　　　　　D. 孙悟空——三借芭蕉扇

17. 下列各句中,所引诗词不符合语境的一项是(　　)。

A. "闲云潭影日悠悠,物换星移几度秋",往事历历,所有的记忆都在时光里发酵,散发出别样的味道。

B. "拣尽寒枝不肯栖,寂寞沙洲冷",正是这种难言的孤独,使他洗去人生的喧闹,去寻找无言的山水,远逝的古人。

C. "长风破浪会有时,直挂云帆济沧海",青葱少年总是信心满满,跃跃欲试,渴望在未来的岁月中大显身手。

D. "帘外雨潺潺,春意阑珊",初春的细雨渐渐沥沥,撩拨了无数文人墨客心中关于江南的绵绵情思。

18. 下面所列名著与信息,对应正确的一项是(　　)。

A	《论语》	四书	语录体	舍生取义	逝者如斯夫
B	《三国演义》	章回小说	以时间为序	拥刘反曹	三打祝家庄
C	《家》	现代小说	巴金	高觉新	激流三部曲
D	《哈姆莱特》	悲剧	文艺复兴	莎士比亚	卡西莫多

19. "月"是中国古典文学中常见的意象,有些诗句无"明月"二字,却写出"明月"之景,下列不具有这一特点的一项是(　　)。

A. 一轮霜影转庭梧,此夕羁人独向隅

B. 有约不来过夜半,闲敲棋子落灯花

C. 暮云收尽溢清寒,银汉无声转玉盘

D. 皓魄当空宝镜升,云间仙籁寂无声

20. 《红楼梦》中,两位才女中秋月下吟诗,其中一位被称作"多病西施",她所吟的"冷月葬花魂"诗句,正是其诗意而悲剧的人生的写照。此才女是(　　)。

A. 史湘云　　　　B. 林黛玉　　　　C. 薛宝钗　　　　D. 妙玉

21. 下列有关文学常识的表述,有错误的一项是(　　)。

A. 《论语》中有不少有关为人处世的格言警句。如:"君子欲讷于言而敏于行"告诉我们做人要言语谨慎、行事敏捷;"见贤思齐焉,见不贤而内自省也"是说看见贤人就应该向他看齐,看见不贤的人就应该反省自己。

B. 《红楼梦》第五回,贾宝玉随贾母等赴宁国府赏梅,午间去房间休息,看见房内挂着一副对联"世事洞明皆学问,人情练达即文章",宝玉觉得这副对联蕴含丰富,十分喜爱,铭记在心。

C. 《狂人日记》把批判的锋芒指向旧中国几千年"吃人"的历史。在狂人看来,人人都想吃人,又害怕被吃,人与人互相牵制,结成一个连环,难以打破。文末发出了"救救孩子"的呼声。

D. 美国作家海明威1954年获得诺贝尔文学奖。他的作品《桥边的老人》和《老人与海》均以"老人"为主人公,前者表现了战争环境中人性的光辉,后者描写了"人的灵魂的尊严"。

22. 下列关于名著的表述,不正确的一项是( )。

A. 孔子让他的学生谈谈各自的志向,子路抢着发言,冉有、公西华、曾皙是在老师点名后才发言的。最后,曾皙的发言得到了老师的赞许。(《论语》)

B. 小说主人公大卫的母亲改嫁后,继父对大卫的管教近乎残忍,强迫他挂着写有"小心!他咬人!"的纸板牌,并把他送到伦敦的寄宿学校。(《大卫·科波菲尔》)

C. 在金陵十二钗正册中,王熙凤的判词是:"凡鸟偏从末世来,都知爱慕此生才。一从二令三人木,哭向金陵事更哀。"(《红楼梦》)

D. 堂吉诃德沉迷于骑士小说,忍不住要去行侠仗义。他四处冒险,上演了很多闹剧。他大战风车,以致连人带马摔在地上,折断了长枪。(《堂吉诃德》)

23. 下列语句画线处所指的文学家,依次是( )。

① 淋漓襟袖啼红泪,比司马青衫更湿
② 陈王昔时宴平乐,斗酒十千恣欢谑
③ 铁板铜琶,继东坡,高唱大江东去
④ 幽愁发愤,著成信史照人寰

A. 李清照　李白　苏轼　欧阳修
B. 白居易　曹植　辛弃疾　司马迁
C. 白居易　李白　辛弃疾　欧阳修
D. 李清照　曹植　苏轼　司马迁

24. 下列各句中,所引诗词最符合语境的一项是( )。

A. "明月别枝惊鹊,清风半夜鸣蝉。"夏夜的西湖边,热闹的不仅是那些可爱的小生灵,更有璀璨的华灯和络绎的游人。

B. "疏影横斜水清浅,暗香浮动月黄昏。"到现在我才知道,原来桂花的风骨,在于他的孤傲;桂花的品格,在于它的清幽。

C. "女娲炼石补天处,石破天惊逗秋雨。"高亢的乐声响彻苍穹,回荡在黄沙漫漫的高原上,也打动了他那颗布满伤痕的心。

D. "云中谁寄锦书来?雁字回时,月满西楼。"在异乡忙于追梦的游子,又怎能体会到母亲在故乡牵挂和守望呢?

25. 下列有关文学常识的表述,不正确的一项是( )。

A. 加西亚·马尔克斯是魔幻现实主义最杰出的代表作家、诺贝尔文学奖获得者,他的《百年孤独》被誉为"再现拉丁美洲历史社会图景的鸿篇巨制"。

B. 中国古代戏曲主要指元杂剧和明清传奇。关汉卿的《窦娥冤》和王实甫的《西厢记》代表了元杂剧的最高成就,汤显祖的《牡丹亭》则是清传奇的代表作。

C. "家国之思"是中国古典文学作品中常见主题之一,唐代杜甫的《春望》和南唐后主的《虞美人》(春花秋月何时了)都抒发了国破家亡之痛。

D. 诗人经营意象往往匠心独运,徐志摩用"凉风"下的"水莲花"比喻姑娘的娇羞,而舒婷则用"木棉""红硕的花朵"象征现代女性的独立。

26. 下列有关文学常识的表达,有错误的一项是(   )。

　　A．"胜败兵家事不期,包羞忍耻是男儿。江东子弟多才俊。卷土重来未可知",这首诗写了与楚汉相争时的项羽有关的故事。

　　B．"枫叶四弦秋,怅触天涯迁谪恨;浔阳千尺水,勾留江山别离情",这幅对联所写的内容与白居易的《琵琶行》相关。

　　C．巴尔扎克是19世纪法国浪漫主义文学家,他所创作的90多部小说,总名为《人间喜剧》,堪称法国社会的"百科全书"。

　　D．海明威是美国现代著名作家,曾获得诺贝尔文学奖,他的代表作有《老人与海》《太阳照常升起》《永别了,武器》等。

27. 下列有关文学常识的表达,不正确的一项是(   )。

　　A．《论语》记载了孔子及其弟子的言行。体现了孔子政治、伦理、哲学、教育等方面的思想,是儒家重要的经典,被列为"四书"之一。

　　B．司马迁的《史记》开纪传体史书的先河,我们熟悉的《鸿门宴》和《项羽之死》均出自《史记·项羽本纪》。

　　C．中国现代著名剧作家曹禺,原名丁家宝,出生于天津,创作了《雷雨》《茶馆》《北京人》等话剧剧本。

　　D．美国作家海明威在《老人与海》中塑造了桑地亚哥的形象,颂扬了人类挑战困难、捍卫尊严的"硬汉精神"。

28. 下列有关文字常识的表述,不正确的一项是(   )。

　　A．英国文艺复兴时期莎士比亚创作的《罗密欧与朱丽叶》,与中国元朝关汉卿创作的《窦娥冤》,二者同属戏剧艺术。

　　B．杜甫的《蜀相》和苏轼的《念奴娇·赤壁怀古》都是咏史抒怀诗词的代表作,前者借诸葛言志,后者托周瑜抒怀。

　　C．从先秦《诗经》《楚辞》到唐宋诗词,再到明清诗文,作品的句式呈现以下共同特点:多用对偶,骈散相同,错落有致。

　　D．《聊斋志异》叙述的一些故事从内容上说是荒诞的、超现实的,但书中的许多细节又极具真实感,细腻而生动。

(二) 文化常识类

1. 教师安排学生以小组为单位,总结古代诗文中有关年龄的称谓,全班交流分享,下列总结正确的是(   )。

　　A．总角之宴,言笑晏晏(《诗经·氓》)　　　　总角:婴儿一两岁
　　B．余自束发读书轩中(《项脊轩志》)　　　　束发:少年七八岁
　　C．豆蔻梢头二月初(《赠别》)　　　　　　　豆蔻:女子十五岁
　　D．既加冠,益慕圣贤之道(《送东阳马生序》)　加冠:男子二十岁

2. 教师安排学生以小组为单位,总结古代诗文中有关时间的词语,全班交流分享。下列总结不正确的是(   )。

　　A．疏影横斜水清浅,暗香浮动月黄昏(《山园小梅》)　黄昏:现代时间指19—21点
　　B．七月七日长生殿,夜半无人私语时(《长恨歌》)　　夜半:现代时间指21—23点

C．鸡既鸣矣，朝既盈矣（《诗经·国风》）　　　　鸡鸣：现代时间指凌晨1—3点
D．鸡鸣洛城里，禁门平旦开（《代放歌行》）　　　平旦：现代时间指凌晨3—5点

3．某教师在介绍古代年龄称谓时，为助学生理解，特按照年龄大小列举了不同年龄的称谓。下列排序正确的是(　　)。

A．古稀、花甲、不惑、半百、而立、垂髫、加冠
B．古稀、半百、花甲、不惑、加冠、而立、垂髫
C．古稀、花甲、半百、不惑、而立、加冠、垂髫
D．花甲、古稀、垂髫、半百、不惑、而立、加冠

4．教师在引导学生复习古代文化常识时，结合高考试题进行。下列对相关内容的解说，不正确的一项是(　　)。

A．首相指宰相中居于首位的人，与当今某些国家内阁或政府首脑的含义并不相同。
B．"建储"义为确定储君，也即确定皇位的继承人，我国古代通常采用嫡长子继承制。
C．古代朝廷中分职设官，各有专司，所以可用"有司"来指称朝廷中的各级官员。
D．契丹是古国名，后来改国号为辽，先后与五代和北宋并立，与中原常发生争端。

5．教师在引导学生复习古代文化常识时，结合高考试题进行。下列对相关内容的解说，不正确的一项是(　　)。

A．中宫是皇后所居之宫，后来又可以借指皇后，这与东宫又可以借指太子是同样道理。
B．陛下指官殿中立有护卫的台阶下，因群臣不可直呼帝王，于是借用为对帝王的尊称。
C．吏部是古代六部之一，掌管文官任免、考核、升降、调动等，长官为吏部尚书。
D．移疾指官员上书称病，实际是官员受到权臣诋毁，不得不请求退职的委婉说法。

6．教师在引导学生复习古代文化常识时，结合高考试题进行。下列对文中加点词语的相关内容的解说，不正确的一项是(　　)。

A．礼部为六部之一，掌管礼仪、祭祀、土地、户籍等职事，部长官称为礼部尚书。
B．教坊司是管理宫廷音乐的官署，专管雅乐以外的音乐、歌舞的教习等演出事务。
C．致仕本义是将享受的禄位交还给君王，表示官员辞去官职或到规定年龄而离职。
D．历史上的"两京"有多种所指，文中则指明代永乐年间迁都以后的南北两处京城。

7．文化官为评书、古琴、昆曲、木偶戏四个文艺演出专场各准备了一副对联，对联与演出专场对应恰当的一项是(　　)。

① 假笑啼中真面目，新笙歌里古衣冠　　② 疑雨疑云颇多关节，绘声绘影巧合连环
③ 白雪阳春传雅曲，高山流水觅知音　　④ 开幕几疑非傀儡，舞台虽小有机关

A．① 古琴　② 评书　③ 昆曲　④ 木偶戏
B．① 昆曲　② 评书　③ 古琴　④ 木偶戏
C．① 古琴　② 木偶戏　③ 昆曲　④ 评书
D．① 昆曲　② 木偶戏　③ 古琴　④ 评书

8．下列对相关内容的解说，不正确的一项是(　　)。

A．《三坟》《五典》传为我国古代典籍，后又以"坟籍""坟典"为古代典籍通称。
B．"阙"原指皇宫前面两侧的楼台，又可用作朝廷的代称，赴阙也指入朝觐见皇帝。
C．"践阼"原指踏上古代庙堂前台阶，又表示用武力打败敌对势力，登上国君宝座。

D. 逊位,也称为让位、退位,多指君王放弃职务和地位,这是指鲁芝的谦让行为。

9. 下列相关内容的解说,不正确的一项是( )。
A. 豪右,指旧时的富豪家族、世家大户;汉代以右为尊,所以习惯上称为"豪右"。
B. 顿首,即以头叩地而拜,是古代交际礼仪;又常常用于书信、奏表中作为敬辞。
C. 茂才,即秀才,东汉时为避光武帝刘秀名讳,改为茂才,后世有时也沿用此名。
D. 京师是古代京城的通称,现代则称为首都。"京""师"单用,旧时均可指国都。

10. 下列对相关内容的解说,不正确的一项是( )。
A. 陵寝是帝王死后安葬的陵墓,陵墓建成后,还需设置守陵奉祀的官员以及禁卫。
B. "株",本义树根,根与根间紧密相连,因而"株连"又指一人有罪而牵连他人。
C. "尹"为官名,如令尹、京兆尹,是知府的简称。
D. 御名指皇帝名讳,古代与皇帝有关的事物前常加"御"字,如御玺指皇帝印信。

11. 下列对相关内容的解说,不正确的一项是( )。
A. 以字行,是指在古代社会生活中,某人的字得以通行使用,他的名反而不常用。
B. 姻亲,指由于婚姻关系结成的亲戚,它与血亲有同有异,只是血亲中的一部分。
C. 母忧是指母亲的丧事,古代官员遭逢父母去世时,按照规定需要离职居家守丧。
D. 私禄中的"禄"指俸禄,即古代官员的薪水。

12. 下列对相关内容的解说,不正确的一项是( )。
A. 下车,古代可以代指官吏就职。后来又常用"下车伊始"表示官吏初到任所。
B. 收考,指先行将嫌犯拘捕关进监狱,然后再作考察,进行犯罪事实的取证工作。
C. 车驾,原指帝王所乘的车,有时因不能直接称呼帝王,于是又可用作帝王的代称。
D. 京师,古代指国家的都城,《三国演义》中就经常提到"京师",现代泛指首都。

13. 下列对相关内容的解说,不正确的一项是( )。
A. 状元是我国古代科举制度中一种称号,指在最高级别的殿试中获得第一名的人。
B. 上元是我国传统节日,即农历正月十五日元宵节,是春节后第一个重要节日。
C. 近侍是指接近并随侍帝王左右的人,他们不仅职位很高,对帝王影响也很大。
D. 告老本指古代社会官员因年老辞去职务,有时也是官员因故辞职的一种借口。

14. 下列对相关内容的解说不正确的一项是( )。
A. 登进士第,又可称为进士及第,指科举时代经考试合格后录取成为进士。
B. 兵部是古代"六部"之一,掌管全国武官选用和兵籍、军械、军令等事宜。
C. 庙号是皇帝死后,在太庙立室奉祀时特起的名号,如高祖、太宗、钦宗。
D. 太子指封建时代君主儿子中被确定继承君位的人,有时也可指其他儿子。

15. 下列对相关内容的解说,不正确的一项是( )。
A. 古代男子有名有字,名是出生后不久父亲起的,字是二十岁举行冠礼后才取的。
B. 谥号是古代帝王、大臣等死后,据其生平事迹评定的称号,如武帝、哀帝、炀帝。
C. 嗣位指继承君位,我国封建王朝通常实行长子继承制,君位由最年长的儿子继承。
D. 阙是宫门两侧的高台,又可借指宫廷;"诣阙"既可指赴朝廷,又可指赴京都。

16. 下列诗句与所描绘的古代体育活动,对应全部正确的一项是( )。
① 乐手无踪洞箫吹,精灵盘丝任翻飞。 ② 雾縠云绡妙剪裁,好风相送上瑶台。

③ 浪设机关何所益,仅存边角未为雄。　④ 来疑神女从云下,去似姮娥到月边。
A. ① 下围棋　② 荡秋千　③ 抖空竹　④ 放风筝
B. ① 抖空竹　② 荡秋千　③ 下围棋　④ 放风筝
C. ① 下围棋　② 放风筝　③ 抖空竹　④ 荡秋千
D. ① 抖空竹　② 放风筝　③ 下围棋　④ 荡秋千

17. 列对联中,适合悬挂在杜甫草堂的一组是(　　)。
① 为闻庐岳多真隐,别有天地非人间　② 十年幕府悲秦月,一卷唐诗补蜀风
③ 狂到世人皆欲杀,醉来天子不能呼　④ 秋天一鹄先生骨,春水群鸥野老心
A. ①③　　　　B. ①④　　　　C. ②③　　　　D. ②④

18. 下列有关文化常识的表述,不正确的一项是(　　)。
A. 中国的干支纪年法中的"地支"是指:子、丑、寅、卯、辰、巳、午、未、申、酉、戌、亥。
B. 韩愈《师说》"六艺经传皆通习之"中的"六艺"是指礼、乐、射、御、书、数六种学问和技能。
C. 古代以山之南、水之北为阳,山之北、水之南为阴,如衡阳在衡山之南,江阴在长江之南。
D. 土地孕育五谷,五谷之长为稷,古代帝王对土神"社"和谷神"稷"进行祭祀,后世以"社稷"代称国家。

19. 以下四副对联分别对应四位文学家,全部正确的一组是(　　)。
① 金石文章空八代,江山姓氏著千秋
② 刚正不阿留得正气凌霄汉,幽而发愤著成信使照尘寰
③ 何处招魂香草还生三户地,当年呵壁湘流应识九歌心
④ 大河百代众浪齐奔淘尽万个英雄,汉词苑千载群芳竞秀盛开一枝女儿花
A. ① 韩愈　② 班固　　③ 屈原　④ 苏轼
B. ① 韩愈　② 司马迁　③ 屈原　④ 李清照
C. ① 欧阳修　② 司马迁　③ 贾谊　④ 苏轼
D. ① 欧阳修　② 班固　　③ 贾谊　④ 李清照

20. 为上联"心平浪静,秋月芙蓉湘水碧"选择下联,最合适的一项是(　　)。
A. 志远天高,春风杨柳莳山青　　　　B. 情深海阔,夏日荷花潇江红
C. 气壮山威,鲲鹏展翼楚云飞　　　　D. 身正才卓,冬雪松竹衡岳高

21. 下列选项中的诗句填入《到京师》一诗画横线处,恰当的一项是(　　)。
城雪初消荠菜生,角门深巷少人行。_____,此是春来第一声。
A. 落红满地乳鸦啼　　　　　　　　　B. 柳梢听得黄鹂语
C. 春山一路鸟空啼　　　　　　　　　D. 楼阁新成花欲语

(三) 文言词义类

1. 学习文言文单元,教师引导学生归纳虚词"而"的不同用法,下列语句中的"而"表示承接关系的是(　　)。
A. 青,取之于蓝,而青于蓝(《劝学》)
B. 此四君者,皆明智而忠信(《过秦论》)

C. 余方心动欲还,而大声发于水上(《石钟山记》)

D. 谒其生气,以求重价,而江浙之梅皆病(《病梅馆记》)

2. 学习文言文单元,教师引学生归纳虚词"为"的不同用法。下列语句中的"为"表示被动关系的是(　　)。

A. 于是秦王不怿,为一击缶(《廉颇蔺相如列传》)

B. 两小儿笑曰:"孰为汝多知乎!"(《两小儿辩日》)

C. 嬴兵为人马所蹈藉,陷泥中死者甚众(《赤壁之战》)

D. 何故怀瑾握瑜而自令见放为(《屈原列传》)

3. 下面是一位学生整理的"古今异义词"笔记,不正确的是(　　)。

A. 率妻子邑人来此绝境(陶渊明《桃花源记》)

B. 先帝不以臣卑鄙(诸葛亮《出师表》)

C. 且燕赵处秦革灭殆尽之际(苏洵《六国论》)

D. 今齐地方千里(《战国策·邹忌讽齐王纳谏》)

4. 学习《廉颇蔺相如列传》时,教师要求学生注意"先国家之急而后私仇也"一句中"先""后"的用法。下列语句中包含相同用法的是(　　)。

A. 数月之后,时时而间进　　　　　　B. 若有作奸犯科及为忠善者

C. 且庸人尚羞之,况于将相乎　　　　D. 是故弟子不必不如师,师不必贤于弟子

5. 下面加点词语是一位学生整理的"古今异义",对此理解不正确的是(　　)。

A. 若舍郑以为东道主(《烛之武退秦师》)　　　古义:东方道路上的主人

B. 是使民养生丧死无憾也(《寡人之于国也》)　　古义:供养活着的人

C. 百年多病独登台(《登高》)　　　　　　　　古义:借指晚年

D. 臣之进退,实为狼狈(《陈情表》)　　　　　　古义:形容困苦或受窘的样子

6. 学习《离骚》时,教师要求学生注意"高余冠之岌岌兮"一句中的"高"的用法,下列句子中含有相同用法的是(　　)。

A. 后世之谬其传而莫能名者,何可胜道也哉(《游褒禅山记》)

B. 是使民养生丧死无憾也(《寡人之于国也》)

C. 有席卷天下,包举宇内,囊括四海之意(《过秦论》)

D. 左右欲刃相如(《廉颇蔺相如列传》)

7. 学习《陈情表》时,教师要求学生注意"外无期功强近之亲,内无应门五尺之僮"一句中的"内"和"外"的用法。下列语句中包含相同用法的是(　　)。

A. 雄州雾列,俊采星驰(《滕王阁序》)　　　B. 师道之不传也久矣(《师说》)

C. 多情自古伤离别(《雨霖铃》)　　　　　D. 先破秦人咸阳者王之(《鸿门宴》)

8. 某教师在讲完"古今异义词"时,用多媒体课件出示例子让学生判断。下列古今没有古今异义词的是(　　)。

A. 叶徒相似,其实味不同(《晏子使楚》)

B. 其文理皆有可观者(《伤仲永》)

C. 一鼓作气,再而衰,三而竭(《曹刿论战》)

D. 经纶世务者,窥谷忘反(《与朱元思书》)

9. 某教师在讲完"通假字"时,课后留作业让学生辨别。下列不含通假字的一项是(   )。
   A. 而燕国见陵之耻除矣(《荆轲刺秦王》)
   B. 匪来贸丝,来即我谋(《诗经·氓》)
   C. 佩缤纷其繁饰兮,芳菲菲其弥章(《离骚》)
   D. 所以遣将守关者,备他盗之出入与非常也(《鸿门宴》)

10. 教师指导学生归纳文言虚词"其"的用法和意义,下列解释错误的是(   )。
    A. 臣从其计,大王亦幸赦臣。　　　第三人称代词,做领属性定语,可译为"他的"。
    B. 于乱石间择其一二扣之。　　　　指示代词,表示"其中的",后面多为数词。
    C. 攻之不克,围之不继,吾其还也。　副词,相当于"恐怕""或许""大概"。
    D. 呜呼!其信然邪?其梦邪?　　　　连词,表示选择,"是……还是……"

11. 教师指导学生归纳文言虚词"也"的用法和意义,下列解释错误的是(   )。
    A. 城北徐公,齐国之美丽者也。　　　　　　句末语气词,表示判断语气。
    B. 雷霆乍惊,宫车过也。　　　　　　　　　句末语气词,表示陈述或解释语气。
    C. 至于誓天断发,泣下沾襟,何其衰也。　　用在句末,表示疑问或反诘语气。
    D. 攻之不克,围之不继,吾其还也。　　　　用在句末,表示祈使语气。

(四)文字语法修辞类

1. 教师在向学生讲授会意字时,为了帮助学生更好地理解,将以下汉字作为例子,其中不适合的是(   )。
   A. 武　　　　　　B. 比　　　　　　C. 莫　　　　　　D. 网

2. 教师在为学生讲授会意字时,为帮助学生理解,特举了以下例子,其中不符合要求的是(   )。
   A. 鸣　　　　　　B. 指　　　　　　C. 从　　　　　　D. 休

3. 教师在讲授形声字时,为帮助学生理解,特举了以下例子,其中不符合要求的是(   )。
   A. 估　　　　　　B. 花　　　　　　C. 园　　　　　　D. 凶

4. 教师在讲授形声字时,为帮助学生理解,举了下面的例子,其中不符合要求的是(   )。
   A. 晴　　　　　　B. 病　　　　　　C. 从　　　　　　D. 攻

5. 学生作文中"通感"修辞使用不当,教师用课文中的正确例子来讲解,下列语句合适的是(   )。

   A. 落日向上游翠翠家中那一方落去,黄昏把河面装饰了一层银色薄雾。(《边城》)

   B. 微风过处,送来缕缕清香,仿佛远处高楼上渺茫的歌声似的。(《荷塘月色》)

   C. 我给那些因为在近旁而极响的爆竹声惊醒,看见豆一般大的黄色的灯火光,接着又听得毕毕剥剥的鞭炮,是四叔家正在"祝福"了。(《祝福》)

   D. 像花而又不是花的那一种落蕊,早晨起来,会铺得满地。脚踏上去,声音也没有,气味也没有,只能感觉出一点点极微细极柔软的触觉。(《故都的秋》)

6. 学生在学习古诗文中"互文"的修辞手法时,教师用课文中的例子来讲解,下列语句不合适的是(   )。

   A. 十旬休假,胜友如云;千里逢迎,高朋满座。(王勃《滕王阁序》)

B．东市买骏马,西市买鞍鞯,南市买辔头,北市买长鞭。(《木兰诗》)

C．明月别枝惊鹊,清风半夜鸣蝉。(辛弃疾《西江月·夜行黄沙道中》)

D．知否,知否?应是绿肥红瘦。(李清照《如梦令》)

7．教师在讲授朗读技巧时,为了引导学生掌握正确的发音,举例说明词语的变调问题。下列不可以作为案例使用的是(　　)。

　　A．了解、领导　　　B．嫂子、姐姐　　　C．小老虎、展览馆　　D．地下、上面

8．针对学生容易混淆单纯词与合成词的情况,教师搜集了一些例子在课上进行讲解,其中不全是单纯词的一项是(　　)。

　　A．仅仅　霏霏　犹豫　翩跹　　　　B．保龄　迷你　咔嚓　可乐

　　B．逍遥　尴尬　芙蓉　窈窕　　　　D．参差　鸳鸯　猩猩　叮当

9．下列语句中,没有使用借代手法的一项是(　　)。

　　A．人为刀俎,我为鱼肉　　　　　　B．人皆可以为尧舜

　　C．化干戈为玉帛　　　　　　　　　D．情人眼里出西施

10．下列诗句中,没有使用比拟手法的一项是(　　)。

　　A．东风便试新刀尺,万叶千花一手栽　　B．浮萍破处见山影,小艇归时闻草声

　　C．有情芍药含春泪,无力蔷薇卧晓枝　　D．唯有南风旧相识,偷开门户又翻书

11．"秦时明月汉时关"意思是"秦汉时的明月秦汉时的关"。下列与这一表现手法相同的一项是(　　)。

　　A．烟笼寒水月笼沙　　　　　　　　B．明月楼高休独倚

　　C．一夜飞度镜湖月　　　　　　　　D．夜吟应觉月光寒

12．下列句中加点词的运用,不同于其它三句的一项是(　　)。

　　A．微风习习,远处飘来阵阵歌声,也飘来了缕缕的花香。

　　B．蜜蜂酿出了甘甜的蜂蜜,也为人们酿出了美好的生活。

　　C．萧瑟的秋风吹落枝头的黄叶,却吹不去她满腹的惆怅。

　　D．风和日暖,小院关闭了柴门,却关不住那满园的春色。

13．"月"是中国古典文学中常见的意象,有些诗句无"明月"二字,却写出"明月"之景,下列不具有这一特点的一项是(　　)。

　　A．一轮霜影转庭梧,此夕羁人独向隅

　　B．有约不来过夜半,闲敲棋子落灯花

　　C．暮云收尽溢清寒,银汉无声转玉盘

　　D．皓魄当空宝镜升,云间仙籁寂无声

14．下列语句中,没有使用比喻手法的一项是(　　)。

　　A．"一带一路"是我国推动经济全球化而提出的一项互利共赢的倡议,它已成为推动全球经济转型升级、走出衰退困境的新引擎。

　　B．气象部门预计,随着暖湿气流增强,我省明天会迎来一场及时雨,空气中污染物浓度将快速下降,人们的舒适度会大幅度提升。

　　C．一种突如其来的网络病毒洪水猛兽般地袭击全球,导致150多个国家受灾,我国也有近3万家机构的计算机受到影响。

D．我国企业在参与发展中国家的基础设施建设过程中，主动强化环保意识，积极承担社会责任，带动了东道主在观念上弯道超车。

（五）课程教学类

1．2017年版高中语文课程标准提出高中语文课程的四个基本理念，以下不正确一项是（　　）。

A．坚持以人为本，增强民族自信，充分发挥语文课程的育人功能。

B．以核心素养为本，推进语文课程深层次的改革。

C．加强实践性，促进学生语文学习方式的转变。

D．注重时代性，构建开放、多样、有序的语文课程。

2．语文学科核心素养主要包括"语言建构与运用""思维发展与提升""审美鉴赏与创造""文化传承与理解"四个方面。以下属于解释"语言建构与运用"内涵的一项是（　　）。

A．指学生在语文学习中，通过审美体验、评价等活动形成正确的审美意识、健康向上的审美情趣与鉴赏品位，并在此过程中逐步掌握表现美、创造美的方法。

B．思维发展与提升是指学生在语文学习过程中，通过语言运用，获得直觉思维、形象思维、逻辑思维、辩证思维和创造思维的发展，以及深刻性、敏捷性、灵活性、批判性和独创性等思维品质的提升。

C．指学生在丰富的语言实践中，通过主动的积累、梳理和整合，逐步掌握祖国语言文字特点及其运用规律，形成个体言语经验，发展在具体语言情境中共正确有效地运用祖国语言文字进行交流沟通的能力。

D．指学生在语文学习中，继承和弘扬中华优秀传统文化、革命文化、社会主义先进文化，理解与借鉴不同民族和地区的文化，拓展文化视野，增强文化自觉，提升中国特色社会主义文化自信，热爱祖国语言文字，热爱中华文化，防止文化上的民族虚无主义。

3．2017年版高中语文课程标准规定12条课程目标，以下列举不正确的一项是（　　）。

A．语言积累与建构；语言表达与交流；语言梳理与整合。

B．增强形象思维能力；发展抽象思维；训练多向思维。

C．增进对祖国语言文字的审美体验，鉴赏文学作品，美的表达与创造。

D．传承中华文化，理解多样文化，关注、参与当代文化。

4．课文《雨巷》后提出了"描述一下你心目中的丁香一样的姑娘的形象"，这一内容属于教科书中的（　　）。

A．课文系统　　　B．知识系统　　　C．助读系统　　　D．练习系统

5．某学校组织教师围绕"不同类型文本的阅读指导"深入研讨，下列说法正确的是（　　）。

A．阅读论述性文章，教师应引导学生注意材料的来源与真实性、基本事件与典型细节、文本的价值取向与实用效果等。

B．阅读常用应用文，教师应主要借助文本示例，引导学生了解其功用和基本格式，以学生自学为主，不必做过多分析。

C．阅读新闻，教师应引导学生把握观点和材料之间的联系，着重关注思想的深刻性、观点的科学性、逻辑的严密性等。

D. 阅读文学作品,教师应重视对文本的具体把握,注意作品内涵的无限性和模糊性,鼓励学生任意表达个人见解。

6. 教学《再别康桥》时,教师播放以《再别康桥》为歌词的歌曲,让学生体会诗歌的节奏,把握诗歌的情感。对该做法的分析合适的是( )。

A. 教师准确落实了学生学习诗歌的目标。
B. 教师清楚区分了音乐旋律与诗歌的节奏。
C. 教师所用资源未能形象地表现诗歌节奏。
D. 教师不宜借用音像材料教学《再别康桥》。

7. 学习《装在套子里的人》,教师用披风、靴子、高帽、墨镜、口罩、耳套把自己捂得严严实实,手臂上挽着一把带套子的雨伞踏进教室,学生一片哗然。教师用食指按着嘴唇说:"嘘,千万别出乱子!"然后,教师继续模仿别里科夫的口吻,以"自述"的方式梳理情节,导入新课。对该教学行为的分析,正确的是( )。

A. 违背语文教学的基本原则,淡化了对文本的探究。
B. 违背语文课程的精神实质,削弱了学生的主体地位。
C. 遵循语文教学的目标要求,突出了课堂的情境营造。
D. 遵循语文课程的目标要求,强调了小说的文体特点。

8. 学习《祝福》后,学生提问:"我"的形象在小说中有什么作用?下列解说不正确的是( )。

A. "我"的存在一定程度上丰富了小说的主题。
B. "我"作为祥林嫂一生的见证者,增强了故事的真实性。
C. 表达"我"的内心世界,更深刻地揭露了残酷的社会现实。
D. 作为一个知识启蒙者,"我"的出现增加了观察祥林嫂的视角。

9. 学习《蜀道难》,教师要求学生自选文体写一段评价李白的文字。课堂上,教师展示了几份学生作业和自己的"下水文"。对这一活动过程分析正确的是( )。

A. 学习活动设计能够引领学生全面、深入地解读文本。
B. 师生交流能够激活学生的阅读体验,理解诗人情感。
C. 借助"下水文",学生能够掌握知人论世的鉴赏方法。
D. 自选文体评价诗人,有助于学生握诗歌的写作背景。

10. 《记梁任公先生的一次演讲》一文中引用了《箜篌引》《闻官军收河南河北》和《桃花扇》,对这篇作品思想情感的共同点分析正确的是( )。

A. 表现出热爱祖国的炽热情感。　　B. 传递了国破家亡的悲伤之情。
C. 表达了希望祖国繁荣的愿望。　　D. 借爱情故事表现国家的兴衰。

11. 某教材选修模块提供理解和掌握古代诗歌鉴赏的基本方法:置身诗境,缘景明情。下列对诗歌的分析,没有运用该方法的是( )。

A. 《春江花月夜》描绘了一幅春江月夜的美丽画面,表现了一种深沉、寥廓、宁静的境界。
B. 《夜归鹿门歌》描绘了作者辞官归隐途中所见的景色,抒发了作者恬静、淡泊的闲适心情。
C. 《梦游天姥吟留别》内容丰富、曲折、奇诡、多变,形象辉煌流丽、缤纷多彩,构成了全诗的浪漫主义情调。

D. 《登岳阳楼》描绘了岳阳楼的壮象,反映了诗人晚年生活的不幸,抒发了诗人忧国忧民的情怀。

(六)教学评析类

1. 阅读《鸿门宴》的学习任务设计,按照要求答题。

课前学习任务:借助工具书与课文注释翻译课文,并归纳整理"如""谢""举"等实词的意义和用法。

课中学习任务:项羽因曹无伤的密报"大怒",这个"怒"字包含哪些内涵?有人认为樊哙在席上的讲话和刘邦说的一模一样,仅在语句上稍有变化,是吗?如有区别,在哪里?为什么会有这样的区别?

课后学习任务:收集名人评价项羽的诗词,看看他们在诗词中对项羽的评价是怎样的,以《我看项羽》为题目写一篇文章。

对上述学习任务设计的分析,正确的是(　　)。

A. 教师把握住探究学习的本质特点,探究任务设计充分。

B. 教师以学生为本,重视培养学生独立阅读文言文的能力。

C. 教师解读文本的能力强,课中任务切入准,覆盖面广。

D. 教师整合资源设计课后任务,达成了专题探究的目标。

2. 阅读下面《琵琶行》的教学实录(节选),按要求答题。

(播放《十面埋伏》曲子)

师:刚才我们听到的这首曲子,谁知道是用什么乐器弹奏的什么曲子?

生:是用琵琶弹奏的《十面埋伏》。

师:很好!据考证,这首曲子就是白居易在《琵琶行》中倾力描绘的那首曲子。关于这首曲子,我们一会儿再鉴赏。试想一下,如果琵琶女最初演奏的是一曲江南小调,还能不能激起诗人内心强烈的情感呢?

(点击播放古曲《阳春白雪》片段,让学生思考、讨论)

生:不能。江南小调通常表达的是一种欢快的、流畅的感情,因此,琵琶女晚年孤独、寂寞的情感是不可能用欢快的小调来表达的。

师:在文中能找出相关依据吗?

生:"夜深忽梦少年事,梦啼妆泪红阑干。"

师:那么,仅仅是音乐的旋律就能引起诗人强烈的情感波动吗?

(提示学生从文章中找出语句,让学生思考)

师:小序中能找到反映诗人受音乐影响而情感波动的句子:"铮铮然有京都声。"诗人在最需要心灵抚慰的时候,琵琶女适时地出现,以一首表达琵琶女晚年落魄情感的琵琶曲暗合了白居易当时的心情,于是就有了下文共鸣的句子——师生:"同是天涯沦落人,相逢何必曾相识。"

对上述教学实录的分析,不正确的是(　　)。

A. 该教学环节通过三个连贯的小问题,步步追问,达到了解文章主题思想和感情基调的目的。

B．该教师巧妙地以作者和琵琶女共同的命运遭遇和同病相怜的处境为切入点，展开教学。

C．该教学设计引导学生具备筛选有用信息的能力。

D．该教学环节中音乐的对比没有凸显情感态度与价值观目标。

3．阅读下面某教师《雷雨》的教学实录（节选），按要求答题。

师：（板书课题）由标题你们想到了哪些信息？

生：标题交代了故事发生的天气情况。

生：我读了《雷雨》全剧，此剧主要表现的是半封建半殖民地中国社会一系列社会矛盾。这些矛盾交织在一起使中国社会动荡不安，犹如在雷雨中。可以说，"雷雨"一词在这里概括了当时的社会总态势。

师：很好。我们阅读文学作品就该有全局观念，并能由文字的表层意思联想到深层意思。下面我先给同学们介绍一下《雷雨》的梗概。

师：课文节选于《雷雨》第二幕，请同学们结合注解梳理本剧由于血缘纠葛和命运巧合而造成矛盾冲突的八个人物。

师：欣赏戏剧作品就应先了解作品的戏剧冲突，看看哪个冲突是主要的，冲突的实质是什么，进而明确这样的冲突表现了怎样的主题。本选段共写了几场戏？展示了哪几个矛盾冲突？

生：本剧共写了两场戏。分别展示了周朴园与鲁侍萍、鲁大海之间的矛盾冲突。

生：还有鲁大海与周萍、鲁侍萍与周萍之间的矛盾冲突。

生：根据现行法律，他们已经拥有了两个儿子，最起码也形成了事实婚姻。

（众人大笑）

师：看来鲁侍萍的"名分"还有待定论，我们暂称其为"准夫人"吧。但同学们解读文本应注意联系写作背景，"知人论世"。

师：本节课我们重点研读周朴园与鲁侍萍之间的矛盾冲突。请同学们细读文本。思考现在周朴园到底爱不爱鲁侍萍。

生：我认为周朴园爱鲁侍萍。因为他记住了鲁侍萍4月18日的生日，把她当作正式嫁给周家的人看待，一直使用鲁侍萍用过的家具，保留着鲁侍萍生孩子后怕风、连夏天也关窗的习惯。

师：还有谁支持该同学的观点？

生：周朴园保存并穿绣有"梅花"和"萍"的旧衬衣，鲁侍萍跳河后，周朴园亲眼看见了河边的衣服，还想给她修修坟墓。

师：你读得很仔细。有反对意见吗？

生：我认为周朴园并不是真爱鲁侍萍。当周朴园知道眼前的人就是当年的鲁侍萍时，"（忽然严厉地说）你来干什么？""谁指使你来的？""三十年的工夫你还是找到这儿来了。"周朴园对鲁侍萍的出现极其恐慌和恼怒，并以为鲁侍萍是来讹诈自己的。

师：欣赏戏剧作品，深入品味作品中人物的语言是至关重要的。这位同学不仅揣摩了人物的语言，而且体会了人物的心理，甚至读出了语言的"潜台词"。

生：周朴园给鲁侍萍支票，我认为是为了堵鲁侍萍的嘴，以防真相暴露，毁坏他的名誉和家庭,对周朴园而言,鲁侍萍无异于身边的定时炸弹。

师:最终的结局也证明周朴园的预见是完全正确的,亦可见其深谋远虑。

生:不,是老奸巨猾。(生大笑)

师:那么,周朴园对鲁侍萍的情感到底该如何定位呢?

生:我认为,周朴园以前曾喜欢过鲁侍萍,但随着双方地位及经历的改变,已经不喜欢了。

生:应该说,周朴园喜欢的是年轻时聪慧温顺、小鸟依人的鲁侍萍,而不是现在人老珠黄又倔强的鲁妈。

师:(笑)你很机智,将鲁侍萍与鲁妈相对立,效果确实大相径庭。

师:请同学们设想一下,如果当年鲁侍萍不被周家赶走,周、鲁两人的爱情将如何发展?

生:最终会以悲剧收场。因为他们的爱情并不是建立在人格平等的基础上,况且封建等级制度也绝不会允许周家少爷娶侍女为妻。

师:是的,现在的周董事长也一直标榜在自己的治理下的"理想家庭",从他管教繁漪、教育子女亦可见他的独断专行。

师:那么周朴园的性格特征该如何定位呢?

生:假装喜欢却厌恶,这是一种叶公好龙式的虚伪。

师:可见,周董事长的个性可概括为虚伪、冷酷、自私。

师:鲁侍萍来到周公馆,最迫切地想知道什么?

生:过去的痛苦回忆起来也是美好的。从鲁侍萍和周朴园不期而遇、欲说还休的情态可以看出其对周朴园还存有幻想。

师:从文中可看出鲁侍萍三十年来的生活状况怎样?

生:"带着一个孩子在外乡,什么事都做,讨饭、缝衣服、当老妈子、在学校里伺候人。"

师:鲁侍萍遇见周朴园时情感发生了怎样的变化?

生:她先不动声色,冷静观察,但当周朴园盛气凌人地指责自己时,悲愤控诉;当周朴园妄图用钱封自己的嘴时,当场撕碎支票,保留了自己做人的尊严。

师:鲁侍萍虽然对周朴园不满,但她最终会觉醒吗?

生:会的。从撕碎支票,特别是从剧末"这真是一群强盗!"便可看出。

生:我认为,鲁侍萍不可能与旧社会完全决裂,因为她是旧中国受侮辱、被损害的劳动妇女的真实写照。她善良、正直、忍辱负重,但有着根深蒂固的"宿命论"思想。她把自己和女儿的不幸都归结为命,这正是鲁迅"哀其不幸,怒其不争"的国民劣根性的体现。

师:你谈得很好,但正是这些苦难的下层妇女,才使华夏民族的历史得以传承。

师:任何人物都是矛盾的统一体,周、鲁二人也不例外。我们应该根据人物的语言、动作去细心揣摩。下面请同学们自行分角色朗读最喜欢的文本,尽量体会人物的个性及情感的起伏变化,下节课请同学们展示。

对上述教学实录点评表述不正确的是(　　)。

A. 该教学以学生为中心,最大限度地激发学生的参与意识。

B. 该教师突显了戏剧教学的本质特点。

C. 构建了生生、师生对话交流的平台。

D. 该教学以"周朴园是一个什么样的人"直入主题,环环相扣。

二、案例分析

（一）真题

案例一：阅读《林黛玉进贾府》教学实录(片段)，完成第1题。

师：《红楼梦》是我国古代文学中的一座大山，而《林黛玉进贾府》则是这座大山上的一块美玉。美玉亦有微瑕，美中常有不足。《林黛玉进贾府》这块美玉是否有"瑕疵"呢？今天就请大家仔细阅读文本，说说自己的发现。

生：课文中有一句，"丫鬟进来笑宝玉来了。"贾宝玉和丫鬟是主仆关系，"宝玉"应该换为"宝二爷"才符合实际。

师：你能勇于提出自己的见解，很好！对这个问题，大家怎么看？

生：我觉得丫鬟不喊"宝二爷"而称"宝玉"，体现了贾宝玉与丫鬟们亲密无间、情同兄妹的关系，正符合贾宝玉的"叛逆"性格。

师：说得好！宝玉在贾府中的确与众不同，他"主仆不分，男女无别"的平等作风正是他性格中的闪光点。

生：我发现一个问题，林黛玉到荣国府见王夫人时，房内"靠东壁面西设有半旧的青缎靠背引枕。王夫人却坐在西边下首，亦是半旧的青缎靠背坐褥""挨炕一溜三张椅子上，也搭着半旧的弹墨椅袱"。我认为这是作者的小小疏忽，"半旧"的家用摆设怎能表现贾府的豪华、奢侈呢？（掌声）

师：你善于发现，探异求新，不简单！刚才的掌声是对你最好的鼓励。不过，请大家再仔细想想，也许会有更精彩的发现。

生：我不同意，"半旧"让我们看到了贾府更深层次的东西，如果不是有多年的富贵，其家用摆设不会是"半旧"，这个"半旧"正体现了贾府奢华生活的深厚。

生：我也认为作者写得很真实，贾府既不是破落户，也不是暴发户，这个"半旧"体现了贾府的显赫非一朝一夕。

生：其实，这个"半旧"也预示着贾府未来的命运。

师：果然，大家有了新的认识，看来这实在不是作者的疏忽！"半旧"这个形容词恰恰来自作者直接的生活体验和敏锐细致的观察，正是作者的用心之处。不过，深入思考、有所发现、大胆质疑的精神值得提倡！请继续给著指"瑕"。

师：虽然本节课我们没有找到课文的瑕疵，未免遗憾，但我们收获颇丰，我们感受到了经典作品须慢慢读、细细品，方能悟出其中的妙处。记得当代红学大家周汝昌曾经这样评价道："曹雪芹是个惊人的天才，他仪态万方地体现了我们中华文化的光彩和境界。他是大文豪、大诗人、大思想家、大词曲家、大音乐家、大美学家、大社会学家、大心理学家、大民俗学家、大医药学家、大园林建筑学家。这样一个学识极广博、素养极高深的人写出来的小说，无怪乎有人将它比作百科全书。"希望同学们课下有机会能通读《红楼梦》，将来成为一个"红楼迷"，甚至成为一名"红学"专家。

问题：

1.（1）评析教师是如何落实学生学习的主体地位的。

（2）说明教师引用周汝昌先生评价的意图。

案例二：阅读下面的学生作文，完成2—3题。

成功与恒心

① 成功源自恒心，这话不假。古往今来，成功之人，大多不正是因为恒心才成功了吗？失败者的未来未必就是失败，但成功者的历史一定有过失败。如果失败者没有恒心，那他最终很可能仍是一个失败者。

② 明代学士宋濂，"幼时即嗜学"，但因家里贫穷，没钱买书，所以只能借人家的书亲自抄写，即使到了"天大寒，砚冰坚"的地步也不放松抄书，常常将手指冻得不能弯曲，保证每次都能及时将书还回去。到了成年，他因为"益慕圣贤之道"而"负箧曳屣行深山巨谷中"，可见相当坚苦。读书的时候，对同学的华丽的衣着视而不见，只是专心学习，终于，他成为一位大文学家，成为明初诗文三大家之一。

③ 试想，如果宋濂没有恒心，他抄书时，叹手指不可弯曲而不抄，跟随老师时又因路途崎岖而半路折回，又因看到同学华丽的衣着而愧不如人，他会取得成功吗？会被称为"开国文臣之首"吗？当然不可能。他的成就，归功于他的恒心。他的恒心致使他的成功。

④ 在国外，一名年轻人与其他许多年轻人一样，有他自己的梦想——想做演员、拍电影、当明星。他写了一个电影剧本，并希望拍成电影，于是，他来到了世界著名的电影城市。他的演艺道路十分坎坷，终于，当他拜访第一千八百五十次时，一家公司的老板答应了他。过了一段时间，电影拍摄完成，并获得了巨大成功，这部电影的名字叫作《洛奇》，那个年轻人的名字叫席维斯·史泰龙。

⑤ 我不禁设想，如果跟其他人样，他可能第二次就放弃了，也可能是到第一千次就放弃了，也可能是在第一千八百四十九次才放弃，如果这样，那么史泰龙就与其他大多数人一样，只能幻想拍电影了。

⑥ "锲而不舍，金石可缕。"荀子说这句话时，是在战国时期，但这句话对现代人仍然有勉励作用。成功源自恒心，让我们成为有恒心的人吧！

问题：
2. 从第②⑥段中找出错别字，从第③段中找出一处病句，并分别修改。
3. 指出该作文在论证方面的一个缺点，并结合具体内容进行分析。

【参考答案】附后

（二）模拟题

案例一：阅读《声声慢》的教学实录（节选），完成第1题。

一、创设情境，渲染情绪

师：同学们，今天我们共同学习李清照的一首词，先自由地出声读一遍。

师：你读出了什么？

生：这首词充满了愁绪。

生：给人的感觉是女主人公特别痛苦和感伤。

师：写"愁"的诗句能回顾一下吗？

生（齐）：能。

生：李白《闻王昌龄左迁龙标遥有此寄》里有"我寄愁心屿明月，随风直到夜郎西"，他把自己的思念托付给明月，带给远方寂寞的朋友。

生：李清照《武陵春》中有"只恐双溪舴艋舟，载不动许多愁"。

生：李煜《虞美人》中写国破家亡之愁的诗句"问君能有几多愁，恰似一江春水向东流"。

师：同学们，在中国古典诗词中，"愁"是一个永恒的主题，在李煜的笔下，愁是一江向东流去的春水；在李清照的笔下，又是船上点点滴滴的忧思；在李白的眼里，愁不仅从水上到了船上，又到了天上，是一轮明月。那么，我们今天所学的这首有关"愁"的词，到底"愁"在哪里？又是如何写"愁"的？

二、整体感知，意境凄美

师：李清照这首《声声慢》字字含愁、声声是愁，现在请同学们试着读出这种味道。

（师为学生配乐，学生自由读，师指导）

师：谁愿意给大家朗读这首凄婉哀切的《声声慢》？

（每个组都有学生举手示意，师找了一位平时回答问题不太积极的同学朗读，让其他同学评点）

生：朗读得字正腔圆，但感情不够饱满。

师：那你能朗读出感情吗？（学生笑）

生：试试吧。

（读后，学生鼓掌，其他学生评点）

生：有一种如泣如诉的感觉，感觉她就像李清照。（众人笑）

生：真是"怎一个愁字了得"。

师：同学评点得很好，是呀，我们要想读好一首诗词，必须融入作者的生命。

三、口读愁情，解读手法

师：找出奠定整首词感情基调的句子。

生：两句分别是"这次第，怎一个愁字了得""寻寻觅觅，冷冷清清，凄凄惨惨戚戚"。

师：我们先看看诗歌开头直接写愁的诗句有什么特点。

生：运用了许多叠词。

师：把运用叠词的这几句读一遍，想一想如果把它们进行换位，变成"惨惨凄凄，清清冷冷，觅觅寻寻"可否？

生：这段文字中"寻寻觅觅"是一个"找"的状态；"冷冷清清"是一种环境，一种气氛"凄凄惨惨戚戚"是内心的感受，换位不足以清楚地表达意思。

师：这几个叠词很讲究顺序，"寻寻觅觅"是一个过程，"冷冷清清"是一个寻觅的结果，"凄凄惨惨戚戚"表现内心，"冷"在这里不仅指的是环境的冷清，而且也指"心冷"。现在同学们跟着老师再读一遍，体会叠词应用的效果。

生：有升华感情的作用。

师：除此之外，叠词在形式上增添了语言的韵律美，因此叠词的作用有两个，一个是升华、强化情感的表达，另一个是体现诗词的韵律美。

师：《声声慢》读后让人有一句一泪、满纸呜咽之感，这缘于意象词合理的选用，同学们试着找找这些意象词。

生：梧桐、黄花、雁、淡酒、细雨。

师：意象是古诗词的生命细胞，对意象词准确地解读能使我们更容易走进作者的心灵。

"三杯两盏淡酒"里的"淡酒"能换成"浓酒"吗?"梧桐更兼细雨"里的"细雨"能换成"大雨"吗?

生:不能,因为快乐时光已经远去,任何美味佳肴对李清照来说都索然无味,何况酒呢!

生:"淡酒"来写作者的"浓愁",酒的烈压不住作者情的愁。

生:我觉得这里的"细雨"给人一种连绵不断的感觉,一种"剪不断,理还乱"的惆怅。

师:理解意象词一定要找到意象词本来的意义,然后分析它渗透的情感,像这个"细雨"与"滂沱大雨"相比,如实如物,如梦如幻,表达了连绵不断的愁思,尤其是"梧桐更兼细雨"给人雨打梧桐叶的感觉,一声声,一叶叶,字字都是愁,可以说,作者把自己的愁融进字里行间,融入景物。剩下的几个意象词,同学们小组合作进行赏析,注意带着自己的思考进行讨论,不要当一个旁观者。

生:我觉得通过"窗儿"这个场景将作者那种浓浓的愁意散发出来,强调了那种孤独的氛围。

生:"黄花"我觉得写出了那种凄冷的环境,表达了作者孤苦的心境,表达了国破家亡的愁苦。

生:把自己比作黄花,如黄花一般凋零,表达了她亡国之恨的苦意。

师:李清照的《醉花阴》里面也有"黄花","莫道不销魂,帘卷西风,人比黄花瘦""满地黄花堆积,憔悴损,如今有谁堪摘",它们表达的意义一样吗?

生:首先我觉得第一个"黄花"是以花喻自己,愁得像"黄花"一样,第二个是比喻自己的愁多得可以"堆"起来。

生:这里的"黄花"并不是自己,这句"满地黄花堆积,憔悴损,如今有谁堪摘"表达了什么?史书记载,李清照当年也是一个爱美的词人,曾和丈夫有过一段非常幸福的时光,可以这样说,他们"诗书唱和,绣花捕蝶",生活得非常有雅兴和诗意。

生:我鉴赏"雁过也,正伤心,却是旧时相识"里的"雁"。因为北雁南飞,雁走了,只留下思念与期盼,由雁群看到悲愁,悲从中来,触景生情,勾起她对丈夫的思念。

生:因为雁属于候鸟,候鸟每年都随着气候而迁徙,过雁象征离愁,自己和丈夫生活在北方,因为一些原因迁到南方,看见大雁可以北归而自己却有家不能归,表达的是思乡之情。

四、知人论诗,解读"愁"情

师:李清照的一首《声声慢》融进太多愁,那么到底为何而愁,真实的李清照到底一生有哪些经历,她又在寻觅什么呢?让我们一起欣赏《李清照》的朗诵视频。

(动情地朗诵感染着学生)

生:因为后来她流落到南方,所以我觉得她在寻觅依靠、寻觅家的感觉。

生:她在寻觅一个可以给她生活安慰的人,可到最后才发现依靠已经没有了。

生:李清照先寻,寻不见继而觅,觅不见继而发感慨,她寻找的是她温暖的港湾和甜蜜的回忆。

师:《声声慢》是李清照后期的作品,此时,她所作的词所蕴含的情感已经从简单的儿女情长上升到国家以及失去中原的一种忧郁,词里的愁已经是一种沉甸甸的深沉的愁了。

师小结:回首词里的李清照,我们依然能够看到一位寻寻觅觅的女神,她"终生求美,把心撕碎,铸就无穷的美留给了人间"。其实作为对美好生活的追求者来说,我们不也是人生的寻觅者吗?

问题:
1. 分析评价教师是如何引导学生学习《声声慢》这首词的。

案例二:阅读下面的学生作文,完成2—3题。

最美的笑容

① 当第一缕阳光透过窗洒在了地板上,我懒洋洋地睁开了眼,嘴角不知不觉地上扬,钩画出美好的弧度,门外"嗒嗒嗒"的脚步声响起,你又开始为我的生活而奔波。

② 心情格外好,走出房门却发现你的脸上也带着暖暖的笑意,身后挂着的日历上,用红色记号笔慎重地圈了一个圈,日期是昨天。

③ 虽然昨天的夜不似往常那般冷,但也寒风阵阵。上完晚自习到家已9点多了,那时看到你开着灯,伏在桌子上不知写些什么,也没太在意,走进房间开始我每天必要的学习,当我十点半从房里出来的时候,你仍伏案写着,忍不住开口问你,你头也不抬说那是工作计划书,让我先去洗洗睡,我应了,可当我快接近十一点从浴室出来时,你却依然埋头写着,连我出来都未曾发觉。

④ 我站在门边,就那样静静地看着你,借着微弱的灯光,我看到了你的改变,让我心疼,却无力挽回的改变。你整个身体几乎都伏在了桌面上,估计夜盲症又加深了吧,你原本乌黑的青丝里又卷入了几丝银发,你原本明亮的双眼如今布满了血丝,你原本细嫩的肌肤现在却被苍老所取代,我能为你做些什么呢?

⑤ 眼角撇见了一个瓷杯,那还是你曾经送给我的礼物,拿起杯子,我悄悄地泡好一杯玫瑰花茶,香气渐渐开始溢出,铺满了房间,我端着茶轻轻放在了你的手边,似乎是闻到了沁人心脾的茶香,你微微直起了腰,不解地看着我。玫瑰花茶有美容养颜的功效,还可以提神,我看你这么累,所以那一刻,我似乎感到脸上的温度突然上升,脸红了一下,可能是不习惯说这样的话吧。你端起杯子,微微喝了一口,我看到灯光下你扬起的脸,眼角细细的皱纹开始渐渐地舒展,紧闭的嘴微微张开,嘴角的弧度在无限度地扩张,本已苍老的脸却在一瞬间绽出如孩子般天真灿烂的笑容。我的心被震颤了。

⑥ 只是一杯暖暖的花茶,便让你绽出了这样美的笑容,我不禁脱口而出"妈,我爱你",望着你的容颜,泪涌出眼眶,感到了你暖暖的怀抱,听到了你充满笑意的回答"我也一样"。

⑦ 美丽的记忆会被永远铭记,第二天早上,在厨房中你忙碌的身影还可以看到唇边那一抹浅浅的笑意,那天晚上,你的爱以及你最美的笑容一起印入了我的脑海,永不遗忘。

2. 找出第①⑤段中的两个错别字和第③段中的一处病句,并分别修改。
3. 指出该作文的优点,并结合具体内容分析。

(参考答案附后)

三、教学设计

(一)真题

阅读材料,完成1—3题。

归去来兮辞并序

余家贫,耕植不足以自给。幼稚盈室,瓶无储粟,生生所资,未见其术。亲故多劝余为长吏,脱然有怀,求之靡途。会有四方之事,诸侯以惠爱为德,家叔以余贫苦,遂见用于小邑。于时风波未静,心惮远役,彭泽去家百里,公田之利,足以为酒。故便求之。及少日,眷然有归欤之情。何则？质性自然，非矫厉所得。饥冻虽切，违己交病。尝从人事，皆口腹自役。于是怅然慷慨，深愧平生之志。犹望一稔，当敛裳宵逝。寻程氏妹丧于武昌，情在骏奔，自免去职。仲秋至冬，在官八十余日。因事顺心，命篇曰《归去来兮》。乙巳岁十一月也。

归去来兮，田园将芜胡不归？既自以心为形役，奚惆怅而独悲？悟已往之不谏，知来者之可追。实迷途其未远，觉今是而昨非。舟遥遥以轻飏，风飘飘而吹衣。问征夫以前路，恨晨光之熹微。

乃瞻衡宇，载欣载奔。僮仆欢迎，稚子候门。三径就荒，松菊犹存。携幼入室，有酒盈樽。引壶觞以自酌，眄庭柯以怡颜。倚南窗以寄傲，审容膝之易安。园日涉以成趣，门虽设而常关。策扶老以流憩，时矫首而遐观。云无心以出岫，鸟倦飞而知还。景翳翳以将入，抚孤松而盘桓。

归去来兮，请息交以绝游。世与我而相违，复驾言兮焉求？悦亲戚之情话，乐琴书以消忧。农人告余以春及，将有事于西畴。或命巾车，或棹孤舟。既窈窕以寻壑，亦崎岖而经丘。木欣欣以向荣，泉涓涓而始流。善万物之得时，感吾生之行休。

已矣乎！寓形宇内复几时，曷不委心任去留？胡为乎遑遑欲何之？富贵非吾愿，帝乡不可期。怀良辰以孤往，或植杖而耘耔。登东皋以舒啸，临清流而赋诗。聊乘化以归尽，乐夫天命复奚疑！

课文介绍：

该课文选自某版高中语文教材必修5第二单元第1课，同单元另外三篇课文为《滕王阁序》《逍遥游》《陈情表》。

单元说明：

这个单元主要学习古代抒情散文。所选课文时代不同，文体不一，所抒发的感情也各有不同。有回归田园的乐趣，有怀才不遇的悲情，有人世沧桑的感慨，有不懈追求的壮志，也有友情与亲情的抒发。语言或典雅华丽，气韵灵动；或沉郁顿挫，令人回肠荡气；或娓娓道来，质朴自然。所有这些，都是古人真情实感的自然流露，至今读来仍感人肺腑。

阅读这些作品，要悉心体会，注意领略其中不同的文体风格和语言韵味，最好能够熟读成诵，这样就能披文入情，把握作品所抒发的真挚情感。(《普通高中语文课程标准（实验）》的相关要求)

学习中国古代优秀作品，体会其中蕴含的中华民族精神，为形成一定的传统文化底蕴奠定基础。学习从历史发展的角度理解古代作品的内容价值，从中汲取民族智慧；用现代观念审视作品，评价其积极意义与历史局限。

学生情况：

高二年级第一学期，班额50人。

教学条件：

教室配有多媒体设备，能够演示ppt，播放音频、视频文件，能够投影实物。

问题：

1. 根据上述材料，确定本课的教学目标，并具体说明确定的依据。（不可照抄材料）

2. 选择其中一个具体的教学目标，设计一个教学片段，简要说明每个环节的教学内容与教学方式。

3. 设计一个具体的教学活动,引导学生完成下面的【研讨与练习】。

陶渊明诗文的艺术特点是"平淡自然"。前人说此赋"沛然如肺腑中流出,殊不见有斧凿痕"。请从情感表达和语言运用两方面谈谈你的理解。

【参考文题】附后

(二) 模拟题

阅读材料,完成1—3题。

《雨霖铃》(柳永)

寒蝉凄切,对长亭晚,骤雨初歇。都门帐饮无绪,留恋处、兰舟催发。执手相看泪眼,竟无语凝噎。念去去、千里烟波,暮霭沉沉楚天阔。

多情自古伤离别,更那堪、冷落清秋节!今宵酒醒何处?杨柳岸、晓风残月。此去经年,应是良辰好景虚设。便纵有千种风情,更与何人说?

课文介绍:

该课文选自某教材必修第二单元。同单元课文还有柳永《望海潮》、苏轼词两首、辛弃疾词两首、李清照词两首。

单元介绍:

这个单元学习宋词。宋代是词的鼎盛时期,名家辈出,风格迥异。这里选的是几位大家的名作,兼顾了豪放与婉约两种风格。词的句式错落有致,长短悬殊。小令显得轻灵飞动,长调则更便于写景、叙事和抒情的交互融合。词具有很强的节奏感和音乐性,欣赏时要反复吟咏,体会其声律之美;也要在理解作品内容的同时,运用联想和想象,领悟其中情与景浑然交融的意境。

《普通高中语文课程标准(实验)》的相关规定:

学习鉴赏中外文学作品,能感受形象,品味语言,领悟作品的丰富内涵,体会其艺术表现力,有自己的情感体验和思考。

(教师)应引导学生在阅读文学作品时,努力做到知人论世,通过查阅有关资料,了解与作品相关的作家经历、时代背景、创作动机以及作品的社会影响等,加深对作家作品的理解。

学生情况:

高二年级第二学期,班额50人。

教学条件:

教室配有多媒体设备,能够演示PPT,播放视频、音频文件,能够投影实物。

问题:

1. 根据上述材料,确定本课的教学目标,并具体说明确定的依据。(不可照抄材料)

2. 选择其中一个教学目标,设计一个教学方案,简要说明每个环节的教学内容。

3. 完成下面的【研讨与练习】

《雨霖铃》抒写的是离别之苦,古代诗词中表达这种情感的作品很多。不过,同是写离别,情调上却有着很大差异,有"风萧萧兮易水寒,壮士一去兮不复还"的悲壮之别,有"相见时难别亦难,东风无力百花残"的凄苦之别;请你从读过的诗词中再找出一些来,略加分类后抄录下来,并就其中一首写一篇赏析短文。

【参考答案】

一、单项选择题

(一)文史知识类

1. D 2. C 3. C 4. D 5. A 6. C 7. C 8. D 9. D 10. A 11. C 12. D 13. B 14. D 15. A 16. C 17. D 18. C 19. B 20. B 21. B 22. B 23. B 24. C 25. B 26. C 27. C 28. C

(二)文化常识类

1. D 2. B 3. C 4. C 5. D 6. A 7. B 8. C 9. D 10. C 11. B 12. B 13. C 14. D 15. C 16. D 17. D 18. B 19. B 20. A 21. B

(三)文言词义类

1. D 2. C 3. C 4. C 5. C 6. A 7. A 8. D 9. D 10. C 11. C

(四)文字语法修辞类

1. D 2. B 3. D 4. C 5. C 6. D 7. C 8. A 9. A 10. A 11. A 12. A 13. B 14. B

(五)课程教学类

1. A 2. C 3. B 4. D 5. B 6. C 7. C 8. B 9. A 10. A 11. B

(六)教学评析类

1. A 2. D 3. D

二、案例分析

(一)真题

1. (1)语文新课标指出,积极倡导自主、合作、探究的学习方式。该教师抓住高中学生求知欲强的心理特点以及这篇文章的写作特点,以"《林黛玉进贾府》这块美玉是否有瑕疵"为问题,启发并引导学生推敲与思考课文内容。在整个课堂分析的过程中,教师更多地扮演了引导者的角色,通过层层深入的问题引导学生主动质疑,师生共同解决问题,充分发挥了学生的主体作用。这既保证了学生学习的积极性,又促进了学生思维创新性与开放性的发展。评价的根本目是促进学生语文素养的全面提高。评价应充分发挥诊断、激励和发展的功能。该教师在整个教学活动中,充分肯定了学生的想法,并对学生的回答做出积极有效的评价,如"你善于发现,探异求新,不简单!"等评语,激发了学生积极思考。在该课堂实录中,学生在教师提出问题后,通过自主分析、感悟作品,总结出对作品的独特理解,有助于学生语文素养的全面提高。

(2)语文核心素养"审美鉴赏与创造"要求:让学生通过阅读优秀作品,品味语言,感受其思想、艺术魅力,发展想象力与审美力;通过阅读和鉴赏,深化热爱祖国语言的感情,体会中华文化的博大精深、源远流长,陶冶性情,追求高尚情趣,提高道德修养。在该课堂实录中,教师在学生对《红楼梦》有了初步认识之后,引用名家周汝昌先生的评价,不仅展示了曹雪芹学识的渊博与《红楼梦》的包罗万象,而且开阔了学生的视野,激发了学生对文学作品的解读兴趣。

2. (1)错别字:第②段中"坚苦"的"坚"改为"艰";第⑥段中"金石可缕"的"缕"改为"镂";"勉厉"的"厉"改为"励"。

第③段中"他的成就,归功于他的恒心。他的恒心致使他的成功。""致使"一词含贬义,用词不当。

改为:他的成就,归功于他的恒心。他的恒心铸就了他的成功。

3. 论证深刻,在于方法。一般论证方法有举例论证、因果论证、归纳论证、对比论证,另外常见的论证方法还有引用论证、道理论证、比喻论证等。不同的论证方法在文中具有不同的论证效果,多种论证方法结合使用,可以达到良好的论证效果。本篇作文主要使用举例论证,通过列举宋濂、史泰龙的事例进行论证,除此之外,只有结尾处使用引用论证,即引用荀子的话进行论证。论证方法仅使用了两种,过于简单,不利于作者观点的表达,缺少说服力。

(二)模拟题

1. (1)学生是学习的主体,教师是课堂的组织者和引导者。教师的点拨是必要的,但不能以自己的分析讲解代替学生的独立阅读。为了让学生更深刻体会作者文字里的愁情,该教师主要采用了由意象词的解读到意境的理解的方法,通过读、听、赏、悟,最终达成目标。(2)语文教学与信息技术的巧妙整合。该教师把多媒体手段作为促进学生自主学习的认知工具和情感激励工具,如学生朗读时的配乐以及《声声慢》朗诵视频的欣赏,使情境创设丰富多样,强化学生对文本的感知能力。(3)找准教学的切入点。教师围绕《声声慢》这首词,用"情感是什么,如何表达情感,为什么有这样一种情感"三个主问题合理设置几个小问题进行教学。突显了教学的重点,不仅品味了诗歌的语言,学习了手法,而且让学生掌握了鉴赏诗歌的方法。(4)运用替换法,在替换比较中更容易使学生发现语言应用的差异性,感受作者用词的精妙。例如"淡酒"换成"浓酒","细雨"换成"滂沱大雨""寻寻觅觅,冷冷清清,凄凄惨惨戚戚"换成"惨惨凄凄,清清冷冷,觅觅寻寻"等,培养学生的语感和语用能力。

2. 错别字:第①段中"钩画"应改为"勾画";第⑤段中"撇见"应改为"瞥见"。

第③段病句:虽然昨天的夜不似往常那般冷,但也寒风阵阵。应改为:昨天的夜虽然不似往常那般冷,但也寒风阵阵。

3. 该作文的优点:(1)写作角度新颖。生活中体现父爱、母爱感人的瞬间有很多。细心观察的人总能发现温馨的画面。作者通过妈妈辛苦伏案工作和"我"为妈妈泡玫瑰花茶,使得妈妈绽放"最美的笑容"这些细节的描写,展现了"我"与妈妈之间的深情。(2)文章的语言优美,行文流畅。文章开头简而得当,通过日常生活的场景来衬托出人物心情,非常艺术化。中间部分重点突出,通过人物动作、语言等描写,以饱满的笔调刻画了为"我"生活奔波劳累的慈母形象。(3)比喻贴切,用词生动。如"本已苍老的脸却在一瞬间绽出如孩子般天真灿烂的笑容"。虽为一件小事,但是作者却描述得有声有色,结尾处的点睛之笔较好,突显了文章的主题。

三、教学设计

(一)真题

1. (1)教学目标:

知识与技能目标:掌握"胡、奚、曷、焉、何"五个疑问代词,归纳"行、引、乘、策"四个实词的一词多义现象。朗读并背诵全文,进而体悟作者的情感,了解辞赋的特点。

过程与方法目标:鉴赏本文感情真挚、用语朴素、用典自然等特点,提高学生的审美能力。

情感态度与价值观目标:体会、感悟作者返璞归真的人生志趣与人生境界,能对作者的思想进行简单辨析。

（2）确立目标的依据：

一是课标相关目标要求。根据2017年版高中语文课程标准"语文核心素养"培养要求："了解并梳理常见的文言然词、文言虚词、文言句式的意义或用法，注重在阅读实践中举一反三。诵读古代诗词和文言文，背诵一定数量的名篇"。这要求教师在教学目标的设计中一，注意引导学生理解文言文中的字、词、句，理解文章大意，体会文章蕴含的传统文化精神。2017年版高中语文课标"学习任务群5　文学阅读与写作"规定：引导学生阅读古今中外诗歌、散文、小说、剧本等不同体裁的优秀文学作品，使学生在感受形象、品味语言、体验情感的过程中提升文学欣赏能力，并尝试文学写作，撰写文学评论，借以提高审美鉴赏能力和表达交流能力。精读古今中外优秀的文学作品，感受作品中的艺术形象，理解欣赏作品的语言表达，把握作品的内涵，理解作者的创作意图。结合自己的生活经验和阅读写作经历，发挥想象，加深对作品的理解，力求有自己的发现。

二是文本内容及体式。《归去来兮辞并序》选自人教版高中语文必修5第二单元。本单元主要学习古代抒情散文。这篇文章是陶渊明创作的抒情小赋，也是他脱离仕途回归田园的宣言。这篇文章作于作者辞官之初，叙述了他辞官归隐后的生活情趣和内心感受，表现了作者对官场的认识以及对人生的思考，表达了他洁身自好、不同流合污的情操。作品通过描写具体的景物和活动，创造出一种宁静恬适、乐天自然的意境，寄托了他的生活理想。学生经过初中阶段及高中语文前四个模块的学习，已经具备一定的文言修养，应摒弃字字落实、句句疏通、讲求语法的传统教学法，采用自主、合作、探究的方式分析文本与解读文本。

三是学生学情本课的教学对象是高二学生，在之前的学习中，学生对文言文已经有了基本的了解，但学习的自主性和独立思考性还有所欠缺。

2. 情感态度与价值观目标：体会、感悟作者返璞归真的人生志趣与人生境界，能对作者的思想进行简单辨析。

（1）歌曲导入，激发兴趣。

导入：同学们是否读过金庸《神雕侠侣》？在金庸的武侠世界里，杨过和小龙女厌倦了江湖的恩怨情仇，甘愿淡漠人世繁华，抛开人世的纷纷扰扰，退隐山林，寻一个自由自在的世外桃源。我国晋代有一位伟大的田园诗人陶渊明，他看透黑暗官场，不满污浊的世俗社会，毅然拂袖归隐，躬耕田园。今天，我们学习的《归去来兮辞并序》正是陶渊明诀别官场、归隐田园"宣言"。

（2）了解作者及文体。

陶潜，又名陶渊明，字元亮，东晋大诗人，辞赋家、散文家，浔阳柴桑人，后人称之为"靖节先生"，又自称"五柳先生"。他喜欢写田园生活和自然景色，他的诗意境淡远，语言质朴，有独特的风格。后人常用"质朴、平淡、自然"评价陶诗的风格，称其为"田园诗人"。辞赋：辞是屈原在楚地民歌的基础上创造出来的一种新诗体。用的是楚地方言，内容跟楚地的社会生活、山川风物有关，故又称楚辞。因屈原写作的《离骚》为这种文体的代表，而称"骚体"。其特点是形式自由，句式散文化；大体以四句为一小节，两句为一组，以六字句为主，间有长、短句，多用语气词"兮"，每句三拍。到了西汉，赋在辞的影响下产生，是有韵的散文，讲究铺排。而辞仍是诗，重在抒情。

(3) 熟读课文,整体感知。

教师示范朗读,并指导朗读。以六字句为主,按三拍读,如"舟遥遥/以/轻飏,风飘飘/而/吹衣。问征夫/以/前路,恨晨光/之/熹微"。少数四字句按两拍读,如"乃瞻/衡宇,载欣/载奔。僮仆/欢迎,稚子/候门"。有些七字句中出现了虚词,仍可按六字句读。另外,还应注意语调、语气。本文有不少感叹句、疑问句,应读出语气,注意语调。学生自由朗读课文,结合注释,熟悉文意,并找出所有押韵的字,在换韵的地方做出标记,反复朗读由换韵隔开的层次和段落,并总结段落层次的大意。梳理本文叙事思路:决意辞归—归途—抵家—室内—涉园—外出—纵情山水—安度余生。

(4) 品读课文,体悟情感。

"归去来兮"的意思是回去吧。做官往往是封建社会士阶层建功立业、实现人生价值的首选之路,可身在仕途的陶渊明为什么却想辞官回去呢?让我们到课文中去寻找答案。在此先做提示,本文写于作者辞官之后、将归之际。人未归而心已归,文中所记叙的归途和归家后的生活都是作者想象的情景。

① 第一段解读:

在封建社会里,人们要建功立业,实现人生价值,往往是和仕途紧紧联系起来的。陶潜不愿为官,难道是当官不好吗?指定学生朗读本段。

思考:陶潜辞官归田的原因是什么?

明确:"田园将芜""心为形役""已往不谏,来者可追"。

提问:从陶潜辞官归田的原因中可看出他当时的心境如何?

明确:自责("田园将芜"),自悔("已往不谏,来者可追"),自觉,自醒("迷途未远")。这里"心为形役"中的"心"和"形",显然不能单纯理解为"心意"和"形体",应该深木理解为"心"是志趣人格,"形"是作者出仕为官的这种行为。

② 第二段解读:

讨论:归家途中的迫切体现在哪里?抵家时的欣喜又体现在哪些语句当中?到家后衣食住行的闲适又从何看出?

明确:"舟遥遥""问征夫""恨晨光",尤其是"恨"字,迫切之情,溢于言表。"载欣载奔""僮仆欢迎,稚子候门",可感悟出主仆俱迎、妻子皆乐的情景。尤其具有情味的是妻子,好似不出来迎接,但由"有酒盈樽"可知妻子比谁都盛情,多美的天伦之乐的场面啊!"引壶觞以自酌""抚孤松而盘桓",既有室中之乐,又有园中之乐,这是真正的隐士之乐,和刘禹锡《陋室铭》中的"斯是陋室,唯吾德馨"异曲同工。

③ 第三段解读:

"归去来兮,请息交以绝游",作者再一次表明自己厌恶官场,固穷守节的坚定决心,也体现出其隐士情怀。

思考:陶潜隐居乡村的生活乐趣,从哪些方面可以看出?

明确:促膝而谈的家庭之乐——悦亲戚之情话;弹琴消忧的本色生活——乐琴书以消忧;与乡邻交往之乐——告余春及,有事西畴;巾车孤舟出游之乐——窈窕寻壑,崎岖经丘。

④ 第四段解读:

魏晋焦虑人生苦短的文人中,陶潜是最为焦灼的一个,从第三段结尾处的"善万物之得时,感吾生之行休"可见端倪,在第四段中又有何表现?

分小组讨论:如何正确理解结尾处的句子"聊乘化以归尽,乐夫天命复奚疑"?

明确:陶潜顺应自然,乐夫天命,超脱生死,有别于儒学家,也有别于道学家。这里边有他遗世独立、超脱生死的旷达乐观精神,也流露出他无可奈何、听天由命的思想情绪,这是他欲冲破黑暗而不能的保身之计。

教师补充典故:东晋时期时局动荡,仕途险恶,官场黑暗腐败,门阀制度森严。陶渊明为了谋生,几仕几隐,身陷其中。一天,上边派了一个督邮到其所在的彭泽县巡查,旁边的官吏叫他穿好官服、戴好帽子去谒见,陶渊明为保持高尚的节操不愿意去,说"我不能为五斗米,折腰向乡里小人",即日弃官归隐。在弃官之后、归隐之前写下了这篇赋,41岁的陶渊明从此诀别官场。

(5)总结课文,情感升华。

结合我们学过的有关陶渊明的作品,以及大家课外搜集到的陶渊明的生平和后人对他的评价,按自己的理解说说陶渊明是什么样的人。

(6)布置作业。

背诵全文。结合课文内容,运用想象,写一段描绘陶渊明形象的文字。

3.活动主题:陶潜之平淡自然。

活动过程:

(1)任务:李白有两句名言:"清水出芙蓉,天然去雕饰。"用这句话来赞美《归去来兮辞》再恰当不过了。前人说此赋"沛然如肺腑中流出,殊不见有斧凿痕"。之前我们已经学习了陶渊明的许多作品,也了解了他作品的与众不同。同学们有没有想过:这是为什么呢?请解读以下几个句子含义。

(2)解读句子深刻含义:

①归去来兮!田园将芜胡不归?既自以心为形役,奚惆怅而独悲?

明确:这句话表面看似乎是在安慰自己,实际上是在自我反省。他在《归园田居》中写道:"误落尘网中,一去三十年。"

②悟已往之不谏,知来者之可追。实迷途其未远,觉今是而昨非。

明确:表面看诗人是在谴责自己走错了路,实际是表达了对现实的不满,对社会黑暗的批判。欢喜之情无法言表,连奔带跑,回到家中。这种心理描写更能给读者以想象的空间,与官场相比,田园风光是这样的令人清爽。

③僮仆欢迎,稚子候门。

明确:天真烂漫的小孩让诗人看到了纯洁和质朴。可以想象僮仆在说什么,稚子又在说什么,还有那没出场的爱妻,她大概一句话也不说,深情地冲丈夫微笑。这是多么动人的场景!接下来,诗人写身处庭院房舍的悠然之情。这里有小径、松菊、酒盏、壶觞、庭柯。无违心事,有悠然情。自由自在,无拘无束。官场如何黑暗,诗中无一句交代,但田园的美好正暗示出了官场的可憎。文字上没有对比,但诗人心中时时在对比。

④云无心以出岫,鸟倦飞而知还。

明确:这句其实不是在写云和鸟,而是诗人心灵的表露。宋人叶梦得评说:"非胸中实有此境,不能为此言也。"

(3)总结归纳:下面请同学们结合这篇辞赋的内容以及陶渊明的其他作品,从情感表达和语言运用两方面入手，四人组成一个小组进行讨论，最后派小组代表发言，其他同学也可以补充。（学生讨论并发表言论，师生共同总结）

明确：本文无论是抒情、叙事、议论，还是结构、语言，都充分体现出陶渊明诗文平淡自然的风格特征。

① 从情感表达上来说，作者写此文确实是发乎真情，为情造文，而非为文造情。正如前人所说："公罢彭泽令，归赋此辞，高风逸调，晋宋罕有其比。盖心无一累，万象俱空，田园足乐，真有实地受用处，非深于道者不能。"正因为陶渊明内心深处真正热爱田园生活、热爱自然，才可能将这种感情表达得如此准确含蓄，如此打动人心。本文是一篇抒情咏怀之作，并带有相当多的叙事成分，但作者能将议论、叙事与抒情完美地结合起来，自然和谐地融为一体，情托于物，情寓于景。作者的感慨、喜悦等感情不是直接生发，而是在写景叙事中巧妙自然地流露，在如画的景物展现中，作者那洒脱的胸怀、高洁的志趣也得以充分表现。作者的内心感情和志趣都外化为田园的美好景物，自然创造出绝妙的意境。文中写田园生活的乐趣，看起来都是一些平常的细节，但又处处显示出作者"旷而且真"的感情，在平淡自然的描述中，饱含着浓浓的意趣和深刻的人生哲理。

② 从语言运用上来说，本文语言自然朴素，音节和谐，辞意畅达，情致沛然流出，自然成韵，呈现出天然纯净之美。"欧阳公言两晋无文章，幸独有此篇耳。然其词义夷旷萧散，虽托楚声，而无其尤怨切蹙之病云。"可见后人对此文的语言风格评价甚高。作者虽也用了不少典故，化用了不少前人的语句，但都自然地化为己意，语如己出，毫无用典和化用的痕迹。因此说本文"平淡自然""沛然如肺腑中流出，殊不见有斧凿痕"是比较贴切的。

（二）模拟题

1.（1）教学目标：

① 知识与技能：在朗读中体味《雨霖铃》的思想感情和凄清意境；借助对意象的分析，体会词中情景交融、虚实结合的艺术特色。

② 过程与方法：运用"诵读涵泳法""语言揣摩法"，反复诵读、品味语言，赏析意象构成的特定意境以及表达的意蕴，掌握赏析诗词的方法。

③ 情感态度与价值观：通过审美体验、评价等活动，形成正确的审美意识、健康向上的审美情趣与鉴赏品位。

（2）设计依据：

① 2017年版课标相关目标要求：要求学生精读一定数量的优秀古代散文和诗词曲作品，教师应激发学生的诵读兴趣，培养学生的诵读习惯。鉴赏文学作品，感受和体验文学作品的语言、形象和情感之美，能欣赏、鉴别不同时代、不同风格的作品，具有正确的价值观、高尚的审美情趣和审美品位。

② 课文的单元定位及特色：《雨霖铃》是人教版高中语文必修4第三单元的选文，本单元主要是鉴赏宋词。该词是柳永的代表作。全词围绕"伤离别"而构思，上片写词人和心爱的人长亭分别时的不舍情景；下片想象着别后生活的情景。笔调恣意渲染，声情哀怨、缠绵。《雨霖铃》无论是思想内容，还是艺术技巧、语言形式，都具有典范性和代表性。学习这首词对提高鉴赏古典诗词的能力有一定的帮助，同时还可以培养学生热爱中华传统文化的感情。

③ 学情分析：高二年级学生已经学过一些宋词，对词也有了基本的了解，能感受词的语

言美、意境美,但还停留在较浅的层面上,思维能力和审美能力还有待提高。他们对于一些艺术特色的表现手法也有所了解,但对于鉴赏诗词的方法掌握得还不是很到位,所以教师要引导学生进入特定的审美意境,培养学生的鉴赏能力。

2. 过程与方法目标:运用"诵读涵泳法""语言揣摩法",反复诵读、品味语言,赏析意象构成的特定意境以及表达的意蕴,掌握赏析诗词的方法。

(1) 导入:以"豪放派"与"婉约派"词的不同特色的宋代佳话引入教学容:……苏轼词适合关西大汉执铁板,唱"板大江东去,浪淘尽千古风流人物……"柳永词适合十五六岁红孩儿执红牙板,唱"今宵酒醒何处,杨柳岸,晓风残月……"

(2) 切入:反复朗读,注意语调、语速、停顿及感情基调;学生边读边想象,理解词意。

(3) 赏析意象、意境,品味意蕴,领悟情感。

任务一:赏析上片

问题:上片描绘了怎样的画面?找出写景的诗句,并予以赏析。

师生讨论,归纳如下:

① 写实景:眼前之景——"寒蝉凄切,对长亭晚,骤雨初歇""都门帐饮无绪,留恋处,兰舟催发。执手相看泪眼,竟无语凝噎";

时令:深秋季节——肃杀;

地点:长亭、都门、兰舟——送别;

情境1:大雨刚过,凄风冷雨,天色将晚——饯别酒,难以下肚。

情境2:船工催促出发,有情人双手紧握,相顾无言,泪眼婆娑。

② 写虚景:想象之景——"念去去,千里烟波,暮霭沉沉楚天阔";

去去:渐行渐远;

千里:距离遥远;

烟波暮霭:前景渺茫;

楚天阔:天各一方。

③ 总结:上片虚实结合,融情于景,创造了凄凉清丽的意境;表达了相见时难别亦难的缠绵悱恻之情。

任务二:学习下片

问题1:"自古多情伤离别,更那堪、冷落清秋节"在结构上有何作用?

——承上启下,点明"伤离别"主旨。

问题2:如何抒发"伤离别"的?

① 想象:"今宵酒醒何处?杨柳岸,晓风残月",是典型意境,在我国民族文化传统中具有特殊意义。

情境:借酒浇愁愁更愁,酩酊大醉,醒来已无故人相陪,孤零零躺在杨柳岸边,伴随的唯有拂晓清冷的风、残存的月。"柳"与"留"谐音,自古写离情别绪,都惯常写到"杨柳";如诗经《采薇》中的"昔我往矣,杨柳依依;今我来斯,雨雪纷纷"。

② 直抒胸臆:"此去经年,应是良辰好景虚设,便纵有千种风情,更与何人说!"

(4) 梳理小结,拓展赏析。

① 教师带领学生梳理全词的结构脉络:重申别前、别时、别后几个部分,体会虚实结合、

情景交融的写作技巧,以及景物清理、情感深沉的婉约风格。

②拓展阅读欧阳修《蝶恋花·庭院深深深几许》,重点赏析"杨柳堆烟""门掩黄昏""泪眼问花花不语,乱红飞过秋千去"等名句。学生讨论后派代表讲解,师生共评,进一步体会柳永词的婉约特点及缠绵悱恻的情感。

(5)布置作业。

①背诵并默写该首词。②自行寻搜婉约派词作阅读赏析。

3.(1)列举离别诗词:王维《九月九日忆山东兄弟》;毛泽东《贺新郎·挥手自兹去》;李商隐《无题·相见时难别亦难》;苏轼《江城子·乙卯正月二十日夜记梦》;李白《渡荆门送别》等。(2)赏析短文,例子《渡荆门送别》(李白):

渡远荆门外,来从楚国游。

山随平野尽,江入大荒流。

月下飞天镜,云生结海楼。

仍怜故乡水,万里送行舟。

《渡荆门送别》是唐代伟大诗人李白青年时期出蜀漫游的途中写下的一首五言律诗。该诗起笔写远游,继而写沿途见闻和观感,最后以思念作结。全诗形象奇伟,想象瑰丽,以其卓越的绘景取胜,景象雄浑壮阔,表现了作者少年远游、倜傥不群的个性及浓浓的思乡之情。

首联"渡远荆门外,来从楚国游":交代出游及其所赴地点,一个"渡远"为抒发"离别"之情作了铺垫。颔联"山随平野尽,江入大荒流":上句形象地描绘了船出三峡,渡过荆门山后长江两岸的特有景色。山逐渐消失了,眼前是一望无际的低平的原野。下句写出江水奔腾直泻的气势,从荆门向远处望去,江水仿佛流入荒漠辽远的原野,凸显出天空寥廓,境界高远。一个"入"字,写出了气势的雄伟,充分表达了诗人的满怀豪情,充满了喜悦和昂扬的激情。景中蕴藏着诗人喜悦的心情和青春的蓬勃朝气。颈联"月下飞天镜,云生结海楼":写完山势与流水,诗人又以移步换景的手法从不同角度描绘了长江的近景与远景。长江流过荆门,河道迂曲,流速减缓;晚上,江面平静时,俯视月亮在水中的倒影,好像天上飞来一面明镜似的。日间,仰望天空,云彩兴起,变幻无穷,产生了海市蜃楼般的奇景。这正是从荆门一带广阔平原的高空中和平静的江面上所观赏到的奇妙美景。颈联两句写江水平静,展现了江岸辽阔,天空高远,充满了浪漫主义色彩。尾联"仍怜故乡水,万里送行舟":"万里"与首句"渡远"相呼应,即使相隔千山万水,"仍怜"故乡情谊;首尾衔接,浑然一体。

总之,该诗意境高远,风格雄健,以小见大,容量丰富,颇有张力,长江中游的山光水色,尽收眼底。写景动静结合、虚实相间,具有很强的艺术感染力。

第四节 语文教师资格考试面试内容及题型

一、教师资格考试《面试大纲》主要内容

包括六大元素:测试性质、测试目标、测试内容与要求、测试方法、评价标准、试题示例。

其中"测试内容与要求"的具体内容包括8个方面：职业认知、心理素质、仪表仪态、言语表达、思维品质、教学设计、教学实施、教学评价。这8个方面的内容,通过"结构化面试""情境模拟面试"两种类型完成。

二、教师资格考试面试题目类型

"结构化面试",又称"标准化面试",考官随机抽取结构化试题2道,考生答题5分钟。"情境模拟面试"是一种高度仿真情境的测试方法,是根据教师的素质要求,有针对性地设计情境,并让考生扮演教师角色,模拟呈现教育教学的过程。

三、"结构化面试"题目类型分析

1. 职业认知型
这类题目指向教育事业、教学工作,考察教师职业理念。题目示例：

(1) 你认为一个优秀教师应该具备哪些素质？
(2) 你认为(某学科)教学的最重要特征是什么？
(3) 你认为一堂好课的标准是什么？
(4) 你认为当好一个班主任要具备哪些素质？

2. 事件评论型
考察认识能力、职业道德。题目示例：

(1) 现在许多家长外出打工,孩子由祖父母管护,这种"隔代教育"对学生的健康成长产生不少问题,对此你怎么看？有什么对策和建议？
(2) 现在社会上呈现很多"贵族学校""贵族班",对此你有何看法？
(3) 对于当前学校管理中的"衡水现象",你有何看法？
(4) 一名小学三年级学生在谈理想时表示："将来要成为一名小丑。"一老师说："胸无大志,没出息!"另一教师说："愿你把快乐欢笑带给全世界!"这两位老师的行为,你怎么看？
(5) 数学课上,一名学生在看课外书籍,老师非常生气,把书没收了,并且把他罚出教室。该数学老师的行为,你怎么看？

3. 观点评论型
指向职业认知,考察分析、评论能力。题目示例：

(1) 教学是一门技术？还是一门艺术？你倾向哪一种看法？并说说理由。
(2) 邓小平对于教育的发展,提出"三个面向"的方针;此方针如今过时了吗？谈谈你的看法。

(3) 现在"不让孩子输在起跑线上",已经成为很有普遍意义的育儿观念,社会上很多家庭经济并不宽裕的家长们也在"被接受"这个观点。对此你如何看?

(4) 当前"文化反哺"现象很受重视,结合这种现象,谈谈你对师生关系的认识。

(5) 习近平总书记指出,老师再也不能仅仅充当传授知识的"教书匠",而应该做塑造学生品格、品性、品位的"大先生"。对此你怎么看?

4. 管理应变型

考察管理应变能力、事件处理能力。题目示例:

(1) 如果你是一名指导老师,有两位男生为了同一个喜欢的女生打架,将你怎么办?

(2) 一次平时测验中,你班上的"学霸"成绩未能"卫冕",她情绪一落千丈,哭泣不止,甚至借酒浇愁。你怎么办?

(3) 你班上某同学文化成绩很差,上课经常瞌睡,有时还打呼噜。但他在运动场上却判若两人,是班里的"体育大户",在学校运动会上拿过"全能冠军"。有人称他为"四肢发达、头脑简单"。你如何对待这样的另类学生?

(4) 课堂上,小明回答问题声音非常小,老师让她再说一遍,他非常生气,怒声说道:"我已经说过了!"如果你是这位老师,将怎么办?

(5) 上课即将开始,可是管钥匙的同学还没到,备用钥匙也找不到了,学生都集中在教室门口。作为班主任,此时你将怎么办?

5. 教学应变型

考察驾驭课堂教学的机智。遇到突发事件或旁逸斜出,作为教师处理问题的果断性、灵活性、得体性很重要。题目示例:

(1) 当你正在讲课,一位学生突然站起来,指出你某处讲错了,你如何处理这种局面?

(2) 学生回答问题,总是与老师备课时设计的板书内容不一致,老师千方百计引导也无济于事,最后老师只好对学生的回答——予以否定,最后写上自己的板书设计。你如何看待这种做法?

(3) 在课堂讨论环节,一位同学提出一个问题,老师始料未及,不知所云,一头雾水。如果你在课堂上遇到此类尴尬,怎样处理?

(4) 当全班学生绝大多数不喜欢你所教的学科,你认为是何原因?如何处理?

6. 关系处理型

考察人际交往能力、关系平衡能力。题目示例:

(1) 你班级的学生与其他任课教师发生矛盾,闹得很僵,甚至影响正常的教学,你如何协调处理?

(2) 学生爸爸要了解孩子的数学学习情况,给数学老师打电话,可数学老师不接电话,也不回电话。如果你是班主任,该怎么办?

(3) 春游时,同学与公园管理人员发生了激烈的争吵,如果你是班主任,你将怎么办?

(4) 张老师对小明爸爸说:我见过爱孩子的家长,但没有见过你这样溺爱孩子的家长。小明的家长不以为然。此时你如果是张老师,怎么办?

(5) 现在社会上有趋富、趋贵现象,新闻媒体也往往起着推波助澜的作用。校园也不乏攀比之风,时髦衣装、新款手机、饮料零食等等,攀比几乎无处不在。有钱的同学颇有优越感,而家庭经济困难的同学则越发自卑,觉得很难融入。作为老师,对此现象你将如何对待?

7. 个人述说型

考察自我认知能力、个人见解及其表述能力。题目示例:

(1) 你觉得学生最不喜欢什么样的老师?

(2) 作为师范毕业生,即将走上教书育人的岗位,你认为自己做教师最大的优势与不足分别是什么?

(3) 你对自己参加该次师范生基本功大赛有何期待?设想假如获得大奖,你将如何处置?假如未获得任何奖项,你将如何对待?

(4) 王老师刚参加工作,刚到学校报到,发现工作环境比预想的差得多,感到非常失望,如果你是王老师,将怎么办?

8. 理论认知型

考察对古今中外教育理念的理解与认知能力。这些理论包括教师发展类、活动组织类、教育教学类、方法择取类等等。题目示例:

(1)《论语》中有:"学而不思则罔,思而不学则殆。"谈谈你对这句话的理解。

(2)《学记》上说:"亲其师而信其道。"这句话对你有哪些启示?请谈一谈。

(3)《论语》说:"知之者不如好之者,好之者不如乐之者。"请谈谈你对这句话的理解。

(4) 外国教师协会规定,在学校里教师不可以触碰学生的身体,对此规定你怎么看?

(5) 国外教师学会规定,在学校里教师之间不允许谈论班里学生的相貌、家庭条件等情况。对此规定你怎么看?

(6) 孔子曰:"不愤不启,不悱不发,举一隅不以三隅反,则不复也。"你如何理解这段话?

(7) 古人云:"学然后知不足,教然后知困;知不足,然后能自反也;知困,然后能自强也;故曰'教学相长也'。"结合教师专业发展,谈谈你的对这段话的认识。

(8) 俗话说:"严师出高徒,棍棒底下出孝子。"古人云:"子不教,父之过,教不严,师之惰。"这些传统的教育思想与当今倡导的"赏识成功教育"、对学生要有"宽容、包容"心、要实施爱的教育等新理念相矛盾吗?为什么?

四、模拟授课测试及答辩策略

情境模拟面试,其目标定位是"教学设计""教学实施"两个环节。"教学设计"是"教学实施"的前提与保障,是教师资格考试的重要部分;"教学实施"是"教学设计"的具体落实,也是国家教师资格考试的重头戏。情境模拟面试,就是根据所给材料及要求进行备课,然后试讲,并进行5分钟的答辩。以下重点讨论模拟授课(试讲)的策略。

1. 掌握"模拟授课"的性质

备课内容:按照题目要求进行教学设计。实施授课:试讲10分钟。模拟授课的特点:
(1) 无学生参与,面对专家演课。
(2) 运行教学流程,师生互动虚拟化,时间归零。
(3) 情境模拟;教学内容全面,能力高度综合。

2. 把握教学的基本结构

课堂教学的基本结构:导入新课—传授新课—巩固练习—结束新课—布置作业。或表述为:导入—(亮标)—切入—推进—深入—拓展—收束。导入的方法及策略:紧扣教学内容;时间短、方法新。导入的常见方法有:名言法、提问法、诗词法、情境法、歌曲法、即兴法等。

3. 根据内容控制好教学的节奏
(1) 讲课速度快慢适当。
(2) 语言抑扬顿挫。
(3) 师生互动张弛有度。
(4) 学习活动动静结合。

4. 运用恰当的教学方法

适用于"模拟授课"的教学方法有:讲授法、问答法、讨论法、演示法、练习法、探究法等。

5. 板书设计的形式及其呈现
(1) 板书常见的形式有:关键词式、内容纲要式、线索式、表格式、对比式、图文式。
(2) 板书常见问题有:布局混乱;繁简极端;内容重复。
(3) 板书应遵循如下原则:①要月明星稀,忌繁星满天。②要画龙点睛,忌鱼龙混杂。③要提纲挈领,忌一盘散沙。④要恰到好处,忌画蛇添足。⑤要别具一格,忌千篇一律。⑥要图文并茂,忌抽象单调。⑦要师生互动,忌单向灌输。

6. 模拟授课答辩策略(5分钟提问)
(1) 要辨别考官问题类型及意图,根据问题类型与意图回答。与"模拟授课"内容有关的问题,如教学目标、重难点、活动设计意图等,一般属于查缺补漏性问题。与"模拟授课"内容无关的问题,如职业认知、学科核心素养、专业发展等,一般属于提升性问题。

(2)要紧扣题目要领,直接回答,注意避免答非所问。

(3)要沉着冷静,对所提问题不回避、不放弃。

六、模拟授课真题示例(以高中面试为例)

示例一:学习文本的论证方法(2018年)

1. 题目:《劝学》是一篇论说文,作者为了阐明自己的主张,运用了比喻、对比等论证方法。运用这些论证方法的好处是什么。

2. 内容:《劝学》全文(略)。

3. 基本要求:

(1)朗读文章最后一段,处理好语速、音调和感情的关系。

(2)活动设计有助于学生理解论证方法的作用。

(3)配合教学内容适当板书。

(4)试讲10分钟左右。

4. 重要考核目标:

(1)言语表达和思维品质。

(2)教学设计和教学实施。

示例二:总结梳理文言知识(2018年)

1. 题目:设计活动,组织学生完成"文言词语和句式"专题的梳理探究。

2. 内容:

专题导语

文言是指五四运动以前通用的以古代汉语为基础的书面语。学习文言文既有利于继承文化遗产,也有利于提高现代汉语的修养。古今汉语有不少一致的地方,也有很多差别。这种差别除语音外,还表现在词语和句式的运用上。为了培养对古代汉语的语感,提高阅读文言文的能力,我们需要积累一些常用的文言实词、虚词和句式,并进行一番梳理。

专题内容提纲

一、文言实词

(一)一词多义

(二)古今异义

(三)通假字

(四)词类活用

二、文言句式

(一)判断句

(二)被动句

(三)省略句

3. 基本要求:

(1) 设计学习流程帮助学生完成梳理探究。
(2) 板书学习流程并阐释说明。
(3) 试讲10分钟左右。
4. 主要考查目标：
(1) 言语表达和思维品质。
(2) 教学设计和教学实施。

示例三：汉字专题学习(2018年)
1. 题目：设计活动,组织学生完成"优美的汉字"专题的梳理探究。
2. 内容：

专题导语

汉字是至今仍"活"着的最古老的一种文字,也是世界上使用人数最多的一种文字。

汉字的数量有数万之多,如收在《康熙字典》里的汉字有47000多个。汉字作为中华文明的重要标志,书写了灿烂的中华文明,承载了华夏文化的悠久历史。今天,汉字又以独特而智慧的方式解决了现代信息处理的问题,正踏着青春的步伐活跃在现代生活中。

专题内容概要

一、汉字的起源

汉字是记录汉语的符号,它是汉民族祖先在长期的社会实践中,因生活和交流的需要,在劳动中不断地创造和发展起来的。

二、汉字的形体

从商甲骨文到今天的楷书,汉分字的形体逐渐演变,这种演变可以为两大阶段,就是古汉字阶段和隶书楷书阶段。

三、汉字的构成

汉字是方块字,有独体字和合体字之分。关于汉字的构成,前人有所谓"六书"说,即汉字的构成有"象形""指事""会意""形声""假借""转注"六种方法。

四、汉字文化

汉字由于有独特的形体结构,因此除了记录字的音和义以外,还保存着造字时的文化信息,其中不乏当时的思想意识和观念。

3. 基本要求：
(1) 设计学习流程,帮助学生完成梳理探究。
(2) 板书学习流程并阐释说明。
4. 主要考查目标：
(1) 言语表达和思维品质。
(2) 教学设计和教学实施。

示例四：古诗词鉴赏指导(2018年)
1. 题目：指导学生鉴赏陆游的《书愤》
2. 内容：

书愤（陆游）

早岁那知世事艰,中原北望气如山。
楼船夜雪瓜洲渡,铁马秋风大散关。
塞上长城空自许,镜中衰鬓已先斑。
出师一表真名世,千载谁堪伯仲间!

3. 基本要求:
(1) 朗读诗歌,处理好语速、音调和感情的关系。
(2) 活动设计紧扣具体诗句展开,层层深入。
(3) 配合教学内容适当板书。
(4) 试讲10分钟左右

4. 主要考查目标:
(1) 言语表达和思维品质。
(2) 教学设计和教学实施。

示例五:诗歌"炼字"含义鉴赏(2019年)
1. 题目:结合拓展的诗句,引导学生鉴赏杜甫《蜀相》中"自""空"两词的表达效果。
2. 内容:

蜀相（杜甫）

丞相祠堂何处寻,锦官城外柏森森。
映阶碧草自春色,隔叶黄鹂空好音。
三顾频烦天下计,两朝开济老臣心。
出师未捷身先死,长使英雄泪满襟。

拓展的诗句:
(1) 芳树无人花自落,春山一路鸟空鸣。
(2) 花自飘零水自流,一种相思,两处闲愁。
(3) 塞上长城空自许,镜中衰鬓已先斑。

3. 基本要求:
(1) 朗读诗歌,处理好语速、音调和感情的关系。
(2) 活动设计紧扣具体诗句展开,层层深入。
(3) 配合教学内容适当板书。
(4) 试讲10分钟左右。

4. 主要考查目标:
(1) 言语表达和思维品质。
(2) 教学设计和教学实施。

示例六:现代诗歌教学(2019年)
1. 题目:设计问题,引导学生体会《再别康桥》首尾两节诗句中作者的情感。

2. 内容：

再别康桥（徐志摩）

轻轻的我走了，
正如我轻轻的来；
我轻轻地招手，
　作别西天的云彩。
……
悄悄的我走了，
正如我悄悄的来；
我挥一挥衣袖，
不带走一片云彩。

3. 基本要求：
(1) 朗读首尾两节，读音、停顿准确，表现出作者的情感。
(2) 问题设计有助于学生领会该诗的情感和思想内涵。
(3) 配合教学内容适当板书。
(4) 试讲10分钟左右。

4. 主要考查目标：
(1) 言语表达和思维品质。
(2) 教学设计和教学实施。

示例七：作文审题指导（2018年）

1. 题目：设计活动，帮助学生完成审题。
2. 内容：
阅读下面的材料，根据自己的感悟和联想，写一篇不少于800字的文章。

惟我辈既以担当中国改革发展为己任，虽石烂海枯，而此身尚存，此心不死。既不可以失败而灰心，亦不能以困难而缩步。精神贯注，猛力向前，应乎世界进步之潮流，合乎善长恶消之天理，则终有最后成功之一日。
　　　　　　　　　　　　　　　　　　　　　——孙中山

要求：①选准角度，自定立意；②自拟题目；③除诗歌外，文体不限；④文体特征鲜明。
(2012年山东卷高考语文作文题)

3. 基本要求：
(1) 设计活动帮助学生准确审题。
(2) 板书审题要点并阐释说明。
(3) 试讲10分钟左右。

4. 主要考查目标：
(1) 言语表达和思维品质。
(2) 教学设计和教学实施。

示例八:小说人物形象鉴赏(2018年)

1. 题目:《林黛玉进贾府》开头段的一句话是解读林黛玉性格特征的重要线索,结合这句话引导学生鉴赏林黛玉的形象。

2. 内容:

且说黛玉自那日弃舟登岸时,便有荣国府打发了轿子并拉行李的车辆久候了。这林黛玉常听得母亲说过,他外祖母家与别家不同。他近日所见的这几个三等仆妇,吃穿用度,已是不凡了,何况今至其家。因此步步留心,时时在意,不肯轻易多说一句话,多行一步路,惟恐被人耻笑了他去。自上了轿,进入城中,从纱窗向外瞧了一瞧,其街市之繁华,人烟之阜盛,自与别处不同。

3. 基本要求:
(1) 朗读上述语段,处理好语速、音调和感情的关系。
(2) 明确"线索"句,教学设计有助于学生把握林黛玉的形象。
(3) 配合教学内容适当板书。
(4) 试讲10分钟左右。

4. 主要考查目标:
(1) 言语表达和思维品质。
(2) 教学设计和教学实施。

七、模拟授课试题模拟

模拟题一:现代诗歌鉴赏
1. 题目:指导学生鉴赏洛夫《边界望乡——赠余光中》
2. 内容:
说着说着,
我们就到了落马洲。

雾正升起,我们在茫然中勒马四顾。
手掌开始出汗,
望远镜中扩大数十倍的乡愁,
乱如风中的散发。
当距离调整到令人心跳的程度,
一座远山迎面飞来,
把我撞成了
严重的内伤。

病了病了,
病得像山坡上那丛凋残的杜鹃。
只剩下唯一的一朵,
蹲在那块"禁止越界"的告示牌后面

咯血。而这时,
一只白鹭从水田中惊起,
飞越深圳,
又猛然折了回来。

而这时,鹧鸪以火发音。
那冒烟的啼声,
一句句
穿透异地三月的春寒。
我被烧得双目尽赤,血脉贲张。
你却竖起外衣的领子,回头问我
冷,还是
不冷?

惊蛰之后是春分,
清明时节也不远了,
我居然也听懂了广东的乡音。
当雨水把莽莽大地
译成青色的语言,
喏!你说,福田村再过去就是水围。
故国的泥土,伸手可及,
但我抓回来的仍是一掌冷雾。

3. 基本要求:
(1) 朗读诗歌,处理好语速、音调和感情的关系。
(2) 活动设计紧扣具体诗句展开,层层深入。
(3) 配合教学内容适当板书。
(4) 试讲10分钟左右。

4. 主要考查目标:
(1) 言语表达和思维品质。
(2) 教学设计和教学实施。

模拟题二:古代诗歌对比阅读教学
1. 题目:指导学生运用对比阅读方法,鉴赏杜甫《登高》《登岳阳楼》两首诗。
2. 内容:

登高

风急天高猿啸哀,渚清沙白鸟飞回。
无边落木萧萧下,不尽长江滚滚来。
万里悲秋常作客,百年多病独登台。
艰难苦恨繁霜鬓,潦倒新停浊酒杯。

登岳阳楼

昔闻洞庭水,今上岳阳楼。
吴楚东南坼,乾坤日夜浮。
亲朋无一字,老病有孤舟。
戎马关山北,凭轩涕泗流。

3. 基本要求:
(1) 朗读两首诗歌,处理好语速、音调和感情的关系。
(2) 活动设计紧扣具体诗句展开,层层深入。
(3) 配合教学内容适当板书。
(4) 试讲10分钟左右。

4. 主要考查目标:
(1) 言语表达和思维品质。
(2) 教学设计和教学实施。

模拟题三:象征寄寓型材料作文审题

1. 题目:设计教学活动,帮助学生完成审题。
2. 内容:

《白鹿原上奏响一支老腔》记述老腔的演出每每"撼人肺腑",令人有一种"酣畅淋漓"的感觉,某种意义上,可以说"老腔"已超越其艺术形式本身,成了一种象征。

请以"'老腔'何以令人震撼"为题,写一篇议论文。(2016年北京卷高考语文作文题)

3. 基本要求:
(1) 设计活动帮助学生准确审题。
(2) 板书审题要点并阐释说明。
(3) 试讲10分钟左右。

4. 主要考查目标:
(1) 言语表达和思维品质。
(2) 教学设计和教学实施。

模拟题四:想象展望型材料作文审题

1. 题目:
2. 内容:阅读下面的材料,根据要求写作。

2000年　农历庚辰龙年,人类迈进新千年,中国千万"世纪宝宝"出生。
2008年　汶川大地震,北京奥运会。

2013年　"天宫一号"首次太空授课。

公路"村村通"接近完成；"精准扶贫"开始推动。

2017年　网民规模达7.72亿，互联网普及率超全球平均水平。

2018年　"世纪宝宝"一代长大成人。

……

2020年　全面建成小康社会。

2035年　基本实现社会主义现代化。

一代人有一代人的际遇和机缘、使命和挑战。你们与新世纪的中国一路同行、成长，和中国的新时代一起追梦、圆梦。以上材料触发了你怎样的联想和思考？请据此写一篇文章，想象它装进"时光瓶"留待2035年开启，给那时18岁的一代人阅读。

要求：选好角度，确定立意，明确文体，自拟标题，不要套作，不得抄袭，不得泄露个人信息；不少于800字。（2018年全国Ⅰ卷高考语文作文题）

3. 基本要求：

(1) 设计活动帮助学生准确审题。

(2) 板书审题要点并阐释说明。

(3) 试讲10分钟左右。

4. 主要考查目标：

(1) 言语表达和思维品质。

(2) 教学设计和教学实施。

【参考答案】

模拟题一：

一、导引

洛夫，出生于大陆，谋生于台湾地区。他早期的诗歌创作，追求超现实主义，善于锤炼语言，创造奇特意象；并且长于从现实中发掘超现实诗情。他写诗、译诗、教诗、编诗的人生经历，与余光中颇有相似之处，这是他在偶得望乡机缘时爆发思乡情愫的直接原因。其《边界望乡》抓住生活中几乎是稍纵即逝的一次心灵震颤过程，用极其繁复而细腻的笔触，将其夸张、放大，生动化、形象化，使读者伸手可及他那强烈的乡愁。

二、切入

该首诗写的是一次边界望乡的心灵震颤过程(或叫心境)，请仔细研读每一段，理出诗人当时的心路历程。注意抓住诗中奇特的意象描写，并对语言运用超出常规之处认真咀嚼品味，体会这些语言所创造的意境及其表达的意蕴。

三、师生讨论、交流、赏析

(一) 整体感知——浏览性阅读

1. 第1段——

(1) 问题：开头一节只有2句，"说着说着/我们就到了落马洲"，表层语意只是简单交待到了目的地，但是这里有无深层语意呢？纵观全诗可推知他们说的是什么吗？

(2) 讨论解答：他们说的一定是与故乡有关的人和事，因为他们要去的是边界，是可以眺望故乡的。他们兴致勃勃地说着，不经意间就到了，反映出诗人一行对此次落马洲之行所抱希望很大。

(3) 教师补充：这正是全诗内容的铺垫，是抒情的蓄势待发；希望越切，失望时越痛苦；这里可视为作者的创作空白。所谓创作空白，就是一切艺术创作中，艺术家有意或无意造成的隐蔽、残缺、中断、休止、无言、无声、无形的部分，即"笔所未到，有意所忽"之处，也就是留给欣赏者通过"有形"部分而进入想象的艺术空间。在语文课程阅读教学视域中，作家的艺术空白大体通过预设、角色、省略、隐蔽、终端、冗余、隐喻、陌生化等手段来达成。

2. 第2段——

(1) 问题：你觉得这段中哪些诗句在语言表达上不符合常规？这样处理有何妙处？

(2) 回答：有两处，"望远镜中扩大数十倍的乡愁/乱如风中的散发""一座远山迎面飞来/把我撞成了/严重的内伤"。

(3) 讨论、分析：由于诗人望乡心切，可是"雾正升起"不能及时望见故乡，因而"茫然""四顾"，进而"手掌生汗"，于是就有下面急切的动作。诗人不实写急速调整焦距放大影像的动作行为，而是描写调整焦距的轻微动作带来心灵的强烈反应：乡愁被"扩大数十倍"，而且"乱如风中的散发"，可见乡愁何止是剪不断理还乱！就在诗人因即将望到故乡而激动得心跳加剧的时候，望远镜头里如飞一般扑面而来的远山，使诗人一颗饱受思乡之苦的心受到了强烈的冲击。此处用"撞""严重"形容冲击力之大，受伤害之深；"内伤"表明这种伤害是看不见摸不着的，完全是内心深处的隐痛。

(4) 总结、概括：语言的超常规表达，在诗歌创作中极为常见。清代诗歌理论家吴乔在《围炉诗话》中将诗歌抒情的一种规律概括为"无理而妙"，说的是诗歌中感情抒发强烈处往往是不合事理的。这种"无理"，有的表现为语法上突破常规，如"碧水惊秋，黄云凝暮"（秦观），"药炉汤鼎煮孤灯"（范成大），"清新庾开府，俊逸鲍参军"（杜甫）；有的则表现为行为方面自相矛盾，如"近乡情更怯，不敢问来人"（宋之问），"抽刀断水水更流，举杯销愁愁更愁"（李白）；还有的表现为大胆的夸张和想象，如"断肠人在天涯"（马致远），"晓来谁染霜林醉，总是离人泪"（王实甫）。超常规的艺术表达，往往创造出新颖而独特的意象，拓宽加深意境的意蕴，从而增强作品的艺术感染力。

3. 第3段——

(1) 质疑：由故国山河引起的精神痛苦使诗人恰如大病一场，这种病当然无临床表征。那么诗人用哪些富含特殊意蕴的意象来表达这种难以言状的苦痛的？你觉得其中有哪些词语值得咀嚼品味？

(2) 回答：意象有"凋残的杜鹃"、"禁止越界"告示牌、"白鹭"；值得品味的有行为动作词语有"蹲""咯血""猛然折了回来"；还有"一只""唯一""一朵"等数量词。

(3) 讨论、赏析：以上内容共同构成了凄清、孤独、失望的意境。当时诗人离开大陆已经整整30年了，如今只能在望远镜中重温故乡山水，诗人在无限感慨中神伤心痛。洛夫的诗素有诗意象奇特、表现手法繁复多变、耐人回味之称，此处有意象的跳跃转换：凋残的是杜鹃花（山上那丛），咯血的是杜鹃鸟。杜鹃鸟，又称子规，其啼声如说"不如归去"，游子听其叫声往往顿生飘零之感，离别之恨。"咯血"形容其伤痛之深，与"断肠人在天涯"（马致远）、"肠断白苹洲"（温庭筠）有相同的艺术效果。这里通过意象的跳跃转换，拓宽了意境，增大了意蕴的厚度，给人以诗情回转缠绵的感染。

4. 第4段——

(1) 问题：此段有三处值得思考讨论，一是你怎样理解"鹧鸪以火发音"和"冒烟的啼声"？二是鹧鸪啼声"穿透""春寒"表达上有何特殊效果？三是同伴"冷，还是/不冷"有何深层含义？

(2) 讨论、交流：鹧鸪又名山鹧鸪，啼声凄厉悲惨，其叫声如说"行不得也哥哥"。"火""冒烟""穿透"，写出了鹧鸪叫声频率之快、声音之高，给人以声嘶力竭的感觉；"烧"与前句中"以火发音"和"冒烟的啼声"相呼应，是导致"双目尽赤，血脉贲张"的直接原因；这正是诗人"内伤"严重带来的心理和生理上的强烈反应。而同伴"竖起外衣的领子"问"冷，还是/不冷"，则衬托出在场的所有望乡者都从内到外彻底冷透，此可谓心寒之至！

(3) 归纳：这里又有语言的超常规表达，用"火、冒烟"的视觉形象，来描写杜鹃啼叫给人的听觉感受，是通感手法。

5. 第5段——

(1) 问题：该段颇有点朦胧诗的味道，开头两句列出几个中国特有的农历节气有何用意？你喜欢"当雨水把莽莽大地/译成青色的语言"这一诗句吗？说说你的理由。

(2) 师生解读：诗人用中国特有的农历"二十四节气"中的几个节气来表示时令的更迭，别有寓意。惊蛰、春分、清明、雨水是相邻的几个节气，它们都代表春天的步伐，古老的中华民族就是在这样的信号更迭中春耕，夏种，秋收，冬藏；生生不息，源远流长；同根同祖、血脉相连，这是毋庸置疑也无法改变的历史渊源！春风吹过，大地一片生命的绿色，在诗人看来，那就是中国人无声的心灵沟通的语言，所以他能听懂朋友广东的乡音。可是故乡明明是"伸手可及"，却只能抓回"一手冷雾"，近在咫尺难相诉，骨肉分离几十年，到底谁之过？此时诗人已经彻底伤心失望。

诗句"当雨水把莽莽大地/译成青色的语言"中，用"译"把大自然的更迭渐进现象拟人化了，比王安石"春风又绿江南岸"中的"绿"更添几分人类的灵性。

(3) 总结归纳：诗人边界望乡时的心路历程：

近乡心切 — 望乡情怯 — 念乡心痛 — 思乡心寒 — 盼乡失望

四、艺术手法

问题：《望乡》中哪些意象涉及典故？

1. 杜鹃，传说杜鹃鸟叫声凄切，啼叫时嘴里会流出血来，在古典诗歌中多用来表示凄婉哀怨的情调。如李白的"杨花落尽子规啼，闻道龙标过五溪。我寄愁心与明月，随风直到夜郎西。"(《闻王昌龄左迁龙标，遥有此寄》)为送友人营造了哀怨的氛围；白居易的"其间旦暮闻何物，杜鹃啼血猿哀鸣"(《琵琶行》)渲染了被贬后寂寞难耐的情境；李商隐的"庄生晓梦迷蝴蝶，望帝春心托杜鹃"(《锦瑟》)写出了长期积压的遗憾和伤痛；秦观的"可堪孤馆闭春寒，杜鹃声里斜阳暮"(《踏莎行·郴州旅社》)表达了诗人被贬郴州后失意凄苦的心情；而文天祥《金陵驿》中的"满地芦花和我老，旧家燕子傍谁飞。如今别去江南月，化作杜鹃带血归"，不得不使读者为其壮志难酬、矢志不渝的精神境界而扼腕长叹。洛夫在该诗中用杜鹃咯血这个具有传统文化意蕴的意象，表达了自己不能回归故乡的哀怨悲苦之情。

2. 白鹭,在古典诗歌中多表现为对安静、平和生活的自由向往,如王维的"漠漠水田飞白鹭,阴阴夏木啭黄鹂"(《积雨辋川庄作》),渲染了积雨天气中辋川山野一片画意盎然的景象;杜甫的"两个黄鹂鸣翠柳,一行白鹭上青天"(《绝句》),描绘了有声有色的绚丽图景;张志和的"西塞山前白鹭飞,桃花流水鳜鱼肥"(《渔歌子》),道出隐居江湖生活的娴静舒适。洛夫在这里借白鹭"飞跃深圳/又猛然折了回来",来抒发对台湾大陆和平统一生活的渴望,也表达了自己纵使插上翅膀也难回故乡的近乎绝望的悲凉之情。

3. 鹧鸪,又名山鹧鸪,啼声凄厉悲惨,也是古诗词中经常用以表达哀怨离愁的意象。如辛弃疾的"江晚正愁余,山深闻鹧鸪"(《菩萨蛮·书江西造口壁》),强烈地抒发了作者不能南归的悲愤之情。洛诗中鹧鸪"以火发音"和"冒烟的啼声",使诗人蛰伏了30年的故国之思,如潮水奔涌不能遏抑,以致被"烧"得"双目尽赤,血脉贲张",强烈地抒发了自己遥望故国时急剧沸腾、摧肝裂胆的心灵躁动。以上三个意象的使用,将历史与现实叠合在一起,既抒发了诗人的乡愁情绪,又增加了这种情怀的历史纵深感和厚重感。

板书设计:

边界望乡
(洛夫)

模拟题二:

【教学目标】

1. 了解杜甫生平和两首诗各自的创作背景,读准坼、渚等字的读音,有感情地朗读全文并背诵。

2. 总体上感知两首诗,感受《登岳阳楼》写景的特点,通过风急、天高、猿啸、渚清、沙白、落木、长江等意象感受《登高》的意蕴。

3. 感受作者漂泊天涯、身世坎坷、前途未知的感叹,心怀国事的忧虑。对比两首诗感情的异同。

【教学重难点】

1. 教学重点:赏析两首诗的景物描写,体会写景的意蕴。

2. 教学难点:结合具体的诗和创作背景,体会作者的情感,比较两首诗情感的异同。

【教学方法】

1. 提问对话法;2. 整体感悟法;3. 诵读涵咏法。

【教学过程】

一、导入

1. 主题导引

唐代是我国诗歌创作的顶峰,产生了无数的优秀诗人和精彩的作品,他们的姓名和作品流传了千年,直到今天,我们读到这些作品,依旧会对作者产生敬慕之情。以前我们学习过很多登高怀远主题的诗歌,现在让我们回忆一下这些诗,越多越好。师生共同背诵相关诗句,并指出其出处:

会当凌绝顶,一览众山小(杜甫《望岳》);欲穷千里目,更上一层楼(王之涣《登鹳雀楼》);江山留胜迹,我辈复登临(孟浩然《与诸子登岘山》);念天地之悠悠,独怆然而涕下(陈子昂《登幽州台歌》)。今天,让我们继续学习两首杜甫有关登高题材的诗,体会这两首诗有什么异同。

2. 解题

(1) 作家作品。杜甫(712—770),字子美,曾居长安城南少陵以西,自称少陵野老,世称杜少陵,出身于河南巩县,唐代现实主义诗人。杜甫的诗歌创作可以分为四个阶段:①读书漫游(35岁以前)。代表作有《望岳》《画鹰》等。②困守长安(35—44岁)。代表作有《兵车行》《丽人行》《前出塞》《后出塞》《自京赴奉先县咏怀五百字》等。③战乱流离(44—48岁)。代表作有《春望》《北征》有"三吏""三别"。④漂泊西南(49—59岁),770年冬天,病死在由潭州往岳阳的一条破船上。终年59岁。漂泊西南的十年,是杜甫创作丰富多彩的时期,这时期的作品约占杜诗的三分之一。代表作品有《茅屋为秋风所破歌》《闻官军收河南河北》《壮游》《登高》等。这两首诗都写于第四阶段。

(2) 创作背景。《登高》:此诗作于唐代宗大历二年(767)秋天,杜甫时在夔州。这是56岁的老诗人在极端困窘的情况下写成的。当时安史之乱已经结束四年了,但地方军阀又乘时而起,相互争夺地盘。杜甫本入严武幕府,依托严武。不久严武病逝,杜甫失去依靠,只好离开经营了五六年的成都草堂,买舟南下。本想直达夔门,却因病魔缠身,在云安待了几个月后才到夔州。如不是当地都督的照顾,他也不可能在此一住就是三个年头。而就在这三年里,他的生活依然很困苦,身体也非常不好。一天他独自登上夔州白帝城外的高台,登高临眺,百感交集。望中所见,激起意中所触;萧瑟的秋江景色,引发了他身世飘零的感慨,渗入了他老病孤愁的悲哀。

《登岳阳楼》:唐代宗大历二年(767),杜甫57岁,距生命的终结仅有两年,当时诗人处境艰难,凄苦不堪,年老体衰,患肺病及风痹症,左臂偏枯,右耳已聋,靠饮药维持生命。大历三年(768),杜甫离开夔州(今重庆奉节)沿江由江陵、公安一路漂泊,来到岳阳(今属湖南)。登上神往已久的岳阳楼,凭轩远眺,面对烟波浩渺、壮阔无垠的洞庭湖,诗人发出由衷的礼赞;继而想到自己晚年飘泊无定,国家多灾多难,又不免感慨万千,于是在岳阳写下《登岳阳楼》。

二、初读:整体感知

任务:高声朗读两首诗,分别概括诗歌所写的内容,并指出其写作顺序是怎样的。

明确:两首诗写的都是作者登高远眺眺所见的景象,抒发登高感怀之情。顺序:先写景,后抒情。

三、研读:赏析内容

(一) 赏析写景部分

思考:同样描写的是登高远眺的景色,两首诗的创作方法有什么不同,所营造的氛围有什么区别?先独立思考,然后小组之间讨论,回答以下问题。

1. 《登高》

(1) 圈出首联描写的景物,这些景物分别有什么特点,给人什么感觉?

明确: 风:急,给人凄冷的感觉,不仅指身体的冷,更多的是心理的感受。天:高,给人辽远的感觉,感受到人的渺小。猿啸:哀,给人悲凉的感觉(提示:联系巴东三峡巫峡长,猿鸣三声泪沾裳)。渚:清。沙:白,清和白给人凄清的感觉。鸟:飞回,鸟能往回飞,而作者此时却是漂泊在外,无家可归。

(2) 颔联描写了怎样的景象,作者看到这样的景象会产生怎样的情感?

明确: 落叶,飘落而下,无边无际;长江,滚滚向前,望不到尽头。这种景象是广阔而深远的。看到落叶,诗人会联想到自己年华逝去,人生暮年,引起韶华易逝的感叹(提示:联系创作背景,创作这首诗时,距离作者去世只有两年),会想到自己和落叶一样离开故土,加重乡愁,看到长江水,会感受到自然的永恒,从而联想到人生的短暂与无常。

2. 《登岳阳楼》

(1) 首联"昔闻""今上"表达了诗人怎样的心情?是怎样表现的?

明确: 早闻洞庭湖盛名,早有渴望尽兴一游的夙愿,然而无奈战乱频繁,身世漂荡,到了暮年才实现目睹名湖的愿望,表面看有初登岳阳楼之喜悦,其实意在抒发早年抱负至今未能实现之情。用"昔闻"为"今上"蓄势,是为描写洞庭湖酝酿气氛。这两句虚实交错,今昔对照。

(2) 你觉得颔联中哪两个字用得好?简单赏析。

明确: 坼和浮。坼,分裂。浮,漂浮荡漾。广袤数千里的吴、楚两地就因为有了这个湖,一下子断裂为二,而天地日月仿佛都飘浮在这湖水上面。这两个字写出了洞庭湖浩瀚无际的磅礴气势,宏伟奇丽的景色,给读者勾勒出一幅气象万千的画面。

3. 对比:两首诗描写的景象有何特点?描写的手法有什么不同?

明确: 《登高》所描写的景物是凄清悲凉的,作者主要是实写见到的景象;《登岳阳楼》所描写的景象是广阔宏大的,作者主要是虚写,想象夸张奇特。

(二) 体味抒情部分

思考:诗人在两首诗中分别表达了怎样的情感?

1. 《登高》

(1) 颈联的情感总的基调是什么?是如何突出这种情感基调的?

明确: 情感主要是悲,写了八重这样的情感:

①万里:离乡遥远之悲;②秋:肃杀时令之悲;③作客:羁旅之悲;④常:时间长远之悲;⑤百年:人生暮年之悲;⑥多病:衰疾之悲;⑦独:孤苦之悲;⑧登台:登高怀远之悲。

(2) 尾联的情感与颈联相比有什么改变?

明确: 颈联的抒情对象主要是自身,是对自身命运的感伤,尾联则是对国家命运的忧愤。国事艰难,而作者此时却年事已高,疾病缠身,空有忧国忧民的情怀却无力改变现状,痛苦和艰辛使作者两鬓斑白,想要借酒消愁却因为身体放下酒杯,愁苦只能郁结在心里。

2. 《登岳阳楼》

(1) 颈联描写了作者怎样的生活状态,与颔联相比,境界有怎样的差别?

明确: 亲朋没有一人给自己送来一字的书信,得不到一点精神或物质上的援助,而作者本人此时年老多病(提示：联系创作背景中作者的状况)，只能漂泊在一叶孤零零的小舟上。表现了作者此时的孤苦伶仃，穷困潦倒。意境上从颔联的极其宽阔变得如此狭窄，仅仅聚焦在一叶小舟上。面对洞庭湖的广阔，很轻易联想自身，更何况作者此时漂泊天涯，生活坎坷，寓居舟上，抒发了忧己伤时的无限悲苦之情。

(2) 与颈联相比，尾联作者的情感有什么变化？抒情方式又有什么不同？

明确：颈联作者是在伤己，尾联则是在伤时，"戎马关山北"一句是对国家命运的写照，国家动荡，民不聊生，令作者牵肠挂肚，因悲叹国事而"涕泗流"。这一联，由个人转到国家，意境由狭窄又变为宽阔，抒情方式上，颈联是寓情于事，而尾联则是直抒胸臆。

3. 对比：两首诗在情感抒发和诗歌意境创造上有什么不同？

明确：相同点：两首诗抒发的情感基本是相似的，整体基调都是"悲"，既有对个人身世凄凉、前途茫然的哀伤，又有对国事衰微的愤懑。不同点：《登高》的情感更多是侧重于个人的感伤，而《登岳阳楼》则更多是对国事的感怀。

从诗歌的意境上，《登高》从首联景物描写到尾联情感的抒发，整体都是低沉的，没有起伏，而《登岳阳楼》则有明显的意境上的改变，颔联极度广阔，颈联及其狭窄，尾联又转为广阔。

四、总结

作者两年内两次登高怀远，几乎是在同样的背景下创作的两首诗，自身命运与国家命运都涌上心头，即使是在自身命运前路难料的情况，依旧忧心国事。最后，让我们再一次诵读这两首诗，要读出作者的家国愁思。

(四) 作业布置

1. 完成相应的习题
2. 背诵这两首古诗

【板书设计】

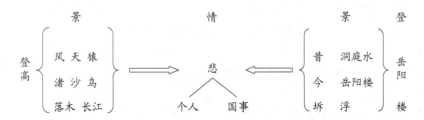

模拟题三：

一、材料分析

这是属于象征寄寓型材料作文。这类材料，其本身就是喻体或象征体，要求对材料隐含或寄寓的意义展开联想并予以议论。该类型的材料在全国高考试题中频频出现，例如2017年江苏卷作文材料，是关于生活中车的各种形态及其车来车往的现象给人的联想和启示；2017年浙江卷作文材料，是说人要三本大书："有字之书""无字之书""心灵之书"；2015年湖北卷作文材料：关于地下泉水与山水喷泉的关系；2014年四川卷作文材料是："人，只有在自己站起来之后，这个世界才能属于他。"

二、审题思路

1. 通过联系、分析、比较、联想，透过文字表层信息，找出隐含其背后的深层含义。

审题时要特别重视题材料中这句话："可以说老腔已超越其艺术形式本身，成为了一种象征"，该句话透露出重要的隐含信息："老腔"是一种象征，那么象征意义的范畴，就是文章立意的范畴。

2. 紧扣材料的隐含信息，找准立意的关键点。

"老腔"象征着什么呢？可以是某种文化源头，也可以是一种民族优秀传统，还可以是某种民间高超技艺等等。确定了这些象征意义，立意就容易定向了。

3. 不管是选择哪一种立意，文章主体都要落实在"何以"上，即要写出"令人震撼"的原因。

模拟题四：

一、材料分析

这是属于想象展望型材料作文。这类材料涉及范畴比较广泛，如科学技术、人文历史、社会生活等。要求考生根据这些材料展开联想、想象，或虚拟身份、设身处地，或穿越时空、展望未来。此类材料作文，有益于彰显考生的形象思维水平，同时更有益于引导学生关注社会、体悟生活，充分发挥高考的育人功能，贯彻党和国家立德树人的大政方针。

2018年参加高考的考生主要出生于2000年前后，是名副其实的"世纪宝宝"，2018年是"世纪宝宝"步入成年、开始"追梦"的起跑线；高考则是他们开启人生新征程的重要"奠基"仪式。上述两道作文试题，从这个特殊机缘切入，精心选材设题，直接唤起考生的身份意识和情感共鸣，激发他们"与新世纪的中国一路同行、成长，和中国的新时代一起追梦、圆梦"。

二、审题思路

1. 要抓住材料中的"点睛"语。

该段材料的"点睛"语是："一代人有一代人的际遇和机缘、使命和挑战。你们与新世纪的中国一路同行、成长，和中国的新时代一起追梦、圆梦。"这是立意的关键所在。

2. 确定立意的重心。

既要立足于现在，即用好所提供材料中的事实、数据；又要放眼于未来，即大胆想象、展望2035年我国全面达到小康的光辉景象，让2035年正当18岁年华的青年阅读此文后获得正能量。

3. 根据不同的文体进行立意。

要求"文体自定"，所以装进"时光瓶"的文章，可以是各类文体。如果选择写记叙文，要将立意聚焦到具体的人物或是事情上；如果选择写议论文，要将立意提炼成几个具有聚焦意义的论题，或几个观点鲜明的论点；也可以选择书信体，因为书信具有私密性，便于就家事、国事、天下事表达自己最个人化的观点、最隐秘的情感，其独特效果是见字如面、真切可信。

◆ 专题模块：语文教师竞聘晋级备考策略

考取教师资格证，只是获得从事教育教学工作的入门券，而教师编制考试是能否担任教师的重要门槛；即使已经入职教师行业，也面临教师专业发展问题。因此，本章强化了这方面的需求，专门打造了一个专题模块"语文教师竞聘晋级备考策略"：对2006—2019年全国高考语文试卷中"语言应用"类试题的内容、题型及其发展变化，进行系统研究，在此基础上，从字、词、句、篇等方面进行专项强化训练，特别是"非连续性文本"的阅读与理解题型，具有较强的时代意义，相信会受到师范生及一线教师的欢迎。具体内容包括四个部分：

第一节：字音、字形的掌握

第二节：词语的涵义及其运用

第三节：句子的含义与衔接连贯

第四节：语言文字综合应用能力

以上各节内容，长达13万字，具有广度、厚度和深度，每项内容后面，都附有答案及详细的解析，重在答题思路的引导和思维灵活性的训练。请扫描二维码下载：

第十二章

科研型语文教师的必备素养

君子尊德性而道问学,致广大而尽精微,极高明而道中庸。温故而知新,敦厚以崇礼。

——《中庸》

教师的教育科研能力在过去是属于教师专业素养中较高层次的要求,随着新课程改革对教师要求的提高,教育教学研究能力已经成为教师的基础能力。具备在教育教学实践中"反思、探究、策划、总结"的能力,已经成为当今新型教师的必备素养。科研型语文教师的专业素养体现为:敏于反思、探究,善于策划、总结,强于创新、重建。

第一节 语文教师"问题意识"及其养成

一、当代教师的基础素养

叶澜教授将新基础教育中的教师素养划分为基础素养和专业素养两大范畴。教师的专业素养,主要指学科专业素养和教育专业素养;教师的基础素养由"价值动力系统""文化素养系统""实践创生的思维能力"三个维度构成。

价值动力系统,指教师个人价值取向和发展的动力,集中表现在教师的事业心、责任心、爱心和自我发展的内在追求等方面。文化素养系统,指教师要拥有宽厚、扎实的文化底蕴。实践创生的思维能力,主要表现为敏于探究、善于策划和强于反思重建。前两个维度"价值动力系统""文化素养系统",与以往强调的教师职业道德和文化底蕴方面的要求大体相当,第三维度"实践创生的思维能力",则体现新课程改革深化发展对教师要求的本质内涵。科研型教师,是当代教师的本质属性;敏于探究、善于策划、强于反思重建,是科研型教师的必备素养。

二、教师"问题意识"的意蕴

问题是学术的源头,一切学术思维活动及其理论成果都以问题为根源;相较于研究问题,"问题意识"则处于基础性地位。问题意识产生于个体对已有认知结构与当前认知任务不平衡状态的自我觉察,它受到个体生活阅历等诸多因素的影响。"问题意识"首先与科学理性怀疑有关,即与一个人能不能提出问题、从什么角度提出问题、以什么方式提出问题、在什么理论背景下提出问题、提出问题的意义是什么等有关。在研究方法论的意义上,问题意识的生成要求研究者不断地自我反省:我是否提出了一个"问题",它的"问题性"究竟何在?究竟属于宏观、中观和微观的哪一个层次?它属于哪一个专业研究领域?究竟是一个"私人的问题",还是一个"公共的问题"?与前人的类似问题有何不同、有何联系?问题本身蕴含的求解途径是什么?有无现实的解决可能性?问题是否具有"新颖性""方向性"和"未来性"?问题本身在多大程度上有可能成为创造的开端?等等。①

三、教师"问题意识"的形成

提升教育研究者的问题意识,不仅需要加强理论观照实践和发现问题方法等方面的训练,更需要研究者积极关怀教育现实,有意识养育创造型的人格特质。

1. "问题意识"的形成与研究者的个人生活史有关

个体的人生阅历、当下的生活境遇以及对未来的生活筹划是个体"问题意识"形成的最根本原因。从表面上看,学术研究是对于学术问题的思考,但在本质上,学术研究更是一个自我认识、自我理解、自我完善进而追求自我实现的历练,因而研究的选题更多地是个人心底在某一段时间内最为关心的问题。

2. "问题意识"的形成依赖于研究者个体的知识结构,尤其是个体的理论知识结构

个体的知识积累与完善,特别是系统的理论储备与积淀,构成了问题意识生成并进而提出有意义问题的一个必要条件。因此,教育研究者要不断丰富和完善自己的知识结构,尤其是教育理论与方法论的知识结构。教育理论是教育实践的理性提升,它超越了具体的教育实践经验而成为更具有普遍性和一般性的教育规律,为教育研究者更好地认识和理解教育实践提供了参考框架和不同视角,同时也为教育实践者改进和变革教育实践、追求更为理想的教育实践提供了思想启迪和理论指导。

3. 拥有高尚的教育情怀和积极的生活态度,是教育研究问题意识生成的首要前提

在教育研究中,问题意识的生成不仅仅是为了探索教育的内在规律和建构教育理论,更重要的是为了找到解决教育问题的具体对策,去改造和完善当下教育现实,把教育研究成果变成可以具体操作的政策。这是教育研究的最终落脚点,也是教育研究产生力量的根本所在。②

第二节 语文教育研究的对象及选题策略

掌握选题的策略和方法是"敏于反思、探究"的重要条件。选题,是指经过选择来确定所研究的中心问题。广义的选题包括两方面含义:一是确定科学研究的方向;二是选择进行研究的具体问题。只有研究有意义的课题,才能获得好的效果,中小学教师当然要选择对教

---

① 何善亮:《论教育研究者的问题意识》,《教育理论与实践》2017年第19期。
② 同上。

育教学有积极意义的课题进行研究。

一、语文教育研究的对象及其类型

1. 语文教育研究的对象

从宏观上考察,教育研究的对象是教育问题;语文教育研究的对象是语文教育问题。从微观上审视,语文教育研究的对象是语文教育中的矛盾、困惑,指向八大核心要素:语文教师;语文与学生;语文课程;语文教学;语文教育环境;语文教育历史;语文教育现状;语文教育未来。

2. 语文教育研究的类型

分类标准不同,所分类别也不同;语文教育研究,按照研究的目的、性质以及研究问题的范畴、对象等,可以划分为以下几种类型:

(1) 基础性研究、应用性研究。基础性研究,其基本目的是扩展知识,重在修正、拓展、建构;应用性研究,其基本目的是解决当下实际问题,重在有针对性地进行研究、验证、推广。

(2) 定性研究、定量研究。定性研究,是对研究资料进行搜集整理、归纳分析、抽象概括,多以文字形式进行说明、论证;定量研究,多采用实验调查、访谈、观察等方法获取数据,其基本特征是客观、实证、严密。尽管定性研究、定量研究二者各有其特征,但在实际研究中经常被交错运用。

(3) 宏观研究、微观研究。宏观研究,侧重于方向性、指导性、综合性。例如,语文教育与外部的关系,与哲学、社会学、心理学关系等。再如,语文教育内部带有全局性问题:语文教育价值、课程性质、课程标准、教材编制、教学设计等。微观研究,侧重于针对性、情境性、聚焦性。例如,义务教育阶段语文教学五大领域"识字与写字、阅读、写作、口语交际、综合性学习"的研究;再如,语文教学评价与现代教育技术运用的研究等。

(4) 描述性、解释性研究、探索性研究。描述性研究,又分为陈述性描述、综述性描述,如对现象、事实、案例的描述,专著评荐、案例述评、调查报告等,属于该类研究。解释性研究,属于因果性研究,即解释现象背后"为什么"。探索性研究,是语文教育进行试探性、摸索性研究,比如有人以一部《红楼梦》代替语文教材进行语文教学,通过高考成绩来判定其教学效果。

(5) 事实性研究、规律性研究、价值性研究、规范性研究。事实性研究,是"已然"研究,目的是获得现象背后的"真相"。规律性研究,是研究语文教育教学"必然会发生些什么"。价值性研究,是研究语文教育教学"应该发生些什么"。规范性研究,是语文教育教学的"合法性""必要性""有效性"研究。

对语文教育研究进行分类,目的是便于掌握各类研究的特征及其操作规范,其实上述各种研究类别并无截然鸿沟,在实际研究中往往交替运用或综合运用。

二、语文教育研究的选题原则及要求

1. 课题要具有应用性和学术性

课题是否具有应用性,要看课题是否符合教育事业发展需要,是否有利于提高教育质量,能否促进青少年全面发展。强调选题的应用价值,就是要求选取具有代表性的,或被普遍关注的,或亟待解决的问题加以研究。例如,关于中考、高考试题如何更好体现新课程标准倡导的评价标准的问题,就是当前很有价值的研究课题;又如,如何将国家"立德树人"的教育方针渗透在语文课程的学习与评价中,是具有很大研究价值的重要课题。所谓具有学术性,是指所选的研究课题,是根据教育科学本身发展的需要,为检验、修正或创新、发展教育理论,建立科学的教育理论体系的需要而研究。强调选题的学术价值,就是要求进行的研究在理论上有所建树,或有重要的补充和完善。

教育教学研究的实际课题,有的强调实用价值,有的强调学术价值,但更多的是二者兼而有之。例如,李吉林的"情境教育理论"、窦桂梅的"主题教学理论"、孙双金的"情智教育理论",都是在多种学术理论指导下对教育理论的新探索,既具有发展教育理论的学术价值,又具有教育教学的实践指导意义。这类研究需要经过长期的探索、实验,在实践中逐步完善,才能成一家之说。教师如果想突出研究的时效性,可以选择应用性较强的课题,以便于研究取得"短、平、快"效果。

2. 课题要具有科学性和新颖性

所谓科学性要求做到两点:一是要有一定的事实依据,有很强的针对性;二是要以教育科学或心理科学的基本原理为依据。没有一定的事实依据和科学理论支撑,容易导致课题研究的随意性和盲目性。为了保证选题的科学性,有必要对选题加以论证,如撰写开题报告或填写课题申请书等。要做到选题具有新颖性,就必须"站在他人肩膀上说话",这就需要通过广泛深入地查阅有关文献资料,搞清楚所要研究的课题在当前国内外已经达到的水平和已经取得的成果,要了解是否有人已经或者正在研究类似的问题。只有在原有研究成果的基础上有所突破和有所创新,至少要有所推进发展,课题才具有研究的价值和意义。

3. 课题要具有现实性和操作性

所谓现实性,包括当下的客观条件和主观条件。具备客观条件,指除了必要的资料、设备、经费以及时间、技术、人力、理论准备等条件外,还要有科学上的可能性。有的研究课题,看起来似乎是从教育的发展需要出发,但由于不符合现实生活实际,违背了基本原理,因而研究缺乏可行性。比如,关于有家长不让孩子进入学校学习、居家自行实施教育的这类问题,就违背了当今人才培养的基本理论:学会生存、学会合作,是当今世界公认的社会公民的必备素质。如果离开学校教育,要实现儿童身心的"全面发展"几乎是很难做到的。具备主观条件,是指要考虑自身原有的知识和能力、经验和专长以及掌握该选题材料的广度和深度,还有对该选题的兴趣,要扬长避短。所谓具备操作性,是指选择的问题必须具体明确,界定要清楚;范围不宜过大,问题指向不要太笼统;可从小处着手,作深入开掘。应该避免以下几种情况:范畴太大,无从下手;问题太小,视野狭窄;目标不清,主题不明;问题艰深,缺乏资料。

4. 选题应该避免的几种情况

一是范围太大,无从下手;二是主攻目标不清楚;三是问题太小,范围太窄;四是课题太难,缺乏资料;五是起点太低,属于经验之谈。

5. 论文题目的表述要符合规范

(1) 一般用陈述句,而不用宣传口号式的祈使句。如"关注学生的创造性思维""大力提倡以人为本的教育观""为了中华民族的复兴""为了每位学生的发展"等。

（2）论文的主题由论文的主要观点、重点的关键词和研究方法构成，如"小学三年级学生诚信教育的行动研究""高中语文个性化作文教学实验探究""不同类型学校初中生人际交往能力的比较研究"等。

（3）主题的范围与实际研究的内容和方法要对称，不可文不对题或题不对文。如研究内容是小学三年级学生诚信教育问题，但是标题却表述为"小学德育的行动研究"；或者论文主要采用行动研究的方法，但题目却表述为"……的调查研究"等。

三、掌握选题的方法与策略

1. 从他人的研究成果中寻找新的研究视角

（1）在广泛阅读中发现问题。在阅读专著或期刊文章中受到启发，引发思考，选择有待进一步研究的课题。例如，李吉林的情境教育理论包括"真、美、情、思"四个元素，各个元素的内涵是十分丰富的，对其解读也应该是见仁见智、不断发展的。"真、美、情、思"的具体内涵："讲究真"，讲究现实的成分，也应该包括理想的成分；"追求美"，要呈现美，但是呈现生活中的丑，也是为了更好地追求美；"注重情"，不仅指师生情，还包括生生情，以及人世间的亲情、友情、爱情；"突出思"，不仅要"正思"，更要突出"反思"。可以从社会学的视角进行追问："情境教育，谁的教育？"教育研究有三大基础理论学科，即哲学、心理学、社会学；情境教育研究较多地依托哲学与心理学，而社会学则很少介入。哲学视角下的人是"大写的人"，是整个人类意义上的人；心理学视角下的人，是"处于发展序列中的个体"；而社会学视角下的人，则是"特定的人群"，是处于社会结构中的人群。因此，通过介入社会学视角，来探究情境教育中有无"被遗忘的角落"？有无"话语霸权"？会不会形成"教育不公平"？这样，通过探究来确认"情境教育的人群属性"，为情境教育的继续发展注入新的活力。可见，他人的研究成果本身存在一定的张力，教师可以根据自己任教学科的特点，结合教育教学实践作进一步的深化研究，在理论成果的实践转换方面作进一步探究。

（2）从有争议的问题中发现有研究价值的问题。有人说，一部教育发展史就是一部争议史。凡是有教育争议的地方，就隐含着相关的教育道理和值得研究的主题。这当然需要研究者具有慧眼，能够从大量争议的材料中领会其中的真谛，并能发现其分歧，从而找到新的研究起点。例如，在中小学如何开展国学教育，是否走上复古道路，如何规避极端现象等。再如，近来由教育部和学校组织实施的"中小学研学旅行"，其普及推广意义及利弊得失也值得研究。最新研究成果如《课程·教材·教法》专栏"中小学研学旅行研究"系列文章：《中小学研学旅行课程化的价值意蕴与实践途径》《研学旅行纳入学校进行的两难困境及其超越》《研学旅行：培育学生核心素养的重要途径》《研学旅行的内涵、类型与实施策略》《国外中小学研学旅行课程实施的模式、特点及启示》等。又如，教育部统编语文教材加大学生背诵诗文篇数，并提高课外阅读经典的要求，大部分业内人士都予以肯定，但也有人对此提出质疑，例如陕西师范大学程世和教授给统编语文教材总主编温儒敏写了公开信：《敬问温儒敏：你是否还记得鲁迅先生"救救孩子"孩子的呐喊》。这是教材统整的新形势带来的新课题，值得结合教育神经科学最新研究成果加以研究。

2. 由学校场景的"实践问题"转化为教育教学的"研究课题"

(1) 问题的提出与课题的形成。教师进行教育研究的问题,主要来源于学校的教育教学实际,如从教育教学的疑难中寻找问题,从具体的教学场景中捕捉问题,从汇报交流中发现问题,从学校或学科发展中确定问题等。研究的问题还要转化为研究的课题,例如,关于教学问题,其解决方式一般有两种:一是教学问题的经验式解决,如个人经验,惯用策略,一次性或重复性,具有自发性、隐性的特点;二是教学问题的研究式解决,及通过分析、讨论、设计、行动、观察、反思,具有自觉性、显性的特点。教学问题的经验式解决方式是可以转化研究式解决方式的,这就需要教师具有"问题意识"。

提出问题的策略:从一个到一类,从部分到整体,从特殊到一般,从一次性到持续性。问题与课题的转化策略:问题合成为课题,课题分解为问题。

(2) 语文教师选择研究课题的领域。教师可以改变的地方至少有三个领域:一是课程问题,新课程改革起初,实行课程的开放性管理,有国家课程、地方课程、校本课程三种类型,这就为教师开发课程资源提供了前提条件。随着新课改的发展,国家规定实施教材统整化,从2014年起,逐渐取消地方教材,全国统一使用教育部组织编写的教材。这就带来很多值得研究的问题,诸如统编教材的特色及如何实施等宏观、微观问题。二是教学问题,涉及教学理念、教学方法、教学手段等的调整和改善,当然也包括对这几方面的重新建构,即教学理论的创新。语文统编教材在目标定位、选文取舍、编排体例等方面,较之以往多种教材有许多新突破,一线语文教师在教学过程中会遇到大大小小的问题,都值得研究。三是管理问题,教学工作尤其是班主任工作涉及大量的学生管理问题;对学生的管理,需要做一些观察、访谈、思想教育等工作,而这些工作本身就隐含一定的研究价值,关键在于如何将这些"问题"转化为"研究课题"。要注意将"研究课题"与课堂上随意地"解决问题"区分开来。

(3) 开展"行动研究"的策略。行动研究是将"实践问题"转化为"研究课题"的一种研究方式,这种研究注重教师"从能够改变的地方开始"。严格来说,行动研究并不是一种独立的研究方法,而是一种教师和教育管理人员密切结合本职工作,综合运用各种有效的研究方法,以直接推动教育工作改进为目的的教育研究活动。行动研究具有如下基本特征:一是为行动而研究;二是对行动的研究;三是在行动中研究。例如,在关于教学问题的行动研究中,教师先确定一个与课堂有关的问题,设计如何从课堂上收集与该问题相关的信息,然后通过反思收集到的这些信息,教师能够深入了解自己的教学行为及效果,并对的自己的教学行为作相应的调整和改进。当前,行动研究已经成为教师专业发展的主要形式,对学校的改革起着核心作用。

3. 根据自己的兴趣和特点选择研究课题的类型

如果擅长描述教育事实并对教育事实进行解释,则选择"描述与解释"类研究课题。当前比较盛行的教育叙事研究就是这种类型。如果擅长就某个教育思想或教育事件提出质疑与商榷,则选择"批判与论证"类研究课题。例如,对当下课堂教学中实施自主、合作、探究学习方式中出现的形式主义现象提出批评。如果意在改善自己的教育教学实践状况,则选择"改造与变革"类研究课题。有一种简单易行的方法,就是关注学校生活中常见的三种情形:一个兴趣,想尝试一种新的想法,开发一种新的途径,来提高日常工作的效率;一个困难,要改善一个困境,解决一个问题,或弥补一个缺陷,如教材中的缺漏或不足等;一种"不明"的情况,课堂上的"意外"或无法解决的体验,如课堂中的"沉闷"或"吵嚷"情境,对学生学习的影响研究等。

另外,还有一种通用的方法,即通过搜寻"课题指南"选择或自行设计课题。各级教育科学研究管理机构会定期或不定期发布一些教育科研"课题指南",教师可以从不同部门的"课题指南"中获得启示,由此判断哪些问题是当下值得研究的,哪些问题已经是"老生常谈"。

第三节 研究资料的搜集与课题申请报告的撰写

一、教学研究理论资料的获得与积累

语文教育研究的理论资料,就宏观而言是指语文教育及其相关的系统理论,如教育学、心理学、哲学乃至脑科学等上位理论;较为接近学科的,如一般课程与教学论、语文课程论与教学论等。就微观而言,语文教育研究的理论资料是指某一课题研究所涉及的理论知识,诸如相关的概念、命题、结论,也就是与研究课题有关的已有的理论研究成果。以下从微观方面列举介绍一些相关文献资料。

1. 语文教育理论著作

(1) 韩雪屏著《语文教育的心理学原理》,上海教育出版社 2001 年版。该书理论视角和观点比较新颖,从语文课程和教学的实际出发引进和应用教育心理学原理,用语文教育心理学实验研究成果说明:学科教学只有在教育心理学原理指导下,才能更有效地完成它承担的教育教学任务。

(2) 王尚文著《语感论》,上海教育出版社 2006 年版。语感是语文素养的重要内涵之一,该书对语感的性质、类型、功能、心理、语感与美感的关系以及语感的形成与创造等问题,进行了比较全面、系统、深入的探讨,具有不可忽视的理论价值和实践指导价值。

(3) 王荣生著《语文科课程论基础》,上海教育出版社 2005 年版。全书以新的视角与思路、新的方法与框架,展示了语文学科研究新视野,尤其是对教材选文作"定篇""例文""样章""用件"的鉴别与划分,对于语文教育工作者的教育教学研究具有重要的现实意义。

(4) 李海林著《言语教学论》,上海教育出版社 2006 年版。这是一本深入系统的语文教学论专著。这本书有两个特点:一是对传统的语文教育理论的批判乃至颠覆;二是语文"言语论"教育理论体系的建构。该书以"言语"概念为核心,层层铺演,逐步推进,构建了一个全新的语文教育理论体系。

(5) 叶澜、白益明著《教师角色与教师发展新探》,教育科学出版社 2001 年版。全书从道德、专业发展和美学的角度,对教师这个古老的职业作了时代的诠释,研究的重点放在教师如何"育己"上,目的在于重建教师职业的角色形象,也即重建教师职业的生命内涵。

(6) 刘良华著《教育研究方法专题与案例》,华东师范大学出版社 2007 年版。这是一本比较实用的教育研究方法指导用书,是教育研究入门的引导性作品:贴近实际而不空谈;别具一格可读性较强;脉络分明而更兼资料翔实。

(7) 陆俭明、沈阳著《汉语和汉语研究十五讲》,北京大学出版社2004年版。这是当前较新的汉语研究的教材,其特点是将一些新理论、新方法引入汉语研究,而用教材的形式比较系统地加以表达。

另外,还有许多值得阅读的书,如钱理群《名作重读》《钱理群语文教育新论》、孙绍振《名作细读》《月迷津渡》、王荣生《语文教学内容重构》《语文教育研究方法论》等,还有华东师范大学出版社2014出版的丛书:王荣生总主编《散文教学教什么》《文言文教学教什么》《写作教学教什么》《实用文教学教什么》《语文综合性学习教什么》。

2. 语文教育研究期刊

(1) 权威期刊。指基础教育研究共性期刊。如:《课程·教材·教法》,月刊,教育部主管,人民教育出版社有限公司主办;《上海教育发展研究》,半月刊,上海教育委员会主管,上海市教育科学研究院主办;《中国教育学刊》,月刊,教育部主管,中国教育学会主办;《人民教育》,半月刊,教育部主管,人民教育出版社主办。这些期刊除了为读者提供一些教育理论研究的前沿成果,还定期不定期刊载语文教育教学类的论文,这类论文的站位与质量都比较高。例如《课程·教材·教法》,一般情况下,每期都会有两篇语文教育研究方面的论文,分别为小学语文和中学语文方面的。

(2) 全国中文核心期刊。如:《语文建设》,月刊,教育部主管,教育部语言文字报刊社主办;《中学语文教学》,月刊,北京市教育委员会主管、首都师范大学主办;《中学语文教学参考》,月刊,教育部主管,陕西师范大学主办;《语文教学通讯》,月刊,陕西省教育厅主办,语文报社出版发行;《小学语文教育学》《初中语文教育学》《高中语文教育学》,月刊,中国人民大学书报资料中心主办,是书报复印资料,每期从全国相关报刊中择优复印。

(3) 各类省级普通期刊。比较有影响的如:《语文教学之友》,月刊,河北省教育厅主管,河北廊坊师范学院主办;《语文教学与研究》,旬刊,教育部主管,华中师范大学主办。

3. 网络语文课程资源

(1) 人民教育出版社网。该网站是人民教育出版社官方网站,可供下载的资料很多,如有关语文政策性文件、教材编写说明、教学设计等等。网址:http//www.pep.com.cn

(2) 新思考网。该网站是面向全国教师的新课程网络平台,拥有大量的新课程改革方面的资源。网址:http//www.cersp.com

(3) K12中国中小学教育教学网。该网站是国内最有影响的基础教育网站之一,有大量的教案、课件、试卷等素材课资利用。网址:http//www.k12.com.cn

(4) 中国语文教学资源网。该网站有大量的教案、课件、视频等资源可供阅读并下载。网址:http//www.ruiwen.com

(5) 初、高中语文123资源网。该网站有大量的关于初中、高中语文课程及教学资源可供阅读并下载。网址:http//www.yuwen123.com9

除了上述几个网站外,较权威的文献资料可以从中国知网上搜寻并下载。

二、课题申请报告(开题报告)的撰写

现有中小学教育科研评审基本上是参照大学、专业机构科研运作机制运行的,程序大体

包括四个环节：选题定题,课题申报；课题立项,确定类别；中期检查,管理进程；成果坚定,评审结题。

1. 申请报告（课题报告）的内容框架

获批课题之前要撰写课题"申请报告",课题获批之后要完成课题"开题报告"。"课题申请"与"开题报告"的内容是基本一致的,主体内容包括三个方面：一是选题的缘由、自己的核心观点；二是该课题国内外相关研究的进展与现状；三是自己的研究价值及其研究思路。现在,各级各类课题主管机构,都会提供"申报书"或"开题报告"的规范格式,研究者只要按其要求逐条填写即可。在课题申请报告中,"核心观点"非常重要,它大致有三个范畴：可以是研究者通过观察（看、听）所获得的"基本事实"；也可以是研究者就某个教育现象或教育观点提出的或赞成或反对的"基本立场"；还可以是研究者针对学校存在的某些问题思考得出的解决问题的"改革方案"。

2. 如何进行"文献综述"

文献综述是课题"申请报告""开题报告"的重中之重,它体现了研究者对该课题的研究是否"入门"。文献综述,其实就是对文献进行解读和述评。比较规范的文献综述,要求体现以下"三原则"：研究者至少要找到该研究领域的三位重要作者；概述出三类不同意见及之间的关系；指出该课题相关研究的三个重要阶段及其发展演进过程。

（1）陈述本课题研究领域的"重要文献"和"重要作者"。梳理重要文献,实质上是就是寻找重要作者。所谓重要作者有三个标志：一是其研究成果在业内影响较大,他的某些观点频繁地被其他研究者引用；二是其观点具有挑战性,或具有开创性,或具有批判性,其某些观点被其他研究者作为正方或反方的基本立场；三是其研究成果具有综述性,虽然未提出独创性见解,但比较完整地综述了该领域研究的进展和成果。

（2）概述本课题研究领域的"重要观点"和"重要进展"。有两种情况：一是所谓重要观点,或包括正方立场、反方立场和中立的三种观点；二是根据作者及其研究成果的影响逐层梳理,述中有评,夹叙夹议。例如,中外"核心素养"研究成果的综述[①]。

（3）指出本课题研究领域"有待进一步研究"的问题。学术研究难免留下大大小小的"空白",这些"空白"有待于其他研究者去填补；而人文社科领域,尤其是教育领域,几乎所有的课题都存在有待后人继续研究或重新研究的"开阔地"：可以是"老生常谈"出新意,可以是"反弹琵琶"闻美音,可以是"横看成岭侧成峰"。对于前人的研究成果,要么是"照着说",要么是"接着说"。

3. 如何呈现自己的"研究方案"

课题规范管理的运行程序,决定了"研究方案"的重要性和不可更改性。研究方案,主要包括研究的主要内容及其基本结构、本课题的研究价值、创新之处,本课题的研究方法、大体进程,还有本课题研究的主要参考文献。以上各个环节,按照"申报书"（开题报告）的规范的表格逐层填写即可。以下重点强调几个容易出错的方面。

（1）研究方法。容易出现的错误有：简单列举,不作解释；庞杂堆砌,不分层次；自造词语,并非创新。教育研究的方法大体包括以下几种：文献研究法、实验研究法、调查研究法、

[①] 参见金荷华：《中外核心素养研究与教师教育课程的优化》,本书 P15 扫描二维码下载。

比较研究法、行动研究法、案例研究法等。

（2）研究价值、创新之处。研究价值主要包括理论价值和实践价值，对于中小学教师而言，其研究的价值首先应考虑实践价值，即该研究对研究者本人及其同仁的教育教学工作是否有帮助，有哪些帮助。因此，该项研究的创新之处主要不是知识的创新，而是研究视角、理论指导、研究途径等方面的独特之处。

（3）参考文献。参考文献是该课题研究过程中所引用或参考的公开发表的文献书目、篇目，一般集中列于篇末，用[1][2]……标注，正文序号与文末序号要保持一致，要求具体到所在的页码。根据有关规定，参考文献的类型标志符号如下表：

文献类型	普通图书	期刊论文	学位论文	报纸文章	会议论文	报告	标准	专利	汇编	档案	古籍	参考工具	其他
文献标志	M	J	C	N	D	R	S	P	G	B	O	K	Z

对于数据库、计算机程序及电子公告等电子文献类型的参考文献，也应具体标出其来源；来源于某网站的资料，要标出具体网址。

"参考文献"表述的内容顺序及其规范，示例如下：

[1] 管培俊. 中国教师队伍建设研究[M]. 北京：北京师范大学出版社，2012. 300.

[2] 中华人民共和国教育部. 关于全面深化课程改革落实立德树人根本任务的意见[Z]. 2014 - 03 - 30.

[3] 牛超，刘玉振. 试论地理核心素养的内涵、特征及其培养策略[J]. 天津师范大学学报，2015，16(4)：48—51.

[3] 中华人民共和国教育部. 普通高中语文课程标准(2017 年版)[S]. 北京：人民教育出版社. 2017：2.

[4] 何方. 论"语文素养"[D]. 金华：浙江师范大学，2005：16—17.

[5] 姜澎，钱钰. 优秀人才缘何不愿当教师[N]. 文汇报，2016 - 03 - 11.

[6] [美]小威廉姆 E. 多尔. 后现代课程观[M]. 王红宇，译. 北京：教育科学出版社，2000：71.

[7] 世界经济与发展组织 PISA 项目官方网. http：//www. pisa. oecd. org/2011 - 07 - 09.

[8] OECD. PISA 2009 Results：Learning to Learn(Vol. 3)[Z]. Paris：OECD，2010. 162.

另外，研究成果的正文除了"参考文献"，还应有"注释"。"注释"是对正文中某一特定内容的进一步解释或补充说明，一般用①、②……标注，并在该页地脚标注出具体内容。

第四节　教育研究论文的体式及撰写规范

遵循论文撰写的规范是"善于策划、总结"的必要前提,论文的规范范畴包括论文的类型、体式、内容、结构及语言表达方式运用等。

一、分清科研论文的类型

1. 理论阐述式论文

理论阐述式论文是在科学研究中研究和讨论问题、找出解决问题的新办法、产生新认识的文章,一般说来,它要求有一定的理论深度和较新的实践探索角度。这是科研论文中较高层次的一类,要求具有"创新性、科学性、实践性"。

2. 研究报告式论文

研究报告式论文是关于文献调查、教育教学现状调查或教育教学实验等研究工作的报告,可分为文献报告式、调查报告式、实验报告式。该类论文的基本要求:①依据的理论要科学可靠,事实要真实可查;②研究和论证要严谨合理;③得出的结论正确科学,合客观规律。

3. 模式构建式论文

模式构建式论文是对在一定教育教学理论指导下形成的、相对稳定的教育教学思路和程序的一种书面表述,是教育教学研究成果的"定格化",如魏书生的"六步语文教学模式"等。

4. 个案案例式论文

个案案例式论文简称"案例""个案",是在教育教学具体事实记述性基础上进行分析、推理,从而揭示事物本质和教育规律的一种科研成果形式。对于中小学小教师来说,个案是比较容易操作且能取得时效性的科研论文样式。

5. 经验总结式论文

该类论文是对自己教育教学经验进行的总结,故简称"经验总结"。经验总结是一种将感性经验归纳总结,使之上升为理性认识的一种研究方法,侧重对自己经验的叙述,材料来自自发的积累,行文采用夹叙夹议方式;内容比较具体、实用,可借鉴性、可操作性较强。

分清科研论文的类别,在拟题、选材、安排论文结构等方面会有较强的文体感,写出来的论文就不会出现个案的题目、实验报告的架子,或理论性论文的题目、经验总结的内容,甚至出现"四不像"的情况。

二、掌握科研论文的体式要求

1. 重视论题、论据、论证三个要素的确立

论题,是其真实性需要被证明的新观点、新看法或新发现;论据,是用以证明论题的根据

和材料,可以是创造性研究工作的成果,也可以是已知理论运用于实践中所取得的新进展,还可以是收集到的经验教训、正反两方面大量的材料等等;论证,是运用论据证明论题的论述过程,论证必须合理严密,不可牵强附会。

2. 掌握科研论文规范的框架结构

(1) 标题。

标题是论文内容的高度概括,它明示读者研究的问题及意义。一个好的论文标题,一般应该符合三方面的要求:一是准确概括论文的内容,能反映研究的方向、范围和深度;二是便于分类,使人一看题目就能判断研究属于什么领域;三是文字简练,具有新颖性。

论文的标题,可以采用点明题意式标题,如《素质・能力・智力——我的语文教育观》(于漪)、《核心素养:从知识的放逐到知识的回归》(周序)、《从"双基"到"三维目标",再到"核心素养"——新中国成立以来语文学科教学目标述评》(郑昀、徐林祥);也可以采用指出范围式标题,如《语文课程史研究十五年:回顾与反思》(王从华、王荣生)、《高考语文作文试题的发展与改革路径》(王冲、张开)、《阅读能力内涵演变及高考语文的应对策略——高考40年语文阅读能力考查轨迹梳理及问题分析》(赵静宇);还可以采用提出问题式标题,如《你按照儿童的思维思考问题了吗?》(杨花)、《谁来评价高中综合素质?——基于利益相关者的分析》(刘丽群、刘桂君)、《理论知识是可有可无的赘物吗?——对"实践优先"教师专业发展途径的质疑与反思》(朱文辉)。

标题要便于分类,即一看题目就能判断文章所写属于什么领域,如《小学三年级学生诚信教育的行动研究》《初中语文个性化作文教学实验探究》《不同类型学校初中生人际交往能力的比较研究》等。标题文字要简练、新颖,如《课堂教学要讲究精、气、神》(金荷华),其中"精、气、神"与"精气神"的内涵完全不同,可以根据需要作具体的界定,如精当的目标、精选的内容、精心的设计,民主的气氛、生活的气息、创新的气魄,形象要精神、讲课要传神、听课要入神。

(2) 摘要。

正式发表的论文,一般应该写出论文的摘要(提要),它是研究成果重要内容与结构的简介,目的是让读者通过它了解全文的主要内容。摘要内容不可繁杂,介绍主要观点,突出创新之处;研究的背景与目的一笔带过即可,一般在200—300字之间。

(3) 正文。

正文是研究者科研成果的表述,要重视选材立意、谋篇布局和语言的严谨性。正文包括引论(提出问题)、本论(分析问题)、结论(解决问题)三大结构。

① 引论部分:又称序言、引言、前言或绪论,是写在正文主题前,用于说明写作的目的、意图及研究方法,概括研究成功的理论意义及现实意义。要求开宗明义、条理清楚,切忌空乏、含糊其词或言过其实。在开宗明义的同时,要注意"站在别人的肩膀上"说话,尽量避免人云亦云,亦步亦趋。

② 本论部分:是正文主体内容,包括论点、论据、论证,是作者研究成果的表述。要注重理性阐述,要有充分的理论支撑,或概括阐述、条分缕析,或左右逢源、旁征博引;如果只是观点和事例的叠加,必然缺乏理性,没有说服力;对实践材料或具体例子的叙述,要注意详略得当,做到"点面结合",既有微观的典型事件或案例的描述,又有宏观的广度的概括;避免以偏

概全。

③ 结论部分：有的包括结论与讨论，是围绕正文所作的结语，将研究成果进行更高层次的精确概括，要在新的高度上重申观点，语言要洗练，避免成为文章观点的重复。

(4) 注释与参考文献。

论文中应该列出直接提到的或利用的资料来源，目的有三方面：一是帮助读者了解有关本课题的研究历史和已有成就，作为进一步研究的依据；二是尊重他人的研究成果，同时体现作者治学的严谨；三是为别人提供查找的线索。注释与参考文献的具体表述要求，本章第三节已经阐述，不再重复。

三、怎样写好"个案案例式论文"

1. 了解个案的特点及类型

个案主题集中、短小精悍，研究的对象比较单纯，如一个人、一节课、一次活动或一项教育措施等。具体表现出如下特点：切入面小，便于深入开掘；时间灵活，周期短，见效快；方法多样，容易操作；研究成果具有很强的可操作性，便于推广。

个案的类型划分，就叙述方式而言，有第一人称自述式，如《思想与精神的生长——我教〈晏子使楚〉的三点想法》；有第三人称陈述式，如《一堂印象深刻的示范课》。就内容范围而言，有对即时发生的一件事情的记述；有对一节课的实录评析；有对教学中一个环节、一种教学手段使用成功的记述与评论；有对典型事件处理方式方法的追忆与反思；等等。就表述形式而言，个案多以一事一议为主。

2. 写好个案案例式论文的策略方法

(1) 注意选材的典型性。不是就事论事，而是透过对现象的记述与分析，能引起人们的思考，认识事物的某些本质，以及在当前教育教学中值得借鉴和注意的经验与教训。

(2) 要使材料具有真实性，不可道听途说。对于第二手材料，一定要加以核实、验证；如果是引用文献的则要注明出处。

(3) 运用叙议结合的语言表达方式。在叙述时要体现叙事的描述性，对个案中人的行为或事件进行续写时，要进行深度描述，否则就难以很好地揭示出蕴含在这些教育实践中的意义。一般记叙，只交代行动的事实；而深度描述，则写出行动的意图和情景等。

(4) 要力求分析严谨，由材料引申出某种事理，其材料与事理之间要有一定的逻辑联系，不可穿凿附会。

(5) 要使研究的成果具有可操作性。个案研究成果能反映同类问题的普遍性，其借鉴意义较大，因而必须突出所总结的经验或教训，便于同仁借鉴。

四、怎样写好教育杂感

教育杂感即围绕教育话题发表自己看法或感想的一种文章类型，可称为教育科研论文中的"轻骑兵"，它具有"短、平、快"的特点。写这类论文，大体上要注意以下几点。

1. 审视问题的视角独特

标题的新颖性取决于观点的新颖性,而观点新颖与否又受看问题的视角是否独特影响。要使视角不落窠臼,就要寻找问题或矛盾的突破口,以此分析问题的症结,并提炼出观点。可以从各种矛盾中寻找突破口,提炼观点。

例如,同一理论内部的矛盾。如新课程确立的教学三维目标中的"情感态度和价值观",在教学考核评价中如何具体操作?怎样规避考核过程中出现的诚信问题?

又如,不同理论之间的矛盾。如与新课程提倡的教师要尊重学生、赞赏学生,让学生在赞赏中获得成功感和幸福感,这与我国曾经产生积极影响的"赏识成功教育理念"是一致的;但是有许多事实说明"没有惩戒的教育是有问题的教育",问题的症结在哪里?又如新课程的教育理念是培养"全面发展人",这与加德纳的"多元智能"理论是否相悖?

再如,理论与事实之间的矛盾,如教育促进经济建设是当下的共识,可是为什么很多文化之乡同时又是国家经济扶贫的对象?又如有些教师并非谈吐侃侃、口若悬河,可谓貌不惊人、语不压众,对学生的管理也不严格,可是他的教育却很成功。教师与学生当中诸如此类的矛盾现象很多,都可作为研究的突破口。

2. 选材立意注重时效性、实效性

时效性要求洞悉时髦话题,快速作出反应。可顺风而呼,为新形势、新方针摇旗呐喊,鸣锣开道,如《呼唤"杂家"》;也可"反弹琵琶",为防止某种新生事物从一个极端走向另一个极端而大声疾呼,如《为"讲"正名》。如果文章所写是"老生常谈",则必须对教育教学的实践有所启发,有所指导,否则文章缺乏现实意义,难以产生效应。

用以证明论点的材料要有新意。首先,写作时尽量选择富有时代特色、具有典型性的材料;例如,语文教育方面,应该选择教育部统编教材及其教学案例。其次,在修改中对文中材料要严格核实,包括材料的取舍与订正,用典型的事例、新数据、新图表代替换旧材料、旧数据、旧图表;根据表达的需要,或削减,或调换,都必须以事实为依据。一些缺乏背景的地方要做出时间和空间的比较或限制,以免降低文章的实效性。

3. 结构布局可取论文的体裁、散文的风格

教育杂感采用论文的框架结构是无疑的,但是可以体现散文"形散而神聚"的风格特点,力求取材灵活广泛,中心明确突出;上下几千年、纵横几万里、中外古今、名家学者,社会更迭、人情物态,一切能阐释文章中心的材料,不妨信手拈来,这是使文章显得厚重一些的必要手段。

至于语言表述的风格,可因文而异、各得其宜。可以取实用文体的语言风格——平实、晓畅;也可以取杂文的语言风格——凝练、犀利;还可以取散文的语言风格——精彩、生动。

总之,教育杂感总体上要给人以耳目一新之感。观点新颖,材料翔实;结构合理,行文严谨;语言流畅,富有逻辑性。要尽量避免以下几种不良现象:一是穿靴戴帽、拖沓冗长,所谓下笔千言,离题万里;二是泛泛而谈,大话、空话、套话、抽象话连篇,不打"深井",只挖"池塘",表达观点犹如隔靴搔痒;三是就事论事,有结论而无阐述,或只是观点加上事例;四是达不到深入浅出的境界,却有意浅入深出,故作学问艰深。对此不良文风有讽刺诗云:"学术文章句未通,聱牙诘屈亦称雄。半生半熟舶来语,不明不白基本功。"

相关链接

1. 金荷华:《2013 年江苏省高等教育教学改革课题研究报告》,《江苏第二师范学院学报(社会科学版)》2015 年第 5 期。

2. 金荷华:《从"课程"视角审视教师在课程改革中的角色行为》,《江苏第二师范学院学报(社会科学版)》2013 年第 1 期。

请扫描二维码下载:

本书参考书目

1. 钱威、徐越化编：《中学语文教学法》，华东师范大学出版社，2000年。
2. 韩雪屏著：《语文教育的心理学原理》，上海教育出版社，2001年。
3. 叶澜、白益民等著：《教师角色与教师发展新探》，教育科学出版社，2001年。
4. 钟启泉、崔允漷等编：《为了中华民族的复兴，为了每位学生的发展——〈基础教育课程改革纲要〉(试行)解读》，华东师范大学出版社，2001年。
5. 李群等编著：《新世纪中学语文全书(知识卷)》，语文出版社，2001年。
6. 倪文锦、欧阳汝颖编：《语文教育展望》，华东师范大学出版社，2002年。
7. 钟启泉编：《国际普通高中基础学科解析》，华东师范大学出版社，2003年。
8. 陈玉秋编：《语文课程与教学论》，广西师范大学出版社，2004年。
9. 倪文锦编：《高中语文新课程教学法》，高等教育出版社，2004年。
10. 刘淼著：《当代语文教育学》，高等教育出版社，2005年。
11. 王荣生著：《语文科课程论基础(第二版)》，上海教育出版社，2005年。
12. 倪文锦、谢锡金编：《新编语文课程与教学论》，华东师范大学出版社，2006年。
13. 王尚文著：《语感论(第三版)》，上海教育出版社，2006年。
14. 叶澜：《"新基础教育"论——关于当代中国学校变革的探究与认识》，教育科学出版社，2006年。
15. 李新宇等编：《语文教育学新论》，南京师范大学出版社，2006年。
16. 刘良华著：《教育研究方法专题与案例》，华东师范大学出版社，2007年。
17. 王荣生著：《语文教学内容重构》，上海教育出版社，2007年。
18. [美]唐纳德·R.克里克山克、德博拉·贝纳·詹金斯、金·K.梅特卡夫著：《教师指南(第四版)》，祝平译，江苏教育出版社，2007年。
19. 洪宗礼、柳士镇、倪文锦编：《母语教材研究》，江苏教育出版社，2007年。
20. [美]杰拉尔德·S.汉纳、佩姬·A.德特默著：《课程的情境适应性评价》，王艳玲译，浙江教育出版社，2008年。
21. 钟启泉著：《教育的挑战》，华东师范大学出版社，2008年。
22. 钟启泉著：《课程的逻辑》，华东师范大学出版社，2008年。
23. 支玉恒著：《支玉恒老师教语文》，华东师范大学出版社，2009年。
24. 钱理群著：《钱理群语文教育新论》，华东师范大学出版社，2010年。
25. [美]内尔·诺丁斯著：《学会关心：教育的另一种模式》，于天龙译，教育科学出版社,2011年。

26. 孙绍振著:《月迷津渡——古典诗词个案微观分析》,上海教育出版社,2012年。
27. 温儒敏著:《温儒敏论语文教育》(二集),北京大学出版社,2012年。
28. 孙绍振著:《孙绍振论高考语文与作文之道》,福建人民出版社,2013年。
29. 钟启权、崔允漷编:《从失衡走向平衡:素质教育课程评价体系研究》,经济科学出版社,2014年。
30. 钟启泉总主编、"国家教师资格证考试专用教材系列"之曾琦等主编:《教育教学知识与能力》(小学版),华东师范大学出版社,2014年。
31. 钟启泉总主编、"国家教师资格证考试专用教材系列"之李冲锋主编:《语文学科知识与教学能力》(初中版),华东师范大学出版社,2014年。
32. 钟启泉总主编、"国家教师资格证考试专用教材系列"之李冲锋主编:《语文学科知识与教学能力》(高中版),华东师范大学出版社,2014年。
33. 钟启泉著:《读懂课堂》,华东师范大学出版社,2015年。
34. 叶澜著:《回归与突破——"生命·实践"教育论纲》,华东师范大学出版社,2015年。
35. 钟启泉著:《课堂研究》,华东师范大学出版社,2016年。
36. 钟启泉著:《课堂革命》,江苏人民出版社,2017年。
37. 徐林祥、张中原编:《语文教学技能全程训练新编》,江苏教育出版社,2018年。
38. 钟启泉著:《课堂转型》,华东师范大学出版社,2018年。
39. 钟启泉、崔允漷著:《核心素养与教学改革》,华东师范大学出版社,2018年。
40. 中华人民共和国教育部制定:《义务教育语文课程标准(2011年版)》,北京师范大学出版社,2012年。
41. 中华人民共和国教育部制定:《普通高中语文课程标准(2017年版)》,人民教育出版社,2018年。

后 记

《语文教师核心素养与提升指导》是一本与新课改同步成长的教师用书,对语文教师专业发展具有指南作用。该书适用于语文教师职前培养、入职培训以及在职研修,能给教师资格证考试、教师编制考试,以及教师晋级、晋升等考核提供切实有效的帮助。

一、本书是如何形成的

自 2000 年起,作者与新课程同行,历经课程改革的发动、实验、深化三个发展阶段,适应教师专业发展新要求,组建学术团队,开展课程改革,开设实验课程,完成了一系列课题研究。主持的实验课程"语文教师素养及实务",2014 年获批江苏第二师范学院重点实验课程;开发的教师教育教材《语文教师素养新论》,2015 年获批江苏第二师范学院重点教材建设项目。该书就是在上述试验探究成果基础上,加以凝练、聚焦、汇聚而成的。

二、本书的主体架构及内容

全书分"聚焦篇、发展篇、提升篇"三篇,共计 12 章内容,主体架构及其内容如下:

"聚焦篇:语文教师核心素养是什么"(1—3 章):汇聚中外研究成果,体现"理论性"。对"核心素养""语文学科核心素养""语文教师核心素养"三个核心概念的涵义予以阐释。根据发展学生语文核心素养的需要,重点阐述第 3 章"语文教师核心素养",并突出语文教师的学科知识素养,包括语言学知识、文章学知识、文艺学知识等范畴。

"发展篇:语文教师核心素养如何发展"(4—10 章):努力追求"共性与个性的统一",突出"实践性"。第 4 章"强化语文学习各领域的教学素养"主要体现"共性",其内容具有前提性、终结性特点。5—10 章分别按照"备课""上课""说课""评课"逻辑顺序编排内容,追求"共性"与"个性"相结合。"备课:基于核心素养的语文教学设计",共设置三章内容,分别指向小学、初中、高中,适应不同年级教师备课需求,主要体现"个性";而"上课""说课""评课"内容,主要体现"共性"。

值得强调的是,在第 10 章最后,通过二维码形式链接一个专题模块"语文教学情境适应性评价策略",具体内容包括四个部分:"语文教师评价能力的标准""语文学习评价的类型""语文教学的情境适应性评价""语文教师的命题能力及提升"。第四部分"语文教师的命题能力及提升"中包括:如何命制简答题、填空题;如何命制判断题、阅读理解题,其中"如何命制非连续性文本的阅读理解题"等,紧扣当前语文课程评价发展趋势的需要,是语文教师评价能力的重中之重。

"提升篇:语文教师素养怎样提升"(11—12章):遵循"规定性"与"选择性"有机统一的教材编写理念。第11章"语文教师资格考试应考策略",专门为师范生获取教师资格证而量身定做,基于对"真题"的研究,侧重进行分门别类的"模拟"训练,具体指向笔试与面试的内容及答题策略;其中很多训练题目结合了高考语文相关试题,在深度、广度方面力求具备一定张力,以期本书使用者达到"人无我有、人有我优"的复习效果。

考取教师资格证,只是获得从事教育工作的入门券,而教师编制考试是能否当教师的重要门槛;即使已经入职教师行业,也面临教师专业化发展问题。因此,本章强化了这方面的需求,打造"语文教师竞聘晋级备考策略"模块:对2006—2019年十多年来全国高考语文试卷中"语言应用"类试题的内容、题型及其发展变化进行系统的研究,在此基础上,从字、词、句、篇等方面进行专项训练,特别是"非连续性文本"的阅读与理解题型,具有较强的时代意义,将会受到师范生及一线教师的欢迎。该部分内容长达13万字,每项后面都附录答案及详细的解析,侧重答题思路的引导与思维的训练。因此也用二维码处理,便于读者下载研习。

第12章"科研型语文教师的必备素养"是适应时代要求而为师范生和一线教师量身定做的内容。具备在教育教学实践中"反思、探究、策划、总结"的能力,已经成为当今新型教师的必备素养。

三、本书的独特之处

首先,理论基础扎实,突出实践性,兼具理论性。本书是建立在一系列课题研究基础之上的,主要是围绕教师教育尤其是师范生培养改革所做的一系列课题研究的成果积淀与凝练。这些课题有:江苏省高校哲学社会科学研究基金资助课题"新课改视野下语文教师素养的价值追求"(2010SJB880012);江苏省高等教育教学改革资助课题"打造学术性与师范性有机统一的语文课程与教学论精品课程"(2011JSJG151);江苏省高等教育教学改革资助课题"基于'临床教育学'的师范生专业实践能力培养模式研究"(2013JSJG144);江苏省教育科学"十三五"规划"教师发展研究专项"课题"基于核心素养的语文教师专业发展研究"(j-c/2016/01)。作者采取审慎的态度,对语文教师核心素养的内涵、表征与提升方法及策略的阐述,以吸纳中外最新研究成果为前提。

其次,国际视野,本土定位,适切性强,便于操作。一是基于"临床教育学"理论视野,在教师教育中融进临床教育学理念,突出教师教育的现场性、实践性,强调动态性、跨学科性。教师教育改革以来,业内人士已经关注"临床性",普遍重视教师实践能力的打造;但往往强调了可操作性,却淡化了学术性,流于急功近利的机械训练、低效模仿。二是基于舒尔曼"PCK"理论,研究语文教师"PCK"发展与聚焦。语文教师PCK水平表征为如下链条:

(1)科学定位教学目标—(2)准确确定"教学什么"—(3)理性选择"怎样教学"—(4)质询判断"为什么要这样教学"—(5)积极思考"还可以怎样教学"—(6)洞悉课堂动

态,适时调整"教学什么""怎么教学"—(7)借助评价手段检测"教学得怎么样"—(8)反思、总结经验教训,进一步发展,形成语文教学智慧。

再次,内容全面,既有共性,更具个性;追求"学术性与师范性相统一",便于不同读者使用,师范生、在职教师都会从中获得提升专业水平的帮助。该书既有对相关理论前沿的综述与转化,又有语文教学实践操作的探究与实施。"聚焦篇""发展篇""提升篇"三大部分,构成了教师专业发展的逻辑链条:"是什么"—"怎么做"—"如何做得更好";内容上既适应了当前中小学语文教师专业发展的国际化、当下性的"共性"趋势,又突出了小学、初中、高中语文教师专业提升的"个性"需求。因此,该书对于教师职前培养、入职培训和在职研修,都具有一定的适切性:不仅能对师范生顺利获得教师资格证提供聚焦笔试、面试等方面的有效指导,而且能够为在职语文教师的晋升、晋级以及各种"应聘"提供切实有效的帮助。

四、致谢

感谢江苏第二师范学院领导对本人主持的教师教育课程优化探索项目的一贯支持与资助,感谢文学院领导及同事对"语文课程与教学论的优化建构"一如既往的重视。尤其要感谢复旦大学出版社朱建宝先生,感谢他对该书精心的策划和富有建设性的意见和建议,感谢他对该书"千呼万唤始出来"的耐心与包容。还要感谢编辑宋启立老师的悉心指导和专业把关,宋老师的二维码设置,使本书具备了内容及形式上的丰富性和灵活性。

最后要感谢我的家人。在写作该书期间,我荣幸地"升级"为祖母,小孙子"可乐"让全家"累并快乐着"。尽管我有过南京、上海来回奔波的劳顿,但比起家人,我陪伴"可乐"成长所付出的时间是最少的。现在"可乐"已经一岁半了,能够在小区里"走南闯北",并且"能说会道"啦。在此,我要对家人表示真挚的谢意:感谢你们为家庭任劳任怨的付出,感谢你们一直以来对我工作的理解与支持。

本书编著过程中,在资料搜集方面,南京师范大学与江苏第二师范学院联合培养的教育硕士"学科教学(语文)"的几届同学提供了不少帮助,在此一并表达谢意,并衷心祝愿他们在语文生涯中付出艰辛汗水的同时,收获更多的鲜花和掌声。

在当代语文教育研究的大森林里,枝繁叶茂,大树林立,而本书充其量只是一株尚且羸弱的小草而已。同仁的关注和批评指正,就是给它灌注生命的养料,使其能够逐渐充满苍翠的葱绿,在此提前致以谢忱。

金荷华

2018 年 12 月 18 日于南京翠岭居

图书在版编目(CIP)数据

语文教师核心素养与提升指导/金荷华著. —上海：复旦大学出版社，2019.9
ISBN 978-7-309-14457-4

Ⅰ.①语… Ⅱ.①金… Ⅲ.①语文课-师资培养-中小学-教材 Ⅳ.①G633.302

中国版本图书馆 CIP 数据核字(2019)第 140327 号

语文教师核心素养与提升指导
金荷华 著
责任编辑/宋启立

复旦大学出版社有限公司出版发行
上海市国权路 579 号 邮编：200433
网址：fupnet@fudanpress.com http://www.fudanpress.com
门市零售：86-21-65642857 团体订购：86-21-65118853
外埠邮购：86-21-65109143
大丰市科星印刷有限责任公司

开本 787×1092 1/16 印张 24.75 字数 731 千
2019 年 9 月第 1 版第 1 次印刷

ISBN 978-7-309-14457-4/G·1994
定价：68.00 元

如有印装质量问题，请向复旦大学出版社有限公司发行部调换。
版权所有 侵权必究